단숨에 읽는
세계문학

단숨에 읽는 세계문학

초판 1쇄 인쇄 2017년 03월 13일
초판 1쇄 발행 2017년 03월 20일

지 은 이 신단수PCC연구소
펴 낸 이 고정호
펴 낸 곳 베이직북스

주　소 서울시 마포구 양화로 156,1508호(동교동 LG팰리스)
전　화 02) 2678-0455
팩　스 02) 2678-0454
이 메 일 basicbooks1@hanmail.net
홈페이지 www.basicbooks.co.kr

출판등록 제 2007-000241호
I S B N 979-11-85160-39-9 03900

* 가격은 뒤표지에 있습니다.
* 잘못된 책이나 파본은 교환하여 드립니다.

단숨에 읽는
세계문학

신단수PCC연구소 지음

베이직북스

서문

인류의 과학문화가 고도로 발전하고 있는 지금에도 문학 작품은 우리에게 여전히 없어서는 안 될 인생의 자양분이다. 그러나 현대 사회에서의 바쁜 현대인들은 더 이상 차의 향기나 맛을 즐기고 위대한 작품을 유유히 감상할 수가 없게 되었다.

그럼, 어떻게 해야 할까? 그래서 이 책《단숨에 읽는 세계문학》이 이런 모순을 해결할 수 있는 방법이 되었으면 한다. 대개 명작을 짧게 소개하는 일은 비난을 받는 경우가 많지만 그래도 우리는 매우 신중하게 이 작업을 하지 않을 수 없었다.

그럴 수밖에 없는 이유는 첫째, 세계의 문학작품을 간략하게 이해하고 싶어하는 대부분의 독자들의 요구 때문이다. 이 책은 전문 문학연구자가 아닌 대부분의 일반 독자들이 쉽게 접근할 수 있는 안내서의 역할을 할 것이다. 둘째, 명작의 느낌을 그대로 보전하여 전달할 수 있는 좋은 속독 책의 필요성 때문이다. 다기 말해 한 자 한 자 되씹어 보는 것이 반드시 명작의 영양분을 흡수할 수 있는 유일한 방법은 아니다. 우리는 어떻게 그런 책을 만들 것이냐에 관해 오랫동안 고심해 온 것을 현실화 시켰다. 셋째, 《단숨에 읽는 세계문학》에 담긴 핵심적 내용을 통해 독서와 논술의 길잡이를 삼을 수 있기 때문이다.

그렇기 때문에 감히 이 책이 하나의 원작을 읽는 것보다 좋을 수도 있다고 말할 수 있는 것이다. 그러므로 이 책은 시대의 흐름에 다라 독자들의 요구에 부응하기 위해 출간하게 된 것이다.

이 책에서는 세계문학사에서 가장 널리 유행되었고 영향력이 가장 컸던 작품중 60편을 엄선했다. 이 60편의 명작에는 소설, 시, 희곡 등 다양한 문학이 포함되어 있으며 시대별로 출현했던 문학 유파들도 반영되어 있다.

여기에 7가지의 특별란을 이용하여 작가와 생애와 작품, 문학적 업적과 문학사적 위치를 소개했으며, 작품의 연대와 사회적 배경 혹은 창작 과정의 일화 등을 서술했다. 작품의 주요 내용과 줄거리, 인물 등에 대해서는 요점을 간략하게 제시했다. 그리고 작품을 올바르게 이해하기 위한 독서 방법을 제시했으며, 문학 평론가들의 독특한 견해를 제공하여 독자들에게 작품을 읽는 다양한 시각을 제시했다. 오랜 기간의 편집 및 기획을 거치면서 응집된 불후의 명구를 기록하여 독자들의 공감을 불러 일으킬 수 있도록 노력하였다.

이 책은 비록 올바른 독서와 논술에 대한 지도적인 의미를 가진 실용도서이기는 하지만 작품의 깊이를 결코 소홀하게 다루지 않았다. 60여 편의 작품을 예술성과 지식이 융합된 문학작품으로 만들어 내려고 시도했다. 편집자가 직접 작품마다 정교한 그림을 첨부하여 작품을 입체적으로 보여주었다. 그 중에는 작품의 오래된 책 표지와 작가의 모습을 담은 그림과 사진, 세계 문학가들이 남긴 진귀한 원고, 그리고 작품의 내용을 해석한 조각과 회화가 담겨 있다. 표지 디자인은 문학작품이 의지하고 있는 문화적 내용과 현대의 미적 감각을 융합시켜 독자들에게는 문학의 독특한 멋을 느낄 수 있게 해준다. 뿐만 아니라 문학과 사회문화, 예술의 관계를 깊이 있게 느낄 수 있다. 독자들은 작가와 더 가깝게, 명작을 더 깊이 있게 맛볼 수 있는 동시에 더 넓은 문학적 시야를 가질 수 있고 즐거운 경험을 할 수 있게 될 것이다.

아무쪼록 독자 여러분께서 이 책을 통하여 삶의 활력소를 얻거나 문학에 대한 새로운 가치를 발견하길 바라마지 않는 바이다.

엮은이가

이 책을 읽는 독자들에게 한마디

문학은 본래 작가가 개인의 감성이나 지적 상상력에 의존하는 경향이 강한 측면도 있지만 문학가는 그 시대의 사회 · 문화 · 사상이나 이념적 가치 등을 반영하게 되므로 세계 문학의 흐름이나 가치를 재조명하는 일은 매우 의미 있는 작업이다.

세계문학사에 길이 남겨질 만큼의 가치 있는 60여 작품을 최종적으로 엄선하기란 결코 쉬운 일이 아니었다. 왜냐하면 유구한 역사 속에서 명망 있는 수많은 작가들이 탄생되었으며, 또한 가치 있는 작품들이 너무도 많이 존재하여 작품의 경중을 가리는 잣대를 정하기조차 쉽지 않았기 때문이다.

본서는 다소 어렵고도 방대한 세계문학 명저들을 누구나 이해할 수 있도록 작가의 생애와 작품, 문학적 업적과 문학사적 위치를 소개하는 것에서부터 작품의 연대와 사회적 배경 혹은 창작 과정의 일화 등을 자세하게 서술하였으며, 또한 작품의 주요 내용과 줄거리, 인물 등에 대해서는 요점을 간략하게나마 소개하였다. 그리고 작품을 제대로 읽고 이해하기 위한 독서 및 논술지도 방법을 제시하였음은 물론 문학 평론가들의 독특한 견해를 제공하여 독자들에게 작품을 읽는 다양한 시각을 넓혀 주었다.

이 책을 읽는 독자 여러분에게 강조하고 싶은 말은 세계문학 명저를 개별 작품으로 읽기 바로 전단계에서 본서에 제시된 해당 인물에 대한 내력을 한번 대충 훑어보라는 것이다. 또한 세계문학 명저를 읽고 난 다음에도 본서를 꼭 읽어보길 권하는 바이다. 왜냐하면 우리가 단순히 문학작품을 감상하는데 그치지 않고 문학의 목적이나 효용 가치에 더 충실하자는 뜻에서 특별히 당부드리고 싶은 것이다.

더구나 독서와 논술 지도를 행하는 학부모, 선생님, 독서지도사, 논술 담당 등의 위치에 서서 자녀나 제자들에게 독서길잡이를 하는 사람들에게는 더없는 독서지도의 바로미터가 되어 줄 것이다.

이 책의 구성 및 특징

이 책의 가장 큰 특징은 독자들에게 세계적인 문학 작품을 이해하는데 있어서 배경지식을 넓혀 줌과 동시에 길잡이 노릇을 하여 책읽기를 통한 문학적 지평을 확충하는데 의의를 둘 수 있다. 특히 작품마다 세세한 접근을 하여 짧은 시간 안에 많은 작품을 감상할 수 있는 점은 다른 책에서 누릴 수 없는 장점이 될 것이다.

■ 참신한 편집과 구성 - 다각적인 해석과 시야 제공
작가 소개, 배경 소개, 명작 개요, 독서 및 논술지도, 관련 링크, 명사 평론, 명언 명구 등 총 7개의 특별란을 마련하여 세계명작을 해독하고 작품의 주제를 바탕으로 독자들이 해당 작품을 폭넓게 이해하는데 도움이 되도록 했다.

■ 풍부한 그림과 사진자료 - 다채로운 읽기 공간을 통한 가독성 고려
작가의 모습과 책의 표지, 진귀한 문물, 세계 명화, 실제 사진 등 400여 폭의 그림과 사진을 마련하여 다양한 시각적 요소를 내용과 결합시켜 독자들에게 독서의 즐거움을 누릴 수 있도록 했다.

■ 체계적인 독서 및 논술지도 - 독서훈련을 위한 이상적인 도구
간략한 언어와 분명한 관점은 독자들에게 체계적으로 독서할 수 있는 방법을 제시했으며 독자들이 단시간 내에 문학의 정수를 파악할 수 있도록 하여 빠른 학습과 명확한 이해를 위한 이상적인 책이다.

■ 문학 및 예술적 가치와 이념 - 지식과 미적 감각의 완벽한 결합
표지 구성, 그림 배치에 있어서 문화와 예술의 유기적인 융합을 중요시 했으며 전체 편집과정 내내 기획이념을 고려하여 본 책의 감상가치와 예술적 가치, 소장가치를 높였다.

이 책을 통한 효과적인 활용법

본서는 다양한 지식과 정보를 효과적으로 전달하기 위해 독창적인 편집구성을 채택하고 있다.
또한 독자들에게 독서의 효율성을 더하여 줄 것이다.

● **명언 명구**
오랜 세월을 겪으면서 응집된 불후의
명구들, 많지 않지만 깊은 감동을 줄
수 있는 부분을 실었다.

● **본문**
작품이 만들어진 배경과 내용을 간략
하게 소개하고 독서와 논술지도에 관
한 의견을 제시하여 독자들에게 다소
어려운 문학 작품의 책읽기에 부담감
을 덜어 준다.

● **명사 평론**
사회적으로 인정받는 문학가나 사상가
들의 독특한 견해와 평가를 실어 명작
을 이해하는데 있어서 다양한 시각을
제공했다.

● **관련된 그림**
작품을 다양하게 느낄 수 있도록 작가
의 고향, 무덤, 작업 장면, 생활 모습,
수상 순간, 원고들, 기념우표 등 다양
한 그림과 관련된 삽화를 실었다.

호머 서사시

호머 Homer

HOMER EPIC

작가 소개

호머, 고대 그리스의 유명한 역사시 《일리아스Ilias》《일리오스 Ilios 이야기라고도 한다《오디세이아 Odysseia》의 작가로 알려져 있다. 서양학자들은 이 서사시의 내용과 언어를 근거로 호머가 시기전 8, 9세기에 살았던 인물이라고 추정한다. 하지만 사실 호머에 관한 정보는 극히 적을 뿐이라 그의 삶에 대한 자료의 대부분이 부정확하다. 초기 그리스 시대에 전해 내려오는 바에 의하면 호머는 맹인이었으며 이오니아의 에게해 동쪽의 한 지역에서 살았던 것으로 추정한다. 유랑시인 호머의 성은 마이오 《오디세이아》에서 나오는 시인 데모도코스 Demodocos에 맞서 대표가 않았을 것이다. 하프를 들며 머리 가리킨들을 위해 트로이전쟁의 영웅이야기를 노래했을 것이다. 오랜 세월 그렇게 돌아다니다면 그는 자비를 멍하게 되었고, 이야기 기교를 높였으며, 이야기 내용의 장면들을 잘 보완할 줄 이는 기술을 터득하게 되었다. 그렇게 시인의 마음과 예술가로서의 솜씨를 바탕으로 《일리아스》와 《오디세이아》의 매력적인 작품을 창조하였다. 오랜동안 고대 그리스에서 이들이야기들을 서사시의 형태로 탄생시킨 것이다. 그러나 훗날의 서사시를 연구하는 대부분 호머는 이 두 서사시의 최초 혹은 최고의 가공자라고 보고 있으며, 현재 우리가 읽고 있는 것은 후에 많은 고대 학자들이 수 차례 교정하여 나온 최종본으로 추정하고 있다.

📖 배경 소개

발굴 자료를 볼 때 트로이인이 살던 일리오스성은 지중해 동쪽 소아시아지역에 있었음이 분명하다. 서기전 12세기 말, 그리스반도 남부의 아가야인과 소아시아 북부의 트로이인 사이에 10년에 걸친 전쟁이 일어나 결국 그리스인들이 트로이를 멸망시킨 것으로 보인다. 이 전쟁은 부족 사이의 전쟁이었다. 전쟁이 끝난 후 소아시아 일대에는 이 전쟁에 참여했던 영웅들의 행적을 읊은 수많은 노래가 전해졌다. 불려지는 과정에서 영웅의 전설은 다시 신화이야기와 접목되어 민간에서 대대로 구전되었다. 민간의 시인들은 귀족들의 큰 연회나 명절 때 초대되어 이 노래들을 부르기도 했다. 서기전 8, 9세기, 맹인 시인 호머가 트로이에 관한 짧은 노래들을

20

21

8

한 예인
아름다운 스트라파리의 여왕 헬레네와의 만남 장면을 묘사한 그림

● 관련 링크
작가의 다른 유명한 작품이나 작품의 스타일 및 소재와 비슷한 다른 작품들을 소개하여 다양한 정보를 보충할 수 있도록 배려했다.

● 그림 설명(캡션)
본 책에 제공되는 그림에 대한 정보를 자세히 부연하였다.

● 책 표지
작품이 처음 나왔을 때의 희귀한 판본을 실어 작품의 역사를 느낄 수 있도록 했다.

● 작가 상
작가의 조각이나 그림을 실어 더욱 현장감을 주고 입체감 있는 느낌이 들도록 했다.

● 작가 소개
작품을 읽기 위한 준비단계로 모든 작품마다 작가의 생애와 주요 작품들, 문학적 업적을 간략하게 소개하였다.

● 영문 표기
제목 하단에 비교적 낯선 작품에 대해서는 영문 제목을 달았다.

차례

문학의 미학에서
인생의 답을 구하길 바라면서…

1. 문학이 베풀어 주는 혜택

"문학은 인생의 중요한 자양분이다." 문학은 예로부터 사람들의 일상생활에 밀접한 근거를 두고 있으면서도 인생이 나아가야 할 길을 제시해 준다.

문학은 인간에게 직접적인 해결책을 제시한다거나 지식을 주지는 않지만 문학을 통하여 수없이 많은 것들을 배우게 된다. 특히 독자들에게 정서적인 안정과 휴식을 제공해 주는 점은 문학만이 누릴 수 있는 특권이 아닐까?

① 창의력을 배운다.
② 풍부한 상상력을 길러준다.
③ 정서적인 감정을 함양시켜 준다.
④ 미래에 대한 꿈과 희망을 제시한다.
⑤ 위로를 받기도 하고 자신을 되돌아 볼 수 있게 한다.
⑥ 모르는 사실을 깨닫게 해준다.
⑦ 새로운 마음으로 생활할 수 있도록 용기를 심어준다.
⑧ 일상생활 속에서의 고민을 해소해 준다.
⑨ 감동을 줌으로써 마음을 깨끗하게 정화시켜 준다.
⑩ 삶의 지혜를 가르쳐 준다.

2. 논술을 배우는 이유

최근에 불어 닥치고 있는 교육 정책상의 지향하는 바가 논술에 역점을 둠으로써 교육 일각(선생님, 학부모, 교육당국자 등)에서 부담감을 느끼고 있다는 점을 부인할 수는 없을 것이다. 또한 사교육의 주체인 학원이나 출판사에서는 오히려 공교육보다 과열 현상을 빚고 있는 실정이다.

《논술》과 《토론》을 배우려고 하는 구체적인 이유와 목적은 창의적이며 논리적인 사고력을 키우는 데 목적이 있다. 근본적으로 교육의 방향성에서도 드러났지만 우리 현실에 당면한 문제점을 제대로 파악한 다음, 이에 대한 대응책이나 해결책을 논리 정연하게 제시함은 물론 자기 생각을 글이나 말로 표현할 수 있는 능력을 기르는 데 있다.

통합교과형 교육환경에서 주로 대두되는 핵심사항은 기존에 추구했던 단답식이나 객관식과 같은 획일적인 문제 유형에서 탈피하여 보다 논리적인 연계성을 고려하여 서술(논술)식 형태로 접근함으로써 학생들의 유연하고 탄력 있는 사고 능력을 유도하기 위함이다.

따라서 이러한 문제를 극복하는 방법의 일환으로 가장 시급한 문제가 학생들의 독서

량을 확충하는 것이다. 따라서 논술이나 토론의 첫걸음 단계에서 책읽기를 통한 접근을 시도하고 있는 것이며, 또한 열린 교육의 시발점이 논술과 밀접한 연관성을 가지고 있음을 직시해야 한다.

먼저 학생들이 독서를 한 후, 〈읽은 내용을 제대로 이해하고 있는가?〉, 〈독서를 통해 드러난 논점에 관한 자신의 견해는 어떠한가?〉, 〈우리가 느낀 점과 교훈은 무엇인가?〉 따위를 점검하여 효과적인 독서가 되도록 유도하는 것이 무엇보다도 중요하다.

3. 논술과 문학의 관련성

논술에서 문학을 통한 학습법이 왜 중요하며 각광을 받고 있을까? 그건 아마도 독자들이 접근하기에 수월함과 이해하기 쉽기 때문일 것이다. 논술의 중심에 문학이 존재하고 있다고 하면 지나친 억지일까? 절대 그렇지 않다. 왜냐하면 문학에는 작가가 그 시대에 당면한 중심사상이나 사회상황, 현실인식, 시대정신, 문제의식, 당면과제 따위를 작품 속에 드러내고 있기 때문이다. 글을 통해 상상을 불러 일으키고 구체적인 형상을 만들어 내는 것은 영화작품을 감상하는 것보다 중요하다.

문학은 논술의 훌륭한 소재이다. 물론 논술에서 다루어지는 것은 인간과 관련되어 있는 모든 것들이 해당되지만 역사나 철학도 문학 못지않게 자주 등장하는 단골메뉴라고 할 수 있다. 아무래도 문학은 이야기 구성이 명확하고 추구하는 바의 상당 부분을 인지하거나 이미 알고 있기 때문에 접근하기가 비교적 수월한 점이 작용되었다고 본다.

4. 문학에 관한 짧은 단상

문학의 정의를 먼저 살펴보면 문학이란, 작가가 체험을 통해 얻은 진실을, 언어를 통하여 표현하는 언어 예술로서, '인생을 탐구하고, 표현하는 창조의 세계'이다.

첫째, 언어를 표현 수단으로 하는 예술이다.
여기서 언어란 학문에서 사용되는 언어나 일상용어가 아닌 함축적인 의미를 가진 언어를 말한다. 때문에 문학적 언어는 상상력을 자극할 수 있는 여러 가지 비유와 상징적인 표현을 주로 사용한다. 문학은 정서적인 언어를 통해서 인간의 감정을 표현한다. 여기서 정서란 인간의 감정 세계를 말하는데 이런 점에서 문학은 구체적이며 감각적인 인상을 바탕으로 성립되는 정서 표현의 예술이라고 할 수 있다.

둘째, 문학은 인간의 가치 있는 체험의 표현이다.
문학은 인간과 현실 사이의 모든 것이 문학의 소재가 될 수 있지만, 작가의 체험을 모두 문학이라고 볼 수는 없다. 일반적으로 작가의 체험은 자신의 경험과 가치관, 그리고 문학적 형식이나 방법에 따라 재구성되어 작품에 그대로 표현되는데 이것이 진정한 작가의 체험이라고 말할 수 있다.

셋째, 문학은 상상력의 뿌리요, 소산이다.

문학에 있어서 상상력은 현실의 제약과 구속으로부터 벗어나 내일의 새로운 미래를 꿈꿀 수 있게 해주는 것이다. 즉 문학 작품을 통해 원초적 이미지를 구체적 이미지로 형상화하고 새로운 세계를 꿈꾸게 하는 역동적 과정이다. 한편 상상력의 기능은 일정한 위상을 가지게 된다. 하위개념으로서 세계에 대한 형식화 기능으로 문학을 통한 세계 개시의 능력을 뜻하는 인식적 상상력, 중간개념으로서 현실에 대한 인식·비판 기능으로 문학을 통한 세계와의 상호 조정작용을 뜻하는 조응적 상상력, 상위개념으로서 가능한 모델 창조의 기능으로 세계에 대한 비전으로 세계를 재구성하는 능력을 뜻하는 초월적 상상력 등으로 나뉜다.

넷째, 문학은 사상과 정서의 표현이다.

물론 사상과 정서라는 이 두 개념이 엄격히 분리되는 것은 아니지만, 미의식이 정서와 관련이 있는 형성적 요소라면, 윤리성이나 이념의 문제는 문학의 내용을 이루는 사상과 관련이 있다. 정서는 정신적 요소에 속하며 심리적 작용이며, 사상은 윤리성과 이데올로기의 표출과 이념의 이해와 관련된다.

문학은 자연과학이나 사회과학처럼 인간의 오성과 이성의 힘으로 보편적인 진리를 논리적으로 탐색하는 것이 아니라 인간의 감성에 호소하는 장르이다. 따라서 문학이 무엇이냐고 물었을 때, 우리는 특정한 문학작품을 대상으로 구체적인 구조 분석을 통해서 그 의미를 추론해 볼 수 있다.

이렇듯 문학이란 무엇인가라는 질문은 결국 문학작품 자체를 이해하는 문제로 귀착될 수밖에 없다. 작품을 읽는다는 것은 자신을 읽는다는 것과 마찬가지라고 할 수 있다. 작품 속에서 독자들은 여러 가지 삶의 형태의 삶과 생각들을 읽는다. 즉, 작품 속의 다양한 형상과 독자의 주관이 만나서 미학적인 감동을 얻게 되는 것이다.

문학이란 무엇인가에 대하여 각 개인마다 주관적인 해석이 가능하게 되고 그 해석에 따라 문학에 대한 가치와 문학관이 형성된다. 작품에 대한 올바른 이해는 유기적이고 전체적으로 이루어져야 한다.

문학의 개념을 본질적으로 이해하기 위해선 작품, 그 중에서도 고전을 읽어야 한다. 좋은 작품은 자유로운 구도 속에 내재해 있는 새로운 체험을 독자들에게 전달해준다. 문학이 지닌 시간적으로 영원한 항구성이나 공간적으로 무한한 보편성은 독창적인 개성과 함께 문학적 특징을 이루고 있다.

문학은 지식이 아니라 정서와 감동을 우리에게 주고 있다. 문학이란 말은 동서양을 막론하고 넓은 의미의 문학적 기록과 학문의 뜻으로 사용되어 왔다. 그러나 근대에서는 언어의 허구적 창작물인 시, 소설, 희곡, 수필 장르인 문예문학만을 가리키는 말로 국한하여 사용하고 있다. 문학은 상상, 감정 및 체험을 통한 사상이 문자로 기록된 표현체이다. 또한 문학은 사회의 표현이란 말이 있듯이 사회와 시대를 가리지 않는 문학이란 생각할 수조차 없는 것이다.

문학은 인생의 자양분이다

호머 서사시

호머 Homer

작가 소개

호머. 고대 그리스의 유명한 역사시 《일리아스 Ilias》(《일리오스 Ilios 이야기라고도 한다)와 《오디세이아 Odysseia》의 작가로 알려져 있다. 서양학자들은 이 서사시의 내용과 언어를 근거로 호머가 서기전 8, 9세기에 살았던 인물이라고 추정한다. 하지만 사실 호머에 관한 정보는 극히 적을 뿐더러 그의 삶에 대한 자료의 대부분이 부정확하다. 초기 그리스 시대에 전해 내려오는 바에 의하면 호머는 맹인이었으며 이오니아와 에게해 동쪽의 한 지역에서 출생했다고 한다. 음유시인 호머의 삶은 아마도 《오디세이아》에 나오는 시인 데모도코스 Demodocos와 별반 다르지 않았을 것이다. 하프를 옆에 끼고 각지를 돌며 트로이전쟁의 영웅이야기를 노래했을 것이다. 오랜 세월 그렇게 돌아다니던 그는 지식을 접하게 되었고, 이야기 기교도 늘었으며, 이야기 내용의 장단점을 잘 보완할 줄 아는 기술을 터득하게 되었다. 그렇게 시인의 마음과 예술가로서의 솜씨를 바탕으로 《일리아스》와 《오디세이아》라는 매력적인 작품을 창조해냈다. 오랫동안 고대 그리스에서 떠돌던 이야기들을 서사시의 형태로 탄생시킨 것이다. 그러나 호머의 서사시를 연구하는 사람들은 대부분 호머는 이 두 서사시의 최초 혹은 최고의 가공자라고 보고 있으며, 현재 우리가 읽고 있는 것은 호머 이후 많은 고대 학자들이 수 차례 교정하여 나온 최종본으로 추정하고 있다.

◎ 배경 소개

호머의 두상
이오니아의 거리를 거닐던 음유시인 호머는 치터(Zither)를 연주하며 트로이 영웅의 서사시를 노래했다.

발굴 자료를 볼 때 트로이인이 살던 일리오스성은 지중해 동쪽 소아시아지역에 있었음이 분명하다. 서기전 12세기 말, 그리스반도 남부의 아가야인과 소아시아 북부의 트로이인 사이에 10년에 걸친 전쟁이 일어나 결국 그리스인들이 트로이를 멸망시킨 것으로 보인다. 이 전쟁은 부족 사이의 전쟁이었다. 전쟁이 끝난 후 소아시아 일대에는 이 전쟁에 참여했던 영웅들의 행적을 읊은 수많은 노래가 전해졌다. 불려지는 과정에서 영웅의 전설은 다시 신화이야기와 접목되어 민간에서 대대로 구전되었다. 민간의 시인들은 귀족들의 큰 연회나 명절 때 초대되어 이 노래들을 부르기도 했다. 서기전 8, 9세기, 맹인 시인 호머가 트로이에 관한 짧은 노래들을

스파르타의 여왕 헬레네
아름다운 스파르타의 여왕 헬레네로 인해 일어난 전쟁을 묘사한 그림

수집하여 정리함으로써 완전한 줄거리에 통일감 있는 서사시, 《일리아스》와 《오디세이아》 이 두 편이 만들어졌다. 이 이야기가 문자로 씌어진 것은 대략 서기전 6세기로 추정된다.

◎ 작품 감상

《일리아스》는 그리스인이 트로이 성을 공격하는 이야기이다. 당시 그리스 사람들은 트로이를 '일리오스' 라 불렀고, 일리아스는 '일리오스 이야기' 란 뜻이다. 트로이전쟁이 일어난 원인은 신화이야기 '불화의 금사과' 에 상세하게 나온다. 이 신화를 바탕으로 이야기하자면, 트로이 전쟁은 헬레네라는 그리스 여자를 뺏기 위해 일어났다. 아킬레우스(그리스 영웅) 부모의 결혼식에 초대받지 못한 불화의 여신 에리스Eris는 탁자 위에다 일부러 가장 아름다운 여신에

관련링크 이 책은 독일의 구스타프 슈바브Gustav Benjamin Schwab의 작품을 번역한 것. 고대 그리스 신화와 전설을 소개함으로써 고대 그리스의 전통문화를 이해하고 호머의 서사시를 읽는 데 많은 도움을 준다. 이 책의 제 25장 '트로이 이야기' 에서는 트로이성의 건설과 파멸에 대한 역사를 이야기하고 있으며, 제 26장에서 '탄타루스Tantalus의 후예' 에서는 그리스 연합군 장군 아가멤논 가족의 역사와 그의 이야기가 나오고, 제 27장은 '오디세우스의 이야기' 로 오디세우스의 모험이 전개된다.

게' 라고 쓴 금사과를 놓고 간다. 이 사과를 두고 세 여신 헤라, 아테네, 아프로디테가 다투었고 제우스는 트로이 왕자 파리스Paris에게 사과를 누구에게 줄 것인지 결정하게 했다. 파리스는 금사과를 아프로디테에게 주었고, 아프로디테는 고마움의 표시로 세상에서 가장 아름다운 여자를 그에게 주기로 약속한다. 그 후 아프로디테는 파리스에게 스파르타의 왕 메넬라오스Menelaos의 아름다운 아내 헬레네를 빼앗게 한다. 그렇게 해서 트로이와 그리스 사이에 장장 10년에 걸친 전쟁이 일어난 것이다.

전쟁이 일어난 지 10년 째 되던 해, 그리스 연합군 장군 아가멤논과 아가야부족에서 가장 용맹한 장군 아킬레우스가 전쟁 포로로 잡힌 한 여자를 두고 다투게 된다. 결국 아가멤논이 아킬레우스가 잡은 여자를 빼앗아가자 아킬레우스는 화가나 전투에서 물러난다.

트로이 전쟁 상상도
그리스군은 오디세우스의 계략에 따라 군사를 거대한 목마 안에 숨겨 놓는다. 트로이 사람들이 목마를 성으로 끌고 가자 그리스인들은 목마를 부수고 나와 일리오스 성을 안맘으로 공격할 수 있게 된다. 이로써 장장 10년에 걸친 트로이전쟁은 끝을 맺는다.

《일리아스》는 아킬레우스의 분노를 시작으로 전쟁 10년 째 되던 해의 51일간의 이야기를 집중적으로 묘사했다. 가장 용맹한 장수를 잃은 아가야 군대는 해안으로 퇴각하지만 일리오스 성의 장수 헥토르의 맹렬한 공격을 당해 낼 수가 없었다. 그래서 아가멤논이 아킬레우스에게 전쟁에 참여할 것을 요청하지만 거절당한다. 아가야군이 전멸할 상황에 처하자 보다 못한 아킬레우스의 절친한 친구 파트로클로스Patroklos가 아킬레우스의 갑옷을 빌려 입고 전투에 나간다. 아킬레우스가 참전한 것으로 생각한 트로이군대는 뒤로 물러나지만 파트로클로스는 끝내 헥토르에게 죽임을 당한다. 친구의 사망 소식을 들은 아킬레우스는 비통해 하며 복수를 위해 전쟁터에 나간다. 결국 아킬레우스는 헥토르를 죽이고 그 시신을 끌고 가버렸다. 일리오스의 늙은 왕(헥토르의 부친) 프리아모스Priamos는 아킬레우스의 장막으로 찾아가 헥토르의 시신을 찾아오고 잠시 휴전한 후 헥토르의 장례를 성대하게 치렀다. 일리오스성을 둘러싼 전쟁을 묘사한 서사시 《일리아스》의 이야기는 여기서 끝난다.

그리스 영웅 오디세우스

《오디세이아》는 그리스 영웅 오디세우스가 트로이 전쟁이 끝난 후 집으로 돌아가는 이야기이다. 헥토르가 죽은 후 일리오스성을

맥니컬록

엥겔스(Engels; 마르크스의 친구이며 과학적 사회주의의 공동창시자)는 이렇게 말했다. "호머의 서사시와 신화 - 이는 야만시대에서 문명시대로 넘어가는 그리스인들의 유산이다." 호머의 서사시는 성을 도륙하는 전쟁 장면을 여과 없이 묘사하고, 여자를 사유재산으로 보는 점 등의 어쩔 수 없는 역사적인 한계를 안고 있는 것은 사실이다. 그러나 다른 한편으로는 인류의 초기 역사문화의 형태, 특히 원시사회에서 노예제로 가는 과도기에 출현한 정치, 경제, 군사, 문화 등의 다양한 상황을 반영함으로써 그 무엇과도 비교할 수 없는 가치를 지니게 됐다. 또한 플라톤은 《이상국》에서 이렇게 언급했다. "호머는 그리스인을 교육했다." 이 말은 사람들이 호머의 서사시가 그리스의 문화 교육과 계승에 끼친 중요한 영향을 일찍부터 알고 있었음을 나타낸다.

오디세우스는 호기심에 시실리섬으로 들어갔다가 그곳에 사는 외눈박이 거인 키클롭스 Cyclops에게
사로잡힌다. 오디세우스는 거인의 외눈을 공격하여 도망치려 하고 있다.

둘러싼 전쟁은 계속 됐다. 나중에 아킬레우스가 파리스의 화살에
죽자, 그리스 영웅 오디세우스는 병사를 매복시킨 거대한 목마를
만들어 트로이에 바치는 계책을 세운다. 병사가 숨어 있는 목마를
트로이 사람들이 성으로 가져가고, 결국 그리스인들은 안과 밖에
서 일리오스성을 공격하여 10년에 걸친 전쟁을 끝낸다. 이로써 본
국을 떠나온 지 오래인 아가야 장수들은 각자 고향으로 돌아간다.

오디세우스도 동료들과 더불어 고향 이타카로 출항하는데, 귀향길에 온갖 어려움을 겪게 된다. 《오디세이아》의 전 13권은 지나간 이야기를 서술하는 방식으로 진행된다. 오디세우스는 파이아케스섬에 도착한 후 알키노스 국왕에게 자신이 겪은 이야기를 들려준다. 오디세우스는 처음에 이스마로스에 도착하여 성을 공격했다. 나중에 그들은 망각의 열매를 먹고 고향을 잊어버리기도 한다. 그 후 다시 외눈박이 거인에 의해 거인 섬의 동굴에 갇히기도 하지만 오디세우스는 거인을 술에 취하게 한 뒤, 횃불로 그의 눈을 공격해 탈출한다. 한번은 여인 키르케가 그의 동료를 돼지로 만들기도 했다. 또한 사람을 홀리는 요괴의 노래를 피하고, 괴물 카립디스와 스킬레로부터 도망치기도 한다. 결국 여신 칼립소가 그의 귀향을 허락한다. 한편 오디세우스의 아내 페넬로페이아는 고향에서 학수고대하며 남편을 기다렸고 이미 성인이 된 그의 아들 텔레마코스는 오랫동안 실종된 아버지의 소식을 알아보러 다녔다. 오디세우스가 이미 죽었다고 생각하는 많은 사람들은 그의 재산을 가로채기 위해 페넬로페이아에게 구혼하고, 오디세우스의 왕궁을 점거한

영웅과 영웅의 결투
복수심에 불타는 아킬레우스는 트로이 최고의 무사 헥토르를 맹렬히 공격한다. 호머의 서사시는 트로이 전쟁을 묘사하면서 착한 사람과 악한 사람의 구별을 두지 않았다. 헥토르를 죽인 아킬레우스도 영웅이지만 죽임을 당한 헥토르도 영웅이다.

채 실컷 먹고 놀았다. 하지만 페넬로페이아는 그들의 구혼을 모두 거절했다. 10년이 지나서야 오디세우스는 힘겨운 유랑 끝에 거지 차림으로 왕궁에 들어설 수 있었다. 그는 아들과 함께 구혼자들을 모두 죽이고 그들을 도운 노예들을 사형에 처한 후 아내와 해후한다. 그렇게 오디세우스는 다시 아카타 섬의 국왕이 되었다.

📖 독서 지도와 논술 지도

호머 서사시는 내용이 풍부할 뿐 아니라 예술적 기교면에서나 역사, 지리, 고고학과 민속학적인 측면에서도 연구가치가 높다. 그래서 서양 고전문학에서 단연 최고로 꼽는다. 서기전 7, 8세기부터 많은 그리스 시인들에 의해 모방될 정도로 문학적 모범이 되었고, 2천여 년 동안 서양 서사시의 정점을 지키고 있다. 이러한 호머의 서사시를 통해 고대 그리스의 문화와 정신을 직접적으로 느낄 수 있다.

《일리아스》는 전쟁 영웅을 묘사한 서사시이다. 이 이야기에서는 영웅들의 성품을 노래하는데 주안점을 두고 있어서 많은 영웅의 이미지를 만들어냈고, 이런 이미지를 통해 '영웅시대'의 영웅주의 사상을 표현했다. 전체 시의 3분의 2가 아킬레우스의 휴전 기간 동안 양쪽 군대의 정세를 묘사하고 있다. 작가는 광활함이 느껴지는 필치로 고대 전장의 치열하고 패기 넘치는 모습과 칼을 휘두르며 피가 낭자한 전투 장면을 묘사했다. 이런 놀랄만한 전투 장면은 그것만으로도 영웅의 모습을 표현하는 시가 된다. 책 속의 영웅들은 오랫동안 전쟁을 겪어왔기 때문에 용맹하고 두려움이 전혀 없다. 그들의 몸에는 민족이 원하는 영웅의 모습이 집약되어 있으면서도 개인의 성격도 드러나 있다. 예를 들면 아가멤논의 고집불통 같은 성격과 아킬레우스의 용맹한 모습, 오디세우스의 놀라운 지략, 그리고 헥토르의 남을 배려하는 마음과 그가 했던 의미심장한 말들이 그것이다. 그 중에서도 아킬레우스와 헥토르의 영웅적인 면모는 특히 잘 나타나 있다. 트로이 군대에서 가장 용맹한 장군이었던 헥토르는 성을 보호해야 하는 중대한 임무가 있었다. 그는 동생의 잘못된 행동으로 전쟁이 일어났다는 사실과, 자신이 결코 운명의 굴레를 벗어날 수 없음을 분명히 알고 있었다. 그러나 죽음을 두려워하지 않고 아킬레우스와 의연하고도 용감하게 싸웠다. 이러한 헥토르의 면모에서 책임감 있는 영웅의 이미지를 읽을 수 있다. 그리고 아킬레우스는 신의 뜻을 받들고 전쟁에서 얻는 영예를 최고로 여기는 그리스 최고의 영웅이었다. 그는 전투에서는 용감하고 훌륭하게 싸웠으나 사납고 제멋대로인 성격도 가지고 있어서 숭고한 영웅주의의 비극적인 색채를 더해 주고 있다. 그러나 호머는 이를 통해서 시대의 정신을 전달하고자 했다.

《오디세이아》와 《일리아스》는 그 특징이 각각 다르다. 주로 전쟁을 묘사한 《일리아스》는 분위기가 대체로 급박하고 우렁차다. 반면 《오디세이아》는 많은 고대 신화와 작가의 환상이 만들어낸 가공의 자연현상이 나오기 때문에 다채로우면서도 낭만적인 색깔이 짙게 깔려 있다. 전반부에서는 주인공이 바다에서 십 년 동안 겪는 이상한 이야기가 나온다. 그리고 후반부에서는 다른 귀족 청년들과 자신의 재산을 두고 싸우는 내용이 전개되는데, 그 부분에서 가정생활이 많이 묘사되어 있어 현실주의적인 면도 잘 드러나 있다.

호머의 서사시에서 위대한 점이라면 바로 서양문학에 끼친 엄청난 영향이다. 호머는 탄탄한 기초, 풍부한 상상력과 창조력을 자랑하는 언어의 대가였다. 호머의 서사시는 문장이 수려하고 재치와 생동감이 넘치며, 이미지가 잘 드러나는 단어들과 비유가 아주 적절하게 쓰이고 있다. 문학적으로도 세상에서 가장 우수한 문학 작품 가운데 하나라고 해도 과언이 아니다.

오이디푸스 왕

소포클레스 Sophocles　KING OEDIPUS

작가 소개

고대 그리스의 3대 비극 작가 중 한 사람인 소포클레스(서기전 496~406)는 아이스킬로스 Aeschylos 다음으로
유명한 비극시인이었다. 그는 아테네의 한 상인 집안에서 태어나 서기전 440년에는 아테네 최고 위원 10인으로
선출되어 최고위층에 올랐다. 민주파 지도자 페리클레스 Pericles와도 친분이 깊었던 그는 정치적으로는 온건파에
속했다. 아테네 민주정치가 번영을 누리던 시기, 소포클레스는 이데올로기가 가장 완벽한 인물로 그리스 도시국가
에서 최고의 영예를 누렸다. 그는 120여 편의 비극과 희극을 썼으며 24차례나 상을 받았다고 한다. 현재는 〈안티
고네 Antigone〉, 〈오이디푸스 왕〉, 〈엘렉트라 Elektra〉, 〈아이아스 Aias〉, 〈트라키스의 여인〉, 〈필로크테테스
Philoktetes〉, 〈콜로노이의 오이디푸스〉 등 7편의 비극이 남아있다. 그의 작품은 신화와 전설을 소재로 이상적인
영웅이 운명과 충돌하지만 결국은 운명의 굴레에서 벗어나지 못하고 파멸하는 내용을 주로 그렸다. 이것은 아테네
의 제한적 민주정권의 흥성기와 쇠퇴기의 사회 모습을 반영한 것이다.

고대 그리스의 비극작가 소포클레스

◎ 배경 소개

《오이디푸스 왕》은 '아비를 죽이고 어미를 범한다'는 이야기
로, 일부 연구자들은 '어머니를 사랑하는 이야기'를 은유적
으로 나타낸 것으로 본다. 이 이야기는 많은 아류작을 낳음
으로써 문학과 문화 연구에서 깊은 의미를 지니게 되었다.

◎ 작품 감상

고대의 영웅시대. 그리스의 아름다운 도시국가 테베에 커다
란 재앙이 불어 닥친다. 어떤 약도 소용이 없는 전염병이 유
행한 것이다. 아폴로신은 전 국왕인 라이오스 Laios 왕을 죽인
자를 추방시켜야만 전염병을 없앨 수 있다고 예언했다. 스핑

책(더 보기)

《오이디푸스 왕은 사상이나 예술 면에서 상당한 경지에 올라 있다. 아리스토텔레스 Aristoteles가 이 작품을 일컬어 '그리스 비극의 전형'이라고
할 만큼 극중의 비극적 충돌과 비극적인 성격, 비극적 효과는 그리스 비극의 특징을 대표하고 있다. 또한 오스트리아의 유명한 정신분석학자인
프로이드가 '모친에 대한 성적 애착'의 뜻으로 이 이야기에서 따온 '오이디푸스 콤플렉스'라는 용어는 심리학과 문학계에 커다란 영향을 미쳤다.

크스의 수수께끼를 풀어 도시를 구한 적이 있던 오이디푸스 왕은 이번에도 재난을 없애기 위해 살인자를 찾으려고 노력했다. 그런데 알고 보니 그 살인자는 바로 자기 자신이었다.

오이디푸스는 원래 전 테베의 왕 라이오스와 이오카스테Iocaste 사이에 태어난 아이였다. 라이오스는 자신이 생전에 죄를 지어 자신의 친 아들이 아비를 죽이고 어미를 취할 것이라는 예언을 듣게 되었다. 그래서 오이디푸스가 태어나자마자 그를 황무지 산에 버렸다. 그러나 누군가가 이 무고한 아이를 가련히 여겨 타국의 양치기에게 맡긴다. 타국에서 자란 오이디푸스는 자신이 아버지를 죽이고 어머니와 결혼할 것이라는 예언을 알게 된 후 그동안 길러준 양부모를 떠나 유랑하게 된다. 그러다 길에서 우연히 한 노인과 싸움을 하게 되고, 순간 화를 참지 못해 그 노인을 죽이게 되었다. 그런데 공교롭게도 그 노인이 바로 그의 친아버지인 라이오스였으니 신의 예언은 그대로 적중하였다.

아버지를 죽인 오이디푸스는 테베로 와서 스핑크스의 비밀을 풀어 사람들을 구해준다. 이를 계기로 왕위에 오르게 된 오이디푸스는 전 국왕의 부인이자 자신의 생모인 이오카스테와 결혼하여 아이들을 낳는다. 아폴로신의 예언이 결국 모두 맞아떨어진 것이다.

사자와 양치기로부터 이 모든 사실을 알게 된 오이디푸스는 고통스러워한다. 그리고 그의 어머니이자 아내인 이오카스테는 코린토스의 사자에게서 오이디푸스의 출생에 대해 들은 후, 자기 집안의 불행으로 인해 괴로워하다가 미치게 되고, 결국 스스로 목숨을 끊고 만다. 이 광경을 본 오이디푸스는 목 놓아 슬피 운다. 그는 이오카스테의 목에 감긴 줄을 풀고 땅에 눕히기도 전에 그녀의 몸에 있던 금색 핀을 뽑아 자신의 눈을 찌른다. 그러고는 섭정 크레온에게 모든 것을 부탁하고 떨리는 몸을 지팡이에 의지한 채 멀리 외국으로 떠난다. 그렇게 그는 혼자서 끝없는 고통을 감내해야 했다.

눈맥 키워드

오이디푸스 콤플렉스
프로이트가 제시한 심리 현상의 하나로 아들이 부친에 대한 반항적 태도와 모친에 대한 이성적으로 갖게 되는 막연한 동경심을 의미한다.

관련링크 서기전 5세기는 그리스 비극의 전성기였다. 이 시기에 많은 비극시인들이 등장했으며 수많은 비극작품들이 상연됐다. 그중에서도 대표적인 것이 '고대 그리스 비극의 3대 대가'가 만든 비극이다. 이 3대 비극시인은 아이스킬로스, 소포클레스, 에우리피데스였다. 그중 아이스킬로스는 고대 그리스에서 '비극의 아버지'라고 불렸으며 총 90편의 비극과 희극을 썼다. 대표작으로는 《포박된 프로메테우스》, 《테베 공격의 7장군》, 《오레스테이아》 3부작(《아가멤논》, 《코에포로이》, 《에우메니데스》) 등이 있다. 귀족 출신이었던 에우리피데스는 소피스트의 영향을 받아 '무대 위의 철학자'라고 불렸다. 그는 총 92편의 작품을 썼다고 하는데 지금까지 18편이 남아있고 대표작은 《트로이의 여인》, 《메데이아》 등이며 이야기는 대부분 그리스 신화와 전설을 소재로 삼았다.

그리스 비극은 대부분 신화에서 소재를 얻었으며, 그 내용 또한 운명 혹은 미신적인 색채를 띠는 작품이 많다. 하지만 그 가운데서도 이 작품은 당시의 사회생활과 투쟁을 잘 반영했다. 그리스 비극은 비록 비극적인 소재를 쓰긴 했지만 보통은 비극적인 색채보다는 주인공의 영웅적인 행동이나 고귀한 정서를 표현하는 데 중점을 두고 있다. 그래서 이런 작품에 나오는 주인공의 이미지는 대단히 위대하고 장렬하다. 《오이디푸스 왕》 또한 이런 고대 그리스 비극의 특징을 잘 나타내고 있다.

《오이디푸스 왕》은 강한 의지와 영웅적인 면모를 보여주는 주인공이 운명과 충돌하는 내용이다. 여기에서 선량한 영웅은 운명이라는 엄청난 힘을 상대로 투쟁하지만 결국은 파멸하고 만다. 오이디푸스는 민주파의 이상적인 군주의 특징을 나타내고 있다. 그는 똑똑하고 성실하며 진리와 자유민을 사랑하고, 책임감이 넘쳤다. 그러나 비극적인 운명은 아무 잘못도 없는 그에게 조상의 죄값을 치르도록 했다. 오이디푸스는 격렬하게 반항할수록 더욱더 운명의 그물 속으로 빠져들었다. 그가 도시민들을 위해 재앙을 없애려고 할수록 오히려 그 자신은 점점 파멸에 가까이 갔다. 그의 파멸은 운명이란 불가항력을 가진 사악한 것임을 말해주며, 사회의 재난 앞에서 무력한 아테네 시민들의 비극적인 모습을 반영하고 있다.

이 이야기는 사람들의 마음을 흔드는 비극적인 힘이 있어서 서양 고대 문학과 현대 문학이 전달하고 싶어하는 기본적인 주제가 되었다. 오이디푸스라는 인물도 다양한 상징적인 의미를 내포한다.

환상의 동물인 스핑크스는 여자의 머리와 사자의 몸, 그리고 두 날개가 달린 것으로 묘사된다. 많은 그리스 조각과 도기에 등장하는데, 이는 그리스 문명이 근동과 에게해 문화에 영향을 받았음을 보여준다.

명언명구

◉ 순식간에 사라져 버리는 행복, 그것은 누구에게도 눈에 보이는 현상이 아니다. 당신의 운명, 그렇다. 당신의 운명은 함부로 행복하다고 말하지 말라고 경고하고 있다.

◉ 누군가 죄를 저지르는 상황에 처한다면, 누군가 정의의 신을 두려워하지 않고 신의 자리를 존경하지 않는다면, 누군가 부정한 방법으로 자신의 탐욕을 채우거나 억제할 수 없는 화로 건드려서는 안 될 것을 건드린다면, 그의 불운한 오만에 대한 복수로 액운이 그를 쓰러뜨리기를 바란다.

◉ 정직한 사람은 오랜 세월이 지나서야 알게 되나 나쁜 사람은 하루만 지나도 알 수 있다.

스핑크스의 수수께끼
소포클레스의 극 중 《오이디푸스 왕》은 처음에 무서운 장면이 펼쳐진다. 지혜로운 오이디푸스는 스핑크스의 수수께끼를 성공적으로 푼 후에 미망인 테베의 여왕과 결혼하여 국왕이 되었다.

　《오이디푸스 왕》은 소포클레스의 예술적 수준을 보여주며, 그리스 비극 예술이 얼마나 높은 경지에 도달했는지를 상징하고 있다. 작가는 처음부터 주요인물을 첨예한 갈등 속으로 몰아넣어 인물의 성격이 극명하게 드러나도록 했다. 이 책의 구성에서도 역시 소포클레스의 창의력이 돋보인다. 전체적인 줄거리는 복잡하지만 표현은 간략하면서도 조밀해서 장면마다 최대의 효과를 내고 있다. 그렇기 때문에 《오이디푸스 왕》은 고대 그리스 뿐 아니라 인류 희곡 예술의 전형이라고 해도 전혀 모자람이 없다.

라마야나

발미키 Valmiki

RABAYANA

작가 소개

《라마야나》는 세계적으로 유명한 인도의 양대 서사시 중 하나로, '최초의 시'라고 일컬어진다. 이 이야기는 대략 서기전 4세기에서 2세기 즈음에 만들어졌으며 작가는 발미키라고 전해진다. 그러나 당시에 이렇게 방대한 작품을 한 사람이 쓰기는 어려웠을 것으로 보인다. 초기 민간에서 구전되던 작품들을 수많은 가수와 시인들이 가공하고 정리했으며 마침내는 발미키에 의해 하나로 편찬한 것으로 추측된다.

◎ 배경 소개

브라만교와 힌두교의 경전이며 인도인의 성서인 《라마야나》는 《마하바라타》와 마찬가지로 우주의 통일성에 대한 인도인의 사상을 나타내고 있다. 천상과 인간계, 대지는 서로 통하는 것이고 신과 인간, 동물들 역시 상호 순환하는 것이며 영웅은 신과 본질적으로 동일하고 우주 전체가 삶과 죽음의 순환 관계에 있다는 것이다. 그래서 인간 세계는 신이 감독하는 하나의 거대한 인생이라는 무대인 것이다. 이 무대 위에서 각양각색의 인생드라마가 끊임없이 펼쳐지는 것이다. 그런데 《라마야나》는 《마하바라타》처럼 오래되지 않았다. 어떤 사람들은 《마하바라타》가 인도 서부의 원시적인 문화를, 《라마

라마신이 기절한 라마를 깨우는 장면

멘토 더듬

지롄린(季羨林)은 "자연미에 대한 감각과 열정으로 가득찬 묘사는 《라마야나》부터 시작됐다."고 말했다.
《신범어문학사》의 저자는 이렇게 말했다. "우리는 《라마야나》를 통해 자연미에 대한 찬란한 발전을 볼 수 있었다."

야나〉는 인도 동부의 진보된 문화를 반영했다고
생각한다. 문명의 진화라는 관점에서 볼 때 〈라마
야나〉는 일부일처제, 법제화된 가정관계 및 도덕
적 이상을 반영하고 있어서 〈마하바라타〉보다는
진보된 내용을 담고 있다. 문학적인 관점에서 볼
때 〈라마야나〉는 〈마하바라타〉처럼 비문화적인
부분을 많이 첨가하지 않았다. 〈라마야나〉는 시대
적으로 상당히 오래되었지만 그 가치는 아직도 지
대하다. 라마의 유배, 시타의 재난, 라바나의 몰
락, 시타의 구출과 라마의 복위라는 줄거리를 통
해 우리는 그 당시 사회와 정치의 모습을 엿볼 수
있다. 궁정 내부의 왕위를 둘러싼 음모, 라마를 비
롯한 여러 영웅들의 용감한 투쟁, 작가가 주장하
는 충효절제의(忠孝節悌義)의 봉건적 도덕사상, 남
성 중심의 가족제도, 제 1편 〈바라 칸다〉 6장에 나
오는 카스트 제도 및 카스트 계층 사이의 엄격한
구별 등 다양한 내용이 등장한다.

원숭이신 하누만의 석상
하늘을 나는 원숭이신 하누만은 라마를 도와 랑카국을 정벌한
다. 또한 다리를 만들어 바다를 건너서 라마의 아내 시타를
데려온다.

◎ 작품 감상

제 1편 〈바라 칸다〉에서는 발미키가 라마에게 들려주라며 두 학생
(나중에 라마의 쌍둥이 아들이라고 한다)에게 자신이 지은 장시(長
詩)를 가르쳐 준다. 그리고 라마의 이야기는 1편의 5장에서 두 아들
의 시 낭송으로 시작된다. 제 1편의 주요 내용은 라마의 출생과 결
혼에 관한 것이다. 라마는 다사라타왕이 신에게 제사 드린 후 얻은
아들이었다. 무예가 출중했던 라마는 이웃나라의 시타공주를 아내
로 맞이한다. 시타는 이웃 나라의 자나카왕이 밭을 개간하다 고랑
에서 발견(시타가 고랑이라는 뜻)한 아이로, 그녀의 어머니는 대지이

관련링크 2천여 년 동안 〈라마
야나〉는 각종 번역본, 개작본과 함께
인도 각지에서 널리 유행했으며 인도
사회 각 분야에 깊은 영향을 끼쳤다.
문학적으로, 특히 장편서사시로 볼 때
후대 작가들의 모범이자 소재의 원천
이 되었다. 인도 밖에서도 이 책은 힌
두교와 불교 신자들의 손에 의해 남
아시아와 동아시아 각지로 전파되었으
며 심지어는 육로를 통해 몽골과
중국의 서장, 신장 지역까지 전달되었
다. 서사시 속에 나오는 많은 이야기는
15, 16세기 서아시아로 전파되었으
며 다시 유럽의 각종 문자로 번역
되어 서양학자들의 안목을 넓혀주었으
며 수많은 학자들이 현재 이 책을
연구하고 있다.

고 아버지는 자나카왕이다. 제 2편 〈아요디아 칸다〉에서는 십 년간 왕궁에서 벌어지는 불화와 라마의 유배에 대해 내용이 나온다. 늙은 다사라타왕은 라마를 태자로 결정하지만 시녀의 감언이설에 넘어간 그의 둘째 왕비 카이케이가 예전에 왕이 자신에게 은혜를 베풀겠다고 한 약속을 빌미삼아 라마를 14년간 유배시키고 자신의 아들 바라타를 왕으로 세우도록 고집한다. 고통스런 결정을 내린 다사라타왕은 얼마 후 세상을 떠난다. 라마가 쫓겨난 후 어머니의 잘못을 알게 된 라마의 동생 바라다가 찾아온다. 라마는 부친의 명령을 계속 이행하기를 원하고 결국 바라다는 라마에게서 증표로 받은 짚신을 모셔놓고 14년간 나라를 다스린다.

제 3편부터 6편까지는 라마부부와 라마의 동생 락슈마나가 숲으로 유배된 후, 불행히도 시타가 락샤사(초능력을 가진 악마)들의 왕 라바나에게 잡혀 라마형제가 그녀를 찾아나서는 이야기이다. 나중에 라마는 원숭이왕의 도움으로 왕위를 되찾고 연맹을 결성한다. 원숭이왕 하누만은 시타가 잡혀있는 마귀의 궁을 살펴보고 원숭이들은 랑카국을 정벌하려는 라마군대를 위해 바다를 건널 수 있는 다리를 만들어준다. 라마는 악마들의 왕 라바나를 무찌르고 마귀의 궁에서 시타를 구해 귀환한다.

돌아온 라마가 즉위한 후, 나라는 태평해졌고 시는 여기에서 끝난다. 제 7편은 나중에 덧붙인 것으로 보이는데 7편에서 라마의 이미지는 봉건 군주제의 폭군으로 변한다. 라마가 즉위한 후 몇 년이 지나, 라마는 마귀의 궁에 있었을 때 시타가 정절을 지키지 못했을 것이라고 의심하여 그녀를 쫓아버린다. 십 몇 년이 지난 후에도 시타의 억울한 누명은 벗겨지지 못하고 결국 시타는 대지의 어머니에게 도움을 청한다. 그러자 대지가 갈라지고 시타는 그 안으로 뛰어든다. 작품의 결말 부분에는 모두가 천국에서 다시 만나는 것으로 끝난다.

《라마야나》는 왕궁 내의 왕위를 둘러싼 음모와 라마와 같은 영웅이 폭력에 대항하는 투쟁을 상세히 얘기하면서도 당시 사람들이 원하고 있고 역사의 발전 흐름에 맞는 진보적인 정치적 주장을 전달했다. 또한 충, 효, 절, 제, 의와 같은 작가의 도덕관념과 카스트제도 사상을 널리 알렸다.

이 서사시는 각양각색의 전형적인 이미지를 성공적으로 만들어내고 있다. 특히 현명하고 정숙하며 지조 있는 여성의 이미지를 대표하는 시타는 지금까지도 인도인들의 존경과 사랑을 받고 있다. 원숭이 왕 하누만 역시 사람들이 좋아하는 인물이며 지금도 인도의 농촌에 가면 그의 조각상을 볼 수 있다. 그 외에도 다채롭고 빼어난 배경묘사와 적절하면서도 아름다운 수식도 빼어난 부분이다. 작품 구조는 상당히 복잡하면서도 질서가 있고 스타일은 소박하면서도 간결하다.

라마와 시타가 만난 후 함께 발미키를 방문하는 모습

겐지모노가타리

무라사키 시키부 Murasaki Shikibu

TALE OF GENJI

작가 소개

《겐지모노가타리》의 작가 무라사키 시키부(약 973~1014)는 일본 여류작가이자 가수였으나 본명은 알 수 없다. 무라사키 시키부는 문인 집안에서 태어났으며 그녀의 부친 후지와라 다메토키는 낮은 지방관을 지냈으나 유명한 중국 문학자로 와카(일본에서 옛날부터 내려온 정형의 노래, 일본 고유의 시)에 능했다. 무라사키 시키부는 어려서부터 아버지 밑에서 중국 시와 와카를 배웠기 때문에 중국 고전을 능숙하게 읽었고 악기와 회화에도 능했다. 22살 때 그녀는 자신보다 20여 살이 많고 이미 처자식까지 있는 지방관 후지와라 노부다가와 결혼했다. 그녀는 결혼 생활 동안 일부다처제의 생활이 어떤 것인지 몸소 체험하게 되었다. 결혼 3년 뒤, 남편이 세상을 떠났다. 과부로 지내던 동안 《겐지모노가타리》를 써서 이름이 널리 알려지게 되어 고관 후지와라 미치나가의 중용을 받게 되었다. 칸코우(寬弘) 2년에서 3년 사이(1005~1006)에 후지와라 미치나가의 딸이자 천황의 황후인 쇼시(彰子)의 궁녀로 궁으로 들어가게 되었으며, 그곳에서 그녀는 《일본서기(日本書紀)》와 《백씨문집(白氏文集)》 등 고서를 가르쳤다. 관직명이 시키부에서 나중에 무라사키 시키부로 이름을 바꾸었다. 전해오는 말로는 무라사키는 《겐지모노가타리》에 나오는 여주인공의 이름에서, 시키부는 아버지의 관직명 '식부승(式部丞)'에서 따온 것이라고 한다. 그녀는 1013년 궁을 떠났다. 《겐지모노가타리》는 그녀가 죽기 전에 책으로 만들어졌다. 이 책은 일본 고전문학의 최고봉으로 꼽힌다. 그 밖에도 그녀는 《무라사키시키부 일기》, 《무라사키시키부집》과 같은 작품을 남겼다.

◎ 배경 소개

《겐지모노가타리(약 1004~1009)》는 장르로 봤을 때 일본 10세기 전후에 형성된 '소시(草子)' 문학에 속한다. 소시문학은 두 가지 의미가 있는데 하나는 가나(假名:일본 자모)로 쓴 모노가타리, 수필, 일기 등의 산문을 말하며 한자로 쓴 문학 작품과는 구별된다. 또 다른 의미는 일본 중세와 근세 문학 사이에 존재하던 군중의 읽을거리로, 삽화가 들어간 소설을 말하며 주로 단편이 많았다.

첫 번째 의미에서의 모노가타리, 일기, 수필이 민간의 언어와 결합되어서 일본민족의 특징과 문학적인 맛이 담긴 새로운 산문으로 발전한 무라사키 시키부의 《겐지모노가타리》의 탄생은 문학 형식의 성숙을 보여주는 상징적인 의미를 지니고 있다.

문학 키워드

모노가타리(物語)
일본의 헤이안 시대에 일본 문인 가나(假名)가 사용되면서 자신의 생각이나 기분을 자유롭게 표현할 수 있는 와카(일본 고유의 노래), 하이쿠(일본의 시 형태), 일기, 수필, 소설(모노가타리) 등이 표출되기에 이른다. 특히 모노가타리(일본의 소설)는 여성들의 애정소설로 자리잡게 되었다.

무라사키 시키부상

《겐지모노가타리》는 후지와라 미치나가의 섭정 하에 있던 헤이안시대 귀족사회의 흥성과 쇠퇴의 전환기를 그 배경으로 하고 있다. 소설은 귀족 사회 내부에서 벌어지는 서로 속고 속이는 권력 투쟁을 예술적으로 재현했으며 귀족 통치 계급의 부패와 악행, 붕괴될 수밖에 없는 시대적 흐름을 나타냈다. 그래서 이 책은 노예 사회에서 봉건 사회로 전환하던 시대의 흐름을 보여주는 역사 화보라고 할 수 있다.

겐지모노가타리 그림책과 초기판본

◎ 작품 감상

《겐지모노가타리》는 총 54회로 전, 후반부로 나뉘어져 있다. 전반부는 41회까지며 겐지모노가타리의 이야기를 다루고 있다. 겐지는 원래 기리쓰보 천황과 그의 애첩 사이에 태어난 아들이었다. 황태

명언명구

{ ● 세상에는 많은 여자들이 있
지만 완벽하게 아름다운 규수는
많지 않다는 것을 알게 되었다.
외모가 우아하고 아름다운 편지
를 잘 쓰며 사교에도 능한 사람은
많다. 그러나 다양한 방면에서 모두
훌륭한 여자는 정말 많지 않다.
그런데 조금 안다고 해서 크게
떠들며 남을 경시하는 여자는
오히려 많다. }

자에 대한 기리쓰보 천황의 사랑은 극진했다. 그러나 천황은 어머
니가 죽고 기댈 곳이 없던 아들이 마음 편하게 살 수 있도록 신하
로 강등시키고 겐지라는 이름을 하사했다. 뛰어난 외모에다 모든
분야에 다재다능한 인물로 자란 겐지는 천황의 사랑을 듬뿍 받았
으며 천황은 그를 좌대신의 딸 아오이누우에와 결혼시켰다. 그러
나 그녀를 사랑하지 않았던 겐지는 점차 다른 귀족 집안의 여자들
에게 관심을 갖게 되었고 그는 자신의 재능과 특권으로 20여 명에
달하는 여자와 사귀었다. 얼마 뒤 그는 천황의 새로운 황비 후지쓰
보와 몰래 만나다 아들까지 낳게 되었다. 아이의 이름은 레제(冷泉)
로 지어졌다. 천황은 그 사실을 모른 채 레제를 태자로 삼고 겐지
도 근위대장의 자리까지 오른다. 기리쓰보 천황이 죽은 후 겐지의
이복형제가 왕위를 이어받는데 그가 바로 스자쿠 천황이다. 입지
가 좁아진 겐지는 결국 시골로 쫓겨났지만 얼마 지나지 않아 스자
쿠 천황은 병으로 물러나고 레제 천황(겐지와 후지쓰보의 사생아)이 등
극했다. 레제 천황은 상(喪)중에 자신의 생부가 겐지임을 알게 되고
그때부터 겐지는 다시 권력을 잡으면서 부귀영화를 누리게 되었
다. 그는 자신을 위해 화려한 육조원(六條院)을 지어 과거 자신과 인
연을 맺었던 여인들을 불러 즐겁게 지냈다.

만년에 이르러 겐지는 자신의 권세를 유지하기 위해 스자쿠 천
황의 딸 온나산노미야를 아내로 맞이한다. 그러나 누가 알았으랴,
온나산노미야가 아오이누우에의 조카 가시와라와 사통하여 아이
를 낳은 줄을! 아이의 이름은 가오루였다. 상심한 겐지는 그것이
자신의 업보라고 생각했다. 얼마 후 사랑하던 아내가 죽자 세상에
대한 모든 기대가 사라져버린 겐지는 인생의 무상함을 통감하며
불가에 귀의한다.

원래 소설은 42회에서 끝이 나고 뒤에 나오는 십여 편의 이야기
는 겐지의 아들 가오루와 우지의 여자들, 소녀 우키후네 사이의 애

정과 갈등을 담고 있다. 가오루는 하치노미야의 큰 딸 오이기미를 좋아했지만 그녀가 일찍 세상을 떠나버리자 가오루는 비통해 했다. 그는 하치노미야의 사생아인 소녀 우키후네의 생김새가 죽은 오이기미와 닮은 것을 알고 그녀에게 애정을 품는다. 그러나 불행히도 우키후네는 다른 남자에게 모욕을 당하고 두 남자 사이에서 벗어나지 못한 우키후네는 결국은 자살을 시도한다. 사람들이 제때 그녀를 구해냈지만 그녀는 더 이상 인간 세상에 미련을 두지 않고 출가하기로 결심한다. 가오루가 여러 차례 우키후네를 만나려고 시도했지만 우키후네는 끝내 거절했다.

독서 지도와 논술 지도

《겐지모노가타리》는 총 54회에 백만 자가 넘는 대작이다. 이야기는 3대, 70여 년 동안 4백여 명의 인물이 등장한다. 그 가운데 가장 인상 깊은 인물은 20~30명 정도이다. 등장인물들은 주로 귀족이

유기리가 편지를 읽고 있을 때 그의 아내가 뒤에 몰래 서 있었다. 그 편지는 유기리가 마음에 두고 있는 여자의 어머니한테서 온 것이었다. 소설에서 그의 아내는 유기리의 손으로 가려지지 않은 부분을 훔쳐봤다. 그의 아내가 말했다. "그렇게 궁금하다면 보시오. 이게 연애편지라도 되는 줄 아오? 이게 당신이 생각하고 있던 그런 편지란 말이오?" 유기리는 목적을 달성했고 무라사키 시키부는 이렇게 썼다. '그는 가려진 부분을 보이고 싶지 않았고 그의 아내도 직접 그 편지를 읽어볼 수 없었다.'

관련링크 《겐지모노가타리》를 중국의 《홍루몽》과 비교한다면 중국의 《삼국연의》와 비교될 만한 일본고전문학은 《헤이케모노가타리》라 할 수 있다. 《헤이케모노가타리》는 헤이케와 겐지 두 집안 간의 원한과 권력투쟁을 그리고 있다. 12세기 중엽 점차 세력을 확장했던 헤이케(다이라)씨 가문 부르기도 함) 집안은 1167년 다이라노 기요모리(平淸盛)가 태정관이 되면서 최고 권력을 장악하게 된다. 다이라노 기요모리의 통치하에 다이라씨 일족의 세력은 최고조에 달하고 '평생에 다이라씨가 아니면 헛된 삶이나 마찬가지다'라는 말까지 있을 정도였다. 그러나 기요모리의 독재정치는 사람들의 불만을 가져왔고 결국 미나모토 요리토모를 선두로 하는 겐지 일가가 헤이케에 대항하는 전쟁을 일으켰다. 이것이 바로 '겐뻬이 전쟁'이며 전쟁의 봉화는 전국에 퍼졌다. 1181년 기요모리가 세상을 떠나면서 헤이케의 세력은 급격하게 쇠퇴한다. 그리고 1185년 단노우라 해전(壇之浦)에서 패한 헤이케 집안은 멸망한다. 가마쿠라(1192~1333)시대 널리 유행했던 이 이야기는 언제, 누구에 의해 만들어졌는지는 알 수 없다. 이 이야기는 '독서'의 형식이 아닌 비파 연주와 함께 진행되는 '설창'의 형태로 민간에 구전되었다.

〈겐지모노가타리〉 병풍화

며 궁녀, 평민도 등장한다. 이 책은 헤이안 시대의 사회상을 반영하고 있으며 귀족들 사이의 치열한 권력 투쟁을 적나라하게 나타내고 있다. 전체 이야기 구조로 볼 때 전반부는 겐지와 여러 여자들의 애정이야기이며 후반부는 겐지의 아들 가오루가 주인공으로 등장하는 복잡한 남녀 사이의 이야기가 나온다.

장르로 볼 때 이 책은 중국 당대의 전기(傳奇), 송대의 화본(話本)과 유사하지만 문장이 우아하고 산문적인 멋이 나며 한시와 《예기》, 《전국책》, 《사기》, 《한서》 등의 중국고전을 다량 인용하고 있어 중국 고전 문학의 분위기가 짙게 묻어난다. 그렇기 때문에 이 책을 읽는 중국 독자들은 강한 친밀감을 느낄 수 있을 것이다. 그리고 《홍루몽》처럼 등장인물들이 대부분 황족이어서 그 배경이 일본 귀족계층이기는 하지만 애정생활에 대한 묘사는 《홍루몽》과 비슷한 묘미

알아두면

《겐지모노가타리》는 일본 작가들에게 많은 영향을 끼쳤다. 일본의 노벨문학상 수상자 오에 겐자부로는 수상식 후에 열린 연회에서 자신의 성공 비결은 서양문학에서 배운 기교를 가지고 '문학 속에 민족성을 표현' 했기 때문이라고 강조했다. 사실 예전에 그는 일본 고전 《겐지모노가타리》에 대해 별다른 흥미가 없다고 말했다. 그러나 지금 그는 '《겐지모노가타리》를 재발견했다' 고 말하고 있으며 그의 창작에서도 이런 변화된 모습을 확실히 느낄 수 있다.

가 있다. 그래서 이 이야기는 일본의 《홍루몽》이라고 한다.

《겐지모노가타리》는 겐지와 여러 여자들의 이미지를 잘 빚어냈으면서도 그들의 이미지를 통해서 일본 민족이 보편적으로 가진 심미주의를 잘 반영하고 있다. 겐지는 천황의 아들로 태어났지만 부득이하게 신하의 지위로 강등되고 세상이 놀랄 만한 재능을 가졌지만 벼슬길에 나설 마음이 없는 인물이다. 무라사키 노우에를 지독히도 사랑하지만 끊임없이 바람을 피웠으며, 세상의 풍류를 즐겼지만 결국에는 승려가 되어버린다. 그의 일생은 많은 모순과 고뇌로 가득하다. 작가는 그런 삶을 벗어날 수 없는 모순과 머릿속에서 일어나는 끊임없는 충돌을 이용하여 삶의 고통과 슬픔을 설명했으며 그것은 바로 사람을 슬프게 하는 작가의 미학이 되었다. 작가는 자신의 관점들을 설명하기 위해 '인생무상'이라든지 '사대개공(四大皆空 '세상의 모든 현상은 공허하다'라는 뜻)과 같은 불교정신을 이용했다. 이런 관점들이 뚜렷하게 나타나지는 않았지만 이 책에 나오는 전통미학은 지금까지도 후대 작가들에 의해 계승되어 발전되고 있으며 일본문학의 민족화에 중요한 요소가 되었다.

《겐지모노가타리》는 대부분의 일본 가정에 상비되어 있는 불후의 국민문학이며 세계문학사의 이정표라고 할 수 있다. 11세기에 탄생한 이 작품은 일본 문학의 위대한 고전으로서 일본문학 발전에 지대한 영향을 끼쳤다. 지금까지도 《겐지모노가타리》는 일본 작가들의 영감의 원천이다. 또한 《겐지모노가타리》는 세계문학사상 최초의 장편 소설이다. 그래서 이 작품은 일본문학뿐 아니라 세계문학에 있어서도 특별한 의미가 있는 것이다.

신곡

작가 소개

이탈리아 시인 단테(1265~1321)는 중세에서 근대 자본주의로 넘어가는 과도기 시대에 활동하던 유럽문학의 거장이자 이탈리아 르네상스의 선구자였다. 1265년 5월 단테는 이탈리아 피렌체의 존경받는 귀족집안에서 태어났다. 어려서 모친을 여의었고 18세 때 부친마저 세상을 떠났다. 그러나 단테는 좋은 교육을 받으며 자랐다. 어려서부터 시를 좋아했던 단테는 한때 유명한 학자를 스승으로 모시고 라틴어와 고대문학을 배웠으며 특히 고대 로마시대의 시인 베길리우스를 존경해서 그를 자신의 정신적인 지도자로 여겼다. 젊은 시절 피렌체의 정치활동에도 참여했던 단테는 한 때 공직에 몸을 담기도 했다. 또한 기벨린당 Ghibellines의 칸바르디노 전투에 참여하기도 했다. 1302년 그는 교황 반대와 정치적 이유로 재산을 몰수당하고 추방당했다. 그 후 약 20년 동안 단테는 고향에 돌아가려고 많은 노력을 했지만 결실을 맺지 못하고 결국 타향에서 객사했다. 1370년 경, 타지를 떠돌던 가장 고통스러운 시기에 단테는 〈신곡〉을 쓰기 시작했다. 이 작품은 그가 오랫동안 구상해 왔던 대작으로 단테의 대표작이다. 단테의 다른 작품으로는 〈향연〉, 〈속어론 De Vuigari Eloquentia〉 등이 있다.

◎ 작품 배경

소년 시절 단테는 한 연회에서 아름답고 청순한 아가씨 베아트리체를 만나게 되었다. 그녀를 몹시 좋아하게 된 단테는 연회가 끝난 뒤에도 기회가 되면 그녀를 만나러 갔다. 나이가 들어가면서 베아트리체에 대한 단테의 마음은 점점 기사도 정신에 가까운 사랑으로 변해갔다. 그 사랑은 단테에게 신기한 힘을 주었고 이후 그의 창작활동에도 깊은 영향을 주었다. 그는 그녀를 위해 서정적인 시도 썼다. 그러나 불행히도 베아트리체는 은행가와 결혼을 했고 얼마 못가 죽고 말았다. 그녀의 죽음에 너무나 고통스러워하던 단테는 1283년부터 써왔던 베아트리체를 위한 서정시를 모아, 산문으로 연결시킨 《신생》을 내놓았다. 시 속에서 단테는 순결한 사랑을 추구했으며 베아트리체를 하늘이 그의 영혼을 구원하기 위해 보낸 천사이자 신적인 여성이라고 보았다. 그 후 단테의 작품에서 베아트리체는 이상적인 인물을 상징하며 《신곡》에서도 단테를 천국으로 인도하는 천사로 나온다.

단테와 그가 평생을 두고 사랑했던 베아트리체가 '옛 다리'에서 만나는 장면
베아트리체는 단테의 작품에서 신화적인 여성으로 나오며 《신곡》에서도 단테를 '천국'으로 인도한다.

단테가 《신곡》을 쓸 무렵 이탈리아는 분열 상태에 있었다. 단테는 자신이 《신곡》을 쓴 목적을 "이 세상에 살고 있는 사람들을 비참한 운명에서 벗어나 행복한 곳으로 인도하기 위함이다"라고 했다. 확실히 단테는 이 작품을 통해 이탈리아 민족이 나아갈 방향을 찾고자 했으며 조국의 평화로운 통일과 백성들의 안녕을 갈구했다. 이러한 그의 이상과 희망이 작품 속에 고스란히 나타나 있다.

◎ 작품 감상

오랜 구상을 거친 끝에 단테는 《신곡》을 쓰기 시작했다. 《신곡》을 쓴 날짜는 정확히 알 수 없지만 문학 역사가들의 고증에 따르면 약 1307년 전에 글을 쓰기 시작해서 1313년 경 『지옥』, 『연옥』을 완성했으며 『천국』은 단테가 세상을 떠나기 얼마 전에 탈고한 것으로 보고 있다. 이 작품이 탄생하기까지 장장 10여 년의 시간이 걸린 것이다.

《신곡》은 중세 문학 특유의 환상 여행 형식을 따르고 있으며 단테는 자신을 주인공으로, 살아있는 자신이 황천-죽은 자의 왕국으로 떠나는 여행을 가상으로 그리고 있다.

전체 시는 『지옥』, 『연옥』, 『천국』으로 나뉜다.

시 속에서 단테는 '인생의 여정 도중', 1300년 4월 7일 단테 나이 35세이던 부활절 날 우연히 암흑의 숲 속에서 길을 잃었다. 잘못된 길을 따라 나가던 단테는 희미하게 날이 밝아올 무렵 햇빛이 가득한 작은 산 아래에 도착했다. 그는 산꼭대기를 향해 똑바로 올라가다가 갑자기 달려오는 세 마리 맹수(각각 음욕, 폭력, 탐욕을 상징하는 표범, 사자, 이리)를 만나게 되었다. 단테는 큰 소리로 도와달라고 소리쳤다. 그때 고대 로마의 시인 베길리우스가 갑자기 나타났다. 그는 베아트리체의 부탁으로 단테가 길을 찾을 수 있도록 도와주고 지옥과 연옥으로의 여행을 안내했다.

지옥은 총 9층으로 나눠져 있는데 위는 넓고 아래는 좁은 깔때기 모양으로 지구 중심까지 닿아있었다. 죄인의 영혼에게는 생전에 지은 죄의 경중에 따라 들어갈 지옥의 층이 정해졌고 그에 맞는 벌을 받았다. 죄가 무거울수록 아래층에 들어가게 되었다. 그 중 첫 번째 층에는 판결 대기실로, 예수보다 일찍 태어나 세례를 받은 적이 없던 고대 이교도들이 그곳에서 하느님의 심판을 기다리고 있었다. 나머지 8개 층은 죄인의 영혼이 생전에 저질렀던 죄악(탐색貪色, 탐식, 분개, 사이비 신봉, 폭력, 사기, 배반)에 따라 서로 다른 형벌을 받고 있었다. 단테는 기독교 관념에 따라 탐색, 탐식, 분개와 이교

명사 멘토

세계문학사에서 단테의 위치에 대해 엥겔스는 "이탈리아는 첫 번째 자본주의 민족이다. 중세 봉건시대의 마지막과 현대 자본주의 기원의 발단은 한 위대한 인물로 상징된다. 이 인물이 바로 이탈리아인 단테이다. 그는 중세기 최후의 시인이면서 동시에 현시대 최초의 시인이다."라고 했다. 그리고 독일의 대문호 괴테는 《신곡》을 보고나서 단테의 예술적 재능이 동시대의 화가 지오토 Giotto와 같다고 평가했다. "조형감을 가진 천재이기에 상상력의 눈빛을 이용하여 사물을 분명하게 볼 수 있고 그래서 선명한 윤곽을 그려낼 수 있었던 것이다. 제 아무리 가장 흐리고 가장 기이한 사물이라 하더라도 그가 묘사하면 모두 눈 앞에 있는 현실속의 사물처럼 보인다."

1497년 출판된 라틴어판 〈신곡〉

도 신봉이 무거운 범죄라고 보았으며 그래서 이러한 죄를 지은 자들이 지옥에서 고통을 받는 것으로 그렸다. 그러나 그는 사회의 각종 악행을 저지르는 사람을 더 나쁘게 생각해서 지옥의 하층부에 두었다. 예를 들면 8층에는 매춘과 간통을 한 자, 아첨한 자, 탐관오리, 성직 매매를 한 자, 점술가, 고리대금업자, 사기꾼, 도둑, 사람을 유인해 죄를 짓게 하는 자, 이간질 하는 자, 무고한 사람을 해한 자, 위조한 자와 로마 교황이 벌을 받았다. 9층에서는 매국노가 벌을 받았는데 단테는 그들을 가장 미워했다.

지옥 여행이 끝나자 베길리우스는 단테를 데리고 지구의 중심을 통과하고 구불구불한 작은 동굴을 지나 순수한 연옥의 산에 도착했다. 그 산은 바다 위에 곧게 서 있었다.

연옥은 모두 7개층으로 나뉘는데 연옥의 산과 지상낙원까지 합하면 모두 9층이었다. 생전에 죄를 지었지만 그 정도가 경미하고 이미 후회를 하고 있는 영혼들이 7대 죄과(오만, 질투, 분노, 태만, 재산을 탐하는 것, 식탐, 색을 탐하는 것)에 따라 이곳에서 수련을 했다. 그런 후에 한층 한층 천국을 향해 올라가는 것이다. 가는 도중 단테는 여러 가지 죄악이 정죄(죄값을 치르거나 씻는 것)되는 것을 보았다. 2층에 있던 남을 부러워하던 죄인은 철사로 두 눈을 꿰맸다. 6층에서는 먹는 것에 욕심이 많았던 죄인의 눈앞에 수많은 산해진미와 과일의 환상이 나타났다 사라졌다. 연옥의 산 정상의 지상낙원에 도착하자 베길리우스는 사라지고 성녀 베아트리체가 나타났다.

베아트리체는 죄악의 숲에서 길을 잃어버린 단테를 질책하며 그

관련링크 《데카메론》 이탈리아 근대 문예 평론가 데 상티스는 《데카메론》을 단테의 《신곡》에 비유하면서 《인곡(人曲)》이라고 했다. 관련 내용은 보카치오의 《데카메론》을 참조.

《인간 희극》 프랑스 작가 발자크가 쓴 《인간 희극》의 원래 이름은 《사회연구》였으나 1842년 단테의 《신곡》에서 말하는 '신의 희극'에서 영향을 받아 이름을 바꾸었다. 관련 내용은 발자크의 《고리오 영감》을 참조.

가 참회하기를 바랐다. 그녀는 그에게 교회가 저지르는 갖가지 부패의 모습을 환영으로 보여준 후 과거의 잘못을 잊어버리고 새로운 삶을 얻을 수 있는 물을 마시게 했다. 그런 다음 베아트리체는 단테를 천국으로 안내했다. 그곳은 행복한 영혼들이 사는 곳으로 선을 행한 자, 경건한 교사, 공덕을 세운 자, 철학자, 신학자, 순교자, 정직한 군주, 수도사, 예수와 여러 천사들이 살고 있었다. 그곳에서도 가장 좋은 곳은 하느님과 천국에서 행복을 누리는 영혼이 살고 있었다. 단테는 하느님의 모습을 보려고 했지만 하느님의 이미지는 빛처럼 빛나더니 순식간에 사라져버렸다. 그리고 단테의 환상도 《신곡》과 함께 거기서 멈췄다.

독서 지도와 논술 지도

《신곡》은 은유와 상징이 가득한 작품이면서도 분명한 현실성과 정치 성향을 가진 작품이다. 그래서 《신곡》에는 신학과 장황한 철학적 지식이 많이 들어있어서 이해하기 힘든 부분이 많고 신비적인 색채가 진하다.

작품 곳곳에서 중세 종교 신학과 이론학의 흔적이 엿보인다. 예를 들어, 《신곡》은 총 3편으로 구성되어 있는데 매 편마다 각각 33장으로 되어 있고 천국과 지옥, 연옥이 서문까지 총 100장으로 10의 배수로 구성되어 있는데 이것은 중세기 종교 신학에서 신비의 숫자 '3'과 '10'을 숭배하는 것과 맞아떨어진다. 시 속에 나오는 인물이나 이미지에도 상징적인 의미가 진하게 나타난다. 예를 들면 베길리우스는 이성과 철학을, 베아트리체는 신앙과 신학을 상징한다. 베길리우스가 단테를 지옥과 연옥으로 안내하는 것은 이성과 철학을 빌어 최악의 결과를 인식하게 하고 자신을 새롭게 고치도록 한다는 것을 의미한다. 작가가 세 가지 세계를 여행하는 이

지옥의 단테와 베길리우스(들라크루아, 프랑스)
이 그림은 《신곡》의 〈지옥〉 중의 한 부분을 묘사한 것으로 단테(빨간 두건을 쓴 남자)가 베길리우스와
함께 작은 배를 타고 지옥의 호수를 건너는데 영원한 징벌을 받고 있는 망자들이 작은 배에 기어오르려
고 하는 모습을 표현했다.

야기를 구상한 목적은 사람들에게 종교 철학에 맞는 삶을 통해 암
흑으로부터 벗어나 광명의 길로 나올 수 있도록 인도하기 위함이
었다. 그러나 동시에 《신곡》은 강한 현실성과 분명한 정치적 성향
을 나타내고 있다. 이 장편의 시는 중대한 사회정치 문제들을 언급
하고 있으며 당시 이탈리아 정치사회와 문화의 상황을 광범위하게
반영하였을 뿐 아니라 백과사전 같은 성격도 가지고 있다. 또한 단

테 본인의 정치 성향도 잘 드러나 있다. 시 속에 나오는 반봉건, 반교회 성향과 조국 통일을 갈망하는 애국주의 열정은 작품에 현실적 의미를 집중적으로 반영한 결과이다. 예를 들어 시인은 분열과 혼란을 초래한 사람들을 유난히 미워했다. 그는 또한 그 모든 혼란이 역대 로마 교황들의 짓이라는 것을 잘 알았기 때문에 작품에서 로마 교황들, 특히 보나파티우스 8세에 대해 맹렬하게 비판하고 세속정권을 노리는 그들의 야심을 폭로했다. 심지어 시 속에서 시인은 그 당시에 아직 죽지 않은 보나파티우스 8세가 지옥에 갈 것이며 그곳에서 그는 돌구멍 속에서 거꾸로 매달린 채 화형당하는

신곡을 소개하는 단테

형벌을 받을 것이라고 예언했다. 그의 생각은 국민들의 반봉건, 반교회 정서와 일치하는 것이어서 상당히 진보적이었다.

《신곡》은 예술적으로 높은 평가를 받고 있다. 《신곡》의 구성은 총 3부이며 각 부의 시도 다 비슷하게 배치하여 구조가 엄격하면서도 묘한 일치를 보이고 있다. 균형 있고 정갈한 구성은 문학사에서 높은 평가를 받고 있다. 《신곡》에서 빚어낸 인물의 이미지도 개성이 뚜렷하고 생동감이 넘쳐 깊은 인상을 준다. 그리고 《신곡》은 당시 이탈리아 작가들이 주로 쓰던 라틴어, 프랑스어, 프로방스어로 된 것이 아니라 이탈리아 사람들이 자주 쓰는 언어인 이탈리아 속어로 만들어졌다. 이것은 이탈리아 문학 언어와 민족 언어의 형식 및 발전에 지대한 영향을 끼쳤으며 이로 인해 단테는 이탈리아 최고의 민족 시인이 되었다.

《신곡》은 완성된 이후에도 줄곧 사람들의 추앙을 받아왔으며 사람들은 책의 원래 이름에 '신성'이라는 글자를 덧붙이기까지 했는데 이는 《신곡》이라는 작품이 세상 사람들의 마음 속에 어떤 위치를 차지하고 있는지를 말해주는 것이다. 수많은 작가들이 《신곡》을 통해 예술의 영양분을 섭취하였으므로 이 작품은 대단한 세계 명작임이 틀림없다.

데카메론

보카치오 Giovanni Boccaccio

DECAMERON

작가 소개

이탈리아 작가 보카치오(1313~1375)는 14세기 유명한 인문주의자이자 이탈리아 르네상스의 선구자였다. 그는 피렌체의 한 상인의 사생아로 태어났으며 어려서부터 상인들과 소시민들에게 둘러싸여 자랐다. 그래서 시민계층에 대해 생각이 남달랐다. 문학을 사랑했고 다재다능했던 그는 그리스 문학에 능통한 최초의 이탈리아 인문주의자였다. 그는 전기, 서사시, 14행시, 단편집, 논문 등의 작품을 남겼다. 그 중 《필로콜로》, 《아메타》, 《피아메타》, 장편시 《테세이데》, 《필로스트라토》, 《사랑스런 환영》, 《피에솔레의 요정》과 같은 작품들은 중세 전통 관념과 기사문학의 흔적을 엿볼 수 있는 작품이다. 그의 작품은 삶에 대한 열정과 행복에 대한 추구가 가득하며 금욕주의를 질타하고 열정으로 가득찬 인물의 심리 상태에 대한 묘사가 특히 뛰어났다. 보카치오의 최고 작품은 이야기집 《데카메론》(1348~1353)이며 만년에는 《단테전》 등을 남겼다.

보카치오, 이탈리아 작가, 인문학자. 작품으로는 《데카메론》, 《단테전》이 있음.

◎ 배경 소개

1348년 이탈리아 피렌체에 엄청난 전염병이 돌았다. 매일 수많은 시체들이 성 밖으로 운반됐다. 3월부터 7월까지 병으로 죽은 사람이 10만 명을 넘었으며 화려하고 번화했던 피렌체는 곳곳이 무덤으로 변해갔고 거리에는 시체가 나뒹굴어 차마 눈뜨고 보기 힘들 정도로 참혹했다. 전염병의 창궐은 당시 이탈리아의 위대한 작가 보카치오에게 큰 영향을 미쳤다. 인류의 재난을 기억하기 위해 그는 전염병을 배경으로 이탈리아에서 가장 유명한 단편 소설집 《데카메론》을 썼다.

이 소설이 《데카메론》('10일간의 이야기'라는 뜻)이라고 붙여진 이유는 다음과 같다. 이 작품에는 아름답고 부유하며 교양 있는 7명의 아가씨와 준수하고 열정이 넘치는 3명의 젊은이가 등장하는데 이들은 전염병을 피해 교외의 산속으로 피신하게 된다. 그들은 그곳에서 지내는 10일 동안 매일 한 사람씩 돌아가면서 재미있는 이야기를 하기로 하고 그렇게 해서 그들은 어렵고 힘든 시간을 즐겁게 견뎌낼 수 있었다. 그때 나온 100가지 이야기를 한데 묶었다 해서 《데카메론》이라는 이름이 된 것이다.

◎ 작품 감상

《데카메론》은 총 백 가지의 짧은 단편으로 이루어져 있으나 각각의 이야기 사이에 어떤 논리적인 관계가 있는 것은 아니다. 그렇지만 이 100가지의 이야기를 몇 가지 큰 주제로 나누어 살펴보자.

첫째, 당시 사상계를 통치하던 가톨릭교회를 풍자하고 폭로한 이야기이다. 《데카메론》의 처음에 나오는 이야기들은 모두 당시 대단한 권세를 누리고 있던 가톨릭교회에 대한 풍자를 그 소재로 하고 있는데 예를 들어 첫째 날 두 번째 이야기 '지노 개종을 권하다'에서는 지노라는 기독교도가 유대인 장사꾼에게 유대교를 버리고 기독교로 개종하라고 권하는 내용이다. 그러나 개종을 권유 받은 이 유대인은 로마교회의 파렴치하고 사악한 모습을 너무나 잘 꿰뚫고 있어서 지노의 제안을 거절한다.

1340년 나폴리에 있는 동안 보카치오는 《필로스트라토》와 《테세이데》를 완성했다. 《테세이데》는 12세기 서사시인 생트모르의 《트로이 이야기 Le Roman de Troie》를 각색한 것이다. 이 두 작품은 보카치오에게 큰 명성을 안겨준 작품이다. 위의 그림은 14세기에 출판된 《필로스트라토》 시집의 첫 장이다.

둘째 날 첫 번째 이야기 '절름발이, 의사 찾아가기'에서는 봉건 교회의 우매함을 비판하고 있고 여섯째 날 열 번째와 셋째 날 여덟 번째 이야기는 수도사들의 기만과 방탕함을 비판하고 있다.

둘째, 금욕주의에 반대하는 이야기가 나오며 성해방을 주장하고 있다. 《데카메론》의 '수도원 이야기'에서는 '수도원의 내막'을 폭로하는데 중점을 두고 있으며 그 중 아홉 번째 날 두 번째 이

관련링크 위대한 작가 지오반니 보카치오는 《데카메론》으로 이탈리아 문예 부흥의 시작을 알렸다. 20년 후 그는 다시 한번 놀라운 작품 《유명한 여자들》을 내놓았다. 이 작품은 서양 여성 전기문학의 원조이다. 이 작품은 600년이나 문단과 여성독자들의 관심을 받고 있으며 서양 여성이 가정 교육으로 보게 되는 첫 책으로 유럽과 아시아, 아프리카 등지의 문학과 문화예에 깊은 영향을 미쳤다. 셰익스피어, 초오서 등 세계적인 문호들도 한 때 《유명한 여자들》 속의 작품을 자기의 작품 소재로 삼았었다. 《앱타메론》은 프랑스 왕후가 《데카메론》의 이야기 구조를 그대로 모방하여 쓴 이야기집이다. 이 책은 1559년 완성되었으며 주로 왕정과 프랑스 상류사회 사람들의 이야기를 묘사하고 있다.

15세기, 보카치오의 《데카메론》 수사본에 실린 세밀화

야기에서는 수녀원 원장이 자신도 애인과 밀회를 즐기면서 겉으로는 성인군자인 양 간음한 어린 수녀를 꾸짖는 이야기이다. 그리고 셋째 날 첫 번째 '벙어리의 이야기'에서는 수녀원 전체가 색계를 범했다고 폭로하고 있다. 이 이야기들은 금욕주의를 핵심으로 하는 가톨릭 교의에 심각한 타격을 입혔다. 그리고 셋째 날 열 번째와 여섯째 날 여섯 번째 이야기는 또 다른 측면에서 성해방을 묘사했다.

셋째, 여성에 대한 동정과 존경을 나타내고 있다. 작가는 서문에서 이 작품은 여성을 위해 썼으며 '하루 종일 규방이라는 작은 세계에 갇혀 지내는' 여성들에게 바친다고 했다. 그래서 여성의 선량함과 깊은 정, 기지를 찬양하는 이야기가 많다.

넷째, 우스개 이야기이다. 예를 들어 여섯째 날에는 단편 이야기가 주로 등장하는데 삶에 대한 짧은 묘사에서도 현실 생활에 대한 유머와 친근감을 엿볼 수 있는데 사회현실을 기록하고 그런 장면을 묘사하는 작가의 능력이 반영된 것이라고 볼 수 있다.

독서 지도와 논술 지도

《데카메론》에 쓰인 소재는 실로 광범위하다. 대개는 중세 이탈리아의 《황금 당나귀Golden Ass》와 중세 프랑스의 잠언이나 전설, 동방의 민간 이야기, 역사적 사건, 궁정 안의 스캔들, 골목에 떠도는 한담, 당시 피렌체 등지에서 일어났던 실제 사건과 실제 사람을 그 소재로 삼고 있다. 이런 소재에 보카치오가 인문주의라는 새로운 이념을 주입함으로써 이 신랄하고 유머러스한 이야기를 탄생시켰다. 이 작품의 등장은 세상을 떠들썩하게 만들었으며 인류 문학사상 유례없는 대운동—르네상스(문예부흥운동)를 가져왔다.

《데카메론》은 신성한 교회에 대놓고 창끝을 들이대면서 교회 수도승의 여러 악행들을 맹렬하게 비판하고 낱낱이 폭로했다. 또한 이 작품은 중세의 금욕주의에도 용감하게 도전장을 내밀었다. 그래서 《데카메론》 전체에 신흥자산계급의 인문주의의 빛이 빛나고 있다

1353년 출판된 이 작품은 순식간에 서유럽을 휩쓸었다. 그 당시뿐만 아니라 그 후의 르네상스와 18세기 계몽운동까지도 이 작품은 대단한 영향을 미쳤다. 작가 역시 인문주의의 선구자로 알려져 있으며 문예부흥운동을 이끈 최초의 대표 인물이었다. 이런 여러 가지 이유로 이 작품은 서양 뿐 아니라 전 세계 문학사상 중요한 위치를 차지하고 있다.

《데카메론》은 서유럽 단편 소설의 물고를 틀었으며 유럽 문학사상 첫 번째 현실주의 걸작으로 꼽는다. 그 이야기 형식에서도 후대 많은 작가들의 작품에 지대한 영향을 끼쳤다. 초서Geoffrey Chaucer, 셰익스피어, 라퐁텐La Fontaine, 몰리에르 등은 자신들의 작품에 《데카메론》의 일부를 직접 인용하기도 했다. 《데카메론》은 정교한 필치와 풍부한 언어로 인물의 심리가 잘 그려져 있고 자연 묘사도 뛰어나 이탈리아 산문 창작에 기초가 되었다.

물론 역사 속의 여느 우수 작품들과 마찬가지로 《데카메론》 역

메니더톡

《데카메론》은 금욕주의를 비판하고 인문주의를 제창하여 이탈리아 근대 저명한 예술 평론가 데 상티스로부터 단테의 《신곡(神曲)》에 버금가는 작품으로 평가받으며 《인곡人曲》이라고 불려졌다. "단테는 시대를 마무리했지만 보카치오는 또 다른 시대를 열었다." 그리고 천주교가 비호하는 봉건사상에 대한 비판적인 측면과 계몽사상의 측면에서 《데카메론》은 시대 서막의 효과를 발휘했다. 그래서 어떤 이는 '보카치오는 14세기 톨스토이다'라고 불렀다.

시 시대의 낙인을 피해가지 못했다는 한계성을 가지고 있다. 보카치오 자신이 봉건 세력과 그 사상에 대해 투쟁을 벌였으면서도 한편으로는 타협하고 후퇴하는 모습도 보여주었다. 봉건적인 설교 분위기가 짙은 부분과 적나라한 애정 묘사가 바로 그런 예이다. 작가가 적극적으로 주장했던 겸손과 순종의 '미덕', 그리고 남존여비 같은 낙후된 생각은 비판이 필요한 부분이다. 그러나 당시로서 이 작품이 보여준 수준 높은 사상은 어느 누구도 따라하기 힘든 부분이었다. 이 책은 출판되면서부터 계속해서 봉건 로마 교황청의 미움을 받았으며 소각되기도 했다. 그러나 그 작품에서 나오는 빛은 계속해서 사람들에게 사상해방이라는 길을 비춰주고 있다.

천일야화

작가 소개

《천일야화(아라비안나이트)》는 고대 아랍의 민간에서 떠돌던 이야기를 엮은 이야기집이다. 《천일야화》는 책으로 완성되기까지 오랜 시간이 걸렸다. 이 작품에 나오는 이야기 중에는 그 시작이 서기전 6세기까지 거슬러 올라가는 것도 있다. 서기전 8, 9세기 경, 초기 수사본이 등장했고 12세기에 이르러 아랍인들이 먼저 《천일야화》라는 이름을 썼다. 그리고 15세기 말과 16세기 초에서야 비로소 기본적인 틀이 갖추어졌다. 이 책의 이야기는 한 작가가 단독으로 쓴 것이 아니며 한 시기에 형성된 것도 아니다. 중동지역 아랍세계의 많은 예술가들과 문인들이 수백 년에 걸쳐 이야기를 수집하여 가공한 결과물인 것이다. 또한 이 책에는 페르시아 등 다른 민족의 지혜가 어린 이야기도 들어있다.

◎ 배경 소개

서양에서 《천일야화(千一夜話)》는 《아라비안나이트》로 불렸고 중국에서는 《천방야담》이라는 독특한 이름으로 불렸다. 중국 명나라 때 아랍국을 '천방국' 이라고 불린데서 《천방야담》이라는 이름이 나왔다. 아랍인들은 밤에 연회를 여는 것을 좋아해서 책 속의 이야기는 대부분 밤에 나누던 것이 많았고 그래서 책이름을 '야담', 곧 '밤 이야기' 라는 뜻으로 지은 것이다.

《천일야화》의 이야기는 크게 세 부분으로 나뉜다. 첫째는 페르시아의 설화집 《하자르 아프사나》(천 개의 이야기라는 뜻)인데 이 부분은 《천일야화》의 기초가 되는 부분으로, 인도에서 들어와 3세기에 페르시아어로 번역됐고 몇 백 년 후에 다시 아랍어로 번역되었다고 한다. 둘째는 바그다드를 중심으로 압바스 시대에 유행했던 '바그다드 이야기' 이다. 셋째는 이집트 맘루크왕조 때 유행하던 이야기이다. 그래서 《천일야화》는 동방민족의 지혜를 모은 것이라고 할 수 있다.

아랍어판의 《천일야화》 표지

옛날에 두 형제가 있었다. 한 명은 사산왕국의 샤리아르 국왕이고
또 다른 한명은 사마르칸트의 샤자만 국왕이었다. 어느 날 형은 동
생을 자신의 나라로 초청했다. 형의 나라로 가던 중 동생은 형에게
줄 선물을 잊어버린 것을 알고 그것을 가지러 왕궁으로 되돌아갔
다. 그런데 그가 나간 사이 왕후가 왕궁의 악사와 놀아나고 있었고
화가 난 동생은 왕후와 악사를 죽였다.

　동생이 형의 왕궁에 도착했을 때 형의 아내도 형이 없는 사이 궁
녀들과 놀아나고 있었다. 동생은 그 사실을 형에게 알렸고 화가 난
형은 왕후를 죽여 버렸다. 그 일이 있은 후 형은 더 이상 세상의 여
자를 믿을 수 없게 되었으며 여자들에게 복수하기로 맹세했다. 그

는 매일 밤 한 여자를 아내로 맞이하고는
다음날 아침 아내를 죽였다. 그렇게 3년이
흘러가자 그가 죽인 여자가 셀 수 없을 정
도였으며 백성들은 공포에 질려 딸을 숨기
기에 바빴고 민심은 흉흉해져 갔다.

　그때 재상에게는 아름답고 총명한 세헤
라자데라는 딸이 있었다. 마음씨 착한 그녀
는 많은 여자들이 잔혹한 국왕에게 죽임을
당하는 것을 더 이상 두고 볼 수 없어 자신
이 직접 국왕에게 시집가겠다고 나섰다.

　결혼한 첫날 밤, 그녀는 왕에게 이야기를
들려주었다. 그녀의 첫 번째 이야기는 《상
인과 마신이야기》였다.

　예전에 한 상인이 있었는데 타지로 장사
를 하러 갔다. 도중에 잠시 쉬게 된 상인은
무심결에 대추씨를 던졌는데 그것이 무서

《천일야화》 삽화 : '국왕에게 이야기를 해주는 세헤라자데'

운 마신의 화를 불러왔다. 아들이 대추씨에 가슴을 맞았다며 마신은 복수를 위해 그를 당장 죽이겠다고 했다. 상인은 집안에 처리해야 할 일이 아직 남아있어 그것을 처리한 후에 마신의 처분에 따르게 해 달라고 부탁했다. 마신에게 허락을 받고 집으로 온 상인은 약속한 날이 다가오자 무서워졌다. 상인은 자신의 비참한 처지를 생각하다 통곡을 하게 되었고 세 명의 노인이 그 울음소리를 듣게 되었다. 그들은 상인의 처지를 동정했다. 약속한 시간이 되고 갑자기 광풍이 일더니 마신이 나타났다. 마신은 아들의 복수를 위해 상인을 죽이겠다고 소리쳤다. 그때 첫 번째 노인이 마신에게 자신과 자신이 끌고 온 영양의 이야기를 들어달라고 했다. 만약 그 이야기를 듣고 마신이 신기하다고 생각된다면 상인의 죄를 1/3 면해 달라고 했다. 그래서 그는 자신의 이야기를 시작했다.

너무 재미있고 신기한 세헤라자데의 이야기에 국왕은 푹 빠지고 말았다. 이야기가 한창 재미 있는 부분에 이르렀을 즈음 날이 샜고 그녀는 궁금증을 유발하기 위해 그 부분에서 이야기를 중단했다. 이야기를 계속 듣고 싶었던 국왕은 그녀를 죽이지 않고 다음날 밤에 계속 이야기를 들려 달라고 했다. 이후에도 이런 상황이 반복됐다. 그녀는 계속해서 재미있는 이야기를 했고 날이 밝으면 그 뒷이야기가 궁금해 국왕이 그녀를 죽일 수 없게 만들었다. 그녀는 그렇게 천일 밤 동안 200여개의 이야기를 했고 그 중에는 10일이나 20일이 되어서야 끝나는 긴 이야기도 있었다. 그녀가 들려주는 이야기는 재미 있고 신기했으며 사람의 마음을 울렸다. 그 가운데 널리 알려진 《알리바바와 40인의 도둑》 속으로 들어가 보자.

고대 페르시아의 한 도시에 형제가 살았는데 형은 카심, 동생은 알리바바라고 불렀다. 가난한 알리바바는 나무를 해서 생계를 꾸려나갔다.

어느 날 알리바바는 산으로 나무를 하러 갔다가 우연히 도둑질

관련링크 보카치오의 《데카메론》은 피렌체에서 역병을 피해 온 10명의 젊은 남녀가 매일 돌아가면서 하는 이야기를 엮은 것이다. 이런 교묘한 구조는 《천일야화》에서 빌려온 것임이 분명하다. 관련 내용은 《데카메론》의 소개를 참조하기 바란다.

을 하고 돌아오는 도둑을 보게 되었다. 도둑의 두목이 어떤 큰 돌 앞에서 "열려라! 참깨!(Open, Sesame!)"라고 외치자 돌문이 열렸다. 그 안은 보물을 숨겨둔 동굴이 있었다. 알리바바는 도둑이 떠난 틈을 타서 돌문 앞에 가서 주문을 외웠다. 동굴 안에는 엄청난 양의 금은보화가 있었고 알리바바는 금화를 포대에 담아서 집으로 돌아왔다.

알리바바의 아내는 한번도 그렇게 많은 금화를 본 적이 없어서 형님 집에서 저울을 빌려 재 보기로 했다. 눈치가 빨랐던 형은 뜻밖에도 저울 밑에 봉랍을 발라놓았고 그렇게 해서 형 카심은 금화를 발견하게 되었다. 형은 알리바바에게 금화를 얻은 곳이 어디며 문을 어떻게 여는지 캐물었다. 욕심 많은 카심은 노새 10마리를 끌고 도적들의 보물동굴로 가서 암호를 외쳤다. 동굴 속으로 들어간 카심은 10마리의 노새에 금화를 가득 가득 실었다. 그런데 금화에 정신이 팔린 카심은 어느 새 문을 여는 암호를 잊어버렸고 그 속에 갇혀있다 나중에 돌아온 도적들에게 죽임을 당했다.

다시 산에 올라간 알리바바는 동굴 안에서 형의 시체와 금화를 싣고 돌아왔다. 돌아온 알리바바는 하녀 몰지아나의 도움으로 비밀리에 형의 장례를 치렀다. 그런데 누군가 금을 훔쳐간 것을 알게 된 도적들은 놀라움을 금치 못했다. 그들은 사람을 보내 누가 금을

명시 덧붙임

《천일야화》는 탄생하자마자 널리 유행했으며 십자군 정벌 때 유럽으로 전달되었다. 《천일야화》는 후대 문학에도 지대한 영향을 미쳤다. 18세기 초, 프랑스의 갈랑이 처음으로 불어로 번역했고 이후 유럽에서 다양한 문자로 번역되어 한 때 '동방열풍'을 불러 일으켰다. 프랑스의 유명한 계몽학자 볼테르는 "나는 《천일야화》를 네 번 읽은 후에야 이야기체 문학예술의 진정한 맛을 알았다"고 했다. 스탕달에는 하느님에게 《천일야화》를 읽은 자신의 기억을 지워주어 다시 이 작품을 읽고 그 속의 기쁨을 다시 느끼고 싶다고 희망했다. 또한 프랑스의 문호인 앙드레 지드가 동양문학의 양대 산맥으로 《성서》와 《아라비안 나이트》를 꼽았다.

훔쳐갔는지 알아보았다. 도둑들은 우연히 카심의 상복을 만들어준 재봉사 파파무스타파로부터 알리바바가 사는 곳을 알게 되었다. 도적은 알리바바의 집 문에 표시를 했지만 총명한 몰지아나가 그 것을 발견하고 부근의 집 문에다 모두 똑같은 표시를 해두는 바람 에 도적들은 허탕을 치고 말았다. 다음날 도적은 다시 똑같은 방법 으로 알리바바의 집을 찾아내 이번에는 다른 표시를 해두었지만 그것 역시 몰지아나에게 발견되고 말았다. 결국 도적의 두목이 직 접 나섰다. 그는 알리바바의 집 주변을 자세히 관찰하고는 장사꾼 으로 변장해서 37개의 옹기에 도적들을 숨겨서 알리바바의 집에 들어가 알리바바를 죽이기로 했다. 그러나 그것 역시 몰지아나에 게 발견되었고 그녀는 도적들이 숨어있는 옹기에 뜨거운 기름을 부어 도적들을 무찔렀다. 혼자 남은 도적들의 두목은 담을 넘어 도 망쳤다. 두목은 복수를 위해 진짜 장사를 하면서 알리바바의 조카 와 친해졌다. 어느 날 알리바바 조카의 초대를 받은 두목은 변장을 하고 알리바바의 집으로 들어갔다. 그러나 똑똑한 몰지아나는 두 목의 음모를 알아채고는 춤을 추다가 칼로 도둑을 죽였다.

　결국 세헤레자데의 이야기에 감동을 받은 왕은 원래의 법을 바 꾸어 그녀를 진정한 왕후로 받아들여 백년해로 하였다고 한다. 후 에 그녀의 이야기가 모아져 《천일야화》로 탄생되었던 것이다.

독서 지도와 논술 지도

《천일야화》는 총 180편(장, 단편을 나누기가 힘들다)으로 이루어져 있으며 그 형태로 볼 때 (1) 모험이야기, (2) 사랑이야기, (3) 우화 로 나누어진다. 이 책 중에 사람들에게 가장 널리 알려진 것은 모 험이야기에 속하는 《신밧드의 모험》이다. 그리고 《신등》, 《알리바 바와 40인의 도둑》도 같은 부류에 속한다. 백조를 소재로 한 《바스

이 그림은 18세기의 페르시아 화가의 삽화이다. 선원 신밧드의 이야기 중 한 장면을 묘사했다.

라의 백조〉는 모험과 사랑 이야기의 종합편이라고 할 수 있다. 그 밖에 《짐꾼과 세 소녀(배경은 바그다드)》, 《알라딘의 요술램프》는 모험과 사랑이야기가 담겨 있으면서도 현실적인 의미도 있는 이야기이다. 사랑이야기로는 페르시아풍의 《바스라의 백조》 외에도 이란풍의 사랑 이야기가 있다. 셋째로 우화가 있다. 인도 계열의 동물 우화와 약간의 성적인 의미를 담은 페르시아 우화, 이집트 우화 외에도 바그다드 전성기(서기 8세기) 회교 주교와 다른 유명 인물들을 주인공으로 하는 전설을 다룬 것도 있다.

내용면에서 《천일야화》는 중세기 아랍 사회생활을 보여주는 역사 화보라고 할 수 있다. 작품에는 하느님부터 귀족, 어부와 하인, 보통 여인까지 다양하고 복잡한 인물들이 나오며 나오는 장면 또한 기이하고 환상적인 색채를 띠며 고전적인 아랍 도시를 잘 묘사하고 있다. 작품은 통속적이며 구어화된 민족의 특성을 가진 언어로 쓰였으며 내용은 유머러스한 풍자가 많다. 그래서 아랍인들의 사랑을 많이 받았다. 특히 이 작품은 노동자들의 정직하고 훌륭한 품성에 대해 긍정적으로 평가를 해주고 있으며 이야기를 통해 사람들에게 인생에서 반드시 갖춰야 하는 생활 이념과 인생에서 추구해야할 이상을 제시해 주고 있어서 교육적인 의미도 있다.

《천일야화》는 특색 있는 구조를 가지고 있다. 큰 이야기의 틀 안에 작은 이야기를 쓰는 방법으로 다른 주제와 다른 내용의 이야기를 하나로 묶어 놓은 것이다. 이것은 동방민족의 구전 문학이 창조한 중요한 결과물이며 이런 방법은 후에 많은 작가들에게 영향을 주었다. 이 작품은 고대 아랍 문학의 대표적인 성과이며 세계 문학사에서도 중요한 자리를 차지하고 있다.

로미오와 줄리엣

셰익스피어 Shakespeare

ROMEO AND JULIET

작가 소개

16세기 후반부터 17세기 초까지 영국에서 가장 유명했던 극작가이자 시인이었던 셰익스피어(1564~1616)는 유럽의 문예부흥 시기 인문주의 문학을 집대성한 인물이다. 그는 영국 워릭셔주 스트랫퍼드폰에이번의 부유한 가정에서 태어났으며 처음에는 법을 공부하였으나 어려서부터 연극에 관심이 많았다. 13세 때 가정 형편이 어려워지면서 학업을 중단하게 되었다. 1586년 쯤 런던으로 온 그는 극단에 들어가서 자질구레한 일을 시작했고 열심히 노력한 끝에 극단의 배우이자 작가가 되었다. 1608년 다시 고향으로 돌아왔다가 1616년 4월 23일 세상을 떠났다.

셰익스피어는 희극과 시 방면에 엄청난 업적을 남겼다. 1590년에서 1612년까지 그는 총 37편에 달하는 희극과 154수 14행의 시를 썼고 《비너스와 아도니스》(1592~1593)와 《루크리스 Lucrece》(1593~1594)라는 두 편의 장시를 썼다. 시에 있어서 셰익스피어는 14행시에 특히 능했다. 그러나 그의 최대 업적이라면 바로 희곡창작이라고 할 수 있다. 그의 작품과 사상의 변화에서 볼 때 그의 희곡은 다음 몇 가지로 분류할 수 있다. 초기, 그는 역사극과 낭만희곡을 주로 썼으며 대표작은 역사극 《리처드3세》(1592), 《헨리4세》(1597)등 9편과 희곡 《한여름 밤의 꿈》(1596), 《십이야》(1600), 《뜻대로 하세요》(1600) 등 10편이 있다. 그 밖에도 《로미오와 줄리엣》(1595) 등 3편의 비극도 있다. 중기에는 비극의 창작기로, 대표작은 《햄릿》(1601), 《오셀로》(1604), 《리어왕》(1606), 《맥베스》(1606) 등 7편이 있고 그 외에 《끝이 좋으면 다 좋아》, 《자에는 자로》 등 4편의 비극적인 색채를 가진 희곡이 있다. 후기는 전기극의 시기로 대표작으로는 《심벨린》(1609), 《겨울이야기》(1610), 《폭풍우》(1611) 등과 역사극 《헨리8세》가 있다.

◎ 배경 소개

셰익스피어 상

희극 창작이나 배우라는 직업은 당시로서는 저급한 직업에 속했다. 그래서 셰익스피어에 관한 자료가 많이 남아있지 않으며 이 때문에 셰익스피어라는 인물의 존재마저도 의심하는 사람들이 있다. 어떤 사람들은 이 희곡을 쓴 사람이 프란시스 베이컨이라고 추측하고 있다. 마크 트웨인과 정신분석학의 창시자 프로이드 등도 이런 추측을 지지했다. 그리고 셰익스피어와 동시대에 살았던 수재 크리스토퍼 말로위가 썼을 것이라고 생각하는 사람도 있었지만 애석하게도 아직까지 정확한 증거는 없다. 이들 작품에 대한 진위는 아마도 더 깊은 연구가 필요한 것으로 보인다.

어쨌든 셰익스피어의 작품이 세계적인 수준이라는 것은 의심할 바 없다. 서양 사람들은 보통 집에 두 가지 책을 필수적으로 가지고 있는데 한 권은 《성경》이고 다른 한 권이 바로 《셰익스피어 전집》이다. 1984년 세계 10대 작가를 선정한 순위에서 셰익스피어가 1위로 뽑혔다. 이런 사실들은 셰익스피어가 역사적으로 가장 위대한 작가 중 한 사람이라는 것을 말해준다. 그는 '올림피아산의 제우스'라고 칭송받고 있다. 그리고 영국에는 '셰익스피어를 인도와 바꾸지 않겠다'는 말까지도 있다. 현재 '셰익스피어학'은 세계적인 학문이 되었으며 그의 작품은 70여 종의 언어로 번역되었고 《성경》 다음으로 많이 인쇄되었다.

로미오의 친구 마큐시오는 줄리엣의 사촌 오빠 티벌트와 결투하다 그의 칼에 목숨을 잃게 되고 로미오는 친구의 복수를 위해 티벌트를 죽인다.

◎ 작품 감상

캐풀렛가와 몬테규가는 이탈리아 베로나성에서 유명한 집안이었다. 그런데 두 집안은 옛날부터 화목하지 못했으며 서로 끊임없이

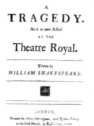

셰익스피어 작품 : 1597년 출판된 《로미오와 줄리엣》의 겉표지, 1691년 출판된 《줄리어스 시저》의 겉표지, 1605년에 출판된 《햄릿》의 겉표지, 1609년에 출판된 《14행시》의 겉표지

관련링크 〈햄릿〉, 〈오셀로〉, 〈리어왕〉, 〈맥베스〉는 셰익스피어의 비극을 대표하는 작품으로 셰익스피어 '4대 비극'이라고 불린다. 그 중 〈햄릿〉은 덴마크 역사에서 소재를 얻은 것으로 덴마크 왕자 햄릿이 아버지를 위해 복수하는 내용이다. 진보세력과 전제정치의 거대한 암흑세력과의 손에 땀을 쥐게 하는 투쟁이 펼쳐지는 이 작품은 셰익스피어 최고의 작품으로 평가받고 있다. 〈오셀로〉는 귀족 장군 오셀로가 오해와 잘못된 소문을 듣고 아내를 죽인 후 나중에 후회하며 자살하는 내용이다. 이 작품은 봉건적인 속박을 떨쳐내면서도 자본주의의 이기주의 음모에 빠진 청춘 남녀의 사랑이 가진 결함을 보여준다. 〈리어왕〉은 어리석은 전제군주 리어왕의 융통성 없는 성격으로 인하여 일어나는 비극으로써 결국에는 진실과 위선 속에서 현실을 인지하고 동정심 많은 '인간'이 되는 과정을 그리고 있다. 이 이야기를 통해 부와 권력에 대한 측근들이 탐욕을 비판했다. 〈맥베스〉는 야심가 맥베스가 군주를 시해하며 벌어지는 비극으로 권력에 대한 야심이 인간을 부패시키고 파멸시킨다는 것을 펼쳐졌다. 이 작품은 셰익스피어의 작품 중에서 심리묘사의 걸작으로 꼽힌다.

싸움을 해댔다.

어느 날 몬테규가의 아들 로미오는 친구들과 함께 캐퓰렛가에서 열리는 파티에 갔다가 우연히 주인집 아가씨 줄리엣을 보고 마음을 뺏기고 만다. 그날 밤 그는 그녀의 뒤뜰로 들어가서 멋진 세레나데를 불러주고 둘은 서로 평생을 함께 하기로 약속했다. 다음날 오후 두 사람은 로런스 신부의 도움으로 수도원에서 비밀 결혼식을 올렸다. 그러나 두 집안의 원한은 둘의 사랑을 가로막았다. 두 사람이 신혼의 단꿈에 빠져있을 때 두 집안의 충돌이 폭력사태를 불러왔다. 길에서 로미오는 줄리엣의 사촌 오빠 티벌트를 만나게 되었고 티벌트가 시비를 걸자 로미오의 절친한 친구 마큐시오가 참지 못하고 그와 결투를 벌였다. 불행히도 티벌트의 검에 마큐시오가 죽었다. 그러자 로미오는 친구의 복수를 위해 칼을 뽑아 티벌트를 죽이게 되었다. 결국 로미오에게 추방령이 내려졌다. 모든 기대가 물거품으로 돌아가자 로미오는 괴로웠다. 다행히도 로런스 신부가 있어 조금이나마 마음이 놓였다. 깊은 밤 로미오는 줄리엣의 방을 찾아가고 둘은 즐거운 밤을 보냈다. 다음 날 로미오는 자신이 사랑하는 도시 베로나성을 떠나 만토바로 향했다.

그 시간, 줄리엣은 집안에서 패리스 백작과 결혼하라는 압박을 받고 있었다. 이러지도 못하고 저러지도 못하던 줄리엣은 로런스 신부를 찾아갔다. 로런스 신부의 도움으로 줄리엣은 가짜 독약을 마신다. 줄리엣이 진짜 죽은 것으로 안 패리스는 결혼식 대신 장례식을 치렀다. 로런스 신부는 사람을 시켜 로미오에게 줄리엣이 깨어나기 전에 돌아오라고 전했다. 그러나 그 사람은 편지를 제대로 전달하지 못했다. 이 사실을 까맣게 모르던 로미오는 줄리엣의 사망소식에 바

〈오셀로〉의 마지막 장면

로 독약을 사서 몰래 고향으로 돌아와 줄리엣 곁에서 자살을 준비했다. 묘지에서 로미오는 패리스 백작을 발견했다. 패리스 백작은 그가 줄리엣의 시체를 훼손하러 온 것으로 잘못 알고 칼을 뽑게 되고 결국 그는 로미오의 칼에 쓰러졌다. 그리고 로미오는 독약을 먹고 자살했다. 잠시 후 깨어난 줄리엣은 사랑하는 사람이 죽은 것을 보고 비통해하며 비수로 자신의 짧은 삶을 마감했다.

그 소식을 들은 두 집안의 사람들은 죽은 두 사람의 시체를 보고 함께 슬퍼했다. 로런스 신부로부터 모든 사실을 들은 양가 사람들은 비로소 자신들의 이기심이 무고한 젊은이들을 죽음으로 내몰았다는 사실을 알고 후회했다. 오랜 세월 쌓인 원한으로 싸움을 해왔지만 로미오와 줄리엣의 관 앞에서 불구대천의 원수였던 두 집안은 마침내 화해를 했다.

독서 지도와 논술 지도

《로미오와 줄리엣》은 셰익스피어의 초기 작품으로 시적인 분위기가 넘치는 비극이다. 이 비극은 자유로운 사랑을 추구했던 두 젊은 남녀가 집안의 반대에도 불구하고 사랑을 하지만 결국 죽음으로써 자신들의 사랑을 막는 봉건세력에 대항한다는 내용이다. 극본은 두 집안의 결투 장면으로 시작하여 두 주인공의 죽음을 끝으로 두 집안이 화해하는 것으로 끝이 난다. 작가는 이 이야기를 통해 봉건 귀족의 내분과 강제결혼제도를 비판하려고 했다. 이 이야기는 당시 반봉건 투쟁에 어느 정도 긍정적인 영향을 미쳤다. 그래서 이 작품은 사랑과 결혼, 가정의 이상 등에 대한 인문주의자의 관점을 반영하였으며 셰익스피어 작품에서 사람들에게 가장 익숙한 러브 스토리의 고전이 되었다.

이 작품은 내용면에서 비극에 속하지만 주제는 그의 다른 작품

1616년 4월 23일 나팔수선화가 다시 피었을 때 셰익스피어는 세상을 떠났다. 그림은 스트랫퍼드어폰에이번의 홀리 트리니티 교회로, 셰익스피어가 잠든 곳이다.

에서는 자주 볼 수 있었던 삶에 대한 열정, 행복에 대한 갈망, 미래에 대한 자신감이 가득 차 있다. 또한 긍정적 낙관주의 분위기가 작품 전체에 넘치고 있어서 사실상 이 작품은 청춘과 사랑의 찬가라고 할 수 있다. 주인공이 사랑을 위해 생명을 잃었지만 그들의 장벽은 없어졌고 사랑과 이상이 승리했기 때문에 적어도 최악의 상황에서 독자들의 소망을 어느 정도 이뤄주었다고 할 수 있다. 때문에 이 작품은 셰익스피어 후기의 비극 작품을 읽었을 때 느끼는 우울함이나 슬픔과는 달리 오히려 사람들에게 행복을 추구하고 개성을 살리며 아름다운 미래를 향해 나아가라고 격려해 준다.

예술적으로 이 작품은 〈로미오와 줄리엣〉이라는 불후의 예술적 이미지를 창조해냈을 뿐 아니라 작품에 나오는 시적인 언어 또한 깊은 인상을 준다. 셰익스피어의 작품에 나오는 언어는 시적인 특징을 가지고 있어서 형식이 가지런하고 격률이 엄격하면서도 느낌은 강렬하고 수식은 적절하다. 이 작품에서 줄리엣이 돌아오겠다고 약속한 로미오를 기다리며 하는 아름다운 독백과 제 2막 2장에서 로미오와 줄리엣의 대화는 시적인 분위기가 물씬 드러나는 대화로, 이제는 고전이 되었다. 시적 형식과 인물의 감정을 결합시키면서 이 작품을 읽는다면 그 속에 담긴 예술적 매력을 한껏 느낄 수 있을 것이다.

돈키호테

세르반테스 Cervantes
DON QUIXOTE

작가 소개

《돈키호테》의 작가 세르반테스(1547~1616)는 1547년 스페인의 몰락한 가문에서 태어났다. 집안 형편이 어려웠기 때문에 세르반테스는 제대로 된 교육을 받지는 못했지만 책을 무척 좋아했다. 그래서 많지는 않았지만 기회만 되면 옛 문학작품에 푹 빠졌으며 그로 인해 인문주의 영향을 받았다. 젊은 시절 세르반테스는 조국과 자유를 사랑하던 열혈청년이었다. 1570년 군에 들어간 그는 병이 있었음에도 불구하고 이듬해 투르크 군대와 전투, 레판토 해전에 참전했고 거기서 왼손이 불구가 되었다. 전쟁이 끝나고 귀향하던 중 세르반테스는 투르크 해적에게 잡혀 알제리로 끌려가기도 했다. 1580년에 풀려난 그는 고국으로 돌아왔다. 그리고 생계를 위해 15년간 세금 수금원으로 일하면서 스페인 각지를 돌아다녔는데 그때 사회의 불평등과 백성들의 고통을 직접 눈으로 확인할 수 있었다.

1582년부터 세르반테스는 글로써 스페인 사회의 죄악을 밝히기로 결심했다. 《돈키호테》는 그의 작품 중에서 가장 유명하고, 가장 영향력이 큰 작품으로 문예 부흥기의 스페인과 유럽에서 가장 훌륭한 작품으로 평가받았다. 1605년 세상에 나온 《돈키호테》는 전 유럽에서 유행했으며 수많은 독자들이 이 작품을 두고 서로 논쟁을 벌였다. 발행한 지 채 3주도 안돼 스페인에서 3가지 해적판이 나올 정도로 인기였으며 하권이 출판되지도 않았는데 《돈키호테》 속편이 나오기까지 했다. 그러나 그런 작품들은 모두 원작의 본래 뜻을 심각하게 왜곡하고 원작의 주인공을 나쁘게 그렸다. 그 일로 화가 난 세르반테스는 서둘러 창작에 몰두했고 마침내 1615년 하권이 출판되면서 전편의 전통을 이어나갔다.

그 밖에 세르반테스의 주요 작품으로는 단편 소설집 《모범소설집 Novelas Exemplares》(1613), 《신작 희곡》(1615) 등이 있다.

◎ 배경 소개

세르반테스는 기사 소설의 인기와 영향을 없애기 위해 《돈키호테》를 썼다고 한다. 기사 제도와 기사도 정신, 기사 도덕은 서유럽 봉건사회의 산물이었다. 기사의 임무는 '군주에 충성하고 교회를 보호하며 의로운 일을 행하는 것'이며 그들은 '예의를 알고' 주인에게 성실하게 복종하며 여주인을 보호하고 충성해야 했다. '사모하는 귀부인'을 위해 모험을 하고 성공하는 것이 기사 최대의 행복이었다. 기사 문학은 기사의 '군주에 대한 충성과 약자 보호'를 위한

세르반테스 상

스페인 마드리드 광장의 세르반테스 상
앞에는 소설의 주인공 돈키호테와 그의 시종 산토의 조각상이 있다.

모험과 귀부인에게 사랑을 받기 위해 표현했던 충절, 무협정신을 주된 내용으로 하고 있다. 주인공 기사는 언제나 이상적인 인물이며 의협심이 넘치고 숭고한 정신을 가지고 있었다. 그리고 허구의 이야기와 스릴, 기괴한 것들, 마법과 도전, 상처와 황당무계한 스토리가 가득했다. 기사 문학은 시대 정신과는 한참 동떨어진 작품이었고 문단과 독자들에게도 나쁜 영향을 끼쳤다. 세르반테스는 기사 문학을 타파하고 풍자하기 위해 기사 소설의 형식으로 기사 문학을 비판하는 교묘한 방법을 통해 돈키호테의 이미지를 성공적으로 살려냈다. 또한 기사 제도, 기사 정신, 기사 도덕을 희화화시켰다. 객관적인 효과로 볼 때, 《돈키호테》가 발표된 후 기사 소설은 확실히 스페인에서 자취를 감췄다.

◎ 작품 감상

《돈키호테》는 이미 죽어버린 기사 제도를 풍자한 장편 소설이다. 소설의 주인공은 라만차에 살고 있는 한 향신으로, 원래 이름은 아론소 기하노였다. 당시 유행하던 기사 소설에 푹 빠져 살던 주인공

역사 더듬기

시인 하이네는 '세르반테스, 셰익스피어, 괴테는 서술과 희곡, 서정 이 세 부분에서 최고의 경지에 올랐다.' 고 생각했다. 러시아 비평가 베린스키 또한 예리한 지적을 했다. "유럽에서 유명한 문학 작품 중에서 엄숙함과 골계, 비극성과 희극성, 생활의 사소함과 저속함, 위대함과 아름다움을 이렇게까지 부드럽게 융합시켜 표현한 예는 《돈키호테》에서만 보였다."

도스토예프스키는 《돈키호테》를 평가할 때 이렇게 말했다. "전 세계에 이보다 더 심각하고 더 힘 있는 작품은 없다. 이것은 현재 인류 사상이 낳은 가장 위대한 문장이며 인간이 표현할 수 있는 최고의 고통스런 표현이다. 예를 들어 지구의 끝이 왔을 때 사람들에게 '당신들은 지구 상의 삶을 이해할 수 있습니까? 당신들은 그 삶을 어떻게 결말 맺을 것입니까?' 라고 물었을 때 그때 사람들은 조용히 《돈키호테》를 건네며 '이것이 바로 내 삶의 결말이며 이것으로 당신이 나를 비난할 수 있을까요?' 라고 대답할 것이다."

은 자신도 기사처럼 사방을 주유하며 핍박받는 사람들과 수모를 받는 자들을 도와주기로 결심했다. 그래서 집안에 있는 고물 중에서 너덜너덜한 갑옷과 긴 창을 찾아낸 후 말라깽이 말을 타고 집을 나섰다. 그는 자신의 이름을 돈키호테라고 하고 이웃마을에 젖 짜는 아가씨를 돌시네이아라고 하며 자신이 평생 충성을 다하면서 사모하는 귀부인으로 착각했다.

돈키호테의 첫 번째 여행은 순탄치 못했다. 그는 여인숙을 성으로 알고 여인숙 주인에게 기사 의식을 해달라고 한다. 또 길을 가던 낯선 상인에게 무리하게 도전을 했다가 큰 상처를 입고 결국 친척들에 의해 집으로 돌아왔다. 식구들은 기사 소설 때문에 그가 이렇게까지 망가진 것을 보고 방안 가득히 쌓여있던 기사 소설을 몽땅 불태워버렸다.

두 번째 여행에서 돈키호테는 이웃마을의 산초라는 농부에게 한 섬의 총독을 시켜주겠다고 하여 그를 시종으로 삼고 몰래 길을 떠났다. 머릿속에 희한한 이야기로 가득했던 돈키호테는 이번에도 풍차를 거인으로 착각하였고 양떼를 적군으로 알았으며 고역을 받는 범죄자를 핍박받는 기사라고 생각했다. 그리고 술통을 거인의 머리로 알고는 마구잡이로 칼을 휘둘러댄다. 그의 황당하고 우스꽝스런 행동은 같은 마을에 사는 신부와 이발사가 그를 집으로 데려 올 때까지 계속됐다. 그의 두 번째 여행도 그렇게 끝이 났다.

세 번째 여행에서 주인과 시종은 여러 가지 이상한 일들을 겪게 됐다. 그들은 원래 사라고사의 무술대회에 참석하러 가려고 했지만 도중에 한 공작을 만나게 되었다. 그 공작은 돈키호테와 산초의 여행 이야기를 듣고는 일부러 그들을 자신의 성으로 초대하고 산초에게는 마을의 '총독'을 시켜주겠다고 한다. 돈키호테는 하루빨리 사회를 개혁하려는 자신의 이상을 실현하고 싶었지만 결과는 정반대였다. 두 주인과 시종은 모진 고난을 당하고 하마터면 목숨

관련링크 스페인 문학에서 세르 반테스의 《돈키호테》가 나오기 전에 가장 유명했던 작품은 《시드의 노래》라고 할 수 있다. 이 작품은 스페인에서 가장 오래된 영웅서사시로 대략 1140년경에 쓰여졌으며 스페인 민족 영웅 로드리고 디아스 데바바르의 전설을 통해 무어인의 침입에 대한 스페인 영웅의 투쟁에 대한 이야기이다. 이 작품은 총 3700행으로 이루어져 있으며 3장으로 나뉘어 진다. 첫 장은 카스티야왕 알폰소가 간신들의 일을 듣고 수없이 무어인을 물리친 시드를 축출한다. 두 번째 장은 국왕이 시드의 두 딸에게 결혼을 주선하고 시드는 봉건사회의 의무에 따라 어쩔 수 없이 하락한다. 세 번째 장은 두 사위가 시드의 딸들을 폭행하자 시드는 두 사위와 싸워 승리한다. 전체적으로 이 작품은 《롤랑의 노래》처럼 후기 봉건시대의 영웅정신을 나타내려고 했으며 나중에 성행하게 된 기사 전기와 기사 서정시 등에 큰 영향을 주었다. 유명한 기사 문학으로는 《엘케산더 전기》, 《트리스탄과 이졸데》 등이 있다. 이들 작품은 종종 한두 명의 기사를 중심인물로 하여 그들의 모험을 위주로 장편의 이야기를 만들었다. 인물의 외형과 내면세계, 생활의 사소함을 세밀하게 묘사했으며 대화가 생동감 있고 활기차다. 예술적인 특징면에서 이들 작품은 근대 장편 소설의 모양을 초보적이나마 갖추고 있으며 객관적으로는 《돈키호테》라는 위대한 작품이 탄생하는 데 어느 정도 기초를 닦아 주었다.

까지 잃을 뻔했다. 그리고 돈키호테의 이웃, 삼손은 자신을 '백야의 기사'라고 속이고 돈키호테와 대결을 벌여 돈키호테를 이기게 된다. 결투에서 진 돈키호테는 삼손의 요구대로 결국 집에 돌아갈 수밖에 없었다. 집에 돌아온 후 침대에서 일어나지 못한 그는 임종까지 가서야 기사 소설의 위험을 깨닫게 됐다. 그는 자신의 유일한 상속인인 질녀가 기사 소설을 읽는 사람과 결혼하며 상속권을 취소한다는 유언을 남겼다.

독서 지도와 논술 지도

얼마 전 노벨문학원과 스위스 독서클럽연합에서 주최한 여론조사에서 54개국 백 여 명의 작가가 뽑은 최고의 문학작품은 바로 《돈키호테》였다. 세계 문학사에서 《돈키호테》의 위치가 얼마나 높은지 설명해주는 것이다. 기괴한 상상으로 가득 차 있고 우스꽝스런 이 미지의 돈키호테는 전 세계적으로 엄청난 독자를 보유하고 있다.

이 작품은 돈키호테가 기사도 정신을 회복하여 사람들의 불평등한 주관과 스페인 사회의 끔찍한 현실의 모순을 타파하고자 하는 것을 기본 줄거리로 하고 있다. 그러면서 돈키호테의 황당하고 기이한 협객 행세를 16세기 말 17세기 초의 스페인 사회현실과 교묘하게 결합시켰다. 이 작품은 서사시 같은 필력으로 웅장한 시대 상황의 한 장면을 보여주는 동시에 스페인의 통치계급을 강하게 풍자하고 조소하며 비난하고 있다. 반면 고통 받는 백성들에게는 깊은 동정심을 나타냈다. 그리고 이 보다 더 중요한 것은 작가가 우리를 위해 '폭력을 두려워하지 않고 자신의 몸을 아끼지 않으면서' 세상의 불평등을 없애기 위해 노력하는 인물─돈키호테를 창조해냈다는 점이다. 돈키호테는 희극의 도란(Dohran, 무대화장에 사용되는 기름 성분의 분)을 바른 비극의 주인공이다. 자유를 추구하는 그는 인

이것은 《재기 발랄한 향사 돈키호테 데 라 만차》(돈키호테의 원명)의 원판 표지이다. 이 책은 1605년 마드리드에서 인쇄되었고 세르반테스는 '세상 사람들에게 황당한 기사 소설을 싫어하게 만들기 위해', '기사 문학의 기반을 철저하게 무너뜨리려고' 이 작품을 내놓았다.

문주의의 고상한 정신을 가지고 있으면서도 천재적인 상상가였다. 그는 과거의 기사도 정신을 이용해 끊임없이 현실을 바꾸려는 환상 여행을 한다. 그래서 계속해서 우스꽝스런 일들을 벌이게 되고 사람들은 그의 그런 모습에 배를 잡고 웃게 되는 것이다. 돈키호테가 환상에 의해 부풀려진 영웅이기 때문에 그의 믿음이 시대 흐름에 맞지 않고 그의 행동도 미친 사람처럼 보이지만 그의 동기만은 우리를 부끄럽게 할 정도로 숭고하다. 《돈키호테》는 문학의 형식을 이용해 사람들이 보편적으로 가지고 있는

갑옷을 입은 돈키호테는 창을 꼿꼿이 세우고 거인으로 착각한 풍차를 향해 맹렬히 달려갔다.

이상과 현실 사이의 모순을 예리하면서도 생동감 있게 파헤치고 있어서 통쾌하고 깊은 감동과 공감을 불러일으킨다. 바로 이런 '영원'과 '보편'이라는 의미를 내포하고 있기 때문에 《돈키호테》가 수백 년이 지난 지금에도 여전히 영원한 예술적 매력을 가지고 있는 것이다. 《돈키호테》의 위대한 업적이라면 바로 이 작품이 현대 소설에 끼친 영향력일 것이다. 어떤 연구자는 세르반테스가 《돈키호테》를 창작함으로써 세계 현대 소설의 기초를 다졌다고 보았다. 이렇게 말할 수 있는 것은 세르반테스가 17세기 초기에 《돈키호테》라는 한 시대를 풍미한 장편 소설을 쓴 서유럽 역사상 최초의 인물인 까닭도 있지만 더 중요한 것은 그가 이 위대한 작품 속에서 중세의 전통 소설과는 차별화 되는 예술법을 시도했기 때문이다. 예

를 들어 진실과 상상, 엄숙함과 유머, 정확함과 과장, 이야기 속 이야기 등등, 이러한 것들을 이용해 엄청난 성공을 거두었으므로 세르반테스는 소설 예술의 개혁을 완수한 셈이다.

그 밖에도 《돈키호테》는 인성과 사회 현상을 표현하는 동시에, 문학에 대한 작가의 생각도 표현했다. 그는 '묘사할 때는 진실을 모방하고 모방이 더욱 친근할수록 작품은 더욱 좋다', '근거 없는 날조가 진짜 같을수록, 개연성과 가능성이 있을수록 더욱 재미가 있다'고 생각했다. 이런 생각이 소설 창작의 원칙이 되었다. 소설의 제 2부에서는 1부에 대한 사람들의 반응과 비판을 묘사했으며 돈키호테에 대한 사람들의 다양한 태도에서 사회 각계각층의 이미지를 표현했다. 그래서 소설은 문학작품이 독자들에게 미치는 영향, 작가와 작품, 그리고 인물의 상호관계를 밝혀냈으며 문학 창작에 대한 작가의 강렬한 자아의식을 표현했다. 이와 같은 특징들은 다른 소설에서 흔히 볼 수 있는 것이 아니었다.

돈키호테와 그의 시종 산초는 갖은 고생을 했으면서도 다시 모진 협객의 여정을 떠났다.

《돈키호테》는 스페인 문학에서 독보적인 작품이다. 이 작품의 탄생은 스페인 고전문학이 최고봉에 달했다는 것을 의미하며 또한 세르반테스 본인도 유럽 근대 소설의 선구자가 되었음을 상징한다. 이러한 업적은 스페인문학과 유럽문학, 나아가 세계 문학에도 헤아리기 힘들 정도의 영향력을 미쳤다.

로빈슨 크루소

다니엘 디포 Daniel Defoe **ROBINSON CRUSOE**

작가 소개

《로빈슨 크루소》의 작가 다니엘 디포(1660~1731)는 남다른 경력을 가진 사람이었다. 디포는 런던의 한 신교도 집안에서 태어났는데, 정육업자였던 아버지가 왕정 복귀 때 국교 충성을 선언하지 않은 신부를 따랐다는 이유로 온 집안이 이사를 하게 됐다. 디포는 원래 부모의 뜻에 따라 교사가 되어야 했지만 21살 때 장사를 하기로 결심했다. 그 후 그는 장사에 뛰어들었으며 정치에 참여하기도 하고 심지어 간첩 활동을 하면서 간행물을 쓰기도 했다. 그렇게 그는 유럽의 여러 나라를 돌아다녔다. 여러 차례 실패하기도 하고 갑자기 돈을 벌었다가 어느 순간 다 잃기도 하고 언젠가는 한 나라의 칭찬을 받다가도 어느 날은 감옥에 갇히기도 했다. 거의 60살이 되어서야 그는 《로빈슨 크루소》(1719)를 쓰기 시작했으며 크게 성공하리라고는 전혀 생각지 못했다. 이 책의 성공으로 그는 수 개월 후 속편을 출간했으며 짧은 5년 동안 《해적 싱글턴 Captain Singleton》, 《몰 플랜더스 Moll Flanders》, 《로크사나 Roxana》 등 여러 편의 소설을 썼다.

◎ 배경 소개

1719년 《영국인》이라는 잡지에 이런 뉴스가 실렸다. 선장과의 불화로 무인도에 남겨진 셀커크라는 한 스코틀랜드 선원이 4년여가 지나서는 인간의 언어를 잊어버린 야만인이 되어버렸다는 내용이었다. 그 선원은 이 후 한 항해사에게 발견되어 영국으로 되돌아 왔다. 한때 놀라운 뉴스거리였던 그 이야기는 영국 작가 디포에게 큰 영감을 주었다. 그는 이 이야기를 소재로 세계적으로 유명한 모험 소설 《로빈슨 크루소》를 만들어냈다.

다니엘 디포 상
디포의 일생은 기복이 심하고 희비가 교치하며 기이한 색채로 가득하다. 이런 그의 삶은 로빈슨의 경험을 자기 일생으로 묘사한 것이라고 한 이유이기도 하다.

◎ 작품 감상

상인 집안에서 태어난 로빈슨은 바다로 나가 새로운 세상을 보고 싶었다. 그는 부친에게 배를 탄다는 사실을 숨기고 첫 항해에 나가지만 배는 큰 폭풍을 만나 침몰했고 그는 겨우 목숨만 디포는 정치적으로 적이 많았으며 게다가 《비국교도 대책 첩경》를 출판하자 신교도들에게 체포를 당했다. 그리고 생전 유례가 없는 판결, 거금의 벌금과 연속 3일 간 런던의 각기 다른 장소에서 칼을 끼고 사람들에게 보이게 하는 형벌을 언도받았다. 그러나 이에 굴복하지 않았던 디포의 용감함과 유머는 많은 사람들의 동정을 얻었으며 그가 대중들에게 공개되었을 때 사람들은 그에게 돌이 아닌 생화를 던졌다.

건지게 됐다. 두 번째 항해에서 그는 아프리카로 가서 장사를 하여 큰 돈을 벌었다. 세 번째는 불행하게도 투르크인들에게 붙잡혀 노예가 되었다. 나중에 그는 주인의 작은 배로 탈출한 뒤 스페인 화물선에 구출됐다. 배가 브라질에 도착한 후 그는 장원을 사서 살게 되었으나 돈을 버는 것에 별로 흥미가 없었던 그는 다시 한번 배를 타고 아프리카로 가서 노예장사를 하려고 했다.

배는 도중에 폭풍을 만나 암초에 걸리게 되고 배에 있던 선원과 승객 모두 변을 당했지만 로빈슨은 다행히 목숨을 건져 한 무인도로 떠밀려갔다. 그는 침몰한 배의 돛대로 뗏목을 만들어 배에 있던 식량과 옷, 탄약, 공구 등을 해안으로 운반하고 산 옆에 천막을 쳤다. 그리고 뾰족한 말뚝으로 천막 주변에 울타리를 만들고 장막 뒤

《로빈슨 크루소》첫 판 책

로 살 곳을 팠다. 그는 간단한 도구로 탁자와 의자를 만들고 야생동물을 사냥해 배고픔을 해결했으며 시냇물을 마시면서 큰 어려움을 해결했다.

그는 섬에다 보리와 벼를 심기 시작했다. 혼자서 나무로 만든 절구와 체를 이용해 가루를 만들고 빵을 구워냈다. 그리고 야생동물을 잡아서 번식시켰다. 생활에 필요한 그릇도 만들었다. 그렇게 그럭저럭 혼자 살아가긴 했지만 로빈슨은 계속해서 무인도를 벗어날 방법을 궁리했다. 커다란 나무를 잘라내고 5, 6개월의 시간을 투자하여 배를 완성했지만 배가 너무 무거워 바다로 끌고 갈 수가 없었다. 어쩔 수 없이 그는 다시 작은 배를 만들기 시작했다.

섬에서 혼자 17년째 살고 있던 어느 날, 그는 해변에서 인골과 불을 피운 흔적을 발견했다. 알고 보니 다른 섬에 사는 야만인들이 그곳에 와서 인육파티를 벌인 것이었다. 그 사실에 큰 충격을 받은 로빈슨은 그 후 항상 주위를 경계하면서 지냈다. 24년 째, 다시 야만인들이 포로를 데리고 그의 섬으로 왔다. 그것을 본 로빈슨은 포로 중 한명을 구해냈다. 로빈슨은 구해낸 아이의 이름을 '프라이데이' 라고 지었다. 그 후 '프라이데이' 는 로빈슨의 충직한 하인이자 친구가 되었다. 그리고 로빈슨은 다시 '프라이데이' 와 함께 스페인 사람과 '프라이데이' 의 아버지를 구해냈다. 얼마 후 영국배가 섬 부근에 정박했다. 배의 선원들이 반란을 일으켜 선장 등 세 명을 섬에 버리려고 했는데 로빈슨은 '프라이데이' 와 함께 선장을 도와 배를 되찾도록 해주었다. 로빈슨은 소란을 일으킨 선원을 섬에 남

관련링크 《로빈슨 크루소 후기》
는 작자 디포가 《로빈슨 크루소》의 성
공 이후 쓴 속편이다. 이 책에서는 배
사고로 무인도에 남겨진 스페인 사람
과 소란을 피운 영국 선원이 합심하
여 다른 섬의 토착 야인들을 데려와
아내로 삼고는 흥성한 식민지를 세워
다는 내용을 담고 있다. 그래서에도
여전히 무인도에 관한 이야기가 나오
지만 예술적 표현력이나 흡입력이 예
전만 못하였고 그 영향도 《로빈슨 크
루소》에 크게 못미쳤다.

겨두고 '프라이데이', 선장과 함께 무인도를 떠나 영국으로 돌아왔
다. 로빈슨이 집을 떠난 지 35년 만이었다. 그는 영국에서 결혼을
해 아이를 셋 낳았다. 아내가 죽자 로빈슨은 다시 장사를 위해 바
다로 나갔고 가는 길에 무인도에 들렀다. 그 때 무인도에 남겨두었
던 선원과 스페인 사람은 모두 잘 살고 있었다. 로빈슨은 다시 새
로운 이민자들을 보내고 섬을 그들에게 분배해 주었으며 여러 가
지 필요한 물건도 주고 나서야 만족해하며 섬을 떠났다.

독서 지도와 논술 지도

《로빈슨 크루소》는 유명한 모험이야기이다. 이 소설은 실제 사건에
서 소재를 따오기는 했지만 작자 본인의 풍부한 경험이 합쳐져 자
산계급의 진취적인 정신과 계몽의식이 강하게 표현된 작품이 되었
다. 작품의 주인공 로빈슨은 이전 유럽 소설에서 등장하는 인물의
이미지와는 완전히 다른, 새로운 인물이었으며 당시 중소자산계급
의 마음 속 영웅이 되었는데 서양 문학에서 처음으로 이상화된 신
흥자산가의 이미지였다.

중산계급 출신의 로빈슨은 많은 사람들이 부러워하는 부자가 될
기회가 여러 차례 있었다. 그러나 그는 현재의 삶에 안주하지 않았
다. 넘치는 자신감으로 평범한 삶을 거부한 그는 모험을 택했다.
그의 진취적인 모험정신은 현 상황에 만족하지 못하고 세계를 개
척하고 점령하고 싶어하던 당시 신흥자산계급의 욕망을 표현했다.
무인도에 갇혀있을 동안 그는 자신의 두 손으로 대자연와 맞서 싸
웠으며 놀라운 의지력을 보여주었다. 이 작품의 대부분은 로빈슨

메시지 더듬
1719년 이 책이 출판되었을 때 남녀노소를 불문하고 전 세계 많은 독자들의 열렬한 환영을 받았다. 이로 인해 디포도 '영국과 유럽소설의 아
버지'라고 불려졌다. 유명한 미국의 칼럼리스트 Fadiman은 이렇게 말했다. "어렸을 때는 이 책이 재미가 있어서 읽었지만 어른이 되서 다시
읽어보니 이 책이 불후의 명작이라는 것을 알게 되었다."

이 무인도에서 자신의 두 손과 지혜로 어떻게 생존 환경을 만들어 갔는지를 묘사하고 있다. 그 과정에서 여러 가지 어려움과 절망에 봉착하지만 그는 수년간의 노력으로 결국 자신의 식물원과 목장, 주거지와 많은 가구들, 심지어는 개와 고양이, 양, 앵무새가 있는 즐거운 가정을 만들어냈다. 이런 성실함과 불굴의 정신이야 말로 바로 작가가 찬미하는 이미지였다. 오랜 세월동안 이런 이미지는 미지의 신대륙을 개척하여 자신의 새로운 삶을 만들어 가고자 하던 많은 모험가들에게 힘이 되었으며 자본주의가 전 세계에 퍼져 가는 데 큰 역할을 했다. 물론 로빈슨의 부정적인 모습 역시 소홀히 할 수는 없다. 식민자로서 그는 노예 매매를 했으며 약탈의 본성도 가지고 있다. 책을 읽으면서 바로 이 점을 주의해야 한다.

(로빈슨 크루소) 첫 판 삽화

예술적으로 볼 때 《로빈슨 크루소》는 전형적인 현실주의 스타일을 가지고 있다. 그러나 그 놀랄만한 모험은 흡입력이 있으며 책 전체가 커다란 예술적인 흡입력을 가지고 있다.

이 소설은 1인칭 작가시점에서 쓴 것이며 통속적이고 이해하기 쉬운 말을 사용했다. 비록 성숙하지 못한 부분이 있긴 하지만 영국 소설에 중대한 영향을 끼쳤다.

걸리버 여행기

조나단 스위프트 Jonathan Swift   GULLIVER'S TRAVELS

작가 소개

조나단 스위프트(1667~1745)는 영국 계몽운동 중에서 급진민주파의 창시자이며 18세기 영국이 배출한 가장 훌륭한 정치 평론가이자 풍자 소설가였다. 그는 아일랜드 더블린의 한 빈곤 가정에서 태어났으며 어려서 부친이 돌아가셔서 숙부의 집에서 자랐다. 15살에 더블린의 트리니티 칼리지에서 학위를 받고 1692년에는 옥스퍼드 대학에서 석사학위를, 1701년에는 트리니티에서 신학 박사학위를 받았다. 대학에서 그의 전공은 주로 철학과 신학이었지만 그는 문학과 역사를 매우 좋아했다. 1699년 아일랜드로 돌아간 스위프트는 더블린 근처의 교구에서 목사로 활동했으며 문예잡지에서 편집장을 맡기도 했다. 그 후 그는 아일랜드 독립 투쟁에 참여하지만 아름다운 꿈은 결실을 맺지 못한다.

일찍부터 문학적 재능을 드러냈던 스위프트는 시와 글을 썼지만 그를 유명하게 해 작품은 풍자산문 《통이야기 Tale of Tub》(1704)였다. 이 이야기에서 그는 영국의 각 교파의 허구와 후안무치함을 풍자하고 비난했다. 그 후 《드래피어의 편지 Drapier's Letters》(1724~1725, 영국 정부의 아일랜드 화폐정책을 비난했다), 《겸손한 제안 A Modest Proposal》(1729, 영국의 아일랜드 국민에 대한 압력과 감정적인 우롱을 풍자) 등을 썼다. 그러나 스위프트의 대표작은 1726년에 완성한 《걸리버 여행기》이다. 스위프트가 평생 쓴 작품의 대부분이 서명 없이 출판되었으나 《걸리버 여행기》만은 예외였다.

◎ 배경 소개

《걸리버 여행기》는 겉으로 보면 기이하고 재미있는 아동 도서물이라고 생각하지만 실제로는 당시 영국의 정치, 사회, 법률, 풍속과 습관을 예리하면서도 전투적으로 드러낸 현실주의 작품이다. 스위

프트는 일찍이 자신의 문학 창작에 대해 '법률로도 벌을 줄 수 없는 많은 일들이 있고, 종교와 도덕적 제약으로도 나쁜 일을 저지르는 사람들을 모두 바꿀 수 없다. 가장 강렬

한 글로 그들의 죄악을 세상에 알려야만 비로소 그들은 사람들에게 미움을 받을 것이다'라고 주장했다. 분명히 《걸리버 여행기》라는 풍자문학은 작가의 이러한 주장을 뒷받침하는 작품이다. 이 책의 1권은 원래 스위프트가 친구와 만난 자리에서 당시 사회·정치·경제를 풍자하고 욕한 내용을 붓 가는 대로 쓴 것이다. 책 완성 후 여러 차례 첨삭을 거친 후 1726년 말 발표됐다.

◎ 작품 감상

노팅험셔 지방에서 태어난 리뮤엘 걸리버는 14살 때부터 영국과 네덜란드의 대학에서 공부했고 나중에 외과의사의 신분으로 배를 탔다. 여러 번의 항해 끝에 런던에서 자리를 잡고 메리 버튼이라는 아가씨와 결혼했다. 1699년 5월 4일 그는 '엔틸로프호'를 타고 남태평양으로 출항했다.

걸리버의 첫 항해에서 시작은 편안했지만 나중에 폭풍우가 몰아쳐 불행히도 순다열도에서 조난을 당했다. 걸리버는 전 국민의 키가 20센티미터 밖에 안 되는 소인국 릴리푼까지 흘러갔다. 섬 주민들은 대부분 6촌(寸) 정도였고 그래서 이들과 비교했을 때 걸리버는 '거인산' 같았다. 그가 깨어났을 때 전신이 땅에 단단히 묶여있어서 움직일 수 없었다. 그러나 걸리버는 소인들에게 신임을 얻게 되어 얼마 후 풀려날 수 있었다. 게다가 그는 궁궐에 초대되어 정성스런 대접을 받았고 점점 소인국의 풍습에 익숙해져 갔다. 얼마 뒤, 이웃나라 블레푸스쿠가 전함으로 소인국을 공격하자 걸리버는 혼자 출전하여 적국에서 가장 큰 전함 5대를 소인국의 항구로 끌고

와 큰 공을 세웠다. 그러나 그 승리는 걸리버에게 그다지 좋은 행운을 가져다주지 못했다. 계속해서 안 좋은 일들이 생기자 황제는 걸리버의 두 눈을 멀게 한 다음 굶겨 죽이기로 했다. 그 소식을 들은 걸리버는 황급히 이웃나라로 피신하고 작은 배를 수리해서 고향으로 돌아갔다.

집으로 돌아온 지 얼마 안 있어 걸리버는 다시 '어드벤처호'를 타고 바다로 나갔다. 그러나 이번 배는 우연히 거대한 거인들만 사는 브롭딩낵 섬에 좌초됐다. 그곳의 국왕은 키가 60척이나 되고 손가락으로 그를 공중으로 들어올릴 수 있을 정도였다. 그곳에서 걸리버는 '소인'이었다. 그 나라의 한 농부에게 잡힌 걸리버는 곳곳을 돌아다니며 기예를 보여주어야 했다. 그렇게 숨이 끊어질 정도로 힘든 생활이 2년이나 계속되었다. 마지막에 농부는 걸리버를 궁으로 보냈다. 그는 대인국의 국왕과 이야기를 나누던 중 영국 사회가 얼마나 완벽하고 우월한지를 억지로 자랑해댔다. 그러나 대인국의 국왕은 하나하나 예리하게 그의 말을 비난했다. 거인국에 온 지 3년이 되었을 때 고향이 너무나 그리웠던 걸리버는 시찰에 나선 국왕을 따라나섰다가 틈을 타 도망쳤다. 그러나 나무 상자 안에 갇혀 있던 걸리버는 거대한 매에게 붙잡혀 바다로 떨어지고 말았다. 다행히 지나던 배가 그를 발견하여 고향으로 데려다 주었다.

한동안 집에서 머물던 걸리버는 다시 '호프웰호'를 타고 세 번째 모험에 나섰다. 이번에 그가 탄 배는 일본 해적의 공격을 받아 바다에 표류하게 되었다. 얼마 뒤 그는 '라퓨타'라고 부르는, 나르는 섬에 도착하였는데 그곳은 세상과 단절된 곳이었다. 그곳 사람들은 모습도 이상하고 생각도 꽉 막혀 있었다. 섬에서 수일을 머문 후 걸리버는 발리바비섬을 방문해 그곳에 있는 '라카도아카데미'를 구경했다. 그 후 그는 다시 일본에 갔고 다시 럭낵국으로 갔다. 럭낵국에서 그는 또 다른 이상한 민족을 발견했다. 그곳 사람들은 죽음의 신이 아무리 찾아와도 기괴한 비명소리만 질러대면 죽지 않았다. 그런 모습이 걸리버는 너무나 놀라웠다.

세 번째 항해가 끝나고 수 개월이 지났을 때 걸리버는 마지막 여행에 나섰다. 이번에 그는 '어드벤처호'에 선장이 되었다. 그렇지만 항해 도중 선원들의 반란으로 걸리버는 수 개월을 감옥에 갇히게 되었다. 나중에는 뛰어난 이성과 말하는 능력을 가진 푸이늠의 나라에 버려졌다. 그곳 사람들은 말의 모습을 하고 있었지만 고도의 지혜와 자제력, 예절을 갖고 있었으며 환상 속에 사는 것 같았다. 걸리버는 그들이 야후족이며 인간을 매우 배척한다는 사실을 알았다. 푸이늠에서 걸리버는 가축처럼 사육 당했으나 다행히 어떤 말에 의해 풀려나서 그는 그곳의 언어를 배우기 시작했다. 결국 그는 이상적인 그 나라를 좋아하게 되었고 그곳에서 여생을 보낼 수 있기를 희망했다. 그러나 푸이늠은 걸리버를 축출하기로 결정했다. 그래서 그는 어쩔 수 없이 영국으로 돌아왔다. 고향으로 돌아온 후, 그는 푸이늠에서의 생활에 전염이 된 것처럼 평생 말과 사이좋게 지냈는데 그의 식구들조차 이상하게 생각할 정도였다.

독서 지도와 논술 지도

《걸리버 여행기》로 스위프트를 가장 유명하게 만든 작품이자, 그의 작품 중 독자들의 사랑을 가장 많이 받는 작품이다. 이 책은 리뮤엘 걸리버 선장의 입을 통해 네 개 나라를 여행한 기이한 경험을 이야기하고 있다. 그래서 이 책은 총 네 부분으로 이루어져 있다. 첫 번째 소인국 여행과 두 번째 대인국 여행은 1721년에서 1722년에 썼다. 그리고 네 번째 푸이늠 나라 여행은 3권보다 먼저 1723년에 완성됐다. 제 3권은 비교적 여러 가지 이야기가 등장한다. 라퓨타(날아다니는 섬) 여행을 위주로 발라바비, 루그낵, 럭낵국, 일본 네 개

관련링크 모험 정신은 자본주의가 발전하는데 중요한 원인 중 하나였으며 18세기 초 영국 자본주의가 부흥할 시기에 모험을 소재로 한 많은 소설들이 등장했다. 《걸리버 여행기》 전에도 유명한 《로빈슨 크루소》가 있었다. 실제로 이 작품도 디포의 모험 소설에서 영향을 받은 것이며 둘 다 인문주의를 반영했다. 《로빈슨 크루소》에 관한 구체적인 상황은 이 책에 나오는 디포에 관한 소개를 참고하기 바란다.

지역을 여행한 이야기이다. 네 부분은 서로 독립적이라 할 수 있으나 겉으로 봤을 때 1권과 2권이 서로 상반된다. 걸리버는 소인국에서 '거인산' 이었지만 대인국에서는 불쌍한 난쟁이가 되었다. 이런 대립적이며 분산된 이야기는 독자들에게 어느 것을 먼저 읽을 것인지 선택을 할 수 있게 해 준다.

《걸리버 여행기》의 내용은 기이한 환상 여행이지만 자세히 살펴보면 그 안에는 영국 사회의 어두운 현실이 드러나 있고 작가의 이상이 깃들여 있다. 긍정적인 찬송이든 부정적인 풍자이든 간에 전체적으로 스위프트의 감정과 사상이 네 개 부분에 일관되게 존재한다. 그것은 18세기 전반기 영국 사회에 대한 전반적인 비판이며 특히 통치 계급의 부패와 무능, 악독함과 방탕함, 탐욕과 과대망상 등을 통쾌하게 드러내는 것이다. 이런 비판과 비난의 목소리는 제 4권 푸이늠 여행에서는 야만스러울 정도였고 비난의 범위는 18세기초의 영국을 넘어 그 화살이 죄가 무겁고 우둔하며 이성이 전혀 없는 인간에게까지 향하고 있다. 이 때문에 평론가들은 작가를 '염세주의자' 로 보았지만 작가의 이러한 정서는 작가가 처한 시대와 인성의 본질에 대한 불만을 인식하고 발산한 것이다. 그중에는 지금도 참고할만한 가치가 있는 부분이 있다.

《걸리버 여행기》의 예술적인 면에서도 많은 독자를 사로잡았다. 작가는 기이한 상상력과 과장, 우화, 가차 없는 비판을 통해 다채롭고 동화 같은 환상세계를 만들어냈다. 이런 환상과 현실이 서로 조화를 이루면서 독자들은 직접 경험한 듯한 느낌을 받을 수 있다. 이야기를 읽다보면 회심의 미소가 지어지는 부분이 많다. 다양한 이유로 이 책은 세계인이 사랑하는 필독서가 되었고 그 속에 나오는 재미 있는 이야기들도 세계인들의 예술적 재산이 되었다.

젊은 베르테르의 슬픔

괴테 Goethe **SORROWS OF YOUNG WERTHER**

작가 소개

괴테(1749~1832)는 독일시인이며 유럽의 계몽운동 후기 가장 위대했던 작가였다. 1749년 8월 28일 라인강가의 프랑크푸르트에서 태어났는데 그의 부친은 법률가이면서 황실고문관으로 일했고 모친은 시장의 딸이었다. 1765년 괴테는 라이프치히대학에서 법률을 공부했고 1768년 병으로 학업을 중단했다. 1770년 스트라스부르대학에서 다시 공부를 시작했고 다음해 법학 박사 학위를 취득했다. 1773년 그는 희곡 《괴츠 본 벨리힝겐 Gtz von Berlichingen》으로 독일 문단에서 이름을 날리게 됐다. 1774년 그는 바이마르공국에 초청을 받았다가 다음해에 바이마르공국의 기밀고문으로 임명되었다. 1775년까지 단테는 바이마르공국에서 고위 관직에 있었으나 그 기간 동안 정치를 하면서 개혁을 도모하기도 했다. 그러나 각계의 압력이 커진데다 과학과 문학 창작에 대한 열정으로 그는 선택의 기로에 빠지게 되었다. 결국 그는 1786년 가을, 말도 없이 이름을 바꾸고 이탈리아로 떠났다가 1788년 6월이 되어서야 바이마르공국으로 되돌아왔다. 돌아온 후 그는 정치활동을 그만두고 오직 문학에만 전념했다. 그때부터 1794년까지 그는 희곡 《로마애가》, 《타소 Torquato Tasso》를 완성했으며 《파우스트》 제 1부를 쓰기 시작했다. 또한 그는 많은 과학 연구를 진행하였으며 1790년에는 사람의 무명골을 발견했다. 1794년 괴테와 실러는 도움을 주고받으면서 친해졌고 둘은 각자의 창작활동을 통해 독일문학을 역사상 최고의 경지에 올려놓았다. 괴테는 소설 《빌헬름 마이스터의 수업시절》, 서사시 《헤르만과 도로테아》(1797)와 함께 《파우스트》 제 1부를 다시 썼다. 1805년 실러가 세상을 떠나면서 1786년부터 시작된 독일 고전문학시대는 막을 내렸다. 그 후 약 30년 동안 괴테는 최고의 창작기를 맞이했다. 그는 소설 《친화력》(1809), 시집 《서도시집》(1819), 《빌헬름 마이스터의 편력시대》(1829), 자전적 작품 《시와 진실》(1831), 《이탈리아 기행》을 완성했으며 그리고 심혈을 기울인 그의 필생의 대작 《파우스트》제 2부를 완성했다. 괴테는 1832년 3월 22일 바이마르에서 세상을 떠났다.

배경 소개

괴테의 대표작 《젊은 베르테르의 슬픔》은 가슴 아픈 사랑 이야기를 다루고 있다. 괴테의 경험을 소재로 한 이 작품은 4주라는 짧은 시간 안에 완성된 서간체 소설로 사회에 엄청난 영향을 끼쳤다. 이 작품은 괴테와 동시대를 살아가는 젊은이들의 마음을 크게 흔들어 놓았으며 주인공 '베르테르'의 말과 행동, 의상을 따라하거나 심지어 실연으로 인해 '베르테르'의 뒤를 이어 젊은 목숨을 끊는 사람도 있었다. 이 때문에 괴테는 이 작품이 재판될 때 속표지에다 이

문학 키워드

베르테르 효과
독일에서 《젊은 베르테르의 슬픔》이 발간되었을 때 수많은 젊은이들이 주인공처럼 자살을 행하는 사회 문제로 비화된 것을 의미하는데 '모방자살 현상'을 뜻한다.

렇게 시를 써 넣을 수밖에 없었다. '젊은 청년이라면 누구나 첫눈에 사랑에 빠질 수 있고/묘령의 아가씨라면 누구나 이성을 그리워한다/이것은 인생의 지고지순함인데/왜 그 곳에서 고통스러워하는가?/사랑하는 독자여, 그를 위해 울고, 그를 사랑하라/어려움이 생기기전에 그의 명예를 구해주라/보아라, 동굴에서 나온 그의 정령이 속삭이는 것을/정정당당한 사나이라면 절대 나의 전철을 밟지 말라.' 당시 유럽 대륙을 휘젓고 다니던 나폴레옹도 이 책에 호의적이었으며 연일 전투가 이어지는 전장에서도 몸에 지니고 다니며 수시로 읽었다고 한다. 1808년 나폴레옹이 대군을 이끌고 바이마르공국을 공격한 뒤 괴테를 만났다. 그리고 괴테와 함께 《젊은 베르테르의 슬픔》에 대한 의견을 나누었다고 한다. 그러는 사이 이 작품의 가치가 크게 올랐다.

◎ 작품 감상

이른 봄, 막 사랑의 풍파를 겪은 젊은 베르테르가 고향을 떠나 외진 시골에 은거했다. 그는 친구 빌헬름에게 편지를 보내어 그곳의 풍경과 그곳에서 그는 점차 예전의 우울했던 생활을 잊어가고 있다고 말했다. 부유한 가정에서 태어난 베르테르는 부친의 유산으로 자유로운 삶을 살고 있었다. 그러던 어느 날 시골 파티에서 그는 법관의 딸 로테를 만나게 되었다. 로테는 너무 아름다웠다. 로테가 이미 약혼을 한 상태였지만 베르테르는 그녀를 보자마자 사랑에 빠졌고 멈출 수가 없었다. 그는 주변의 충고에도 아랑곳하지 않고 그

샤를로테의 실루엣을 들고 있는 괴테. 그의 눈에 무한한 애정이 가득하다.

(젊은 베르테르의 슬픔)이 출판되었을 때의 표지

녀의 대한 사랑으로 가득했으며 어떻게 해서라도 그녀의 시선을 끌려고 했다. 그러나 로테의 약혼자 알베르트가 여행에서 돌아온 후 베르테르는 자신의 삶에 먹구름이 낀 것을 느꼈다. 찬바람이 불면서 베르테르의 마음은 힘이 빠졌다. 빌헬름은 편지로 그에게 희망 없는 사랑을 그만두라고 말하고 결국 베르테르는 어쩔 수 없이 발하임을 떠나고 로테와 알베르트를 떠나기로 결심했다.

(젊은 베르테르의 슬픔)에 나오는 여주인공의 모델 샤를로테 부프

베르테르는 멀리 떨어진 한 공관에서 서기직을 구했다. 그러나 시간이 갈수록 그는 점점 이 무료한 일이 싫어졌다. 혹독한 겨울이 되자 알베르트와 로테는 베르테르에게 알리지도 않고 조용히 결혼식을 올렸다. 그 일은 그에게 더욱 깊은 충격을 주었으며 그로 인해 베르테르는 엄청난 모욕감을 느꼈다. 다음해 봄, 베르테르는 상처를 치료하기 위해 고향으로, 사랑하는 로테의 곁으로 돌아갔다. 알베르트 부부는 여전히 베르테르를 오랜 친구로 대했고 로테도 예전처럼 천진난만하고 따뜻하게 그를 대했다. 그런데 그 모든 것이 베르테르의 마음을 더욱 아프게 했다. 자신과 로테 사이의 사랑에 희망이 없음을 느끼게 되자 그는 마음속에 가득찬 울분으로 인해 점점 이상하게 행동하기 시작했다. 그때 마침 주인집 과부를 몰래 사랑하던 하인이 주인이 나중에 새로 고용한 사람을 살해한 일이 있었다. 그 일로 인해 베르테르는 삶이 지겨워졌고 죽고 싶다는 생각을 했다.

성탄절 전날 밤, 베르테르는 로테의 뜻을 저버리고 알베르트가 외출한 사이 로테를 찾아갔다. 그러자 곧 꺼질 듯한 사랑의 불꽃이

《젊은 베르테르의 슬픔》 삽화 : 처음 샤를로테를 만나게 된 베르테르

순식간에 다시 불타올랐고 베르테르는 로테에게 오시안의 시를 읽어주었다. 그리고는 시에 감동한 로테를 보고 감정을 억제하지 못하고 포옹했다. 다음날 베르테르는 여행을 이유로 알베르트에게 총을 빌리고 그날 한밤 중에 자살했다. 소식이 전해지자 로테는 그 자리서 혼절했다. 알베르트는 그녀가 걱정이 되어 베르테르의 장례식에 가지 않았다. 결국 그의 장례 행렬에는 성직자 하나 없이 처량했다. 그렇게 그는 이 세상과 그가 사랑했던 사람과 이별했다.

독서 지도와 논술 지도

《젊은 베르테르의 슬픔》은 작가의 진실된 인생 경험을 그 바탕으로 서술되었으며 젊은 괴테의 삶을 직접적으로 반영하고 있다. 글자 행간 곳곳에 그의 생각과 감정이 각인되어 있기 때문에 독자들은 주인공의 고통을 그렇게 절실하게 느낄 수 있었던 것이다. 비록 책 속의 주인공과 작가가 닮은 부분이 많긴 하지만 그래도 주인공은

괴테는 독일과 인류 문화 발전에 지대한 공헌을 한 작가이다. 마르크스는 그를 두고 '가장 위대한 독일인'이라고 칭찬했으며 엥겔스는 '자신의 예술문학에서 진정한 올림푸스의 제우스이다.'라고 했다. 대철학자 프리드리히 니체는 괴테를 추앙하며 이렇게 말했다. '괴테의 문학은 민족문학 보다 더 높은 문학이다.' 그리고 《젊은 베르테르의 슬픔》도 지금까지 사랑받고 있는 작품이다. 예를 들어 '슈투름 운드 드랑' 운동의 중요한 구성원이며 시인인 슈바르트는 《젊은 베르테르의 슬픔》을 읽은 감상을 이렇게 말했다. '나는 이 자리에서 너무나 흥분해서 가슴이 두근두근 뛴다. ·미친 듯이 기뻐하다가 고통스러운 눈물을 뚝뚝 흘렸다. 왜냐하면, 독자들이여, 나는 방금 전에 괴테의 《젊은 베르테르의 슬픔》을 읽었다. 읽었냐고? 아니 통째로 삼켰다. 평가를 내려보라고? 만약 그럴 수 있다면 나는 심장이 없는 것이다. 나는 여러분들에게 각자 《젊은 베르테르의 슬픔》을 사서 읽어보라고 권하고 싶다 그러나 읽을 때는 자신의 열정과 진심을 가지고 읽으라 내 평생 곤궁하게 지내더라도 이 감정이 풍부한 작가의 마음을 느껴볼 기회를 놓치고 싶지 않다.'

단지 예술의 창조물이며 작자 본인과 동등시 할 수는 없다.

소설은 서간체로 쓰여졌다. 도시 청년 주인공 베르테르는 자유롭고 평등한 삶을 원했으며 사랑에 대한 열정적인 환상을 갖고 있었다. 그러나 주위의 현실은 그의 희망을 점점 파괴했다. 희망 없는 사랑, 비속한 관리 세력, 자신에 대하여 오만한 귀족들의 경시와 핍박에 그는 결국 자기 파멸의 길을 걷고 말았다. 베르테르의 이미지는 실제로 당시 독일 젊은이들이 보편적으로 가지고 있던 번뇌와 동경, 고민을 반영했고 강한 시대정신을 띠고 있다. 그래서 이 작품에서 제기한 문제도 자연히 시대 보편적인 계몽의 의미를 띠고 있는 것이다. 주인공의 자유로운 사랑에 대한 갈망과 상류층 사회의 차별에 대한 불만이 당시 유럽에서 성행하던 '개성해방'과 '감정의 자유' 등과 연결되어 매우 적극적인 의미를 갖게 됐다. 그러나 또 다른 한편으로 책 속에 흐르는 비관적이고 염세적인 사상 역시 당시 젊은이들에게 어느 정도 부정적인 영향을 끼쳤다. 한때 문학 작품 속에서 묘사된 슬픔과 우울함이 유행하게 된 것이다. 이것은 아마도 작가도 예상치 못한 것이라고 본다.

형식으로 볼 때 이 소설은 독일에서 유행하던 영국 작가 리차드슨의 소설과 루소의 《신 엘로이즈The New Heloise》의 영향을 받았다. 그러나 심각한 사상 혹은 심오한 예술과 상관없이 괴테는 그의 선배들을 초월했다. 그 밖에 이 작품에는 진한 시적 언어가 넘치고 많은 배경 묘사를 주인공의 마음과 결합시켜 가슴 아프고 우울하게 묘사했으며 작품 전체가 마치 장편의 서정시를 보는 듯하다. 이 거대한 예술적 매력은 독일 문학사에서 중요한 이정표가 되었음은 두말 할 필요도 없다.

관련링크 《파우스트》의 관련 내용을 참조하기 바란다.

《빌헬름 마이스터 수업시절》(1775~1828)은 괴테를 대표하는 또 다른 장편 소설이다. 이 작품은 《도제시절》과 《편력시대》로 나눠져 있으며 내용은 주인공이 집을 나와 인생의 의미를 찾아나서는 이야기이며 실천의 중요성을 인정하고 인생에서 가장 이상적인 것은 전문기술로 사회를 행복하게 만드는 것이라고 했다.

괴테 가족의 가상화
아버지는 양치기 복장으로 정중앙에 서있고 어머니는 그의 오른쪽에 있다. 옆에는 어린 괴테와 여동생 코르넬리아 그리고 뒤의 먼 곳에는 요절한 형제들의 영혼이다.

파우스트

괴테 Goethe

FAUST

작가 소개

괴테, 《젊은 베르테르의 슬픔》 참고. (81p)

문학 키워드

연금술

연금술이라 함은 금속재련술을 말하는데 철이나 구리 등의 값싼 금속들을 금으로 변하게 하는 기술을 의미한다. 문학에서 말하는 "언어의 연금술'은 영혼을 일깨우고 미적 극치를 뽑아내고, 심금을 울리고, 상징성을 드러내는 등의 언어 표현을 지칭하는데 천재 시인 랭보(Rimbaud)의 시에서 비유되곤 한다.

◎ 배경 소개

파우스트는 중세 독일 민간 전설에 나오는 인물로 포스터스(Faustus)라고도 불린다. 이 사람은 학자, 마술사, 점성가라고 하면서 곳곳을 돌아다니며 스스로 연금술에 정통하다고 자랑했다고 한다. 그는 자신의 영혼을 악마에게 판 대가로 지식과 권력을 얻었으나 말년에는 빈곤했다. 독일 민간이야기 《포스터스 박사의 일생(1587)》에서 처음으로 파우스트와 악마 사이의 계약이 나온다. 후에 진보적인 작가들이 지식을 탐구하는 파우스트의 고상한 행동을 인정하고 파우스트의 전설을 각종 문화예술 작품으로 만들어 냈다. 그러나 독일의 시인 괴테의 시극 《파우스트》가 출판된 후에야 파우스트의 이미지가 전 세계에 알려졌다. 괴테는 1770년 이 작품을 쓰기 시작하여 62년이라는 시간이 지난 1832년에 완성했다. 괴테는 《파우스트》를 완성하고 얼마 뒤에 세상을 떠났다. 그래서 이 작품이 괴테 최후의 대작으로 알려졌는데 실제로도 괴테의 작품 중에 가장 유명하고 가장 중요한 작품이다. 마르크스 등 여러 사람이 이 위대한 작품을 높이 평가했다. 이 작품은 호머의 《서사시》, 단테의 《신곡》, 셰익스피어의 《햄릿》과 더불어 유럽

만년의 괴테는 놀라운 의지력으로 거작 《파우스트》를 완성했다.

문학의 4대 고전으로 꼽힌다.

◎ 작품 감상

하느님과 악마가 논의를 했다. 악마 메피스토펠레스
는 세상이 하나의 고달픈 바다이고 영원히 변하지 않
는다고 생각했다. 그래서 인간은 벌레와 물고기처럼
평생 고통을 받으며 살아가고 어떤 것을 추구하더라
고 절대 이룰 수 없다고 보았다. 그러나 하느님은 파
우스트를 예로 들며 인간이 실수는 하지만 이성과 지
혜로 결국에는 밝은 길을 찾을 것이라고 했다. 메피
스토펠레스는 하느님과 내기를 하고 학문에 열중하
고 있는 파우스트를 타락시키기 위해 사악한 길로 인
도한다.

이것은 괴테의 작품 《파우스트》의 몇 막이다. 유혹당하는
인간을 묘사했다.

메피스토텔레스가 파우스트를 찾아갔을 때 이 늙은 학자는 중세
의 서재 안에서 불안해하고 있었다. 그는 스스로 아는 것이 많긴
하지만 전혀 쓸모가 없다는 것을 깊이 깨달았다. 우주로 몸을 던져
세상의 모든 고난과 쾌락을 책임질 수 있기를 갈망했다. 그래서 메
피스토텔레스와 그 때를 틈타 파우스트와 계약을 맺는다. 메피스
토텔레스는 파우스트의 하인이 되어 그의 고난을 해소해 주고 모
든 즐거움을 찾아서 그의 욕구를 충족시켜 주기로 했다. 그리고 파
우스트가 만족하는 순간, 파우스트는 악마의 소유가 되어 내세에
서는 악마의 하인이 되는 것이 계약의 내용이었다. 파우스트는 인
간은 만족할 줄 모른다고 믿었기 때문에 망설임 없이 그의 말에 동
의했다.

계약이 성립되고 메피스토텔레스는 파우스트를 데리고 온 사방
을 여행했다. 그들은 먼저 술집에 가서 술을 마셨지만 파우스트는
관심이 없었다. 그래서 메피스토텔레스는 그를 데리고 마녀의 주방

관련링크 《젊은 베르테르의 슬
픔》에 나오는 내용을 참조하기 바란다.
'4대 유럽고전'으로 꼽는 작품은
《파우스트》 외에 호머의 《서사시》, 단
테의 《신곡》, 셰익스피어의 《햄릿》이
있다. 이들 세 명작에 관한 내용 역시
이 책의 관련 부분을 참조하기 바란다.
파우스트와 관련된 작품에는 이 책에
나온 괴테의 작품 외에도 C. 말로의
희곡 《포스터스 박사의 비극적 이야
기 Dr. Faustus》이 있으며 독일 극작
가 레싱도 1780년에 그에 관련된 희
곡을 썼지만 완성하지 못했다. 1947
년 독일 소설가 토마스 만이 독일의
전쟁 패배와 서양 문명의 실망을 소
설 《파우스트》에서 표현했다. 다른 유
형의 작품으로는 독일 음악가 리하르
트 바그너 Wilhelm Richard Wagner
가 1840년에 만든 《파우스트 서곡》,
1846년 베를리오즈의 프랑스 오라토
리오 《파우스트의 저주》, 1959년 작
곡가 샤를르 구노의 가극 《파우스트》
등이 있다.

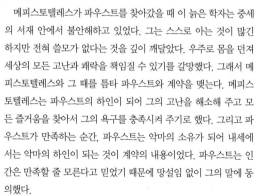

파우스트를 다시 찾아온 메피스토텔레스. 들라크루아. 런던 월래스 미술관에 보관되어 있다.

으로 가서 사랑의 즐거움을 맘껏 즐기도록 그를 유혹했다. 악마는 마녀의 약을 파우스트에게 먹여 젊게 만들고는 아름다운 소녀 마르가레테를 사랑하게 만들었다. 악마의 도움으로 파우스트는 소녀의 사랑을 얻는데 성공했지만 실수로 그들은 소녀의 어머니와 오빠를 죽게 만들었다. 비통해 하던 마르가레테는 감옥에 갇혔다. 파우스트는 그녀를 구하려고 하지만 결국 구하지 못하고 메피스토텔레스에 의해 끌려갔다.

피로했던 파우스트가 알프스 산기슭에서 잠에 빠졌다가 깨어났을 때는 예전의 모든 고통을 잊어버리고 삶에 대한 용기를 다시 회복하게 된다. 그들은 신성로마제국의 궁정으로 갔다. 그 나라는 경제적, 정치적으로 심각한 위기에 빠져 있었다. 환락에 빠진 군신들은 정국에는 관심이 없었고 나라는 매일이 불안한 상태였다. 파우스트는 왕에게 적극적으로 정책을 제의했다. 지폐 발행을 건의하여 잠시나마 나라의 재정 위기를 넘기게 했다. 국왕은 기쁜 나머지 갑작스럽게 고대 그리스의 미인 헬레네와 미남 파리스를

명언 덧붙임

1790년 《파우스트 단편》이 세상에 나왔을 때 괴테와 동시대에 살던 비평가 슐레겔형제 Schlegels는 《파우스트》사상의 철학적 의미를 평가하면서 '인류의 정신'을 대변할 작품이 될 것이라고 했다. 그들은 '작품이 진정 인류의 과거와 현재, 미래를 반영할 것이며, 파우스트의 인물에서 전 인류의 이상을 만들 것이며 그는 전 인류의 화신이 될 것이다.'고 보았다. 어떤 철학자는 '만약 철학 역사시라고 부를 수가 있다면 바로 이 말은 괴테의 《파우스트》에 쓰일 것이다. 철학자의 깊은 생각과 걸출한 시인의 생각이 비로소 찬란한 지혜로 연결되었다. 이 서사시는 우리에게 새로운 지식의 근원을 제공했다."고 말했다.

보고 싶다고 파우스트에게 독촉했다. 파우스트는 메피스토텔레스의 마법으로 두 젊은 남녀를 데려오지만 파우스트 자신이 헬레네의 아름다운 용모에 마음을 뺏기게 된다. 그런데 부주의로 폭발이 일어나고 미인은 연기 속으로 사라져 버렸다.

파우스트는 '인조인간'을 실험하고 있는 자신의 학생을 찾아갔다. 파우스트는 메피스토텔레스에게 난장이를 만들도록 도와달라고 했다. 이 난장이는 그들을 데리고 고대 그리스로 날아가 헬레네를 찾게 해주었다. 헬레네와 파우스트는 첫눈에 반하게 되고 부부가 됐다. 그리고 그들은 아들 오리포리온을 낳았다. 천재였던 이 아이는 높이 뛰고 하늘을 나는 것을 너무나도 좋아했는데 실수로 떨어져 죽고 말았다. 지하에서 부르는 아들의 목소리를 들은 헬레네는 파우스트를 안아주고는 하얀 옷만 남기고 사라져버렸다.

자신의 나라로 돌아온 파우스트는 바다를 바라보며 큰 사업을 하기로 결심했다. 그는 현재 내전이 벌어지고 있는 것을 알고 왕을 도와 반란을 평정한다. 그리고 바닷가의 땅을 상으로 받았다. 그는 그곳을 흙으로 메운 다음 평등하고 자유로운 낙원을 건설하려고 했다. 그러나 한 노부부가 이주하길 원치 않자 메피스토텔레스는 사람을 보내 물리적으로 그들의 가정을 파괴하고 그들을 죽였다. 그래서 우수의 여신이 파우스트의 눈을 멀게 했고 악마 역시 죽음의 영혼을 불러 파우스트의 무덤을 파게 했다. 두 눈을 잃은 파우스트는 땅을 파는 소리를 듣게 되자 사람들이 그의 생각에 호응하여 낙원 건설을 시작한 것으로 알고 만족스러워하며 죽음을 맞이하게 된다.

악마는 계약대로 파우스트의 영혼을 뺏으려고 하지만 그때 하늘에서 성모가 보낸 천사들이 그의 영혼을 보호하며 천국으로 인도한다.

명언명구

● 친구들아 이론은 완전히 절망적인 것이다. 생명의 황금나무만이 언제나 푸르다.
(헬레네) 사랑은 인간을 행복하게 하고/우리는 똣대로 함께 있으니/더 없는 행복은/보배 같은 아이를 얻은 것입니다.

● (파우스트) 나는 몇 백만을 위하여 토지를 개척하여/편하지는 못하나 자유롭게 일하며 살게 하려고 한다./그렇다, 그 협력의 정신에 모든 것을 바친다./그것은 널카로운 지혜의 마지막 결론인데/생활도 자유도 날마다 그것을 쟁취하는 자만이/누릴 자격이 있는 것이다.

● (천사들) 영의 세계의 고귀한 분이/악의 손에서 구원을 받았습니다./계속해서 노력하며 애쓰는 자를/우리는 구할 수 있습니다.

《파우스트》는 16세기 독일의 포스터스 박사의 전설을 소재로 삼았다. 작가는 그 이야기를 가공하여 끊임없이 추구하고 적극적으로 나서는 이상적인 인물로 파우스트를 만들어냈다. 이 책은 방대하면서도 구조가 복잡하다. 전체적으로 파우스트의 일생을 둘러싼 지식의 추구, 사랑에 대한 미련, 권력에 대한 갈망, 예술(미)에 대한 집착, 인류의 행복을 위한 끊임없는 노력이라는 다섯 가지 발전단계로 구분해서 묘사하고 있다. 이러한 과정은 종교 개혁과 문예 부흥의 시기부터 19세기 초까지 300년 동안에 유럽과 독일 자산 계급의 지식층들이 정신적인 탐색의 길을 걷는 것을 말한다. 그래서 파우스트가 겪는 이 다섯 가지 단계는 상징적이고 음유적인 의미가 있는 것이다. 그가 추구하던 이 다섯 가지는 당시 인류의 정신적인 갈망이며 현재 서양 사회에서 보편적으로 받들어지고 있는 삶의 이상적인 경지가 되었다. 마지막에 파우스트의 영혼은 구원을 받게 되는데 이것 역시 인생과 인류의 미래에 대한 작가의 아름다운 소망을 나타낸다. 이런 적극적인 갈구와 기꺼이 실천하는 정신은 유럽 자산 계급이 대두하던 시기, 자산 계급의 선진 인사들이 끊임없이 탐구하고 추구하던 예술을 개괄한 것이다. 이런 생각은 무수한 독자들에게 전파되었는데 이를 두고 '파우스트 정신'이라고 한다.

역사와 같은 작품 《파우스트》는 깊고도 복잡한 내용을 담고 있다. 독일사회와 정치, 궁정을 현실주의적인 입장에서 묘사했으며 그리스 헬레네와 천사가 파우스트를 구원하는 것과 같이 낭

괴테의 그림과 그의 대표작 속에 등장하는 인물들. 왼쪽 상측부터 시계방향으로 《친화력》, 《타소 Torquato Tasso》, 《젊은 베르테르의 슬픔》, 《괴츠 본 벨리힝겐》, 《에그몬트》, 《빌헬름 마이스터의 수업시절》, 《파우스트》, 《헤르만과 도로테아》, 《크라비고 Clavigo》, 《타우리스 섬의 이피게니 Iphigenie auf Tauris》.

만주의적인 상상도 들어있다. 또한 인물들은 저마다 서로 다른 상징적인 의미를 지니고 있다. 예를 들어 헬레네는 고대 그리스 예술의 미를 상징하며 파우스트와 헬레네의 아들 '오리포리온'은 바이런과 같은 낭만파 시인을 상징한다. 주인공 파우스트 외에 악마 메피스트펠레스도 성공적으로 그려진 중요한 인물 중 하나이다. 그는 반역적인 부정적 정신을 대표하며 또한 예리한 비판능력을 가진 인물이다. 특히 그의 언어는 예지와 익살로 가득해서 깊은 인상을 준다.

예술적으로 이 작품은 상당히 완벽한 구조를 가지고 있다. 주요 부분에는 대비 구조를 이용하고 있고 '정(正)-반(反)-합(合)'의 변화를 통해 극의 내용을 발전시켰으며 그 안에는 무수한 상징과 은유가 가득하다. 언어 전달에 있어서 이 시극은 매우 짙은 서정적인 색채와 신랄한 풍자의 멋을 갖고 있다. 그 밖에 이 작품은 각종 시체(詩體)를 광범위하게 이용하고 있다. 처음에는 자유로운 문체로, 뒤로 갈수록 점점 목가체와 기복 있는 구조로 서서히 바뀌면서 다양한 변화가 있어 들쑥날쑥하면서도 일체감 있게 보인다. 대자연이나 장면의 묘사도 감탄할 정도이다. 바로 이런 이유 때문에 이 작품이 독일 문학사에서 가장 위대한 예술 작품으로 꼽히는 것이다.

문학 키워드

정반합(正反合)은 헤겔(Hegel)의 변증법에서 진리를 추구하는 방법이며, 원리인데 예를 들면 한용운의 《님의 침묵》에서 시상의 전개 방식: 이별의 고통(正)-기다림의 희망(反)-만남의 강한 희망(合)으로 역설적이고 입체적으로 정반합이 활용되고 있다.

고백록

루소 Jean Jacques Rousseau

작가 소개

장 자크 루소(1712~1778)는 18세기 프랑스의 위대한 계몽사상가이자 문학가이며 프랑스 계몽운동에서 가장 민주 성향이 강했던 대표 인물이다.

원래 프랑스 신교도였던 루소의 고조부는 종교의 박해를 피해 16세기 중엽 스위스로 갔다. 그래서 루소는 제네바의 시계 장인의 집안에서 태어났다. 그는 태어나면서 모친을 잃었지만 부친의 사랑으로 많은 고대 그리스, 고대 로마문학에 나오는 위인들의 전기를 접할 수 있었다. 10살에 그는 랑베르시의 목사에게 보내져 거기서 2년간 라틴어를 배웠다. 13세에서 15세까지 그는 포악한 조각가의 가게에서 조수로 일하면서 많은 고통을 받았다. 2년 후 그는 마침내 고향을 떠나 프랑스로 와서 오랜 유랑생활을 시작했다. 그곳에서 만난 바랑스 부인은 그의 유랑 생활에서 첫 번째 항구가 되어주었고 또한 그의 많은 가슴 아픈 사랑에서 마음을 뺏긴 첫 번째 여성이었다. 그곳에서 루소는 거의 10년간 낭만적이고 안정적인 삶을 살았다. 1749년 루소가 응모한 원고 《학문과 예술론》이 당선됐다. 이 작품으로 루소는 유명해졌지만 그는 점점 다른 계몽주의자들과 사상적으로 이견이 생기게 되었다. 그 후 그는 백과전서파와 서서히 다른 길을 걷기 시작했다. 프랑스 몽모랑시 숲 부근에서 보낸 몇 년간의 시간은 그의 예술적 생애에 있어서 중요한 단계였다. 그의 4대 저서 《신 엘로이즈 The New Heloise》, 《민약론 Du Contrat Social》, 《에밀 Emile》, 《고백록》 중 세편을 그곳에서 썼다. 《에밀》은 당국과 백과전서파를 분노케 했고 그 때문에 루소는 스위스로 피난할 수밖에 없었다. 마지막에 프랑스로 돌아왔지만 그때도 여전히 불안한 상태였다. 그는 만년에 파리에서 홀로 지내며 《고백록》을 완성했다. 1778년 루소는 한 후작의 저택에서 삶을 마감했다. 프랑스 자산계급의 혁명 이후 그의 유해는 1794년 장중한 장례식과 함께 파리 팡테온으로 이장됐다.

장 자크 루소 조각상

◎ 배경 소개

18세기는 프랑스 문학사에서 '광명의 세기', 즉 계몽운동의 세기로 불린다. 계몽운동은 사상운동이었다. 계몽운동의 문학가들은 대부분 사상가의 얼굴로 등장했다. 그들에게 있어 문학작품은 생각을 전달하는 보조수단에 불과했다. 그러나 그들이 문학사에 남긴 업적은 엄청나다. 계몽운동가 몽테스키외, 볼테르, 디드로Denis

Diterot 등, 이들의 문학창작에 대한 생각은 세속의 인심을 폭로하고 풍자하며 당시 사회의 병폐를 경고하는 것이었다. 그들의 글은 간결하면서도 명확했고 심오한 내용을 쉽게 표현할 줄 알았으며 유머가 넘쳤다. 루소의 특징은 개인의 감정을 묘사하는데 주안점을 두었다. 그의 대표작 《신 엘로이즈》(1761)와 《고백록》(초기 6권 1782, 완성본 1789)은 모두 훌륭한 문학작품이며 19세기 초 낭만주의 문학의 단초를 제공한 것으로 여겨지고 있다.

Jean-Jacques Rousseau à Annecy
Promenade à Thônes avec Mlle Galley et Graffenried

L'innocence des mœurs et sa volupté qui naissent dans l'ombre, passe qu'elle n'y paraît d'admirable et qu'elle soit confusément. Confession part. I. liv. IV.

La Jeunesse de Jean-Jacques Rousseau
Partie champêtre à Thônes avec Mlle Galley et Graffenried

Pour moi, je suis que la véritable d'un si beau jour ne touche fait, on vivrait plus en vaine, un cette d'anciers réflexion que j'avois que tous les goûtés en on été. Confession part. I. liv. IV.

1730년 여름, 루소는 휴가를 같이 보낸 두 아가씨와 전원의 같은 아름다운 로맨스를 겪었다.

◎ 작품 감상

작자인 장 자크 루소는 자신의 일생을 독자들에게 적나라하게 해부해 보이고자 했다.

1712년 루소는 제네바의 평범한 가정에서 태어났다. 아버지는 시계 장인이었고 어머니는 목사의 딸이었다. 어머니는 루소를 낳다가 난산으로 세상을 떠나셨다. 어려서부터 책에 유난히 흥미가 많았던 루소는 그리스와 로마의 선현들을 숭배했다. 그리고 루소는 욕심이 많았으며 못된 장난을 잘 치는 편이었다. 따뜻하고 부드러운 성격의 루소는 다른 사람을 사랑하면서도 남에게 사랑을 받고 싶기도 했다. 11살이 되던 해, 루소는 22살의 아가씨를 사랑하게 되었지만 그녀는 루소를 무시했고 이에 루소는 심한 분노를 느꼈다.

16살에 루소는 안느시에서 도제로 일하면서 젊고 부드러운 귀족 과부 바랑스Warens를 만나게 됐다. 루소는 그녀의 매력에 빠졌고 그

관련링크 1762년 루소의 《에밀》이 출판되었다. 이 작품은 교육문제를 논한 소설로 책 속에서는 교육문제를 얘기하고 있지만 실제로는 반봉건적인 내용을 담고 있어서 봉건왕조와 성직자들의 반감을 불러일으켰다. 파리 대주교는 금서 명령을 내렸고 파리 고등법원도 책을 불태우라는 판결을 내리면서 작가도 불태우자고 소리쳤다. 그래서 루소는 어쩔 수 없이 긴 유랑생활을 할 수밖에 없었다. 1764년 12월에 나온 《시민들의 견해》라는 팜플렛은 루소를 격렬하게 비판했다. 그런데 그 공격이 적들이 아닌 친구들이 한 것이라는 사실이 가슴 아팠다. 적으로 둘러싸인 루소는 외로운 처지가 되었다. 그는 비통하고 분한 심정을 안고 1766~1770년 자서전적 작품 《고백록》을 썼다.

문학 키워드

도제
가내수공업에서 장인의 기술을 전수받기 위해 제자가 스승인 장인의 집에서 숙식을 같이 하며 기술을 익히는 제자를 일컫는다.

장 자크 루소는 스위스에서 태어났으며 18세기 가장 위대한 유럽의 사상가였다.

루소의 《에밀》 원고

녀에 대한 애틋함은 이후 루소의 유랑생활에 정신적인 지주가 되었다. 후에 루소는 도제 일을 그만두고 이탈리아로 갔다. 전혀 이름이 알려지지 않았던 루소는 종교 수용소에 들어갔다. 나중에 점포의 점원도 하고 백작부인의 비서 일을 하기도 했다. 비서로 일하던 시절 루소는 백작부인의 리본을 훔쳤는데 죄를 피하려고 아무 잘못도 없는 하녀에게 죄를 뒤집어 씌웠다. 그 일로 루소는 줄곧 양심의 가책을 받았다. 그리고 루소는 음란한 욕망을 채우기 위해 물 긷는 아가씨를 희롱한 죄로 잡혔을 때 거짓말로 그 자리를 모면했다.

19살에 루소는 오매불망 그리던 마담 바랑스의 곁으로 되돌아갔다. 그녀는 어머니처럼, 누나처럼 루소를 안아 주었고 루소를 위해 애써 주었다. 루소는 그녀의 곁에서 한동안 즐거운 시간을 보냈다. 루소는 수학과 집합, 회화와 음악에 모든 정신을 쏟았다. 그 후 음악에 매료된 루소는 더 이상 측량하는 일을 할 수가 없었다. 그때 마담 바랑스가 루소에게 마음의 문을 열었고 그들은 나이 차이를 극복하고 함께 지내기로 했다.

음악 외에 그가 관심을 가진 것에는 문학과 철학이 있었다. 특히 볼테르의 글은 하나도 빠짐없이 읽었다. 루소는 공부에 몰두했으며 지병으로 몸이 아파도 아랑곳하지 않고 공부를 했다. 마담 바랑스가 각별히 루소를 보살펴 주기는 했지만 루소는 더 이상 힘이 없음을 예감했다.

루소는 음악 연구에 투신했지만 일은 잘 풀리지 않았다. 새로 발명한 기보법을 프랑스 아카데미에 보냈지만 인정받지 못했다. 그와 동시에 루소는 문학계의 명인들, 디드로, 볼테르, 뷔퐁과 친구가 되었다. 그 사이 루소는 다시 이탈리아로 돌아가 물의 도시 베니스에서 프랑스 주재 이탈리아대사의 비서로 일했다. 일은 열심히 했지만 소인배들에게 미움을 사서 결국 자리를 떠나야 했다. 그리고 다시 음악과 창작 일을 하기 시작했다. 나중에 디드로가 《철학사상》으로 인해 체포되자 루소는 그를 구할 방법을 찾았고 그들은 더욱 친한 사이가 되었다.

1750년 루소의 글 《학문과 예술론Discours sur les sciences et les arts》이 큰 성공을 거두었고 루소는 깜짝 놀랄만한 사상으로 파리 문학계를 뒤흔들었지만 비방도 받았다. 1752년 가극 《마을 수호신Le Devin du village》이 왕궁에서 상연되었을 때 루소는 일부러 옷차림을 제대로 하지 않고 태만하게 보였다. 공연은 큰 성공을 거두었고 국왕이 루소에게 연금을 주려고 했지만 루소는 단호히 거절했다. 이 때문에 루소는 디드로와 불화가 생겼으며 봉건 도덕 옹호자들이 루소를 비난하고 욕하자 루소는 더욱 공허하고 외롭게 되었다. 루소는 다시 반려자 테레즈를 찾았다. 작품 구상을 위해 그들은 8일간의 여행을 떠났다.

194. - Madame de Warens, d'après Largillière

젊고 부드러운 귀족 과부 마담 바랑스. 루소는 그녀에게 빠졌으며 그 사랑은 이후 루소의 방랑 생활에 정신적인 지주가 되었다.

1756년 루소는 파리에서의 우울한 생활을 그만두고 한 부인이 준 '은사의 집'에 들어갔다. 그곳에서 루소는 소설 쓰기에 몰두했다. 루소는 일부 사람들의 공격을 받았고 그가 줄곧 존경하던 디드로와도 절교했다. 《신 엘로이즈》의 출판은 파리를 흔들어 놓았고, 루소는 다시 《음악사전》과 《사회계약론》을 출판했다. 그러나 《신 엘로이즈》로 루소는 비난을 받았고 친구들도 그를 떠났으며 곳곳에서 사람들이 그를 욕했다. '은사의 집' 주인도 루소를 쫓아냈다.

　　루소는 다시 한번 유랑생활을 시작했고 앞으로 또 어떤 고난이
닥쳐 올지 알 수 없었다.

📖 독서 지도와 논술 지도

《고백록》은 특별한 회고록이자 자전적 소설이다. 루소는 사람들에
게 책 속의 인물이 작고한 후에 이 작품을 발표하라고 했지만 실제
로 소설은 1789년에 출판되었다. 이 작품을 쓰게 된 동기에 대해
작가는 "한 사람의 진면목을 적나라하게 세상 사람들 앞에 폭로하
고 싶었다"고 말했다. 폭로의 방법은 주변 인물이나 환경을 묘사하
지 않고 세세한 심리 분석과 자아해부라는 전대미문의 방법이 동
원되어 솔직하고 성실하게 자신에 대해 묘사하고 평가했다.

　　루소는 솔직한 태도로 숨김없이 독자들에게 자신의 고상한 부분
과 천한 부분을 드러냈다. 그러나 그는 자신의 본성은 선량하며 더
럽고 죄악이 넘치며 불합리한 사회가 자신을 나쁘게 물들였다고
설명했다. 작품의 제 1부는 유창하고 아름다운 문체로 되어 있는
데 제 2부는 오류가 적어 보인다. 이렇게 된 이유는 당시에는 심리
적으로 안정되어 있었고 내용 자체도 조용하고 순수하며 서정적인
그의 전반기 삶을 얘기하고 있기 때문이다. 제 2부를 집필할 때 루
소는 병세가 날로 깊어졌다. 게다가 쓰던 내용도 삶의 고난을 맛볼
때의 이야기라서 화약 냄새로 가득했다. 그러나 전체적으로 솔직
한 분위기는 훼손되지 않았고 독자들도 계속해서 아름다운 묘사를
읽을 수 있었다. 《고백록》의 두 부분이 이러한 차이를 보이고는 있
지만 루소 자신이 2부 서두에 말한 것처럼 이 책은 충실하게 나아
갈 방향이 있었다. 그것은 바로 '감정의 연결'이었다. 확실히 마음
에 호소하는 기록은 사람들의 감동을 불러일으키는 경우는 별로

없다. 그러나 루소는 감정의 방종에 빠지지 않고 마음 속을 털어놓음으로써 철학, 예술, 심미적인 부분에 있어서 그의 확실한 소견을 느낄 수 있게 했다.

여러 사건들을 추적하면서 그는 때로는 태연하고 침착하게 때로는 재미 있고 유머러스한 필치로 소재를 고르는 그의 기술과 박식한 지식을 느끼게 한다. 책 속에서 루소는 감상적인 부분을 드러내기도 했다. 다양한 환경의 각계각층의 인물들과 광범위하게 교류하면서 그는 사회의 첨예한 모순을 더 많이 느끼게 되었다. 그는 이런 모순을 벗어날 수 있는 적절한 방법을 찾지 못하여 주관적 감정의 세계로 빠지게 되었다. 사람의 마음을 예리하게 분석하였으나 자연적인 감정을 폭발시켰고 더 나아가 대자연과 자신을 하나로 생각하였다. 그는 이기적이고 교활한 도시를 떠나 소박한 삶을 살기도 했다. 이런 철학 사상이 종교적인 정서를 동반하기는 하지만 그것은 사회 불평등에 대한 그의 분노가 표출된 것이며 그와 같은 평민작가 특유의 경향이기도 하다. 루소가 독특하다고 평가받는 이유는 그의 사상이 동시대 사람들보다 앞서갔기 때문이었다.

간계와 사랑

실러 Fiedrich von Schiller

KABALE UND LIEBE

작가 소개

프리드리히 실러(1759~1805)는 독일 시인이자 극작가, 문학이론가였다. 실러는 레싱(Lessing, Gotthold Ephraim. 독일의 극작가·평론가·계몽 사상가(1729~1781)), 괴테와 함께 독일 고전문학의 창시자였다. 실러는 1759년 11월 10일 바덴뷔르템베르크주의 마르바흐에서 태어났으며 그의 아버지는 외과 의사였다가 나중에 군의관이 되었다. 1768년 실러는 라틴어학교에 들어갔다. 그것은 부모의 뜻이기도 했지만 신학원에 진학하려는 자신의 뜻이기도 했다. 그러나 1773년 영주의 명령으로 13세의 실러는 군사학교에 들어가 법률을 공부하게 됐다. 실러는 간섭이 심하고 외부세계와 격리된 그곳에서 8년간의 청춘을 보냈다. 그 기간동안 그는 셰익스피어, 루소, 괴테의 작품을 접하게 되었고 몰래 희곡 《군도》를 창작했다. 1780년 졸업 후 실러는 슈투트가르트에서 군의관이 되었다. 당시 전제 통치를 몸소 체험했던 실러는 1781년 봉건 폭정에 반대하는 맹렬하고 진취적인 정신으로 가득한 희곡을 발표하고 이듬해 만하임에서 첫 공연을 성공리에 마쳤다. 1782년 그는 자신의 세 번째 비극 《간계와 사랑》을 썼으며 새로운 희곡 《돈 카를로스》에 착수했다. 1783년 실러는 만하임의 극작가를 맡게 되었다. 1785년 그는 명시 《환희에 부쳐》를 발표했다. 그 해 가을 실러는 친구와 함께 드레스덴으로 가서 스페인 궁 안의 투쟁을 소개한 정치비극 《돈 카를로스》를 완성했다. 이 작품은 그의 젊은 시절 최후의 희곡으로 그의 맹렬했던 창작 시기에서 고전의 시기로 가는 과도기에 만들어졌다.

1794년 실러와 괴테는 친밀한 우정을 과시하며 공동 작업을 했다. 둘은 독일의 문학운동에 힘을 기울였다. 그는 괴테의 도움으로 7년이라는 시간을 투자해 대작 《발렌슈타인》 3부작을 완성했다. 나중에 다시 《오를레앙의 처녀》와 《빌헬름 텔》이라는 두 권의 애국주의 희곡을 썼다. 긴장감 있는 줄거리를 가진 이들 작품은 불안한 사회에 대한 관심 및 전쟁을 반대하고 외세를 막아내며 평화로운 통일을 원하는 희망으로 가득했다. 그의 서정시는 숭고한 열정으로 가득했으며 그는 이상에 도달하기 위해 '심미교육'이라는 이론을 만들어 공정한 사회제도의 지침서로 삼았다. 1805년 실러는 빈곤과 병든 삶으로 겨우 46세에 세상을 떠났다.

실러의 유화 초상

배경 소개

《간계와 사랑》의 원제목은 《루이제 밀러린》이었으나 실러와 동시대의 인물인 유명한 배우 이플란트의 건의로 제목을 바꾸었다. 원제에서 알 수 있듯이 이 희곡의 진정한 주인공은 평민소녀 루이제이며 전체 내용이 그녀를 둘러싸고 벌어진다. 《간계와 사랑》으로 바꾼 후 주된 모순이 확연하게 드러나 작품의 주제가 더욱 잘 나타났다.

이 작품은 작가 실러가 바덴뷔르템에서 살았을 때의 생활과 관련이 많아 현실성이 강하게 느껴진다. 폭력에 대항하는 정신을 널리 알린 《군도》는 1784년 4월 만하임에서 상연되어 관중의 뜨거운 반응을 얻었다.

1788년 실러가 바이마르공국의 오거스틴 공작을 위해 자신의 《돈 카를로스》 첫 장을 공연하고 낭독한 후에, 공작은 실러를 그 영지의 사무고문으로 임명했다. 그러나 공작은 실러가 원했던 재정지원은 해주지 않았다.

◎ 작품 감상

재상의 아들 페르디난트는 신분 차이에도 불구하고 평민 악사 밀러의 딸 루이제를 사랑하게 되었다. 그러나 밀러는 페르디난트가 자기 집에 찾아오는 것을 허락하지 않았다. 그는 페르디난트와 같은 귀공자가 돈으로 외동딸의 영혼과 행복을 빼앗아가는 것이 아닌지 걱정이 되었다. 그래서 그는 직접 재상을 찾아가 페르디난트와 그의 딸과의 관계를 중단하도록 요청했다.

재상의 비서 부름은 밀러의 먼 친척이었다. 루이제의 아름다운 외모에 마음이 빼앗겨 있던 부름도 때를 틈타 루이제에게 청혼을 했지만 거절을 당한다. 분한 마음에 부름은 재상의 손을 빌어 라이벌을 없애려고 재상에게 모든 사실을 알려버렸다. 그때 마침 한 공작이 그의 정부 밀포드 부인과 위장결혼을 할 상대를 찾고 있었다. 재상은 궁정에서 자신의 지위를 확고히 하기 위해 페르디난트를 밀포드 부인과 결혼시키려고 했다. 그래서 그들은 도시 전체에 페르디난트가 밀포드 부인에게 구혼했다는 소문을 퍼트렸다. 그리고 페르디난트에게 밀포드 부인과 결혼하라고 압력을 넣었다.

부친의 이런 결정에 페르디난트는 몹시 괴로워했지만 어쩔 수 없이 밀포드 부인을 만나기로 약속을 했다. 페르디난트는 밀포드 부인을 만난 자리에서 자신은 이미 평민 소녀 루이제를 사랑한다고 분명히 말하고 그 부끄러움을 모르는 여자에게 모욕을 줄 생각이었다. 그러나 밀포드 부인의 고백에 오히려 그는 깊은 감동을 받았다. 그녀는 원래 영국 귀족이었으나 불행한 운명으로 독일궁정으로 흘러와 공작의 정부가 되었던 것이다. 그러나 그녀는 자유와 진정한 사랑을 갈망했다. 진정으로 사랑하는 사람과 함께 하기를 원했던 것이다. 페르디난트는 그녀의 비극적인 운명에 동정이 가긴 했지만 루이제에 대한 마음이 확고했기 때문에 그녀의 사랑을 거절했다. 나중에 밀포드 부인은 페르디난트와 루이제의 사랑에 감동하게 됐다. 둘의 사랑을 확실히 알게 되자 밀포드 부인은 하인들을 내보내고 그 나라를 떠났다.

그러나 궁정의 음모는 계속 되었다. 아들의 행동에 화가 난 재상은 밀러를 잡아들인 다음, 밀러부인과 루이제를 모욕의 기둥에 묶어 사람들에게 보이려고 했다. 다급한 나머지 페르디난트는 집안의 명예를 위협하면서 아버지에게 둘을 풀어주라고 했다. 그러나 그들의 계략은 거기서 끝나지 않았다. 이번에는 밀러를 감옥에 가두고 루이제에게 밀러를 감옥에서 풀어주는 조건으로 제 3자에게 구혼하는 글을 쓰라고 압박했다. 어쩔 수 없이 루이제는 그 요구에 응하고 만다.

그 계략은 적중했다. 페르디난트는 루이제가 다른 사람에게 쓴 구혼 편지를 본 후 루이제의 배신에 미친 듯이 화를 냈다. 그러나 잔혹한 운명은 루이제에게 진실을 밝히지 못하게 했고 절망한 페르디난트는 이 '사랑하는' 여인을 직접 독살하기로 결심한다. 죽음의 이별 앞에서 루이제는 재상과의 약속을 저버리고 페르디난트에게 모든 사실을 밝혔다. "편지 글은 당신의 아버지가 불러준 것이에요." 그 말에 페르디난트는 너무나 후회했다. 그는 남아있는 독약을 마시고는 루이제의 곁에서 고통스럽게 죽어간다. 아들의 시체 앞에서 재상도 후회했지만 때는 이미 늦은 후였다.

독서 지도와 논술 지도

《간계와 사랑》은 독자들에게 매우 익숙한 비극이다. 이 작품은 작가가 24살 때 쓴 것으로 폭력에 항거하는 비극을 그렸다. 이 작품은 한 명문가의 젊은이가 사랑 때문에 죽음에 이른다는 비극적인 이야기를 통해 부끄러움을 모르고 비열한 행동을 일삼는 봉건 통치자들과 그 일당들을 인정사정없이 폭로하고 비난한다. 그리고 이 작품은 시민계급을 위한 정의와 자산계급의 자유와 평등, 박애의 주장을 널리 알려주기도 했다.

그리고 주목해야 할 점은 페르디난트와 루이제의 사랑이 비극으로 치닫게 된 이유가 그들 사이의 신분 차이 때문이기도 하지만 근본 원인은 낙후한 봉건 계급제도 때문이라는 것이다. 진정한 사랑을 위해 그들은 세상의 모든 울타리를 뚫고 자신들의 행복을 위해 목숨을 대가로 치렀다. 극본의 결말에서 그들의 사랑은 생명의 소멸로 죽는 것이 아니었다. 반대로 그들은 사랑의 투쟁과 희생을 위해 사랑의 명예를 널리 알렸다. 그리고 이런 극적인 승리는 독일의 '슈투름운트 드랑'의 주요한 특징 중 하나였다.

이 극본은 인물에 대한 묘사가 성공적으로 이루어졌다. 우리가 익숙한 몇몇 인물 외에 밀포드 부인은 난해한 인물로 보여진다. 작가는 그녀에게 인도주의 정신을 부여했는데 그 목적은 이 귀족의

명언명구

● 열렬히 사랑하는 사람들을 억지로 떼어놓으려 하면 사랑하는 마음은 더욱 강해지고 결코 마음을 되돌릴 수 없다.

● 아무리 거지처럼 아무리 남루한 옷을 입었다고 해도 덕행을 베푼 사람은 마땅히 똑같이 존경받아야 한다.

● 그 간계는 교묘하면서도 놀랄 정도이다. 질투는 우리의 마음을 찢어 놓다니, 그 계획은 분명 전문가가 아니면 생각해 낼 수 없는 것이다. 그러나 해석하게도 격문한 사랑은 당신의 나무인형처럼 사랑이 이끄는 대로 움직여주질 않는다.

명사 평론

실러는 독일 고전문학사에서 괴테 다음가는 불후의 공적을 남긴 작가이다. 실러가 세상을 떠났을 때 괴테는 몹시 고통스러워하며 이렇게 말했다. "나는 실러를을 잃어버렸고 내 인생의 반을 잃어버렸다." 독일 고전문학사에서 실러의 위치가 어느 정도인지 가늠할 수 있을 것이다. 작가의 대표작 《간계와 사랑》은 독일 고전 희곡의 불후의 명작이며 엥겔스는 '독일에서 정치적 성향을 나타낸 첫 번째 희곡'이라고 칭찬했다.

후예를 통해 영국자산계급의 인도주의 이상을 이용함으로써 독일의 여러 현실의 문제점을 비교하려 했던 것 같다.

예술적으로 보았을 때 이 극은 긴박한 줄거리 흐름, 우여곡절과 모순의 충돌이 잘 어우러져 있다. 이야기가 자연스럽게 극의 최고조에 달했을 때 그 긴장감으로 답답한 느낌을 받게 된다. 그러나 긴장이 극도에 오른 상황에서도 서정적이고 시적인 느낌이 사라지지 않아 읽을수록 무대 위에 오른 것처럼 사람을 몰입하게 만든다. 그렇기 때문에 이 비극은 사상이나 예술적으로도 독일 시민 비극의 최고봉이라고 할 수 있다.

오만과 편견

제인 오스틴 Jane Austen — PRIDE AND PREJUDICE

작가 소개

영국 여류소설가 제인 오스틴(1775~1817)은 시골 스티븐턴에서 태어났는데 그녀의 아버지는 지역 목사였다. 제인 오스틴은 여덟 형제 중 여섯째였다. 그녀는 9살에 언니가 다니던 학교에서 공부를 하긴 했지만 정규교육을 거의 받지 못했다. 그러나 부모의 가르침으로 많은 문학작품을 읽었고 20살이 되었을 때는 글쓰기가 가장 즐거운 일이 되었다. 그녀는 평생 여섯 편의 장편 소설을 발표했다. 1811년 그녀의 처녀작 《센스 앤 센세빌러티 Sense and Sensibility》가 출판되었으며 그 뒤 《오만과 편견》(1813), 《맨스필드 파크》(1814), 《에마》(1815)를 발표했다. 《로쟁거 수도원》과 《설득》(1818)은 그녀가 세상을 떠난 다음 발표되었으나 작가의 실명이 서명되어 있었다.

제인 오스틴은 평생 독신으로 살았으며 가정 형편은 궁핍한 편이 아니었다. 시골에서 살았기 때문에 접하는 것이 대개 중소지주나 목사 같은 인물들, 그리고 조용하고 편안한 생활환경이었다. 그래서 그녀의 작품에는 심각한 사회적 모순이 없다. 그러나 그녀는 여성 특유의 섬세하고 민감한 관찰력으로 영국 시골 중산계급 가정의 일상생활에 대해 세세하게 통찰하고 있으며 그녀 주위의 작은 세계를 진실하게 묘사했다. 특히 향사(중세의 기사 지원자)와 숙녀와의 결혼과 사랑이라는 우여곡절의 묘사는 개성이 넘치면서도 독립적으로 사고하는 신여성을 사실적으로 만들어냈다. 그녀의 작품은 가벼우면서도 재미 있고 희극적인 충돌이 가득해서 독자들의 사랑을 많이 받았다.

◎ 배경 소개

2003년 12월 13일 영국 BBC 방송에서 '영국인들이 가장 좋아하는 소설'을 발표했는데 1위는 J. R. R톨킨의 《반지의 제왕》, 그 다음이 바로 제인 오스틴의 《오만과 편견》이었다. 가장 마지막까지 각축을 벌였던 상위 5개의 작품 중에서 《오만과 편견》만이 유일하게 비환상소설이었다. 제인 오스틴의 작품이 이렇게 오랫동안 독자들의 사랑을 받게 된 것은 그녀의 작품 속에 있는 유머 넘치는 문제와 무관하지 않다. 그녀는 작품이 한 부분 끝날 때마다 가족들에게 소리 내어 읽어주었고 그녀의 이야기에 조카들은 실컷 웃었다고 한다. 어느 날 옆에

제인 오스틴
19세기 초, 쇠퇴기를 걷고 있던 영국소설계에 새로운 바람을 일으킨 사람이 바로 월터 스콧과 제인 오스틴이다.

서 이야기를 듣던 오스틴의 언니 카산드라는 너무 웃어서 배가 아플 정도였다는 얘기도 있다. 이런 유머가 바로 이 작품의 예술적 매력이 아닐까?

◎ 작품 감상

작은 마을의 관리인 베넷 씨의 집에는 결혼해야 할 딸들이 다섯이나 있었다. 베넷 부인은 어떻게 하면 딸들에게 좋은 신랑감을 구해줄지 매일 고민했다. 어느 날 젊고 부유한 독신남 빙리 씨가 근처 네더필드 파크에 왔다는 소리를 들은 베넷 부인은 경망스럽게도 혼자 부산을 떨며 어느 딸을 빙리와 맺어줄지 즐거운 고민을 했다.

어느 날 무도회에서 베넷가의 딸들은 빙리 씨와 인사를 나눈다. 그런데 빙리의 친구인 다시는 베넷가의 딸들이 그의 파트너가 될 자격이 없다고 오만하게 생각했다. 자존심 강한 엘리자베스는 그의 태도에 편견이 생겼고 다른 무도회에서도 그의 요청을 거절해 다시를 매우 난처하게 만들었다. 그러나 이런 행동으로 인해 오히려 잘 생기고 부유한 청년 다시는 호감을 불러일으킨다.

빙리와 제인 베넷은 친구가 되고 빙리의 여동생은 다시가 엘리자베스에게 호감이 있는 것을 알고는 질투를 한다. 베넷 부인과 그 집안의 나이 어린 아가씨들을 무시하던 다시는 빙리를 부추겨 함께 그곳을 떠나는데 그때는 이미 빙리에 대한 제인의 애정이 깊어진 상태였다.

그 즈음 베넷 씨의 후계자인 콜린즈가 방문했다. 저속하고 무지하며 권세에 아부하여 목사가 된 외사촌은 엘리자베스에게 청혼하

명언 한마디
윌리엄 펠프스는 이렇게 말했다. "제인 오스틴은 세상에서 가장 중요한 문학 예술가이며 《오만과 편견》이 바로 그녀의 대표작이다. 《오만과 편견》이 오스틴의 소설에서 어떠한 위치에 있는지 잘 알려주는 말이다. 그리고 영국 평론가는 《영국문학의 위대한 전통》에서 제인 오스틴을 영국 현실주의 소설을 개척한 인물이며 그녀는 조지 엘리엇, 버지니아 울프와 같은 여성 작가들과 어깨를 나란히 할 정도로 영국 문학사에 중요한 위치를 차지한다고 격찬하였다.

지만 계속 거절만 당했다. 그 사실을 부끄러워 할 줄도 모르고 콜린스는 금방 엘리자베스의 친구 샬롯 루카스와 약혼을 했다.

다시와 잘 아는 사이로 부근 마을의 젊은 장교 위컴이라는 사람이 있었다. 엘리자베스는 그에게 호감을 갖게 되는데 위컴은 다시가 자신이 받아야 할 많은 재산을 착복했다며 엘리자베스에게 다시를 비방하는 이야기를 했다. 그 얘기를 들은 엘리자베스는 다시에 대한 감정이 더욱 안 좋아졌다.

콜린스부부의 초대를 받은 엘리자베스는 그곳에서 다시의 이모 캐서린을 만나게 되고 얼마 지나지 않아 다시도 만나게 되었다. 다시는 또 엘리자베스에게 마음을 뺏기게 되었다. 그는 그녀에게 청혼을 하지만 오만한 태도 때문에 거절당한다. 오만함으로 인한 결과가 어떠한 것인지 잘 알게 된 다시는 엘리자베스에게 편지를 써서 자신이 빙리와 제인이 만나는 것을 방해했음을 인정하지만 절대 위컴에게 미안한 일은 하지 않았다고 한다. 편지를 읽은 엘리자베스는 크게 후회하고 다시에 대한 자신의 편견을 없애기로 했다.

다음 해 여름, 엘리자베스는 다시의 장원으로 놀러가고 그곳에서 그녀는 다시를 좀더 이해하게 되었다. 얼마 뒤 그녀는 여동생이 위컴과 도망친 것을 알고는 다시가 그것 때문에 그녀를 무시하지 않을까 걱정한다. 그러나 예상외로 다시는 위컴의 도박 빚을 해결해주고 그에게 거액의 자금까지 주어 위컴이 엘리자베스의 여동생 리디아와 결혼할 수 있게 해주었다. 그때부터 엘리자베스는 다시에 대한 여러 가지 편견들을 완전히 진정한 사랑으로 바뀌게 된다.

오만한 다시의 이모 캐서린 부인은 엘리자베스에게 다시를 포기하라고 막무가내로 요구하지만 엘리자베스는 그런 억지스런 요구를 거절한다. 그 일로 용기를 얻은 다시는 다시 한번 진심으로 엘리자베스에게 청혼을 했다. 그 후 오만과 편견으로 이루어지지 않았던 연인들은 결국 결혼을 하게 되었다. 그리고 빙리 씨와 제인도

관련링크 〈센스 앤 센서빌러티〉은 원래 〈엘리너와 마리앤〉이라는 이름의 서간체 소설이었는데 후에 작가가 3인칭 서술로 바꾸면서 제목도 바뀌었다. 이 작품은 제인 오스틴의 유머가 넘치는 작품 중 하나이다. 소설은 영국 시골의 두 여주인공의 복잡한 결혼풍파를 주요 줄거리로 하고 있다. 〈센스 앤 센서빌러티〉의 유머 대비로 도덕과 행동 규범의 문제를 제기했다. 이 작품은 영화로 만들어질 수 있는 모든 조건을 갖추었다. 생동감 있는 인물과 강렬하고 감동적인 러브스토리, 우여곡절 속에 유머와 적절한 주제, 그리고 숨을 죽이게 하는 멋진 구조까지 모두 갖추고 있다.

장원
중세 영주들의 자치권을 행사하였던 촌락 공동체의 형태로써 봉건제도 하의 사원에 딸린 넓은 토지를 일컫는다.

한 차례 굴곡을 거치면서 마지막에는 좋은 결말을 맺게 되었다.

독서 지도와 논술 지도

18세기 말에서 19세기 초, 저속하면서도 무료한 '감상 소설'과 '고딕 소설'이 영국 문단에 가득했다. 그런데 오스틴의 소설이 그것을 파괴하고 문단에 새로운 바람을 불어넣었다. 그녀는 소설에서 자본주의 공업혁명의 충격을 아직 받지 않은 영국 시골의 중산층 집안의 일상생활과 전원풍경을 펼쳐냈다. 소설의 반영 범위와 깊이에서 한계가 있기는 했지만 당시 소설에 만연했던 저속함을 씻어버리기에 좋은 역할을 했으며 영국 소설의 발전사에도 의미 있는 연결고리 역할을 했다.

이 소설에서 오스틴은 인륜지대사인 결혼을 두고 엘리자베스 자매가 보이는 서로 상이한 반응과 시골 중산층 출신의 아가씨들이 결혼과 사랑 문제를 어떻게 대처하는지에 대해 잘 보여주고 있다. 그래서 작가의 사랑과 결혼관까지 나타나 있다. 결혼은 결코 돈이나 재산, 지위라는 기초 위에 세워질 수 없으며 진정한 감정이 없다면 그 결혼은 오래 갈 수 없다는 것이다. 그러나 작가는 금전과 사회적 지위에 대해 절대적으로 배척하는 태도를 보이지는 않는다. 그것은 그녀 자신이 갖고 있던 지위와 가정에서의 경험과 깊은 관련이 있다. 작품에 나오는 여주인공 엘리자베스는 소지주가정 출신이다. 그녀가 부호출신의 다시에게 편견을 갖게 된 것은 그의 오만함 때문이었지만 이런 오만함은 실제로 다시의 우월한 신분 때문에 나온 자연스러운 반응이었다.

엘리자베스는 《오만과 편견》에서 가장 사랑받는 인물이다. 지적이고 생기발랄하며 담력도 있고 문제 분석에

〈센스 앤 센서빌러티〉의 표지

도 뛰어난 그녀는 또한 반항정신을 가진 인물이다. 그녀는 자신의 총명함과 우월한 정신 세계로 자신을 얕잡아보는 상류사회에 도전해서 결국에는 사랑과 행복을 거머쥔다. 이런 일은 당시로서는 보기 드문 일이었기 때문에 이 인물의 이미지는 어느 정도 진보적인 의미를 갖고 있었다. 작가 오스틴도 엘리자베스를 제일 좋아했다. 소설이 출판되었을 때 그녀는 언니 카산드라에게 보내는 편지에서 이렇게 말했다. "나는 책이 나오고 나서 가장 사랑받는 인물이 엘리자베스라는 것을 인정해. 엘리자베스를 좋아하지 않는 독자를 내가 어떻게 참아낼 수 있을지 모르겠어." 그녀는 이 작품 전체에 영향을 주고 있는 엘리자베스라는 인물을 자신의 '보배'라고 했다.

예술적인 성과로 볼 때 오스틴은 '일상사'를 감염력이 있는 예술로 바꾸었는데 인물의 이미지를 더욱 선명하게 그렸기 때문에 가능했다. 그녀는 풍자적인 수법으로 현실의 사회생활을 반영하고 급소를 찌르듯이 일의 본질을 들춰내는 것을 좋아했다. 가볍고 유머러스한 희극 스타일에서 높은 예술적 경지에까지 다다를 수 있도록 만들어 사람들에게 깊은 인상을 남길 수 있었다. 게다가 많은 독자들, 특히나 젊은 여성 독자들을 사로잡아 여성들의 '사랑의 보전(寶典)'이 되었다.

돈 주앙

바이런 Lord Byron

DON JUAN

작가 소개

바이런(1788~1824)은 스코틀랜드 귀족이었다. 그는 1788년 1월 23일 런던에서 태어났다. 미남으로 유명했던 바이런은 태어날 때부터 다리를 절어서 신경이 매우 예민했다. 10살에 작은할아버지의 작위를 계승하였고 1805~1808년까지 케임브리지 대학에서 문학과 역사를 공부했다. 졸업 후에는 귀족원으로 들어가 자유주의 언론에 관한 글을 발표했다. 20세 때 그는 동방 여행에 나서 여러 나라를 돌아다녔다. 그 여행으로 시야가 넓어진 바이런은 나폴레옹 침략군에 항거하는 스페인 국민들의 장렬한 모습과 터키의 고역 속에서 고통스런 삶을 살고 있는 그리스 사람들을 엿보게 되었다. 그는 여행 중에 장편시 《해럴드의 편력》 1, 2권을 발표하여 유럽 시단에 큰 반향을 불러일으켰다.

1811~1816년 바이런은 줄곧 끊임없는 감정의 소용돌이 속에 살고 있었다. 그리고 그는 결혼에 실패했다. 사회에서도 그를 적대시하면서 악의적인 비방과 모욕을 서슴지 않았다. 그런 모욕을 더 이상 견딜 수 없었던 바이런은 영국을 떠나 다시는 돌아가지 않았다. 그 시기의 고통스러운 감정을 바탕으로 그는 《프로메테우스》와 같은 시를 써서 그를 압박하는 자들에게 끝까지 항거할 결심을 했다.

외국에서 사는 동안 바이런은 계속해서 《차일드 해럴드의 편력 Childe Harold's Pilgrimage》(1816~1817), 《실롱의 죄수 The Prisoner of Chillon》(1816), 역사비극 《만프레드 Manfred》(1817), 장편시 《청동시대 The Age of Bronze》(1823) 등을 썼다. 그 중 《베포 Beppo》, 《심판의 계시》, 《돈 주앙》, 이 세 작품으로 그는 위대한 시인의 자리에 올랐다. 그리고 바이런은 민주자유를 얻기 위한 유럽 사람들의 투쟁에 깊은 관심을 갖고 있었으며 직접 그리스로 가서 1824년 4월 19일 세상을 떠날 때까지 민족해방투쟁에 참여했다. 그래서 그는 그리스인들이 가장 애도하는 민족영웅이 되었다.

바이런 상

◎ 작품 배경

돈 주앙은 수많은 작가들과 예술가들의 작품에서 여러 차례 재탄생되었다. 스페인 전설에 따르면 14세기 세비야 귀족의 아들이었던 돈 주앙은 한 여자를 유인하여 간통을 하고 그녀의 부친을 죽였다. 그리고는 조롱

하듯 그녀를 그녀의 부친 석상이 있는 곳으로 초대까지 하는데 석상의 귀신이 나타나 돈 주앙을 지옥으로 데리고 갔다고 한다. 이 돈 주앙의 영지를 테노리오라고 해서 돈 주앙 테노리오로 불렸다. 그러나 수많은 도시마다 다 자기들만의 돈 주앙을 갖고 있었다. 처음에는 다 다른 전설이었지만 시간이 점점 지나면서 이런 전설들은 점점 한 인물의 이야기로 융합되었다. 이 인물은 이탈리아어로 돈 조반니라고 한다.

돈 주앙을 발견한 해적의 딸 하이디
오랫동안 바다를 표류하던 돈 주앙은 파도에 휩쓸려 그리스의 섬으로 밀려갔다가 하이디에게 구출되고 둘은 사랑의 감정이 싹튼다. 그림 속에 누워 있는 남자가 돈 주앙이고 그의 옆에 있는 여자는 하이디, 그리고 가장 왼쪽에 서 있는 사람은 하이디의 하녀이다.

　　처음에 돈 주앙이라는 인물이 희극으로 탄생한 것은 몰리나의 작품 《세비야의 호색꾼》이었으며 1665년에는 몰리에르가 5막의 희극 《돈 주앙》을 썼다. 그 후에 모차르트는 1787년 2막의 가극 《돈 주앙》을 작곡했으며 가사는 로렌조 다 퐁트의 것을 이용했다. 희곡과 가극 《돈 주앙》은 모두 걸작이었다. 그러나 이들 작품은 주로 여성을 쫓아다니는 호색한 돈 주앙의 이야기를 그리고 있고 별다른 의미가 없었다. 바이런은 이 전설적인 인물을 자신의 시 주인공으로 선택했다. 그의 '지명도'와 모험 이야기를 이용하여 자신의 이상을 펼쳤고 이 작품을 통해 바이런은 새로운 예술 창조를 이룩해냈다.

◎ 작품 감상

돈 주앙은 스페인 남부 도시 세비야에서 태어났다. 그의 부친은 귀족이었다. 어렸을 때 돈 주앙은 활발한 성격에 외모도 귀여웠고 성장한 후에도 그 훌륭한 인물을 그대로 가지고 있어서 귀족 아가씨들의 사랑을 듬뿍 받았다. 원래부터 규칙에 구애 받지 않는 성격이었던 그는 아가씨들에게 치근거리는 것을 좋아했다. 심지어 16살에 귀부인 돈나 줄리아와 성관계를 맺기도 했다. 이 일로 상류 사회가 떠들썩했다. 돈 주앙은 어쩔 수 없이 조국을 떠나 유럽을 여행했다.

돈 주앙은 이탈리아로 가는 배를 탔다가 큰 폭풍을 만나게 되었다. 그의 지휘와 노력으로 다행히 배는 침몰하지 않았다. 그러나 얼마 뒤 배에서 기아가 발생하고 배의 선원은 사람들에게 인육을 먹도록 강요했다. 그런 잔인한 행동을 원치 않았던 돈 주앙은 용감하게 배에서 뛰어내렸고 결국에는 젊고 아름다운 아가씨 하이디에게 구출됐다. 하이디는 그리스 해적의 딸이었다. 이 잘 생긴 젊은이를 사랑하게 된 하이디는 그를 해변의 동굴에 숨겨두고 같이 살았다. 얼마 뒤 그들은 그녀의 아버지가 바다에서 죽었다는 소식을 듣고 결혼식을 준비했다. 그러나 둘이 신방에 들려고 할 때 그녀의 아버지가 갑자기 나타났다. 그는 부하들에게 돈 주앙을 배에 묶어 콘스탄티노플로 가서 팔아버리라고 명령했다.

그곳에서 돈 주앙은 오스만투르크 왕국의 흑인 태감의 눈에 뛰어 왕후에게 보내졌다. 천진난만하고 순진한 하이디만을 생각하고 있던 돈 주앙은 왕궁을 탈출하기로 했지만 결국에는 오스만투르크 부대를 전전하게 되었다. 그는 전투를 영웅이 할 일이라고 생각했기 때문에 있는 힘껏 전투에 참여했고 혁혁한 공을 세웠다. 그리고 돈 주앙은 러시아의 수보노프 장군 밑으로 들어갔다. 러시아군대가 콘스탄티노플을 점령한 후 수보노프는 일부러 돈 주앙을 페테르부르크의 여제에게 승리의 소식을 전하라고 보냈다. 방탕했던 여 황제는 돈 주앙을 보고 마음에 들어 궁에 머물도록 했다. 시간이 어느 정도 지나자 돈 주앙은 심신이 초췌해졌고 여황제도 더 이상 그를 찾지 않았다.

바다에서 조난을 당한 돈 주앙. 현재 파리 루브르 박물관에 보관되어 있다.

　그 때 러시아는 영국과 함께 나폴레옹을 대적하기 위해 동맹을
맺으려고 했다. 여 황제는 돈 주앙을 외교 사절로 임명하여 영국으
로 협상을 하러 보냈다. 그렇게 그는 러시아를 떠나게 되었다. 영
국에 온 돈 주앙은 처음에는 겉만 화려한 영국의 모습에 매혹되어
그곳이 자유로운 낙원이라고 생각했다. 그러나 얼마 뒤 런던의 대
로에서 백주대낮에 강도를 당하게 된 그는 영국을 싫어하던 자기
선조들의 마음이 어떠한 것이었는지 알 것 같았다. 영국 왕실과 귀

명작 탐방

대작 《돈 주앙》이 발표되자 큰 반향이 일어났다. 영국의 자산계층을 옹호하는 간행물들은 일제히 이 작품을 종교와 도덕적으로 공격했다. '체면과 선량함, 사회 유지를 위해 필요한 행동규칙을 비판했다', '정상적인 머리로는 혐오스럽다'. 그러나 일부 진보적인 사상을 가진 작가들은 이 작품을 높이 평가했다. 예를 들어 작가 월터 스콧은 《돈 주앙》을 "셰익스피어처럼 모든 것을 다 갖추고 있다. 그는 인생의 모든 제목을 망라했으며 신성한 악기의 모든 현을 가장 약하게부터 가장 강렬하고 가장 마음을 흔드는 음악을 연주해 냈다."라고 말했다. 시인 괴테는 "《돈 주앙》은 천재의 작품이다. 아무 눈치 보지 않을 정도로 신랄하게 세상에 분노했으며 아름다운 감정이 사람의 마음을 움직일 정도로 부드럽다."고 했다.

족들을 만난 후에 영국사회에 대한 그의 부정적인 생각은 더욱 확고해졌다. 그러나 그의 행동은 그의 생각과는 정반대로 여전히 그쪽 귀족 여자들과 좋은 만남을 계속했다. 심지어는 영국에서 가장 권력이 센 국왕의 정부에게도 흥미를 갖게 되었다.

📖 독서 지도와 논술 지도

《돈 주앙》은 장편시로 된 소설이며 당시 유럽의 현실 생활을 반영한 풍자시이다. 이 작품은 18세기말 스페인 귀족청년의 유럽 여행을 소재로 하고 있다. 시인은 영국 국민들이 쓰는 말을 대담하면서도 독창적으로 이용하여 돈 주앙의 성장과 허위적이고 구시대적인 봉건군주제의 스페인을 묘사했다. 그리고 바다의 모험과 기아의 공포, 목가적인 사랑과 노예시장, 투르크 황제의 궁전, 잔혹한 전쟁, 러시아 여황제의 궁전, 런던의 상류 사회 등등 놀라운 장면을 묘사해 냈다. 시는 바로 주인공이 겪은 경험을 통해서 여러 방향에서 당시 유럽사회의 생활을 재현했다. 그리고 시인은 '신성동맹'과 기타 유럽의 반대 세력을 직접적으로 풍자하고 폭군들의 행동을 신랄하게 비판했다. 그리고 각국 왕실에 덮여 있던 신비의 천을 가차 없이 벗겨내어 그들의 악행과 후안무치, 방탕한 생활을 독자들에게 낱낱이 보여주어 엄청난 반향을 불러일으켰다. 이렇게 시인은 자신의 급진적인 태도를 분명히 표현했다.

돈 주앙이라는 인물의 이미지도 독자들에게는 상당히 인상적이다. 이런 이미지는 작가 '바이런식 영웅'에 나오는 일관된 스타일이다. 이런 이미지는 원래부터 있던 세상을 깜짝 놀라게 할 반역 정신을 갖고 있으며 자유에 대한 무한한 갈망이 있기 때문에 이 장편시는 개인주의의 냄새가 진한 작품이 되었다. 돈 주앙의 경험은 작가 본인의 경험과도 상당히 유사한 데 바로 돈 주앙이라는 인물의 이미지 속에 시인 자신의 감정과 개성이 나타나 있다.

바이런은 그의 친구 셸리Percy Bysshe shelley와 함께 걸출한 낭만주의 시인이었다. 바이런이 상상력을 많이 활용하지 않았던 것은 그가 상상력이 부족했기 때문이 아니라 그의 작품에는 감정의 힘이 더 강했기 때문이었다. 《그리스 섬The Isles of Greece》은 비장함과 격앙된 감정으로 사람의 심금을 울리고 있으며 이것은 낭만주의 정신의 특징이 되었다. 그리고 《돈 주앙》은 사람을 감동시키는 작품 외에도 풍자예술로도 아직까지도 많은 사람들의 칭송을 받고 있다.

적과 흑

스탕달 Stendhal
THE RED AND THE BLACK

작가 소개

스탕달의 본명은 앙리 벨 Marie Henri Beyle(1783~1842)이다. 그는 19세기 프랑스의 현실주의 문학의 창시자 중 한 사람이다. 스탕달은 프랑스 그르노블에 있는 부유한 변호사 가정에서 태어났다. 어려서 모친을 여의었는데 부친은 보황당 사람이었으며 가정교사도 보수적인 사상을 가진 신부였다. 그래서 스탕달은 그들과 잘 어울리지 못했다. 집안에서 그가 존경하는 사람은 의사였던 외할아버지 앙리 가뇽밖에 없었다. 13세에 그는 그 지역 혁신파에서 만든 그르노블중앙학원에서 공부를 했다. 그곳에서 스탕달은 자코뱅당이었던 수학 교사로부터 과학과 민주 사상에 대한 영향을 받았고 이것은 그의 세계관 형성에 기초가 되었다. 1799년 우수한 성적으로 학교를 졸업한 스탕달은 파리로 와서 군대에서 일을 찾았다. 그때부터 그는 나폴레옹의 대군을 따라 전투에도 참가했다. 1814년 나폴레옹이 물러나고 부르봉왕조가 복귀하자 스탕달도 축출당해 어쩔 수 없이 파리를 떠나 이탈리아 밀라노로 갔다. 그는 밀라노에서 지내면서 책을 읽고 여행을 하며 이탈리아의 음악과 미술을 연구했다. 그리고 이탈리아 민족해방 전쟁에 참여하고 있던 카르보나리 Carbonari당의 사람들과도 왕래했다. 1815년 그는 첫 작품《음악가 전기》를 발표하면서 작가로서의 삶을 시작했다. 1821년 이탈리아의 카르보나리당의 봉기가 진압되자 스탕달은 당국으로부터 위험 인물로 분류되어 또 다시 밀라노를 떠나 파리로 돌아왔다. 파리에서 그는 글을 쓰면서 왕정 복귀 이후의 사회생활을 자세히 관찰하기 시작했다. 그는 당시 사회의 모순에 대해 심각하게 받아들이고 있었으며 마침내 7월 혁명 전의 프랑스 사회현실을 날카롭게 반영한 장편 소설《적과 흑》을 발표했다. 이 작품으로 그는 19세기 현실주의 작가가 되었다. 그 외 중요한 작품으로는《적과 백》,《파르므 수도원 La Chartreuse de Parme》 등이 있다.

스탕달 상

◎ 배경 소개

《적과 흑》은 당시 신문 뉴스에서 영감을 얻은 작품이었다. 1827년 스탕달은 〈법정신문〉에 나온 가정교사의 여주인 살인사건을 읽었다. 대장간의 아들이었던 앙투안 베테르가 사제의 소개로 미슈 집안의 가정교사로 들어가게 되었다. 그런데 베테르는 아이의 어머니인 미슈 부인과 깊은 관계를 맺게 되어 사실이 들통 나자 교회에서 미슈 부인에게 총을 쏘고 사형에 처해졌다. 스탕달은 이 소식을 근거로 《줄리앙》이라는 소설을 구상하지만 2년이 지나도록 완성하지 못했다. 왜냐하면 형사 사건만으로 봉건사회의 부활을 통탄하는 정치적 견해를 전달하기는 어려웠기 때문이다. 그래서 그는 구상을 새롭게 하고 줄거리를 바꾸어 보황파(保皇派)의 음모를 중심 내용으로 소설을 써 내려갔다. 1830년 5월 그는 책의 제목을 상징적인 의미가 풍부한 《적과 흑》으로 바꾸고 '1830년 대사'라고 부제도 붙였다. 소설에 출판업자와 작가가 대화하는 부분이 나온다. "만약 당신이 만든 인물이 정치와 관련이 없다면 그들은 더 이상 1830년의 프랑스 사람이 아닙니다. 그리고 당신의 책도 당신이 희망하는 것처럼 더 이상 사회를 비추는 거울도 아닌 셈이 되지요." 이 말에서 알수 있듯이 스탕달은 이 소설의 정치적 성향을 숨기지 않았으며 '19세기 초반 30년간 프랑스인들의 머리를 짓누르던 역대 정부들의 사회적 분위기, 1830년 전야의 교회와 국가의 기만, 후안무치, 허위'를 진지하게 써냈다. 이 작품이 세상에 나왔을 때 많은 사람의 오해를 받기는 했지만 작가 본인은 이 작품의 가치를 확신했다. 지금까지도 이 작품은 현실주의 문학의 명작으로 꼽는다.

스탕달의 《로시니전 Vie de Rossini》
속표지

◎ 작품 감상

《적과 흑》은 주인공 줄리앙 소렐의 야심만만했던 짧은 인생을 묘사하고 있다. 줄리앙 소렐은 프랑스 외각의 작은 마을 베리에르의 한 재목상의 아들이었다. 그는 나폴레옹 숭배자였지만 왕정이 복귀한 사회에서는 성직자만이 평민들이 나아갈 수 있는 유일한 길이라고 생각했다. 얼마 후 그는 시장 레날 씨의 아이들을 가르치는 가정교사가 되었다. 가정교사로 지내면서 줄리앙은 레날 부인과 애정이 깊어갔고 그는 그녀를 이용해 상류사회로 나가려고 했다. 그러나

밀회

폭풍이 금방 도시에 몰아쳤다. 뇌물 수수로 돈을 번 지방관 발르노는 시장 집의 가정교사가 된 줄리앙을 몹시 질투했다. 그도 한때 레날 부인을 사모하였지만 거절당했는데 마침 둘의 간통을 알고 나자 그는 레날 씨에게 줄리앙을 밀고하는 편지를 보냈다. 결국 줄리앙은 어쩔 수 없이 레날 부인의 곁을 떠나 브장송의 신학교에 들어가게 됐다. 그리고 레날 부인은 죄책감으로 기도에 전념했다.

신학교의 생활이 유쾌하지 못했던 줄리앙은 아무에게도 환영받지 못했지만 피라르 신부의 눈에 들게 되었다. 피라르 신부는 라 몰 후작의 소송사건으로 신학교를 떠나 파리에서 후작의 일을 돕기로 했다. 줄리앙 역시 신부의 추천으로 후작의 개인 비서가 되었다. 신학교를 떠나게 된 줄리앙은 너무나 기뻤다. 그는 곧바로 베르에르로 돌아와 밤에 몰래 담을 넘어 14개월이나 못 본 레날 부인을 만났다. 그녀의 침실에서 하루를 꼬박 보낸 줄리앙은 사람들에게 들키자 황망히 도망쳤다.

파리로 온 줄리앙은 공화주의에 대한 자신의 동경을 교묘히 숨기고 사회계에서 많은 사람들과 사귀었다. 그의 사교 능력 또한 나날이 발전하고 성숙했다. 능력이 좋았던 줄리앙은 마침내 후작의 부하가 되었고 후작의 식구들과도 친해졌다. 그는 후작의 딸 마틸드에게 호감을 갖게 되었고 그녀를 이용해 후작 집안을 좌지우지하고 싶었다. 자존심 강한 마틸드는 신분은 낮지만 대쪽같은 성격에 힘이 넘치는 줄리앙에게 매료되어 그를 사랑하게 되었다. 나중에 마틸드는 임신한 것을 알고 아버지 라 몰 후작에게 줄리앙과 결혼시켜 달라고 떼를 썼다. 둘의 관계를 알게 된 후작은 분노했지만 딸을 너무나 사랑했기에 어쩔 수 없이 줄리앙에게 재산과 귀족 칭호, 장교의 직위를 주었다. 그런데 그 모든 것을 얻게 된 줄리앙은 자만하게 되고 마틸드에게도 냉랭하게 대했다.

줄리앙과 마틸드의 결혼 날짜가 거의 다가왔을 때 생각지 못한 사건이 생겼다. 레날 부인이 후작에게 편지를 보내어 줄리앙의 도덕성을 폭로한 것이다. 분노한 후작은 딸을 줄리앙과 결혼시키지 않기로 했다. 그것은 줄리앙에게 다시는 상류 사회로 들어갈 수 없다는 것을 의미했다. 패배감과 분노로 얼룩진 줄리앙은 말을 타고 베리에르로 돌아와 마침 교회에서 기도를 하고 있던 레날 부인에게 총을 쏘고 그 자리에서 체포된다.

상처가 나은 뒤 레날 부인은 감옥에 갇힌 줄리앙을 보러갔다. 줄리앙은 이제 모든 야심으로부터 벗어났다. 그는 레날 부인에 대한 자신의 사랑이 진실이었다는 것만 생각했고 둘은 그렇게 서로 처음처럼 사랑한다. 한편 여전히 줄리앙을 사랑하고 있는 마틸드는 베리에르로 쫓아와 감찰관에게 뇌물을 주려고 했다. 친구 푸케가 줄리앙에게 탈출을 권했지만 줄리앙은 전혀 동요하지 않았다. 얼마 뒤, 심판을 받게 된 줄리앙은 편안하게 말했다. "사형은 제가 마땅히 받아야 할 죗값입니다." 결국 법정은 사형을 언도한다.

드디어 형이 집행되는 날이 되었다. 줄리앙은 차분하게 형장으로 향했고 그의 가난한 친구 푸케는 그의 주검을 거두어 산 속에 묻어주었다. 마틸드는 그녀의 선조들이 했던 것처럼 줄리앙의 머리를 안고 성대한 장례를 치러주었다. 레날 부인은 장례식에 참석하지 않았다. 줄리앙이 죽은 후 3일째 되던 날 레날 부인은 비통함에 세상을 떠나고 말았다.

독서 지도와 논술 지도

《적과 흑》은 1830년에 세상에 나온 후 줄곧 세계 각국의 젊은 독자들의 마음을 사로잡았다. 작품이 빚어낸 '젊은 야심가' 줄리앙 소

관련링크 《파르므 수도원》은 《적과 흑》에 이은 스탕달의 또 다른 대표작이며 작가 생전에 유일하게 성공한 작품이다. 소설은 이탈리아의 파르마 공국을 배경으로 귀족청년 파브리스의 낭만적인 사랑이야기를 담고 있다. 파브리스의 사회적 이상과 개인의 야심이 사라져가는 과정을 통해 19세기 신성동맹통치 시기의 궁정암투와 봉건군주제도를 묘사했다. 이 소설은 표면적으로는 이탈리아 민족해방운동을 그렸지만 실제로는 당시 프랑스 사회를 반영하는 소설이다. 그래서 소설이 출판된자 많은 사람들의 관심을 끌었다. 발자크는 이 책을 높이 평가하여 스탕달을 '당대 최고'라고 했다. 그는 스탕달에게 보낸 편지에서 이렇게 말했다. "《파르므 수도원》은 위대한 걸작이다." 이런 평가는 스탕달 생전에 매우 드문 칭찬이었다.

렐은 상당히 전형적인 이미지를 갖고 있다. 그는 혼자 분투하는 야심가의 대명사가 되었다. 이 작품의 제목이 나타내고 있는 것처럼 야심만만한 줄리앙은 평범함에 만족하지 않고 원대한 꿈을 꾸었다.

"나는 나폴레옹의 통치 하에서는 군인이 될 것이고 그렇지 않으면 신부가 되고 더 나아가 주교가 될 것이다." '적'은 군복의 색깔이고 '흑'은 신부의 두루마기 색깔이다. 이런 '적'과 '흑'의 야심과 환상은 줄리앙의 영혼에 침투했고 그가 단두대로 사라질 때까지 그의 모든 행동을 좌우했다.

줄리앙은 비록 권세에 아부하는 위선자이자 야심가였지만 강한 자존심과 반역의식은 당시의 보통 사람과는 달랐다. 그는 신분 상승을 기도하다 타락하게 되는 봉건주의 압제 하의 젊은이를 대표했다. 그래서 소설은 줄리앙의 이중인격과 모순적인 성격, 비극적인 운명을 묘사하였다. 그러면서도 프랑스 왕정 복귀 시기의 잔혹한 현실상황과 그로 인한 젊은 세대의 부패와 파멸을 폭로했다. 소설의 부제가 '1830년 대사'인 이유도 실제로 이 작품을 통해 '19세기 초 30년간 프랑스 사람들의 머리를 짓누르던 정부의 강압적 사회 분위기'와 당시 현실 상황을 깊이 있게 이해할 수 있기 때문이었다.

훌륭한 비판적 현실주의 소설로서 《적과 흑》에는 지루한 환경 묘사가 없고 인물 내면의 사고에 대한 세밀한 묘사가 많이 나온다. 사실상 《적과 흑》은 동시대 작가들이 도달할 수 있는 수준을 훨씬 뛰어 넘었다. 날카롭고 세심한 필치로 주인공의 마음을 잘 나타내고 있으며 독백과 자유로운 연상 등 다양한 예술 수법을 광범위하게 이용하여 줄리앙의 심층적인 의식 활동을 표현했다. 특히 책 속에 나오는 인물의 애정 심리묘사는 매우 섬세하고 치밀하여 사람의 심금을 울린다. 또한 이 작품은 후대의 '의식의 흐름 소설', '심리소설'의 선구가 되었다. 이 작품은 '영혼의 철학과 시'다. 그래서 평론가들은 스탕달을 '현대소설의 아버지'라고 불렀다.

노틀담의 꼽추

위고 Victor Hugo　　**HUNCHBACK OF NOTRE DAME**

작가 소개

《레미제라블》 참고. 원제는 《노트르담 더 파리 Notre Dame de Paris》인데 이를 월트 디즈니사에서 재구성하여 애니메이션 영화로 만들 때 붙인 제목이다. 이후로 영화나 연극 따위에서 《노틀담의 꼽추》로 사용되었기 때문에 그대로 부르기로 한다.

◎ 배경 소개

1828년 위고는 출판업자와 월터 스콧Walter Scott식의 소설을 쓰기로 계약했다. 작가는 다량의 역사문헌을 조사했으며 파리의 유적지를 돌아보며 15세기의 파리를 고찰했다. 약 170년 전의 어느 날, 위고는 파리 노틀담의 북쪽 종각의 구석진 곳에서 그리스어로 운명이라는 글자가 새겨져 있는 것을 발견했다. 이 말이 그의 영혼을 자극했고 그의 영감을 불러 일으켰다. 그렇게 그는 역사와 건축예술, 신권과 종교, 사랑과 폭동 등 여러 가지 내용을 담은, 노틀담 성당과 같은 《노틀담의 꼽추》라는 불후의 걸작을 만들어냈다.

위고 상

◎ 작품 감상

《노틀담의 꼽추》는 아름다운 집시무녀 에스메랄다의 파리 출현과 그로 인한 큰 풍파를 이야기하고 있다. 이 책은 15세기 루이 14세의 통치 하에 있던 프랑스를 배경으로 400여 년 전의 역사적인 사실을 재현하고 있다. 당시 궁정과 교회가 한패가 되어 어떻게 국민들을 괴롭혔으며, 국민들은 또 어떻게 두 양대 세력에 용감하게 맞서 대항했는지를 반영한 작품이다.

이야기는 1482년 만우절에 시작됐다. 그레브 광장에서 춤을 추며 생계를 유지하던 집시 에스메랄다는 새끼 양과 멋진 공연을 펼

관련링크 《노틀담의 꼽추》, 《레미제라블》, 《바다의 노동자》이 세 작품은 '운명 3부작'이라고 불린다. 그 중 《노틀담의 꼽추》는 '인간의 운명'이고 《레 미제라블》은 '법의 운명'이며 《바다의 노동자》는 '사물의 운명'이다. 《바다의 노동자》는 큰 바다를 배경으로 한 소설이다. 이 책은 큰 바다와 같이 넓은 마음을 가진 주인공 질리아뜨를 만들어냈다. 그는 사랑하는 아가씨의 행복을 위해 자신의 모든 것을 희생한다.

치며 많은 사람들의 눈을 사로잡았다. 그러나 그녀의 아름다움은 파리 노틀담 성당의 부주교 클로드 프롤로의 탐욕을 불러일으키기도 했다. 겉으로는 도덕군자인 척 행동하는 이 위선자는 밤이면 자신의 양자, 노틀담의 종치기 카지모도를 보내어 소녀를 납치하게 한다. 그러나 결국에는 어전 시위대장 페뷔스가 소녀를 구출하고 종치기를 잡아들였다. 그 이후 에스메랄다는 페뷔스를 사랑하게 되었다. 다음 날 종치기는 광장으로 끌려가 사람들의 비난을 받았다. 페뷔스가 그곳을 지나가고 있었지만 그는 자신의 신분을 보호하기 위해 종치기를 무시했다. 그러나 에스메랄다는 종치기에게 물을 먹여주고 이에 감동한 종치기는 눈물을 흘린다.

페뷔스와 에스메랄다가 만나는 모습을 보고 질투심에 불탄 클로드는 옷 속에서 비수를 꺼내 페뷔스를 죽였다. 그런데 진짜 살인자는 유유히 밖을 돌아다니고 순결하고 선량하며 아름다운 에스메랄다가 살인죄로 교회 법정에 의해 교수대로 가게 되었다. 형이 집행되기 직전, 착한 카지모도가 집행인의 손에서 에스메랄다를 구출해내 그녀를 피난권이 있는 노틀담 성당으로 피난시켰다. 사악한 클로드는 계속해서 그녀를 죽이려고 하지만 계속 실패했다. 그래서 그는 사법기관과 결탁해 성당의 피난권을 파괴하고 불쌍한 보헤미안 처녀 에스메랄다를 형장으로 보냈다. 에스메랄다를 깊이 사랑하고 있던 카지모도는 이 사실에 너무나 화가 났다. 그는 극심한 고통과 분노 속에서 클로드를 종탑 아래로 밀어 죽이고 말았다. 그리고 자신은 에스메랄다의 묘지를 찾아내 그녀의 옆에서 죽었다. 2년이 흐르고 사람들은 교수형을 받은 범인들의 묘지에서 남녀의 유골을 발견했다. 그것은 바로 기이한 자세

아름답고 착한 집시처녀 에스메랄다가 외모는 추하지만 마음은 순박한 종치기 카지모도에게 물을 먹여주고 있다. 그녀의 이런 모습에 카지모도는 감동해 눈물을 글썽인다.

로 끌어안고 있는 카지모도와 에스
메랄다였다.

독서 지도와 논술 지도

《노틀담의 꼽추》는 보헤미안 처녀
에스메랄다, 성당의 부주교 클로드
프롤로, 종치기 카지모도, 이 세 사
람을 둘러싸고 이야기가 전개된다.
작가는 에스메랄다를 선과 미의 화
신으로 만들었다. 그녀는 영혼의 아
름다움과 미적 아름다움을 다 가지
고 있어서 독자들은 그녀에게 무한
한 동정심을 느끼게 된다. 그래서 봉
건교회와 왕권에 대해 더 강한 분노
를 느끼게 되는 것이다. 종치기 카지
모도의 이미지는 클로드 부주교와

《노틀담의 꼽추》 삽화 : 질투심으로 가득한 클로드 프롤로는 비수를 꺼내 페뷔스를
찔렀다.

아주 상반된다. 그는 외모가 흉하지만 마음은 숭고했다. 그는 에스
메랄다를 사모했지만 그것은 감격과 동정이 섞인, 사심 없고 영원
하며 고귀하고 소박한 사랑으로 부주교의 사악한 욕망과도 다르지
만 바람둥이 페뷔스의 즉흥적인 감정과도 다르다. 이 소설은 이런
극단적인 아름다움과 흉함의 대립을 통해 사람을 감동시키는 사랑
과 미움을 만들어 냈다.

명사 선생

중국 현대문학사의 문학 거장 거점 巴金(파금)은 위고의 작품에서 큰 영향을 받았다. "내가 어렸을 때 프랑스 소설가 위고 작품, Les Miserables, (레
미제라블), Les Travailleurs de la Mer (바다의 노동자), Hunchback of Notre Dame (노틀담의 꼽추)가 유행했었다. 나는 번역본을 찾
아 읽었다." 위고로부터 巴金은 '진리와 정의, 조국, 국민을 사랑하고 설과 인간의 아름다움을 사랑하는' 품성을 배웠다. 그리고 '글쓰기와 생
활을 융합하고 작가와 국민을 융합하는 것'을 배웠다.

카지모도 상

《노틀담의 꼽추》는 작가 위고의 첫 번째 장편 소설이자 그의 소설 창작에 있어서 기념비와 같은 작품이다. 이 소설은 15세기 파리의 모습을 담고 있지만 작가는 자신이 처한 사회의 현실을 비판하고 있다. 전편에 걸쳐 반봉건, 반교권의 성격이 가득하다. 이 소설을 쓸 때 작가는 월터 스콧의 역사 소설법을 참조하여 파리의 모습과 중세의 음울한 삶을 훌륭하게 기록했다. 이로 인해 작품은 진한 역사의 무게를 갖게 되었다. 또한 낭만주의 소설에서 볼 수 있는 일반적인 요소, 우여곡절과 긴장감이 있는 이야기 구조, 사람을 황홀하게 만드는 대형 시대 역사 장면, 연극적인 느낌이 가득한 인물 이미지 등도 갖추고 있다.

그 밖에 작가는 이 소설을 통해 하층 노동자들의 선량하고 남을 배려할 줄 아는 마음을 칭송했으며 자신의 도덕적 사상을 반영하기도 했다.

《노틀담의 꼽추》는 TV나 연극 등 다른 예술 형식으로도 수없이 연출되어 전 세계로 퍼져나갔으며 엄청난 관중을 불러 모으고 있다. 이 사실은 이 작품이 갖고 있는 예술의 생명력이 얼마나 거대한 것인지를 잘 설명해주는 것이다.

예프게니 오네긴

푸시킨 Aleksandr Pushkin　　　YVGENY ONEGIN

작가 소개

푸시킨(1799~1837)은 러시아 낭만주의 문학의 대표이자 현실주의 문학의 창시자, 현대 표준 러시아어의 창시자이다. 그의 작품은 러시아 민족의식을 고양시키고 문학에서의 귀족혁명운동을 반영했다. 푸시킨은 모스크바의 한 귀족 집안에서 태어났으며 어려서부터 문학적인 영향을 많이 받아 13세에 시를 쓰기 시작했고 15세에 시를 발표했다. 1817년 학교를 졸업하고 외무성에서 일하면서 우수한 귀족 청년들과 많이 만났고 자유와 독재와 폭정을 반대하는 격정적인 시편을 썼다. 1820년 푸시킨은 남부 지방으로 유배되었다가 1826년 모스크바로 돌아와 차르정부의 감시 하에 창작에만 매진했다. 1837년 푸시킨은 투쟁 과정에서 살해됐다.

푸시킨의 서정시는 러시아 시가 역사에서 가장 광범위한 소재들을 노래했다. 정치 서정시로는 《차다예프에게 K Chaadaevu》(1818), 《자유》(1817) 등이 있으며 사랑시와 전원시도 많이 있었다. 푸시킨은 12편의 서사시를 만들었는데 그 중 주요 작품은 《루스란과 류드밀라 Ruslan i Ljudmila》, 《카프카스의 포로 Kavkazskii Plennik》(1822), 《청동의 기사 Mednyi Vsadnik》(1833) 등이 있다. 푸시킨은 많은 작품을 남기지는 않았지만 그 중에서 가장 중요한 작품은 《보리스 고두노프 Boris Godunov》(1825)이다. 그 밖에 그는 시적인 소설 《예프게니 오네킨》(1831), 산문체 소설 《벨킨이야기 Povesti Belkina》(1831), 푸가초프의 반란에 관한 장편 소설 《대위의 딸 Kapitanskaya Dochka》(1836) 등이 있다.

◎ 배경 소개

《예프게니 오네킨》은 작가가 시적인 문체로 완성한 장편 소설이다. 그래서 한편의 거대한 서사시를 보는 듯하다. 러시아의 위대한 서정시인으로서 푸시킨은 서정시 방면에서도 놀랄만한 업적을 남겼다. 그의 서정시는 크게 두 부분으로 나뉜다. 《루스란과 류드밀라》에서 《집시Tzygany》까지(《서정시1》)는 푸시킨의 남방시이다. 이 시들은 낭만주의의 다양한 색채가 넘치며 자유에 대한 시인의 열정적인 갈망을 반영했다. 그 중에서 《카프카스의 포로》, 《집시》 등은 시적인 문체의 장편 소설 《예프게니 오네킨》을 보충해주는 것으로 볼 수 있다. 《서정시2》의 시는

푸시킨 상

주로 푸시킨이 북쪽으로 유배를 간 후에 쓴 작품들로 시가의 창작
방식이 점점 낭만주의에서 현실주의로 넘어가는 과도기였다. 그
중의 《청동의 기사》는 낭만주의와 현실주의의 결합을 완벽하게 재
현했다. 이런 시에서는 러시아 국민의 운명을 걱정한 시인의 마음
이 더 잘 나타나 있다.

◎ 작품 감상

예프게니 오네긴은 전통적인 귀족 가정환경에서 자랐다. 소탈하고
똑똑했던 그는 청년 시기에 이미 세상물정을 다 아는 사교의 달인
이 되어 있었으며 부인들과 아가씨들에게 인기가 많았다. 그러나
실제로 그는 그런 저속한 생활에 염증을 느끼고 있었으며 책을 읽
으면서 시간을 보내고 싶었다. 그는 시인을 꿈꿨지만 시를 쓴 적은
한번도 없었다.

　　예프게니의 부친이 세상을 떠났다. 그리고 그가 파산선고를 받
았을 때 그는 그의 백부가 죽었다는 소식을 받았다. 백부의 죽음으
로 그는 엄청난 유산을 상
속받게 되었고 그는 사교
계를 떠나 농지와 공장을
관리하는 영주가 되었다.
그는 새로운 삶에 대한 기
대가 컸지만 3일 째가 되
자 판에 박힌 듯한 시골 생

《예프게니 오네긴》의 삽화 : 오네긴과 렌스키의 결투

활에 싫증이 났다. 그는 더 이상 자연의 아름다움에 융화될 수 없었다. 얼마 후 그는 괴짜라고 불리게 되었고 어느 정도 시간이 지나자 이웃들은 아예 그에게 신경 쓰지 않았다.

그가 무료함에 몸서리치고 있을 때 독일에서 돌아온 향리 렌스키가 그의 삶 속으로 들어왔다. 독일인 같은 그의 기질은 그와 많이 달랐고 그래서 렌스키를 만나서 시사 토론을 하는 것이 예프게니의 유일한 낙이 되었다. 그로 인해 둘은 절친한 친구사이가 되었다.

푸시킨의 아내 나탈냐

어느 날 렌스키는 예프게니를 데리고 라린가를 방문하여 그에게 자신의 여자친구 올가와 그녀의 동생 타티아나를 소개했다. 아름다운 올가는 붙임성도 좋았다. 나이는 어렸지만 사람들 사이에서 대화를 주도했다. 타티아나는 반대로 과묵하고 조용히 있는 것을 좋아했으며 시골의 사교 활동에도 참가하고 싶지 않았다. 그녀의 집에서는 두 청년이 온다는 소식을 듣자마자 예프게니를 타티아나의 구혼자로 점찍었다. 그러나 예프게니는 그 방문을 극도로 싫어하는 눈치였다. 그는 타티아나에게는 전혀 관심이 없었다. 예프게니가 가고 난후 타티아나는 예프게니를 깊이 좋아하게 되었다. 그녀는 예프게니에게 열정적인 사랑의 마음을 담은 편지를 보냈다. 그러나 사교계의 총아이자 방탕하고 겉만 화려한 예프게니 오네긴은 소녀의 꿈을 담은 타티아나의 언어에 감동은 했지만 여전히 그녀와 사귈 뜻이 없어서 그녀의 제안을 완곡하게 거절을 했다.

관련링크 무시킨은 세상을 떠나기 1년 전에 푸가초프의 반란을 사실적이고 예리하게 얘기한 중편소설 《대위의 딸》을 발표했다. 이 소설은 그의 창작에서 가장 중요한 작품이며 이 작품은 귀족장교 그리노프의 개인적인 불운을 소재로 하여 푸가초프 반란을 재현했다. 국경에서 재직하고 있던 그리노프는 도중에 폭설로 길이 끊기면서 우연히 푸가초프를 만나게 되었다. 그리노프는 그에게 토끼 가죽으로 만든 옷을 주었다. 나중에 그리노프는 주둔지의 사령관 미로노프 대위의 딸 마리아를 사랑하게 되었다. 그러다 푸가초프가 이끄는 반란군이 군대를 공격하고 사령관 부부는 살해되고 그리노프는 반란군의 포로가 되었다. 푸가초프는 옛 정을 생각해 그를 석방해 주고 그의 결혼도 주선해 주었다. 푸가초프의 반란이 실패로 끝난 후 그리노프는 정부의 의심을 사게 되어 체포당한다. 그러나 대위의 딸 마리아가 여왕 예카테리나 2세를 알현하여 그리노프의 결백을 얘기하고 그리노프는 석방됐다. 이 소설은 소박하고 간결한 언어로 쓰여졌으며 18세기 러시아의 모습을 자연스럽게 펼쳐지었다. 그래서 니콜라스 고골은 '러시아에서 가장 우수한 서사 작품'이라고 칭찬했다.

그해 겨울 라린가에서 타티아나의 명명식을 축하하는 모임을 열었다. 때마침 예프게니도 초대됐다. 그는 순간 흥에 취했는지 일부러 남이 보라는 식으로 올가와 춤을 추었고 그런 행동은 결국 렌스키의 질투와 분노를 불러일으켰다. 렌스키는 예프게니에게 결투를 신청했다. 다음날 예프게니는 총으로 렌스키의 가슴을 쐈다. 그는 자신의 행동을 몹시 회회하며 바로 페테르부르크로 떠나버렸다. 수 년이 흐른 후 그는 여전히 유랑생활을 하고 있었다. 올가는 얼마 뒤 장교와 결혼을 했고 타티아나도 결국 공작의 구혼을 받아들였다.

예프게니는 2년간의 자유로운 여행을 끝내고 모스크바로 돌아왔다. 그는 그레민 공작의 무도회에서 우연히 젊고 아름다운 공작부인을 만나게 되는데 알고 보니 그녀는 예전에 그를 사랑했던 타티아나였다. 그는 여왕 같이 의연한 그녀의 아름다움에 마음이 흔들렸다. 그 후 그는 그녀를 자주 찾아갔고 타티아나에게 수 차례 편지를 보내어 마음 속의 고통과 감정을 얘기했다. 그러나 타티아나는 더 이상 예전의 꿈꾸던 소녀가 아니었다. 그녀는 여전히 예프게니에게 강하게 끌렸지만 결국은 남편에 대한 절개를 지키기 위해 예프게니의 사랑을 거절했다.

독서 지도와 논술 지도

시인은 장장 8년의 시간을 들여 《예프게니 오네킨》을 썼다. 이 걸작으로 작가는 러시아 문학사에서 첫 '잉여 인간' 예프게니 오네킨의 이미지를 성공적으로 만들어냈다. 소설의 주인공 오네킨은 러시아 봉건농노제 사회의 귀족의 전형이다. 그는 귀족사회의 평범함에 불만을 느끼고 주변 사람들과도 전혀 어울리지 않았다. 그러나 그 또한 그런 전형적인 귀족의 생활방식 속에서 성장했기 때문에 바람둥이 같은 방탕한 삶을 벗어날 수가 없었고 매일 술과 파티, 연애를 즐기며 지냈다. 무료한 현실에서 그는 출구를 찾기도 했지만 귀족의 교양은 그에게는 전혀 쓸모없는 것이었고 그는 의지력과 인내심이 부족했다. 그래서 결국은 일이 제대로 풀리지 않았고 그는 사회의 '잉여 인간'이 되어버렸다. 이런 이미지는 당시 러시아 진보귀족 젊은이들의 고민을 표현한 것이며, 또한 젊은 귀족 지식층이 국민을 떠나는 중요한 사회적 문제를 밝힌 것이다. 그래서 이 작품은 현실주의의 색채가 강하고 예술적으로도 가치가 높다.

소설의 여주인공 타티아나는 작가가 생각하는 이상적인 러시아 귀족부인의 이미지이며 그녀에게는 러시아의 훌륭한 여성들이 가진 여러 미덕이 집중되어 있다. 그녀는 온화하고 깊이 있으며 감정이 풍부하고 순수하다. 게다가 아름답고 선량하며 민감하고 생각이 많아 아름다운 대자연의 풍경에 빠져 지냈다. 그녀는 러시아 민간 전설과 동화 세계의 환상 속에서 존재하는 러시아 대륙의 진정한 요정이었다. 그 외에도 그녀는 계몽주의 운동에 깊은 영향을 받아 자신의 사랑을 대담하게 표현할 줄 알았고 개성의 해방을 요구했다. 이러한 것을 보면 그녀는 일반 러시아 여자와는 달랐으며 러시아 문학사에서 가장 밝고 마음에 드는 여성 중 하나였다.

장편 소설 《예프게니 오네긴》은 시적인 문체로 쓰인 작품이며 당시로서는 위대한 작품이었다. 작가 본인도 이 점을 중요하게 생각했다. 이 작품은 러시아 문학이 운문시대에서 산문시대로 넘어가는 과도기의 역사적인 상황을 반영한 것으로 이 두 시기가 결합된 합작물이다. 예술적인 업적에서 볼 때 이 작품은 아름다운 선율과 사람을 감동시키는 이야기를 가지고 있어서 시인의 예술적인 능력을 잘 표현하여 러시아 언어문학의 고전이 되었다.

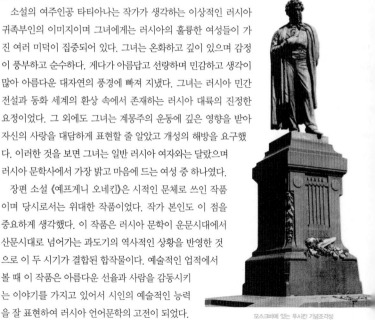

모스크바에 있는 푸시킨 기념조각상

고리오 영감

오노레 드 발자크 Honore De Balzac LE PERE GORIOT

발자크(1799~1850)는 1799년 프랑스 중부 투르의 한 중산계급 가정에서 태어났으며 1816년 법대에서 공부를 했다. 공부를 하면서 그는 법률사무소에서 서기로 일하기도 했다. 그 일을 하면서 그는 파리의 진면목을 알게 되었고 법으로 다스릴 수 없는 많은 나쁜 일들을 보게 되었다. 그때의 경험은 후에 그의 창작 활동에 훌륭한 소재가 되었다.

졸업 후 발자크는 부모의 반대를 무릅쓰고 창작의 길로 들어섰다. 그러나 그의 첫 작품 5막 운문(韻文) 비극 〈크롬웰〉은 완전히 실패했다. 그 후 다른 사람과 함께 골계소설과 신성소설을 창작하기도 하고 한때 문학을 버리고 상업에 뛰어들어 책을 출판하기도 하지만 모두 실패로 끝났다. 상업적인 실패는 그에게 엄청난 빚을 안겨주었고 그 빚은 평생 그를 따라 다녔다. 그러나 그 경험도 후에 그의 창작에 있어 탄탄한 기초가 되었다. 1829년 그는 역사소설 〈올뻬미당원 Les Chouans〉을 발표하는데 이 작품은 성공작이 되었고 그 후 20년간은 그에게 창작의 전성기였다. 그는 전력을 다해 방대한 규모의 〈인간희극〉을 창작하는데 결국은 과도한 피로로 1850년 세상을 떠나고 말았다.

발자크는 평생 많은 작품을 남겼는데 〈인간희극〉만도 91편에 달한다. 인류에게 풍부한 문화유산을 물려준 것이다. 특히 〈고리오 영감〉, 〈외제니 그랑데 Eugenie Grandet〉, 그리고 〈잃어버린 환상 Illusions Perdues〉은 발자크의 세심한 현실 관찰력과 사회 본질을 파헤치는 날카로움, 인물의 이미지를 사실적으로 빚어내는 생동감, 그리고 높은 예술수준을 집중적으로 보여주고 있다.

◎ 배경 소개

1834년 작품 〈고리오 영감〉은 〈인간 희극〉에서 가장 뛰어난 소설이며 발자크의 주요 대표작 중 하나이다. 〈인간 희극〉의 기본주제가 이 작품에 표현되고 있으며 발자크의 예술적 스타일을 가장 잘 대변하고 있다. 이 작품에서 작가는 그가 만든 '인물재현법'을 처음으로 사용한다. '인물재현법'이란 한 작품에서 출현했던 한 인물이 이후의 작품에서도 계속 출현하는 것이다. 이런 방법으로 인해 독자들은 인물의 성격 형성 단계를 볼 수 있으며, 일련의 작품들이 하나가 되면 〈인간 희극〉의 유기적인 부분이 되는 것이다. 이 작품은 주요인물 라스띠냑,

발자크 상

보세앙자작 부인, 뷔트렝이 속속 등장하면서 《인간 희극》의 서막이
오른다.

◎ 작품 감상

뷔께르 부인은 프랑스 교외에 하숙집을 갖고 있었다. 그 하숙집에
는 가난한 대학생 라스띠냑, 제면업자 고리오, 신분이 불분명한 뷔
트렝, 집에서 쫓겨난 빅토리노, 노처녀 미쇼노 등 여러 사람이 살
고 있었다.

고리오 영감은 6년 전 자신의 사업을 그만두고 하숙집으로 들어
왔다. 그는 하숙집에서 사람들의 웃음거리였으며 식사할 때마다
다들 고리오를 가지고 농담을 했다. 고리오 영감이 처음 하숙집에
왔을 때는 가장 좋은 방에서 지냈다. 제일 좋은 방에서 사는 손님
이라서 여주인은 고리오 영감을 꼬셔 귀부인이 되어볼까 하는 생
각도 했다. 그런데 하숙을 한지 2년이 되던 해 고리오 영감은 좀 못
한 방으로 바꿔달라고 했다. 옮긴 방에서 그는 겨울에도 불을 때지
않았다. 이 일로 하숙집 사람들이 수군거렸다. 아무도 고리오 영감
의 꿍꿍이속을 알 수가 없었다.

그런데 고리오 영감을 보러오는 사람들 중에 두 명의 귀부인이
있었다. 사람들은 고리오 영감이 연애를 한다고 생각했다. 고리오
영감은 하숙집 사람들에게 그 두 여자는 그의 딸 레스또백작부인
과 은행가 뉴씽겐의 부인이라고 했다. 3년 후 고리오 영감은 가장 허
름한 방으로 옮겼다. 그의 가재도구 중에 돈이 될만한 물건은 하나
도 보이지 않고 사람도 갈수록 말라 불쌍해 보였다. 그때부터 하숙

관련링크 발자크가 평생을 들여
완성한 위대한 사업은 《인간희극》이
라는 우뚝 솟은 문학적 이정표이다.
《인간희극》의 원래 이름은 《사회연구》
였으나 1842년 단테의 《신곡》에서
'신의 희극'을 보고 발자크는 이름을
수정했다. 1845년 발자크가 친필로
쓴 《인간희극 총목에서 알 수 있듯이
《인간희극》은 크게 3부분으로 나뉜
다. 풍속연구와 철학연구, 분석연구이
다. 그 중 풍속연구의 내용이 가장 풍
부하고 소설의 가장 많은 부분을 차
지한다. 그래서 이 부분은 다시 6부
분으로 나뉜다. 1. 사생활 장면, 2. 외
지 생활, 3. 파리 생활, 4. 정치 생활,
5. 군대 생활, 6. 시골 생활. 제 2부
철학연구와 제 3부 분석연구는 그 규
모가 작아 다시 분류하지 않는다. 《인
간희극》은 '사회백과서'라고도 불리
는데 당시의 사회생활을 사실적으로
반영했으며 이 책에서 만들어진 인물이
도 2400여 명에 이른다.

집 사람들을 그를 더 이상 존중하지 않았고 고리오 선생에서 고리
오 영감으로 부르기 시작했다.

얼마 후, 고리오 영감의 수수께끼가 가난한 대학생 라스띠냑에
의해서 풀렸다. 타지 출신인 라스띠냑은 파리로 공부를 하러온 학
생이었는데 원래는 청렴하고 정직한 법관이 되고 싶어했다. 그러
나 휘황찬란한 파리에서 생활하면서 상류사회의 귀공자들이 돈을
물 쓰듯이 쓰고 즐거운 삶을 즐기는 것을 보고 나서는 그의 이상은
흔들리기 시작했다. 가난이 너무 싫었던 라스띠냑은 상류사회로
들어가겠다고 결심했다. 고모의 소개로 그는 먼 친척이며 파리에
서 유명한 보세앙 자작부인을 알게 되었다. 라스띠냑은 보세앙부
인의 동생이라는 이름으로 금방 여자들의 눈길을 끌게 되었다. 한
번은 무도회에서 레스또부인을 알게 되었다. 라스띠냑은 하숙집
손님에게 레스또부인에 관한 이야기를 했다. 고리오 영감이 중간
중간 계속 질문을 하는 것을 보고 하숙집 주인은 레스또부인 때문
에 고리오 영감이 가난해졌다고 확신했다.

라스띠냑은 레스또부인의 살롱을 방문했다. 그의 궁색한 차림새
는 하인들의 멸시를 받았으며 실수로 '고리오 영감' 얘기를 꺼냈다
가 그는 레스또부인의 분노를 사서 살롱에서 쫓겨나고 말았다.

보세앙부인은 라스띠냑에게 레스또부인에 관해 얘기해주었다.
레스또부인은 고리오 집안의 아가씨였으며 그녀의 아버지는 프랑
스 대혁명 때 밀가루 장사로 돈을 벌었다고 한다. 중년에 부인을
먼저 저 세상으로 보낸 고리오영감은 자신의 모든 사랑을 딸들에
게 남김없이 쏟아부었다. 고리오 영감은 딸들을 위해 상류사회로
비집고 들어왔으며 딸들에게 많은 교육을 시켰고 결혼할 때는 80
만 프랑을 지참금으로 주었다. 큰 딸은 레스또백작에게 시집을 가
고 작은 딸은 은행가 뉴씽겐에게 시집을 갔다. 고리오 영감은 딸들
을 지위 높은 집으로 시집을 보내면 자신도 덩달아 존경을 받을 것

으로 생각했다. 그런데 봉건왕조가 복귀하자 레스또백작과 뉴씽겐은 고리오 영감이 대혁명 때 공안위원들과 긴밀한 사이였을 것으로 생각했고 게다가 밀가루 장사가 그들의 존엄성에 상처를 준다고 생각해 고리오 영감을 냉대하기 시작했다. 그래서 고리오 영감은 두 딸의 환심을 사기 위해 재산을 팔아 딸들에게 주었으며 자신은 하숙집으로 이사를 했다. 상류사회로 들어간 라스띠냑은 보세앙부인의 말대로 귀부인의 정부가 되었다. 그래서 라스띠냑은 뉴씽겐부인의 관심을 받게 되었다.

라스띠냑의 마음을 잘 알고 있던 뵈트렝은 라스띠냑에게 빅토리노와 사귈 것을 제안했다. 이 음흉하고 날카로운 뵈트렝은 라스띠냑이 응하기만 하면 다른 사람을 시켜 빅토리노의 오빠를 죽이고 유산을 상속받을 수 있다고 했다. 그러나 라스띠냑은 그 제안을 거절했다. 몇 개월 후 라스띠냑은 뉴씽겐부인을 알게 되지만 알고 보니 그녀는 남편에게 재정적으로 꽉 잡혀있는 상태였다. 뉴씽겐부인은 돈을 마련할 수도 없었을 뿐더러 오히려 라스띠냑에게 도박장에 가서 그녀의 돈을 찾아오라고 했다. 라스띠냑은 빅토리노에게로 다시 마음을 돌렸다.

뵈트렝은 사람을 시켜 빅토리노의 오빠와 결투를 하게 했다. 그러나 그의 계획은 이미 경찰 당국에 의해 간파되었다. 경찰의 지시를 받은 미쇼노가 뵈트렝이 마시는 음료에 미리 약을 넣었다.

빅토리노의 오빠는 결투에서 목숨을 잃었고 경찰은 하숙집을 포위하고 뵈트렝을 사로잡았다. 경찰이 뵈트렝의 가발을 벗기자 뵈트렝은 자신

발자크의 펜 아래 탄생한 유명한 인물 이미지– 고리오 영감, 물욕이 횡행하던 자본주의 사회 속에서 금전에 의해 파멸한 아버지의 전형적인 이미지.

〈외제니 그랑데〉의 삽화. 늙은 그랑데가 딸을 미끼로 구혼자들을 유혹해 덕을 보려는 장면을 표현했다.

이 '불사신'이라고 불린 탈옥수, 자크 꼴렝임을 인정했다. 뷔트렝은 미쇼노가 밀고한 것을 알고는 잡혀가면서 꼭 복수를 하겠다고 소리쳤다.

하숙집에 자동차가 도착하고 차에서 뉴씽겐부인이 내렸다. 그녀는 고리오 영감의 방으로 가서는 남편이 자신의 소유권을 박탈했다고 울었다. 레스또부인 역시 찾아와서는 남편이 비싼 목걸이를 팔아버렸으며 남편이 그녀의 재산도 빼앗아 갔다며 울었다. 고리오 영감은 큰 충격을 받았다. 그는 더 이상 딸들을 도와줄 힘이 없었으며 그 자리에서 벽에 머리를 박고 죽고 싶을 뿐이었다. 보세앙부인은 화려한 상류사회와 이별하고 시골로 내려가기로 결심했다. 사실 보세앙부인이 시골로 가는 진짜 이유는 그녀의 정부가 돈 많은 아가씨를 얻고는 자신을 차 버렸기 때문이었다. 보세앙부인은 고별파티를 준비했다. 넓은 파티장에 많은 사람들이 운집했다. 레스또부인과 뉴씽겐부인은 파티에 갈 옷을 마련하기 위해서 다시 고리오 영감을 찾아가 돈을 요구했다.

불쌍한 고리오 영감이 숨이 끊어지려고 할 때 쯤 그는 딸들이 마지막으로 자신을 만나러 와주길 바랐다. 라스띠냑은 레스또부인과 뉴씽겐부인에게 사람을 보냈지만 둘 다 고리오 영감을 보러오지 않았다. 라스띠냑은 고리오 영감의 마지막을 지켜보고는 직접 장례를 치러주었다. 이 인간 세상의 비극을 직접 보고 난 라스띠냑은 물불을 안 가리고 상류사회로 들어가기로 결심했다.

《고리오 영감》의 주요 무대는 하숙집과 보세앙부인의 살롱이며 고리오 영감과 라스띠냑 두 사람의 기본적인 평행선 위에 중간 중간 이야기가 교차하고 있다. 그리고 서술 과정에서 뷔트랭같은 인물들의 이야기가 걸쳐져 커다란 사회의 한 장면이 만들어지면서 부르봉왕조의 복귀 시절 프랑스 사회의 면모가 사실적으로 그려졌다. 이 작품은 사상적으로도 풍부한 내용을 담고 있으며 기교면에서도 능숙하다.

《고리오 영감》이 이렇게도 강력한 예술적 표현력을 가질 수 있었던 것은 우선 작가가 묘사하는 과정에서 전형적인 환경과 전형적인 인물들을 만들어 냈기 때문이다. 전체적으로 환경에 대한 묘사가 매우 정밀하고 세심하다. 《외제니 그랑데》에 나오는 소뮈르성에 대한 묘사처럼 작품의 시작은 주요 인물의 생활환경, 즉 하숙집에 대한 세밀한 묘사를 통해서 환경이 어떠하며 그 외적 내적 장식품을 서술했다. "집은 전체가 시적인 느낌이라고는 전혀 없는 빈곤 그 자체. 하찮은 것까지 세세히 따지게 되는 만신창이가 된 빈곤 말이다." 이 초라하기 그지 없는 하숙집은 생제르맹의 귀족들의 휘황 찬란한 호화저택과 선명한 대조를 이룬다. 이것이 바로 라스띠냑이 상류사회로 올라가기로 결심하게 된 이유이자 딸에게 버림받은 고리오 영감이 가난과 병으로 비참하게 죽어간 전형적인 환경이다. 이런 전형적인 환경의 묘사는 읽는 이에게 발자크의 놀랄만한 관찰력과 심오한 예술적 표현력을 충분히 느낄 수 있게 해 준다. 이 작품은 인물 이미지 형성이 세밀하고 생동감이 넘친다. 예를 들어 라스띠냑은 개성이 뚜렷하고 미더운 인물이다. 작가는 그가 상류사회의 부패 속에서 점점 타락해 가는 과정을 매우 세심하고 구체적으로 그렸다. 그렇지만 그의 양심은 완전히 사라지지 않았다. 상류사회로 가는 과정에서 그는 종종 내적인 모순을 보여주

명언명구

● 한 남자가 한번 속이기 시작하면 계속 거짓말을 해야 한다.(제 2장)

● 한번만 봐도 금방 알 수 있는 필체가 그의 가슴을 뛰게 했고 두려움에 떨게 했다. 두 장의 얇은 종이가 생사를 결정짓는 판결문과 같았다. 부모님과 누이의 고통을 생각하면 그는 약간 두려웠다. 그러나 그에 대한 여자들의 총애는 그에게 큰 힘을 주었고 대담하게 그녀들의 마지막 몇 방울의 피까지도 뽑아 낼 수 있을 것 같았다.(제 3장)

● 그 애들이 나를 아버지라고 부르면 나의 심장은 얼어붙는다네, 나를 아빠라고 부르면 나는 다시 그 애들의 어렸을 적 모습을 보는 것처럼 예전의 일이 떠오른다네.(제 4장)

● 그 무덤을 바라보며 그의 젊은 시절의 마지막 눈물을 묻었다. 순결한 심장에서 뽑아낸 눈물은 타락한 지하에서 곧바로 천상의 눈물로 되돌아 갈 것이다.(제 5장)

었다. 나중에 보세앙부인과 뷔트렝, 고리오 영감이 보여준 '세 가지 인생 수업'을 통해 점차 마비되고 냉혹해진 라스띠냑, 결국 상류사회로 가겠다는 욕구가 그의 양심을 꺾어버린다. 그는 명예와 이익을 쫓고 남보다 뛰어나고 싶으며 물불을 안 가리고 상류사회로 가려고 한다. 동시에 작가는 보세앙부인과 고리오 영감 등 여러 명의 멋진 인물들을 만들어냈다.

그 밖에 《고리오 영감》은 멋진 구성과 개성 있는 언어, 심리묘사 등에서 높은 수준에 올라 있다. 세심한 독자들은 작품을 천천히 음미하면서 작품의 진정한 가치를 느낄 수 있을 것이다.

안데르센 동화

안데르센 Hans Christian Andersen | **FAIRY TALES OF ANDERSEN**

작가 소개

한스 크리스티안 안데르센(1805~1875)은 19세기 덴마크의 유명한 동화 작가이자 세계 문학 동화의 창시자이다. 그는 오덴세 Odense의 가난한 양화점의 아들로 태어났다. 어려서는 자선학교에서 공부를 했고 견습생으로 일하기도 했다. 아버지로부터 들은 이야기와 민간에서 구전되던 문학에 영향을 받아 어려서부터 안데르센은 문학을 매우 좋아했다. 11살에 아버지가 병으로 세상을 떠나자 어머니는 재가를 했다. 예술을 위해 14살의 안데르센은 수도 코페하겐으로 갔다. 8년간의 노력 끝에 시극 〈아보르와 에르비르〉에서 재능을 드러냈다. 그래서 왕립극장의 도움으로 슬라겔세와 헬싱고르에서 5년간 무료로 공부를 하게 되었다. 1828년에는 코펜하겐대학으로 진학했다. 졸업후 그는 주로 원고비로 생계를 유지했으나 1838년 작가상을 받았다. 안데르센은 평생 결혼을 하지 않았으며 1875년 8월 4일 친구의 집에서 병으로 세상을 떠났다.

안데르센의 문학생애는 1822년부터 시작되었다. 초기에는 주로 시가와 극본을 썼다. 대학에 들어간 후 창작이 날로 성숙해졌고 여행기나 가무희극을 발표하기도 하고 시집과 시극을 출판하기도 했다. 1833년 그에게 세계적인 명성을 안겨준 장편 소설 〈즉흥시인 Improvisatoren〉은 그의 성인문학의 대표작이었다. 안데르센의 동화 창작은 세 시기로 나눌 수 있다. 초기 동화는 아름다운 환상과 낙관적인 정신으로 가득 차 있었으며 현실주의와 낭만주의의 결합을 표현했다. 대표작으로는 〈부싯돌 상자〉, 〈꼬마 이다의 꽃〉, 〈엄지 공주〉, 〈인어 공주〉, 〈야생 백조〉, 〈미운 오리 새끼〉 등이 있다. 중기 동화는 환상적인 성분이 줄어들고 현실적인 부분이 상대적으로 강화됐다. 추하고 악한 것을 비판하고 선량함을 노래하면서 아름다운 삶에 대한 추구를 표현했으며 믿음이 부족한 우울한 정서가 흘렀다. 대표작으로는 〈성냥팔이 소녀〉, 〈백설 공주〉, 〈그림자〉, 〈물한 방울〉, 〈어머니 이야기〉, 〈인형극 단장〉 등이 있다. 후기 동화는 중기에 비해 현실적인 면을 더욱 강조했고 하층민들의 고통스러운 운명을 묘사하는 데 주력했으며 사회의 어둡고 냉정한 면, 인간의 불평등을 드러냈다. 작품의 기조는 침울하다. 대표작으로는 〈버드나무 밑에서〉, 〈쓸모 없는 여자〉 등이 있다.

◎ 배경 소개

안데르센은 어려서부터 무대예술 사업을 하고 발레나 연기자가 되고 싶었지만 고달픈 현실로 인해 결국 꿈을 포기하고 문학가가 되기로 마음을 굳혔다. 그는 여러 가지 문학 작품을 창작했지만 그를 세계적으로 유명하게 만든

안데르센 상

〈성냥팔이 소녀〉의 삽화

관련링크 안데르센을 탄생시킨 덴마크 국민들은 안데르센뿐만 아니라 작가의 수많은 작품으로 인류에 큰 공헌을 했다. 덴마크 문학사에는 안데르센 외에도 세계적으로 유명한 작가 마틴 앤더슨 넥쇠(1869~1954)가 있다. 넥쇠는 1893년 작품을 발표하기 시작해서 평생 동안 많은 작품을 남겼다. 그 중 대표작은 《정복자 펠레》, 《사람의 딸 디테》, 《묽은 모르텐》이 있다. 《정복자 펠레》는 가난한 아이 펠레가 노동운동의 지도자가 되고 다시 노동귀족이 되는 과정을 그렸다. 《사람의 딸 디테》는 어부의 딸 디테의 고난과 일생을 그렸으며 《묽은 모르텐》은 덴마크 노동자의 투쟁을 사실적으로 묘사했다. 작가는 이 세편의 작품을 통해 19세기 말에서 20세기 30년대까지 반세기에 이르는 덴마크 노동자들의 투쟁을 그렸다. 이들 작품은 노동운동이 직면하고 있는 절박한 문제들을 광범위하게 언급하고 있다. 작가는 북유럽 노동문학의 선구자로 '덴마크의 고리키'라고 불린다.

것은 동화였다. 그는 30살 때부터 '미래의 세대를 위해' 아이들을 위한 동화를 쓰기로 결심했고 그해 《아이들에게 들려주는 이야기》라는 책을 출판했다. 그 후 수 년간 매년 성탄절마다 이런 동화집을 출판했다. 그 후 1872년 암으로 몸이 쇠약해져 펜을 들 수 없을 때까지 그는 계속해서 신작을 발표했다. 근 40년 동안 총 160편의 동화를 창작했다. 그 자신이 "동화야말로 나의 영원한 직업이다."라고 말한 것처럼 그는 스스로 동화 창작을 필생의 업으로 생각했다. 또한 그였기에 처음으로 미숙하고 투박하던 민간 전설과 이야기에서 아름답고 작가의 마음을 담은 문학적인 동화로 만들어낼 수 있었다. 그의 이러한 업적은 후세 작가들의 모범이 되었다. 1954년 국제아동독서연맹 제 3차 회의에서 안데르센의 이름을 딴 세계아동문학대상이 만들어졌다. 국제 안데르센 상, 이 상은 지금까지도 아동문학계에서 가장 영예로운 상으로 꼽힌다.

◎ 작품 감상

안데르센이 쓴 동화들은 남녀노소를 불문하고 많은 사람들에게 읽혀졌다. 《벌거숭이 임금님》, 《성냥팔이 소녀》, 《쏙독새》, 《미운 오리 새끼》, 《인어 공주》 등과 같은 명작들은 전 세계 사람들의 사랑을 받았다. 여기서는 몇 개의 작품만을 골라 간단히 소개하겠다.

벌거숭이 임금님 옛날에 예쁜 옷을 너무나 좋아하는 임금님이 있었다. 어느 날 사기꾼 두 명이 왕궁으로 찾아와 자신들은 세상에서 가장 아름다운 옷을 만들 수 있다고 말했다. 그런데 그 옷은 자격이 없거나 어리석은 사람에게는 보이지 않는다고 했다. 왕은 기뻐하며 그들에게 가장 좋은 금사(金絲)를 내주었고 조정의 신하들에게 작업하는 것을 살펴보라고 했다. 그런데 신하들의 눈에는 옷이 보이지 않았다. 하지만 그들은 자신의 어리석음을 숨기려고 거짓으로 보인다고 했고 결국에는 임금님도 거짓으로 보인다고 했다. 임금님은 그 날조된 '옷'을 입고 대전 행진에 참석했다가 한 아이의 폭로로 전 국민의 웃음거리가 됐다.

뉴욕 공원에 있는 안데르센과 미운 오리 새끼 상

안데르센 동화는 남녀노소를 불문하고 유익한 작품이다. 세계적으로도 많은 인기를 얻었으며 유명한 작가는 "만약 5살에 안데르센의 동화를 듣지 못했더라면 그의 어린 시절은 그리 따뜻하지 않았을 것이고 15살에 안데르센 동화를 읽지 못했다면 그의 소년기가 그리 빛나지 않았을 것이다. 그리고 25살에 안데르센의 동화를 읽어보지 못했다면 그의 청년기가 그리 눈부시지 않았을 것이며 35살에 안데르센 동화를 이해하지 못했더라면 그의 장년기는 그리 풍성하지 않을 것이다. 45살에 안데르센 동화를 생각해보지 못했더라면 그의 중년기는 우울함을 덜 느꼈을 것이고, 55살에 안데르센 동화를 다시 읽어보지 않았다면 그의 만년은 아득함을 덜 느낄 것이다."라고 했다.

<u>미운 오리 새끼</u> 여름날 오리 엄마는 둥지에서 알을 부화시켰다. 그런데 마지막에 나온 것은 제일 못생긴 오리 새끼였다. 이 오리 새끼는 못생겼다는 이유로 오리 무리에서도, 닭의 무리에서도 배척당했다. 결국 어미 오리조차도 그를 싫어하게 되었고 미운 오리 새끼는 집을 떠날 수밖에 없었다. 유랑을 하면서 미운 오리 새끼는 야생 오리도 보고 기러기도 보았으며 많은 위험을 겪었다. 심지어 겨울에는 얼음과 같이 얼어 죽을 뻔했다. 그러나 봄이 되자 이 미운 오리 새끼는 아름다운 백조가 되었다. 알고 보니 미운 오리 새끼는 백조였던 것이었다.

<u>장난감 병정</u> 장난감 병정과 늘씬한 발레리나는 좀처럼 만날 기회가 없었다. 각자 고정된 자리에서 서로를 바라보며 마음만 애태울 수밖에 없었다. 그들의 사랑은 조용했고 말로 표현한 적이 한번도 없었다. 불행히도 우연히 자리가 바뀌게 된 병정은 어쩔 수 없이 말 없는 연인과 떨어져야 했다. 그러나 우연한 기회에 다시 원래의 자리로 돌아왔다. 그런데 질투 많은 요술바람이 그들을 벽난로 속으로 불어 넣었고 그들은 함께 불에 탔다. 그러나 뜨거운 불 속에서도 연인에 대한 장난감 병정의 영원한 사랑은 변하지 않았다.

《미운 오리 새끼》삽화

<u>인어 공주</u> 인어 공주의 빛나고 부드러운 피부는 장미 꽃잎 같았고 그녀의 눈은 바닷물처럼 파랬다. 바다 왕의 딸, 인어 공주는 깊은 해저 궁전에서 수면 위로 올라와 넓은 바깥 세상을 구경했다. 그녀는 진정한 사랑과 인간만이 가진 영혼을 갖고 싶었다. 바다 속 생물인 인어 공주는 원래 영혼이 없었기 때문에 수명이 다하게 되면 거품으로

변해 바다 속으로 사라졌다. 그래서 그녀는 모든 희생을 감내하기로 한다. 인어 공주는 마녀를 찾아가 자신의 옥구슬 같은 목소리를 대가로 '인간'의 몸을 얻어 자신이 사랑하는 왕자의 곁으로 갔다. 그런데 그녀는 말을 할 수 없어서 왕자에게 자신의 사랑을 알릴 수가 없었다. 둘은 의사소통이 되지 않았고 결국 인어 공주는 왕자의 마음을 얻을 수가 없었으며 '인간'의 영혼도 얻을 수 없었다. 마지막에 왕자는 다른 사람과 결혼을 하고 인어 공주는 죽어갔다. 인어 공주는 거품이 되어 바다 속으로 흘러 흘러갔다.

독서 지도와 논술 지도

안데르센은 40년간 심혈을 기울여 164편의 동화를 썼다. 그는 '이야기' 외에도 낭만주의 환상으로 가득한 아동산문, 산문시, 소품, 우화, 그리고 현실주의 수법으로 쓴 아동소설 등도 썼다. 풍부한 문체 뿐 아니라 안데르센의 작품에는 깊은 문학성, 회화성, 예술성이 표현되어 있으며 마치 교향악처럼 안데르센만의 독특한 삶이 펼쳐진다.

동화를 쓸 때 안데르센은 어린 시절의 기억과 윗세대로부터 들은 민간이야기와 전설, 세계 각지를 여행해서 얻은 경험에서 영감을 얻었다. 그래서 그는 조국 덴마크의 마을이나 중국 같은 먼 동방, 성경에 나오는 에덴을 배경으로 이야기를 펼쳐나갔다. 안데르센의 세계로 들어오는 독자들은 19세기 풍요로운 인문경관을 볼 수도 있고 100년 전 순박했던 유럽대륙의 모습과 세계 각지의 풍속도 볼 수 있다. 또한 안데르센의 동화에는 사람을 감동시키는 유머와 날카로운 풍자가 있다. 이야기마다 각지역의 독특한 모습이 담겨져 있으며 마지막에까지도 이야기의 결말을 예측하기 힘들었다. 그래서 그의 동화는 문화의 울타리를 넘고 연령의 한계를 뛰어

〈인어공주〉 삽화

넘으며 누구에게나 다 좋은 '불후의 고전'이 되었다.

안데르센의 동화는 아동의 목소리를 모방하고 동화라는 포장을
이용해 어린이에게 억지로 도덕적인 교훈을 밀어 넣는 다른 동화
와는 달랐다. 그와 반대로 안데르센의 동화에는 자연스러운 유머
의 잔잔한 물결 속에서 피어난 연꽃의 순결함과 세상의 간섭을 받
지 않는 동심이 있었다. 이런 동심에다, 안데르센은 아이들에게서

시인의 모습을 발견했으며 어린이가 자연을 느끼고 진리를 이해하는 수준이 종종 어른을 뛰어넘는다는 것(《벌거숭이 임금님》)을 알게 되었다. 또한 이런 동심을 바탕으로 그는 스스로 아이가 되어 아동의 눈으로 자연을 관찰하고 아동의 미소로 자연을 묘사하였다. 그가 받은 감정과 아동으로부터 느낀 감정이 우리에게 그대로 전염됐다. 그렇게 그가 우리를 이끌고 간 곳은 우리가 사는 현실세계와는 전혀 다른, 어린이의 세계와 흡사하다. 그러나 안데르센의 동화역시 아동의 정신생활을 풍부하게 하면서도 어른들을 깨달음의 세계로 인도하기도 한다. 그래서 그의 책은 아동을 위한 것이지만 어른들에게도 인기가 높다. 그리고 그의 동화는 성인문학에서 부족한 부분, 풍부한 환상과 천진난만한 구상, 소박한 유머를 갖고 있다. 이 모든 것은 현실생활에 뿌리를 내리고 있다. 사람들의 입에오르내리는 그의 동화는 《쏙독새》, 《엄지 공주》, 《벌거숭이 임금님》, 《양치기 아가씨》, 《굴뚝 청소부》 등과 같이 생활의 냄새가 짙게 베어 있다. 그리고 《인어 공주》에서 볼 수 있듯이 그의 동화에는인간에 대한 사랑과 애정, 존중, 인류 진보에 대한 칭송이 전달되어 있다. 안데르센의 동화는 동화 창작의 일반적인 경계를 뛰어넘었으며 동화 문학의 자존심이 되었고 덴마크 문학에게 가장 위대한 대표주자가 되었다.

제인 에어

샬럿 브론테 Charlotte Bronte

Jane eyre

영국 북부에서 가난한 목사의 딸로 태어난 샬럿 브론테(1816~1855)는 기숙학교에서 공부를 하고 교사와 가정교사 일을 했었다. 1847년 샬럿 브론테는 장편 소설 《제인 에어》를 발표하여 영국문단에 큰 반향을 불러일으켰다. 1848년 가을부터 1849년까지 샬롯의 남동생과 두 여동생이 잇달아 세상을 등지고 만다. 죽음의 그림자와 고통 속에서도 그녀의 글쓰기는 계속되었고 마침내 그녀는 여동생 에밀리에 대한 슬픈 추억과 영국 초기 노동운동을 묘사한 작품 《셜리 Shirley》를 완성해 큰 성공을 거둔다. 그녀의 또 다른 작품 《빌레트 Villette》(1853)와 《교사 The Professor》(1857)는 자신의 경험을 바탕으로 완성되었다. 1854년부터 샬럿 브론테는 소설 《엠마》를 쓰지만 불행히도 완성하지 못하고 병으로 세상을 떠났다. 샬럿 브론테는 서정적인 필치로 자연 묘사에 뛰어났으며 그녀의 작품은 감정의 색깔이 짙게 묻어났다. 그녀는 에밀리 브론테, 앤 브론테, 엘리자베스 브라우닝(Elizabeth Barret Browning)과 함께 당시 영국에서 가장 아름다운 여성이라는 평가를 받았다.

샬럿 브론테

◎ 배경 소개

19세기 영국은 여성의 문학 활동을 부정적으로 보는 분위기가 만연했었기 때문에 《제인 에어》를 발표했을 때 샬럿은 커러 벨(Currer Bell)이라는 남자이름을 사용했다. 그런데 《제인 에어》가 엄청난 인기를 얻으면서 작가의 성별에 대한 추측이 난무하면서 한 때 대단한 화젯거리가 되었다. 당시 문단에서 이름을 날리던 새커리(William Make peace Thackeray)는 "이것은 여자가 쓴 것이다. 누구일까?"라고 한눈에 여성의 작품임을 알아봤다. 그리고 당시 《제인 에어》를 도덕적으로 신랄하게 비판하던 평론에서도 과감하게 이런 말을 했다. "여자가 아니고서야 누가 이렇게 성공하기 힘든 모험을 하겠으며, 8절판 3권 가득 여자의 마음을 얘기할 수 있겠는가?"라고 했다. 샬럿이 남자이름으로 발표한 걸작 《제인 에어》는 그녀에게 영국에서 여류작가의 지위가 얼마나 낮은지 절실하게 느끼게 해주었다. 그러나 한편으로 《제인 에어》는 영국 문단에서 여류작가 샬럿 브론테를 탄생시켰으며 전 세계 수많은 여성들이 제인 에어를 보면서 여성의 평등과 독립정신을 찾았다는 데 그 의미가 있다.

《제인 에어》 삽화 : 제인 에어와 로체스터의 첫 만남

◎ 작품 감상

제인 에어는 가난한 목사의 딸로 태어났다. 그녀의 부모는 가난으로 인해 한 달 간격으로 세상을 떠나버렸다. 어린 제인 에어는 외삼촌의 집에 보내졌고 외삼촌이 세상을 떠나자 외숙모와 외사촌들의 괴롭힘이 시작됐다. 그 집에서 온갖 고생을 참아가며 십여 년을 보낸 어느 날, 마구 때리는 외사촌에 반항을 하던 그녀를 외숙모는 캄캄한 방에 가둬버린다. 상상력이 풍부했던 어린 소녀는 어둡고 좁은 방에서 기절을 하게 되고 다시 큰 병에 걸리지만 보모의 정성어린 보살핌으로 점차 건강을 회복했다.

그 이후 그녀는 더 이상 외숙모의 집에 머물고 싶지 않았고 외숙모도 그녀를 로우드학교로 보내버렸다. 그곳에서의 생활은 매우 힘들었지만 그녀는 마음씨 착한 템플선생님의 도움으로 열심히 공부를 하게 되었다. 얼마 후 불어닥친 병마로 가장 친한 친구 헬렌이 세상을 떠나자 제인은 더욱 외로워졌다. 그 학교에서 6년을 공부한

더 알아보기

낭만주의 색채를 가진 사랑이야기 《제인 에어》는 당시 영국 문단에 큰 파장을 불러일으켰다. 엘리자베스 리그비(Elizabeth Rigby)는 1848년 《쿼터리 리뷰(The Quarterly Review)》 12월호에서 "제인 에어는 머리부터 발끝까지 기독교 정신으로 전혀 정화되지 않았다. 원칙과 자제(自制)라는 숭고함을 빌어 표현함으로써 사람들의 눈을 매혹시켰고 사람들에게 그 소설의 기초가 얼마나 나약한지를 볼 수 없게 만들었다는 점이 더욱 위험하다. 물론 제인 에어의 행동은 옳고 엄청난 도덕적인 힘을 발휘한 것이지만 그런 도덕성은 이교도의 사상을 나타낸 것이며 그 스스로의 법일 뿐이다. 제인 에어에게는 기독교적인 모습을 전혀 찾아볼 수 없다. 그녀는 우리가 타락했을 때의 본성 중에서도 가장 나쁜 죄악, 오만한 죄를 고스란히 받아들이고 있다. 제인 에어 본인의 말처럼 그녀는 하나님과 지상의 사람으로부터 받은 것이 하나도 없는 사람이며 로체스터는 하느님과 인간의 법률을 위반하려는 마음을 품은 자이다. 전체적으로 봤을 때 제인 에어 자서전은 반 기독교성을 드러낸 작품이다. 이것 역시 이 책이 묘사한 사랑의 가치를 반어적으로 증명한 것이다."라고 했다.

제인은 그곳에서 다시 2년간 교사 생활을 한다. 18세가 되던 해, 드디어 그녀는 로체스터가의 가정교사가 되어 손필드홀에 가게 됐다.

어느 날 해질 무렵, 밖에서 산책을 하던 제인은 그녀의 고용주 로체스터를 만나게 된다. 얼마 후, 그녀는 못생기고 오만한 주인에게 매료되었고 둘은 서서히 사랑에 빠졌다. 많은 시련을 거치면서 마침내 제인은 신분의 차이를 떨쳐버리고 로체스터와 약혼한다. 그러나 결혼식 당일, 불청객이 교회로 뛰어들어 이 결혼은 성사될 수 없다고 외쳤다. 왜냐하면 로체스터는 이미 15년 전에 한 여자와 결혼했으며 그 아내는 미쳐서 아직 집안에 갇혀있다는 것이었다. 그 사실을 모두 인정한 로체스터는 제인에게 용서를 구하며 자신들의 행복을 지키자고 매달렸다. 순간, 제인 에어는 실망과 고통의 구렁텅이로 빠져들었다. 그녀는 불합리한 세상을 증오하는 로체스터를 동정했지만 결국 깊은 슬픔을 안고 그의 곁을 떠났다.

손필드홀을 떠난 제인은 잉글랜드 중부를 떠돌며 일거리를 찾아다녔다. 그러나 일거리를 찾지 못하고 거리를 헤매이던 제인 에어는 세인트 존 리버스 목사에게 구출되고 그는 그녀에게 시골학교의 여교사 자리를 찾아준다. 그 사이 그녀는 멀리 있던 숙부의 유산을 상속받게 되었다. 제인은 그 유산을 리버스 남매와 함께 나누자고 고집했다. 그러던 차에 리버스는 그녀에게 청혼을 하지만 제인 에어는 멀리서 로체스터가 그녀의 이름을 부르는 듯한 느낌을 받고 결국 로체스터의 곁으로 돌아가기로 결심한다.

제인이 손필드홀로 돌아왔을 때 그곳은 이미 불에 타 폐허가 되어 있었다. 그녀는 로체스터의 아내가 이미 죽었으며 그 아내를 구하기 위해 불 속으로 뛰어들었던 로체스터가 두 눈을 실명했다는 소식을 듣게 되었다. 로체스터를 찾아간 제인은 그를 사랑하고 있음을 알리고 마침내 둘은 결혼한다. 2년 후 그들의 첫 아이가 태어나고 로체스터도 시력을 회복하게 된다.

독서 지도와 논술 지도

《제인 에어》는 19세기 유명한 여류 작가 샬럿 브론테의 대표작이다. 사람들은 일반적으로 《제인 에어》가 샬럿 브론테의 '시적인 생애'을 묘사한 것으로 자전적인 색채를 띠는 작품이라고 생각하고 있다. 샬럿은 영국 북부지역의 낙후한 산간지역에서 가난한 목사의 딸로 태어났다. 어려서 어머니를 여의었고 아버지가 6명의 자식을 부양했다. 그래서 딸들을 반구제성 기숙학교로 보냈는데 샬럿은 학교에 남아 교사로 3년을 일한 후에 외부로 가정교사 일을 나갔다. 그때의 경험이 《제인 에어》에서도 비슷하게 서술되어 있다. 그러나 그녀의 애정생활은 제인 에어와는 거리가 멀었다. 이 말은 19세기 영국 여류 작가들이 소재 선택에 있어서 어느 정도 한계가 있었다는 것을 반영한다. 그러나 다른 한편으로는 작가 본인의 예술적 창조력이 얼마나 대단했는지를 보여주는 대목이기도 하다.

이 현실주의 소설은 낭만주의의 색깔이 농후하다. 샬럿은 외모는 아름답지 않지만 불같은 열정과 불굴의 성격을 가진 여성의 이미지를 만들어냈다. 그녀는 가난하지만 용감하고 정직하며 평등을 쟁취하기 위해 싸울 줄 아는 강인한 성격을 길렀다. 자선 학교에서 그녀는 구타와 기아, 체벌에 절대 고개 숙이지 않았으며 눈물을 흘리지도 않았다. 가정교사로 일하는 동안에는 강인하고 오만하며 부유한 대지주 로체스터 앞에서도 결코 그녀는 주눅 들지 않았다. 그녀는 평소 로체스터의 기이한 행동과 세상에 대한 오만한 태도가 마음 깊은 곳에 자리한 고통과 분노 때문이라는 것을 알게 되었을 때 점차 호감을 사랑으로 발전시켜 나갔다. 그리고 그녀는 나이와 신분의 차이, 전통적인 관념

《제인 에어》에 나오는 손필드의 원형 : 하워스 Haworth 황무지에 있는 오래된 유적

《제인 에어》의 영화 포스터

관련링크 샬롯 브론테를 유명하게 만든 작품 《제인에어》는 일찍부터 많은 사람들에게 알려졌지만 그녀의 또 다른 작품 《빌레트》는 비평가들의 높은 평가를 받았음에도 불구하고 아는 사람이 별로 없다. 이 두 작품 모두 어느 정도 자서전적인 색채를 띠고 있지만 《빌레트》는 사상이나 예술적 수법에서 모두 성숙한 작품이었다. 이 책의 주인공 루씨 스노우는 의지할 곳 없는 고아로 나온다. 이야기는 그녀가 닥터 존과 폴라의 사랑의 갈등을 다루고 있다. 루씨는 감정의 위기를 통해 정신적으로 건강한 자아를 얻게 되었고 결국에는 삶의 도전을 받아들이면서 완벽한 사랑을 얻게 되었다. 그래서 《빌레트》는 문제상으로 여성성장소설이라고 볼 수 있다.

의 속박을 극복하고 진정한 사랑을 추구했다. 작가는 사회 하층의 새로운 여성을 소설의 주인공의 자리에서 앉혔으며 주인공에게 압박과 사회 편견에 반항하고 독립적인 인격과 존엄을 갈구하며 행복한 삶을 추구하기 위한 강인한 투쟁에 열렬한 찬가를 보냈다. 이 것은 당시 문학 작품에서는 보기 힘든 일이었다. 그리고 소설도 바로 제인 에어와 로체스터 사이의 사랑으로 당시 금전을 기초로 한

결혼과 애정관을 비판했으며 끝까지 그들 사이의 사랑을 사상과
재능, 품성, 정신상에서 완벽하게 그려냈다.

　예술적으로도 《제인 에어》는 사람을 감동시키는 '신데렐라' 식
인물의 투쟁사를 그려 승리를 거머쥐었다. 이 작품은 훌륭한 소설
이 갖춰야 할 소질, 시적인 정취와 아름다움, 격정, 생활의 지식을
다 가지고 있다. 이야기도 자연스럽게 전개되고 시종일관 변함 없
는 재미와 흥미 진진한 긴장감이 있으며 괴테식 소설의 영향까지
받아 신비한 분위기를 더해 독자들의 상상력을 충분히 만족시켜주
고 있다. 그 외에도 이 책의 소박하고 생동감 있는 언어와 풍경 묘
사도 지방색을 띠고 있어 신선하다.

폭풍의 언덕

에밀리 브론테 Emily Bronte WUTHERING HEIGHTS

작가 소개

《폭풍의 언덕》을 쓴 작가는 19세기 영국의 유명한 시인이자 소설가인 에밀리 브론테(1818~1848)이다. 그녀는 《제인에어》의 작가 샬럿 브론테(1816~1855), 《애그니스 그레이Agnes Gray》의 작가 앤 브론테(1820~1849)와 함께 브론테 세 자매로 불려지며 19세기 영국 문단에 새로운 기운을 불어넣었다. 가난한 목사의 딸로 태어난 에밀리는 어려서 열악한 환경의 기숙학교에서 공부를 했다. 그리고 언니 샬럿을 따라 벨기에로 가서 불어와 독어, 프랑스 문학을 공부하면서 스스로 학교를 설립하려는 뜻을 품게 되었다. 그러나 그 뜻을 이루지 못했다. 내성적이고 조용했던 에밀리는 어려서부터 유독 시를 좋아했다. 1846년 이들 세 자매는 가명으로 자비를 들여 시집을 출간했다. 《폭풍의 언덕》은 에밀리의 유일한 소설이다. 이 소설은 1847년 12월 《제인 에어》, 《애그니스 그레이》와 함께 발표되었지만 《제인 에어》만 성공했다. 《폭풍의 언덕》은 당시 독자들이 이해하기 힘든 작품이었으며 심지어 자신의 언니인 샬럿조차도 에밀리의 생각을 이해할 수 없었다. 《폭풍의 언덕》 이외에 에밀리는 193편의 시를 썼으며 후에 영국의 천재 여류작가로 꼽혔다. 1848년 이 천재 여류작가는 이 세상에서 30년밖에 살지 못하고 조용히 세상을 마감했다.

◎ 배경 소개

에밀리 브론테는 평생 고독했다. 어려서부터 내성적이었으며 과묵했고 스스로 남성이라고 생각하기도 했다. 이에 대해 샬럿도 "그녀는 남자보다 강인하고 어린 아이보다 순수하며 독특한 성격을 가졌다."라고 말했다. 소녀시절 에밀리는 자매들과 함께 집에 틀어박혀 이야기 '만들기'에 열중했으며 시를 쓸 때는 더 깊은 생각에 빠졌다. 자매들의 시집 중에서 에밀리의 작품을 보면 그녀는 보들레르Baudelaire와 에드가 앨런 포우Edgar Allan Poe처럼 악이라는 문제에 깊이 고민했으며 그녀의 순결하고 서정적인 스타일 속에는 항상 죽음의 그림자가 드리워져 있었다. 《폭풍의 언덕》을 집필할 때 그녀의 이런 고민과 불안은 극도로 치달았으며 그녀는 허구의 세계를 창조해 그것을 쏟아내야만 했다. 자기 마음을 갈갈이 찢어놓는

에밀리 브론테

고통을 소설 속 인물의 입을 빌어 토해내야 했다. 이 책이 무섭고 고통스러우며 강한 힘이 느껴지면서도 격정적인 사랑으로 가득 찬 작품이 될 수 있었던 것은 젊은 작가의 성격, 그리고 재능과 깊은 관련이 있다.

◎ 작품 감상

《폭풍의 언덕》 삽화 : 히스클리프를 처음 만나게 되는 록우드

잉글랜드 북부 험준한 지역에 세상과 거의 단절된 산장이 하나 있었다. 이 산장은 언제나 맹렬한 바람이 분다하여 '폭풍의 언덕' 이라고 불렸다. 어느 날 이 산장의 주인 안쇼는 히스클리프라는 한 고아를 데려와 자신의 아들 힌들리, 딸 캐서린과 함께 살게 했다. 사이좋게 지내던 히스클리프와 캐서린은 서로 사랑하게 되지만 힌들리는 처음부터 히스클리프를 적대시하며 학대했다. 안쇼가 죽은 후 산장의 주인이 된 힌들리는 히스클리프와 캐서린의 관계를 반대했으며 히스클리프를 계속 괴롭히고 모욕했다. 그 학대의 결과로 히스클리프는 힌들리에 대한 복수심이 극에 달해 갔지만 반대로 캐서린에 대한 사랑은 더욱 깊어갔다.

힌들리는 결혼 후에 헤어톤을 낳았지만 그는 자신의 아내조차도 심하게 대하였다. 우연한 기회에 스러시크로스 농장에 갔던 캐서린은 그 농장의 주인 린톤을 만나게 되고 린톤 집안의 부유한 생활을 보게 되었다. 겉으로 보기에 훌륭했던 부유한 집안의 아들 린톤은 캐서린의 미모에 반해 그녀에게 구혼을 했다. 그리고 순진했던 캐서린은 힌들리의 손아귀에서 벗어나기 위해 그의 구혼을 받아들였다. 캐서린은 린톤의 돈을 이용해 히스클리프를 오빠의 핍박으로부터 벗어나게 도와줄 생각이었다. 그러나 린톤의 구혼 소식에 너무

명언명구

● 나는 이 세상에서 가장 큰 고뇌 속에 있다. 그것은 바로 히스클리프의 고뇌이다. 그의 모든 고뇌를 나는 처음부터 느낄 수 있었고 온 몸으로 느낄 수 있었다. 다른 모든 것이 사라져 버린대도 내 삶의 가장 큰 그림은은 바로 그이다. 오직 그만 남아 있다면 나는 여전히 나일 것이다. 만약 모든 것이 그대로 남아 있고 오직 그만 사라져 버린다면 그것은 모든 우주가 하나의 거대한 낯선 사람으로 변한 것처럼 나는 그것의 일부분이 될 수 없을 것 같다.

● 에드가에 대한 나의 사랑은 숲 속의 나뭇잎과 같이 겨울에 나무들이 변할 때 시간은 잎으로 변할 수 있다. 히스클리프에 대한 나의 사랑은 나무 아래의 영원불변한 암석처럼 보기에는 당신에게 특별한 기쁨은 주지 못하지만 줄 수 있는 이 기쁨은 꼭 필요한 것이며 영원한 것이다.

나 슬퍼하던 히스클리프는 갑자기 실종된다. 캐서린은 그를 수차례 찾아다녔지만 찾지 못하고 얼마 뒤 에드가 린톤과 결혼했다.

3년 후, 히스클리프가 폭풍의 언덕으로 되돌아왔다. 부유한 신사가 되어 나타난 히스클리프의 마음 속에는 아직도 캐서린에 대한 열렬한 사랑과 힌들리에 대한 복수로 불타올랐다. 그가 고향으로 돌아온 목적은 바로 자신을 괴롭히고 자신이 사랑하는 사람을 **빼앗아**간 사람들에 대한 복수를 하기 위해서였다. 그는 힌들리를 핍박하고 스스로 자포자기하게 만들었다. 게다가 그를 도박장으로 꾀어내어 재산을 탕진하게 만들었다. 히스클리프는 그 기회를 놓치지 않고 그의 재산을 가로채고 그를 자신의 하인으로 전락시켰다. 그리고는 힌들리가 자신을 괴롭혔던 것처럼 그도 힌들리의 아들을 학대했다.

히스클리프는 스러시크로스 농장에 점점 자주 찾아왔다. 그는 복수를 위해 린톤의 여동생 이사벨라를 유혹해냈다. 그는 이사벨라를 폭풍의 언덕에 가두어 두고 괴롭히면서 마음속의 원한을 쏟아냈다. 히스클리프의 괴롭힘을 견딜 수 없었던 이사벨라는 캐서린의 죽음을 핑계로 집을 나갔고 아들 린톤이 12살이 되던 해에 세상을 떠났다. 캐서린이 죽은 지 반년도 안 되어 실의에 빠진 힌들리도 죽음을 맞이했다. 히스클리프는 린톤가의 재산을 빼앗기 위해 자신의 아들 린톤과 캐서린의 딸 캐시를 강제로 결혼시키려고 했다. 그러나 얼마 지나지 않아 린톤과 에드가 잇달아 죽고 말았다. 그때부터 히스클리프의 복수에 대한 생각이 점점 희미해져 갔다.

캐시와 헤어톤 사이에 순수한 사랑의 감정이 싹트자 히스클리프는 그 둘을 떼어놓으려고 했다. 그러나 결국 사랑이 원한을 이기고 히스클리프는 복수를 그만두었다. 눈보라가 몰아치는 밤, 히스클리프는 캐서린에 대한 마음을 품고는 세상을 떠났다. 그와 함께 폭풍의 언덕에서 벌어졌던 3대에 걸친 사랑과 복수도 끝이 난다.

관련링크 《제인 에어》에서 영국 작가 샬롯 브론테의 작품 《제인 에어》의 관련 소개를 볼 수 있다.

독서 지도와 논술 지도

영국문학사에서 에밀리 브론테의 《폭풍의 언덕》은 세상을 깜짝 놀라게 만든 작품이었으며 '가장 기이한 소설', '신비하고 헤아리기 힘든 이상한 책'이라고 생각되었다. 지금은 세상 사람들이 다 인정하는 작품이지만 1847년 소설이 출판되었을 당시에 이 작품에 대한 사람들의 반응은 냉담했다. 《폭풍의 언덕》에 나오는 음울한 배경과 그 속에서 벌어지는 이야기는 마치 병적인 삶을 묘사한 것 같았으며 이교도의 사상을 쓴 것 같았다. 이런 점에서 《폭풍의 언덕》의 주제와 내용은 빅토리아시대 소설의 주선율, 즉 '도덕적 교화를 위한 최상의 도구', '대중에게 기쁨을 가져다주는 것'과는 한참 벗어나는 것이었다. 사랑을 주제로 하는 동시대의 영국 소설과 비교했을 때 《폭풍의 언덕》은 당시 유행하던 감상적인 분위기를 강렬한 사랑과 미친 듯한 미움으로 대신했다. 그것은 사랑에 대한 열렬한 포옹이며 불평등에 대한 강렬한 보복이었다. 그 속에는 시시비비 없이 오직 피와 눈물, 암흑

폭풍의 언덕의 모델

과 복수만이 존재하였다. 이 소설의 제목이 예시하는 것처럼 그곳에서 벌어진 모든 것은 한차례 불어 닥친 눈보라였다.

《폭풍의 언덕》에서 히스클리프와 캐서린의 사랑은 깊은 인상을 심어준다. 그들은 한때 서로에게 충실한 동반자였지만 결국 복잡한 이유로 함께 있을 수 없게 되었다. 히스클리프와 캐서린 사이에는 어떤 알 수 없는 벽이 있었다. 캐서린은 신분의 차이를 이겨내지 못했고 둘 다 성격적으로 약점이 있었다. 비록 서로가 서로의 모든 것을 알고 모든 것을 이해했지만 결국 믿음이 없었기 때문에

에밀리 브론테의 초상

서로가 서로의 부담이 되었고 누구도 스스로를 벗어 나게 할 수 없었다. 캐서린이 허영과 진정한 사랑 사 이에서 고민하고 고통스러워할 때 히스클리프도 고 민하고 고통스러워했다. 히스클리프의 미움은 그녀 에 대한 사랑 만큼이나 뜨거웠다.

예술적인 면에서 《폭풍의 언덕》의 중요한 특징이 라면 작품의 구조이다. 여류 작가는 처음부터 있는 그대로 서술하는 방식을 버렸다. 그런데 19세기의 여 류 작가들은 샬럿의 《제인 에어》와 제인 오스틴의 《오만과 편견》처럼 대중들이 쉽게 받아들일 수 있는 전통적인 방법을 사용했다. 그러나 에밀리는 2대에 걸쳐 일어난 복잡한 이야기를 분명하게 전달하기 위 해 당시에는 찾아보기 힘든 '연극적 구조'를 이용했 다. 폭풍의 언덕에 찾아든 낯선 사람, 록우드씨의 눈

을 빌어 이야기 속으로 들어간다. 그때 주인공 캐서 린은 이미 죽고 없었고 히스클리프는 두 가족이 남긴 2세들에게 극 도로 포악하게 징벌하고 있었다. 이렇게 커다란 걱정거리를 만들 어서 독자들에게 사건의 전후를 찾아가도록 압박했으며 때로는 인 물의 운명에 관심을 기울이게 만들었다. 물론 당시 고전 소설에 익 숙해진 사람들에게 이런 서술 방식은 받아들이기가 힘들었으며 그

때문에 어떤 이들은 이 작품을 "여기저기서 긁어모아서 제대로 만들어지지 못한 작품이다."라고 질책했다. 이 말은 반대로 이 작품이 확실히 시대를 앞서갔다는 말이 된다.

뒤마 Alexandre Dumas fils LA DAME AUX CAMELIAS

작가 소개

프랑스 소설가이자 희극가인 소(小) 뒤마(1824~1895)는 《몽테 크리스토 백작》, 《삼총사》로 유명해진 대(大) 뒤마와 재봉사 사이에 태어난 사생아였다. 대 뒤마는 소 뒤마가 7살이 되어서야 그를 인정해 주었지만 끝내 소 뒤마의 어머니와 결혼하는 것은 거절했다. 이런 직접적인 정신적 타격은 그의 창작에도 영향을 주었다. 그는 평생 사회의 도덕문제 탐구를 자신의 창작 주제로 삼았다. 그는 한 때 이렇게 말했다. "어떤 대학이든 만약 완벽한 도덕과 이상, 유익을 목적으로 삼지 않는다면 그것은 모두 병리적이고 불완전한 대학이다." 이것은 그의 문학 창작 활동의 기본적인 방향이었으며 그 작품에도 관철되었다. 1848년 소설 《춘희》가 세상에 나오자 소 뒤마는 크게 유명해졌다. 1852년 소설을 개편한 동명희곡이 연출되자 엄청난 화제를 불러일으켰다. 그때부터 그는 희곡 창작에 주력했으며 평생 20여 편의 극본을 썼다. 그 중 유명한 작품으로는 《드미몽드 Le Demi-Monde》(1855), 《금전문제 La Question D'argent》(1857), 《사생아 Le Fils Natural》(1858), 《방탕한 아버지》(1859), 《오브레 부인의 생각》(1867), 《알퐁스 씨》(1873) 등이 있다. 이 중 대부분이 여성과 결혼, 가정문제를 소재로 하고 있으며 비교적 현실적으로 사회를 반영했다. 엄격한 구조와 유창한 언어, 서정적 분위기가 물씬 풍기는 그의 작품은 진실하고 자연스러웠다.

소 뒤마 상

◎ 배경 소개

역사적으로 유명한 기생의 이야기는 각국마다 다 있다. 프랑스에서는 단연 춘희가 최고로 꼽힌다. 춘희의 원래 이름은 알폰신느 플레시스였다. 12살에 기예(묘기와 춤)를 팔던 노인을 따라 유랑했던 그녀는 보통 소녀들보다 성숙해보였다. 그 후 파리로 온 그녀는 파리의 화류계의 분위기에 물들었다. 그녀는 어느 새 웃음을 팔아 프랑스 상류사회로 진출하였고 사교장에서 눈부신 스타가 되었다. 그때 그녀는 자신의 이름이 너무 촌스럽다고 생각하여 마리 뒤플레시스라고 고친 후 당시 파리 사교계의 최고 '여왕'이 되었다. 유난히 동백꽃을 좋아한 그녀는 외출할 때마다 반드시 동백꽃을 들고 다녔는데 꽃 색깔은 흰색일 때도 있고 붉은 색일 때도 있었다. 들리는 말로는 동백의 색깔은 손님을 암시하는 신호였다고 한다. 붉은 색이면 그 날은 손님을 받지 않으며 흰색이면 기꺼이 손님을 받는다는 뜻이었다. 그래서 동백나무 여자라는 뜻의 '춘희(椿姬)'라는 이름이 붙은 것이다.

(춘희) 표지

소 뒤마는 1844년 9월에 그녀를 알게 되었다. 두 사람은 서로의 기질에 매료되었다. 그러나 어쨌든 호강하며 자라 부잣집 자제 같은 면이 있었던 뒤마는 쉽게 말을 꺼내는 타입이 아니었다. 뒤마는 날로 부패하고 있는 파리에서 살고 있었고 마리 또한 속세에 젖은 여자였기 때문에 이 모든 것이 그들 사이의 감정을 상당히 복잡하게 만들었다. 1845년 8월 30일 깊은 밤, 뒤마는 마리 뒤플레시스에게 절교의 편지를 보냈다. 그 후 두 사람은 다시는 만나지 않았다. 1846년 10월 뒤마는 마리의 사망 소식을 듣게 되고 정 많은 작가는 큰 충격에 빠졌다. 마리가 세상을 떠난 지 4개월이 흐르고 그는 두문불출한 채 글을 쓰기 시작했다. 그리고 그는 한달도 안 되어 이 작품을 완성했으며 마리 서거 1주년에 공개하여 큰 화제를 불러일으켰다.

문학 키워드

대 뒤마와 소 뒤마의 구별
대 뒤마(아버지)와 구별하기 위해 이름 뒤에 fils(사생아)라는 단어를 덧붙여 구분하게 되었다.

◎ 작품 감상

1847년 3월 12일 작가는 우연한 기회에 유품 경매에 참여하게 되었다. 그 유물의 주인은 3주 전에 세상을 떠난 마가레트였다. 한때 빈곤한 시골 아가씨였던 그녀는 파리로 온 후 바닥까지 떨어졌다. 그러나 아름다운 외모를 가지고 있었던 그녀는 똑똑하기까지 해서 순식간에 파리 사교계 최고의 '여왕'이 되었다. 그녀가 항상 동백 꽃으로 장식을 하고 다녔기 때문에 사람들은 그녀를 '춘희'라고 불

관련링크 소설 《춘희》가 발표된 후 작가 뒤마가 원작을 기초로 희곡을 만든 것 외에도 이탈리아의 유명한 극작가 피아베(Piave)도 이 비극 소설을 3막짜리 가극 《춘희》로 재탄생 시켰다. 이 가극의 이름은 'La traviata'로, 타락한 여인이라는 뜻이며 사교계의 꽃이었던 여인의 비극적인 사랑이야기를 다루었다. 가극의 주인공 비올레타는 사교계의 꽃으로 알프레드의 구애 끝에 사랑에 빠진다. 그러나 이 사실을 안 알프레드의 아버지는 비올레타에게 알프레드를 떠나달라고 하고 결국 비올레타는 그와 헤어진다. 그러나 비올레타의 상황을 알지 못하는 알프레드는 화가난 마음에 연회에서 비올레타를 모욕하고는 외국으로 떠나버린다. 나중에야 모든 사실을 알게 된 알프레드는 옛 사랑을 다시 찾아왔다. 그러나 그때는 이미 비올레타가 병으로 죽은 뒤였고 이야기는 결국 비극으로 끝난다. 1853년 3월 베니스에서 첫 공연을 한 이 작품은 희곡사상 불후의 작품으로 꼽힌다.

렀다. 작가는 그녀의 유품들 속에서 알프레도 제르몽이라는 서명이 붙은 책을 발견했다. 알프레도는 자신이 마가레트에게 준 책이 작가의 손에 들어간 것을 알고 작가를 찾아왔다. 원래 이 청년은 마가레트를 보려고 알렉산드르에서 서둘러 온 것이었다. 그런데 그는 그녀의 마지막 모습도 제대로 못 봤으며 경매도 놓쳐버리고 말았다. 그리고 작가는 알프레도의 입을 통해 그와 마가레트의 사랑이야기를 듣게 되었다.

청년 알프레도는 가난한 청년이었지만 마가레트가 진정으로 사랑한 유일한 사람이었다. 그는 2년 전에 친구의 소개로 마가레트와 가까워졌지만 마가레트의 관심을 끌지는 못했다. 2년 후 다시 마가레트를 만났을 때 알프레도는 그녀에 대한 자신의 사랑이 줄어들기는커녕 오히려 커졌다는 것을 알았다. 한번은 마가레트가 폐병에 걸리자 마가레트를 쫓아다니던 알프레도는 그녀에게 진심 어린 관심을 보였다. 그리고 오랫동안 묻어두었던 연모의 정을 밝혔다. 그 모든 것이 마가레트를 깊이 감동시켰다. 그래서 처음으로 진정한 사랑을 느낀 마가레트는 알프레도와 함께 행복하게 살기로 결심했다.

그러나 좋은 때는 오래가지 않았다. 마가레트는 별별 핑계를 다 끌어들이어 싫어하는 손님들을 떼어냈다. 그러나 사치스런 생활에 젖어있던 그녀는 지출이 너무나 컸고 채무자들을 막을 수가 없었다. 그리고 알프레도 역시 계속해서 도박장을 드나들었고 돈을 빌려 그들의 행복한 생활을 유지했다. 얼마 지나지 않아 이 모든 것이 알프레도의 엄한 아버지에게 발각되고 그의 아버지는 서둘러 파리로 쫓아와서 그들의 관계를 막으려고 했다. 결국 그는 그들의 진정한 사랑에 감동하게 되었지만 그래도 그는 마가레트에게 자기 가정의 명예와 알프레도의 장래를 위해 알프레도를 떠나달라고 부탁했다. 상심한 마가레트는 조용히 떠나달라는 그의 요구를 들어주었

영화 《춘희》의 한 장면

다. 그리고는 그와의 관계를 단칼에 잘라버렸다. 알프레도는 그녀의 행동에 분노했고 그녀에게 복수하기로 결심했다. 그러나 그의 이런 모습에 마가레트는 정신적으로 엄청난 충격을 받게 되었다. 불행해진 마가레트는 사랑의 슬픔과 병이라는 이중 타격으로 한을 품은 채 이 세상을 떠나 버린다.

알프레도는 마침내 마가레트의 유품 속에서 진상을 알게 되었다. 그는 뼈저리게 후회했지만 이미 때늦은 후회였다.

독서 지도와 논술 지도

화류계 여자들의 사랑을 묘사한 많은 이야기들처럼 이 이야기도 특별히 새로운 것은 없다. 그러나 이 작품이 성공하게 된 것은 주인공 마가레트라는 인물에 있다. 아름답고 총명하며 선량한 그녀가 세상의 힘겨움에 무너지지만 그래도 그녀는 순결하고 고상한 마음을 끝까지 간직했다. 그녀는 희망과 열정으로 진정한 사랑을 갈구했으며 그런 희망이 깨진 후에도 다른 사람을 위해 기꺼이 자신을 희생했다. 이 모든 것이 사람들의 멸시를 받는 기녀의 이미지를 순결한 빛으로 발산하게 만들었다. 사람들이 '기녀'를 언급할 때 우선 떠오르는 것은 무슨 창녀가 아니라 아름답고 귀여우며 동정할만한 여성이라고 생각한다. 그래서 이야기가 비극이기는 하지만 가슴 아픈 느낌과 고귀한 사랑을 담고 있어서 책을 펼치기만 하면 마가레트의 마음의 소리를 들을 수 있고 마가레트의 아름다우면서도 쓸쓸한 모습을 볼 수 있을 것 같다.

OXFORD WORLD'S CLASSICS

ALEXANDRE DUMAS *FILS*
LA DAME AUX CAMÉLIAS

A new translation by David Coward

《춘희》의 영문판 표지

물론 이런 비극을 만드는 요소는 복잡하다. 크게는 사회적으로 파리의 화려하고 문란한 분위기가 그들에게 깊은 영향을 끼쳤다. 그리고 웃음을 팔아 살아가는 여자들은 귀족들의 눈에 기껏해야 놀잇감에 지나지 않았다. 그래서 하느님이 화류계의 여성에게 사랑을 싹틔우도록 허락을 했을 때 그 사랑이 처음에는 너그러운 용서 같았지만 나중에는 그녀에 대한 징벌로 변했다. 그래서 질투와 조소, 빈곤이 연이어 찾아왔다. 노련한 자본가 알프레도의 아버지가 등장했을 때 그는 잔혹한 현실을 이용하여 이상적인 사랑에 대한 갈망을 포기시킬 수밖에 없었다. 개인적인 측면에서 볼 때 마가레트나 알프레도나 둘 다 자기 자신이 극복할 수 없는 성격적 결함을 갖고 있었다. 이런 성격적 결함은 사랑이 비극으로 치닫는데 치명적인 역할을 했다. 그래서 이 책 속에는 사회가 사랑을 추구하는 여성을 어떻게 박해하는지를 폭로하는 이야기라고 볼 수 있지만 그 위에는 또 다른 중요한 철학이 있다. 그것은 아무리 서로 사랑하는 사람들이라 할지라도 본인의 원인으로 인해 돌이킬 수 없는 비극을 가져올 수도 있다는 것이다. 바로

예시 더듬

《춘희》는 문학사적으로 큰 영향을 끼친 작품으로 이 책에서도 언급된 적이 있던 《마농 레스코 Manon Lescaut》와 《카르멘 Carmen》, 《타이스 Thais》 등과 함께 비슷한 유형에 속한다. 유명한 토요일파(20세기 초반, 중국에서 애정소설을 전문으로 쓰던 작가들이 작품을 발표한 가장 오래된 간행물 바로 《토요일》이었다. 그래서 이들을 부를 때 '토요일파'라고 했다) 문인들은 이 작품을 '슬픈 사랑의 소설'이라고 불렀으며 이 작품은 통속 소설에도 많은 영향을 주었다. 유명한 작가 예링펑은 "소 뒤마는 《춘희》만으로도 프랑스 문학사의 한 페이지를 장식했으며 플레시스(춘희의 모델)까지도 불후의 인물로 만들었다."고 했다.

이 두 가지 타격으로 마가레트는 예술품처럼 부서져 버렸다.

《춘희》가 발표된 날부터 수많은 독자들은 감기에 전염되듯 이 책에 빠져 들었다. 한국에서도 《춘희》는 독자들에게 가장 익숙하면서도 가장 사랑받는 외국 문학 작품 중 하나이다.

엉클 톰스 캐빈

스토 Harriet Beecher Stowe

UNCLE TOM'S CABIN

작가 소개

미국의 여류작가 해리엇 비처 스토(1811~1896)는 코네티컷주에서 태어났다. 그녀의 아버지는 유명한 신학자 라이먼 비처였으며 칼빈교를 믿었기 때문에 스토도 어려서부터 그 영향을 많이 받았다. 그러나 젊은 시절 숙부 사뮤엘 포드의 영향으로 자유주의 신앙을 갖게 되었다. 스토는 월터 스콧의 낭만소설을 좋아했으며 이런 영향은 나중에 그녀의 작품에서 선명하게 반영되었다. 1832년 그녀는 가족을 따라 신시내티로 이주했고 여자학교에서 공부를 했다. 그곳에서 뉴잉글랜드의 생활에 대한 수필을 썼다. 1836년 그녀는 아버지가 있는 신학원의 C. E. 스토 교수와 결혼을 했다. 그 사이 켄터키주를 방문했던 스토는 그곳 노예들의 참담한 생활을 직접 눈으로 보게 되었고 이 경험은 나중에 소설의 소재로 쓰였다. 1850년 그녀는 남편을 따라 메인주로 이사했다. 그곳에서 그녀는 반노예제 논쟁에 큰 감동을 받았으며 여유시간을 이용해 《엉클 톰스 캐빈》(1852)을 썼다. 이 소설은 당시 엄청난 반향을 불러일으켰으며 일약 그녀를 유명인사로 만들었다. 보수 세력의 공격에 반박하기 위해 1853년 그녀는 《엉클 톰스 캐빈의 해설》을 내놓았다. 이 책에서 그녀는 법률과 법원의 사건, 신문과 개인 서신 등 대량의 자료를 인용하여 그녀의 소설에서 폭로한 사실들을 증명했다. 그녀의 다른 작품으로는 《드레드 Dred : A Tale of the Great Dismal Swamp》(1856), 《오스 아일랜드의 진주 The Pearl of Orr's Island》(1862), 《올드타운의 사람들 Oldtown Folks》(1869), 《연분홍빛 독재 Pink and White Tyranny》(1871) 그리고 종교시가 있는데 1867년 출판한 《종교시선》에 수록되었다. 그녀는 여권 보호를 위한 논문 《아내와 나 My Wife and I》(1871)도 썼으며 이 작품은 지금도 여권 운동가들에게 자주 인용되고 있다. 만년에 플로리다에 살았던 스토는 그곳의 편안한 삶을 묘사한 《종려잎》(1873)을 썼다.

◎ 배경 소개

《엉클 톰스 캐빈》은 미국의 남북전쟁이 발발하기 10년 전에 나온 소설이다. 그때 미국에는 노예제 폐지 운동이 한창 펼쳐지고 있었다. 작가와 그녀의 남편 칼빈 스토는 확실한 노예폐지주의자였다. 한때 남부를 방문한 적이 있던 그녀는 직접 그곳의 상황을 알게 되었다. 1850년 미국 국회는 '절충안(노예 소유주가 도망친 노예를 수배할 때 연방의 도움을 받을 수 있는 법령)'을 통과시켰고 이 법안은 흑인노예들의 비참한 운명을 더욱 가혹하게 만들었다. 스토는 문학을 통해 사람들에게 흑인노예의 비참한 상황을 알리기로 결심했다. 이 책

책 판매상이 만든 〈엉클 톰스 캐빈〉의 광고

이 1852년 처음 《네셔널 이러National Era》에 연재되었을 때 큰 반향을 일으키며 사람들의 엄청난 환영을 받았다. 단행본이 발행된 첫 해 미국 내에서만 100여 번 인쇄에 30여만 권이 팔려 나갔고 나중에 20여 종류의 언어로 번역되어 세계 각지에서도 출판되었다. 평론계에서는 이 소설이 민중에게 노예제 반대 정서를 불러일으키는 데 큰 역할을 했다고 보았으며 미국 남북전쟁의 원인 중 하나로 보고 있다. 링컨 대통령도 후에 스토를 접견한 자리에서 농담으로 그녀를 '책 한 권을 써서 전쟁을 빚어낸 여성'이라고 불렀다. 이것은 〈엉클 톰스 캐빈〉이 당시 얼마나 큰 영향을 끼쳤는지를 잘 말해주는 일화이다.

◎ 작품 감상

19세기 초, 켄터키 주 셸비의 농장에서 흑인노예들이 따뜻하고 마음씨가 좋은 주인 밑에서 평화롭고 행복하게 살고 있었다. 그러나 셸비 가족의 경영 실패로 막대한 재산이 날아가 버리고 말았다. 그리고 흑인 노예의 비참한 운명도 시작되었다. 부채 상환을 위해 셸비는 어쩔 수 없이 노예 두 명을 팔기로 결정했다. 팔기로 결정한 두 노예 중에 하나가 톰이었다. 톰은 어렸을 때는 주인을 보살폈고 성인이 된 후로는 노예들을 총괄하는 역할을 해왔다. 톰은 다른 노예들의 존경을 받았으며 주인의 신임도 얻고 있었다. 그리고 주인

명언명구

● 인간의 도리와 자선이라는 훌륭한 이론에 그런 독특함이 있을 줄이야, 셸비 선생 역시 노예값을 따라 웃지 않을 수 없었다. 여러분도 이 부분에서 아마도 웃었을 것이다. 이 세상에는 인간의 도리와 자선에 대한 이론이 아주 많지만 자신가들의 괴이한 논리는 더 많다.

● 인간의 본성은 악한 것이므로 폭리를 피할 수도 있다. 의지할 곳 없는 사람의 이익을 희생하는 것밖에 다른 도리가 없을 때 인간은 나약한 본성 때문에 심장이 생겼다.

● 그것은 노예제에 대한 하느님의 저주이다. 그것은 극악무도하고 가장 저주받아야 될 것이다. 그것은 한 주인과 노예에 대한 저주이다! 그래도 나는 어리석게도 그 제도 속에서 아름다운 것을 발견할 수 있을 거라고 생각했다. 법이 노예제를 보호하는 것은 최악이다.

● "친구들이여 나는 그의 무덤 앞에서 하느님께 약속했다. 나는 다시는 집안에 흑인 노예를 두지 않을 것이며 노예들이 자유를 찾을 수 있도록 노력할 것이다. 가족을 떠나 홀로 타지에 가서 톰처럼 객사하는 사람이 없도록 할 생각이다. 여러분이 환호할 때는 그 모든 것이 선량했던 톰의 마음 덕분이라는 사실을 잊지 말아야 한다. 그의 깊은 우정에 보답하기 위해 그의 아내를 돌봐주길 바란다. 여러분이 엉클 톰의 집을 볼 때는 그것을 하나의 기념비로 생각하고 그의 믿음과 충실함 그리고 독실한 기독교 정신을 기억해야 한다. 그의 정신이 여러분을 그의 길로 인도하길 바란다.

의 아들도 그를 무척이나 따랐기 때문에 그를 톰 아저씨라고 불렀다. 팔기로 결정된 또 다른 노예는 혼혈 노예 일라이저의 아들 해리였다. 주인이 톰과 자신의 아들 해리를 팔기로 했다는 소식을 우연히 알게 된 일라이저는 그 소식을 톰 부부에게 알리고 자신은 한밤중에 아들을 데리고 도망쳤다.

노예상의 추격을 받던 일라이저는 생명의 위험을 무릅쓰고 유빙이 가득한 오하이오 강에 뛰어들었다. 다행히 마음씨 좋은 사람들의 도움으로 도망친 흑인 노예들을 보호해주는 마을로 피신했다. 얼마 후 그녀의 남편 조지 해리스도 기회를 엿보다 도망쳐 나와 일라이저 모자와 상봉했다. 아이를 데리고 온갖 고난을 겪던 그들은 마침내 노예제 폐지파들의 도움으로 자유로운 캐나다에 성공적으로 도착했다.

한편 톰에게는 다른 불행이 찾아왔다. 톰은 자신을 팔아 부채를 갚으려는 주인을 원망하지도 않았으며 도망치지도 않았다. 그저 주인의 뜻대로 뉴올리언스로 팔려가 노예상인 해리의 노예가 되었다. 팔려가던 도중 톰은 물에 빠진 한 노예주인의 딸 에바를 구해주었고 아이의 아버지 세인트 클레어는 감사의 뜻에서 해리로부터 톰을 샀다. 에바는 톰을 도와 편지를 써줬다. 편지에서 톰은 여전

히 옛 주인이 그를 되사갈 것을 믿고 있다는 희망을 담았다. 그러나 얼마 후 에바가 갑자기 죽게 됐다. 에바는 죽기 전에 아버지에게 톰을 해방시켜 달라고 간청하고 세인트클레어는 딸의 뜻에 따라 톰과 다른 노예들을 풀어주었다. 그러나 세인트클레어는 노예해방을 위한 법적 수속을 다 마치기도 전에 누군가에게 살해당한다. 냉혹한 세인트클레어부인은 톰과 다른 노예들을 해

방시켜주기는커녕 그
들을 노예경매시장에
보내버렸다. 그때부터
톰은 극악무도한 농장
주 레글리의 손에 들어
가게 되었다. 레글리의
농장에 있는 노예들은
모두 다 수년 동안 엄
청난 일을 해오고 있었
으며 인간 이하의 삶을
살고 있었다. 레글리는
흑인 노예들을 '말할

〈엉클 톰스 캐빈〉 중의 한 장면

수 있는 가축'이라고 여겼으며 마음대로 채찍질하고 형벌도 가했
다. 톰은 이런 비인간적인 대우를 견뎌내면서도 다른 노예들을 열
심히 도와주었다. 어느 날 그 농장의 두 명의 여자 노예가 밤에 몰
래 도망을 쳤고 레글리는 그들이 숨어있는 곳을 톰이 알고 있을 것
이라고 단정하고 톰을 묶어 고문했다. 그러나 톰은 끝내 아무 말도
하지 않았다.

　톰의 목숨이 거의 끊어질 무렵에 그의 옛 주인 셀비의 아들 조지
셀비가 톰을 다시 사러왔다. 그러나 과거의 주인이 내민 구원의 손
길이 닿기도 전에 톰은 이미 만신창이가 되어 세상을 떠나고 말았
다. 그래도 죽기 직전 조지를 본 톰은 깊은 위로를 받았다. 조지는
레글리를 힘껏 때려주고는 슬픈 마음으로 톰을 묻어주었다. 그는

역사 더듬

《엉클 톰스 캐빈》은 사회에 커다란 영향을 끼친 작품이다. 특히 미국의 노예제 폐지와 남북 전쟁 중 링컨을 대표로하는 정의파의 승리에 큰 도
움을 주었다. 문학 작품으로서 이 책이 출판되었을 때 사람들은 '세상에서 가장 감동적인 사건'이라고 했다. 그래서 링컨대통령이 작가를 두고
"한 권의 책을 써서 큰 전쟁을 냈다."고까지 말할 정도였으며 미국의 유명한 시인 H. W. 롱펠로는 이 책을 '문학사상 가장 위대한 승리'라고
극찬했다.

악독한 노예제를 없앨 것을 맹세하고 고향 켄터키로 돌아간 후 톰 아저씨의 이름으로 집안의 모든 노예들을 해방시켰다. 그리고 그들에게 그들의 자유를 찾아준 것은 톰 아저씨라는 것을 잊지 말라고 당부한다. "너희들이 톰 아저씨의 오두막을 볼 때마다 너희들의 자유를 생각해라."

독서 지도와 논술 지도

보통 19세기의 소설처럼 이 작품의 시작도 가족에서 출발한다. 그런데 이 흑인 가족들은 두 부류로 나뉘어진다. 한 부류는 자유로운 북쪽으로 도망치고 한 부류는 포악한 학대가 일어나고 있는 남부로 가게 되었다. 이후의 이야기는 이 두 부류의 개인적인 모험 그리고 고통과 위험 속에서 그들이 겪게 되는 경험을 각각 이야기하고 있다. 이들 흑인 노예들은 각자로 흩어져 있지만 그들의 운명은 대개 비극으로 끝난다. 전체 45장 속에 북쪽 캐나다로 도망친 조지 해리스와 일라이저의 이야기는 10장을 차지한다. 그리고 루이지애나 주의 뉴올리언스로 팔려간 톰 아저씨의 이야기가 27장을 차지한다. 분량으로 보아도 이 이야기의 초점은 톰 아저씨의 고난과 사랑에 맞추고 있는데, 그의 불행한 결말은 많은 흑인 노예들의 비참한 운명을 대표한다.

이 소설의 예술적 성과는 톰과 일라이저라는 인물의 이미지에 집중적으로 표현되어 있다. 톰의 비극성은 그의 복잡하고 모순적인 성격에서 기인한다. 그는 충성스럽고 근면하며 정의감이 넘치지만 노예주가 주입한 기독교 정신을 고스란히 받아들여 외부의 압력에 순응하는 전형적인 인물이었다. 그리고 반항하고 투쟁하는 부부로 나오는 일라이저와 그녀의 남편 조지는 결국 새로운 삶을 얻게 되었다. 이런 극명한 인물의 대비를 통해 이 책의 현실주의적

인 성격을 알 수 있다. 그러나 그것은 단순한 정치 선전물이 아니
며 미국 남부사회의 객관적인 묘사와 각종 노예주의 세밀한 묘사
는 이 작품의 저자가 현실과 삶을 얼마나 깊이 인식하고 있는지를
잘 나타내 준다.

《엉클 톰스 캐빈》은 생동감 있고 사실적인 묘사와 격양된 정치적
열정으로 많은 독자들의 열렬한 칭찬을 이끌어 내어, 미국에서 분
명한 민주성향을 드러낸 최초의 현실주의 작품이 되었다. 또한 미
국 문학사와 세계문학사에서도 중요한 자리를 차지하고 있다.

풀잎

작가 소개

미국 시인 휘트먼(1819~1892)은 미국 롱아일랜드의 한 해변 마을에서 태어났다. 부친은 토지가 없는 농민이었다. 휘트먼이 5살 때 전 가족이 브루클린으로 이주했다. 가정형편이 어려워 워트먼은 학교를 몇 년 밖에 못 다녔고 11살에 그만 두어야 했다. 휘트먼은 막노동꾼부터 도제, 인쇄공, 시골학교 교사 일까지 했었다. 이런 삶의 경험을 통해 그는 다양한 사람들과 접촉하고 대자연과 만나게 되었으며 이것이 후에 그의 시 창작에 큰 영향을 주었다.

1839년부터 글을 쓰기 시작한 휘트먼은 단편 시를 쓰면서 그 지역의 정치 활동에도 참여했다. 1842년 그는 뉴욕에서 저널리스트로 일했다. 1846년 초 그는 다시 브루클린의 《데일리 이글》의 편집을 맡게 되지만 이 잡지사에서 노예제 반대 글을 썼다는 이유로 1848년 1월 해고당했다. 그 후 《프리먼》의 편집인을 맡지만 정치적인 소견이 달라 1850년 신문계를 떠났다. 50년대 이후 휘트먼은 시 창작에 매진했고 직접 노예제를 반대하는 남북전쟁에 참가하기도 했다. 내전 시기 고난이 심했던 휘트먼은 1873년 중풍으로 반신불수가 되었고 침상에서 거의 20여년을 보냈다. 1892년 3월 26일 휘트먼은 캠든에서 사망했다.

휘트먼의 시는 기본적으로 끊임없이 재판된 《풀잎》에 집중되어 있다. 첫 번째 《풀잎》은 1855년 뉴욕에서 출판되었는데 당시에는 94쪽에 12수의 시 밖에 없었다. 1882년 재판을 출간했을 때는 372수로 늘었고 마지막 9번째 재판에서는 총 383수의 시를 수록했는데, 그중 가장 긴 시 《자유의 노래》는 총 1336행에 달한다. 이 시는 작가 필생의 사상을 담은 것으로 작가에게 가장 중요한 시였다. 《풀잎》에 나오는 많은 시가 독자들에게 익숙한 이유는 작가가 시를 이용해 당시의 미국 역사를 기록했기 때문이다. 예를 들어 1861년 미국 남북전쟁이 발발했을 때 그는 전쟁의 실상을 기록한 《북소리 Drum-Taps》를 썼으며 링컨 대통령이 총에 맞은 후에 미국인들의 슬픔을 침통하게 표현한 시를 썼다.

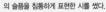

◎ 배경 소개

1855년 휘트먼은 이름 없는 시인이었다. 당시 출판사에서는 그의 시집을 거절했으며 서점에서도 그의 시를 팔고 싶어하지 않았다. 할 수 없이 휘트먼은 자신이 직접 조판하고 자신이 직접 서평을 달아 골상학이나 수치요법 등의 책을 파는 서점에 가져다가 팔았다. 시집의 이름이 '풀잎' 인 이유는 시집에 나오는 이런 싯구 '어디에 흙이 있으며 어디에 물이 있으며 어디에 풀이 자라고 있나.' 때문이었다. 시집이 출판된 후

휘트먼 상

에 작가는 자신의 시집을 당시 유명 작가들에게 보냈지만 그의 호의에 진정으로 감사한 사람은 몇몇 안됐다. 오히려 시집의 참신한 내용과 기이한 형식은 당시 혹평을 받았다. 보수적인 인사들은 작가에 대한 힐책과 비난을 퍼부었고 이 시집을 두고 '과장되고 과대망상에 비속하고 무료한 잡탕'이라고 평하는가 하면 '그에게 채찍을 때리는 것 외에는 더 좋은 방법이 생각나지 않는다.' 할 정도로 작가를 미친 사람으로 보는 경우도 있었다. 영국에서는 "작가의 시 창작 활동이 전통 시가의 예술을 위반했다. 휘트먼은 예술을 이해하지 못하고 짐승처럼 수학을 이해하지 못한다."고 했다. 심지어 당시 문단의 대가 휘티어는 이 시집을 볼 가치도 없다며 벽난로로 던졌다고 한다. 그러나 당시 유명한 작가 에머슨은 그의 재능을 알아보고 격려의 편지를 저자에게 보냈다. "나는 재치와 지혜가 넘치는 《풀잎》의 가치를 알아보았습니다. 이 작품은 지금까지 미국에 큰 공헌한 작품 중에서도 가장 대단한 작품으로 지혜의 정수입니다.... 바로 우리가 원하는 것입니다. 나는 당신의 자유와 용감한 사상에 기쁨을 표하는 바입니다. 이 시로 인해 나는 무척 기쁩니다." 이는 미국 문단이 보낸 찬사였다. 휘트먼이 세상을 떠난 후 출판업자들은 앞 다투어 그의 시집을 출판하기 시작했고 이 시집은 미국 현대 시단에 중요한 영향을 미친 작품이 되었다.

명언명구

● 언제나 돌아오는 봄은 내게 세 가지 것을 가져다준다./해마다 피는 라일락 꽃과 서쪽 하늘로 떨어지는 별과/그리고 내가 사랑하는 그 사람의 기억을.((그때 라일락이 피었을 때))

● 자유가 제자리를 또는 경우에라도 그것을 첫 번째나/두 번째 혹은 세 번째로 떠나지 않는다/ 다른 모든 것이 뜨길 기다려 자유는 마지막에 떠난다.((좌절한 유럽의 혁명가에게))

◎ 작품 감상

《풀잎》은 그 소재가 광범위하고 내용 또한 풍부하다. 그 안에는 미국 자유민주주의의 찬송과 농노제도의 비판이 들어있으며 또한 미

명사 평론

휘트먼은 미국 역사상 가장 걸출한 민족 시인이라는 평가를 받았다. 미국의 저명한 연설가 로버트 잉거솔(Robert Ingersoll)은 그의 무덤 앞에서 이 시인에 대한 대다수 미국인들의 존경과 사랑을 전달했다. "그는 살았지만 이제 죽었다. 죽음은 예전만큼 그렇게 두렵지 않을 것이다. 그가 했던 용감한 말들이 호각처럼 죽어가는 이들에게 울려 퍼진다. 그가 살았을 때 나는 그를 사랑했고 그가 안식을 취한 후에도 나는 여전히 그를 사랑한다."

국의 아름다운 강산과 평범한 사람들의 열정을 찬미하고 있다. 전체적으로 볼 때 《풀잎》은 휘트먼 시대의 '미국정신'을 표현한 것으로, 휘트먼은 시를 통해 미국역사를 기록했다. 다음은 휘트먼의 시스타일과 예술적 매력을 이해할 수 있는 몇 수를 간단히 소개한다.

아메리카의 노랫소리

아메리카의 노랫소리가 들린다, 형형색색의 노래가 들린다,

목청껏 신나게 제 노래를 부르는 직공들의 송가,

널빤지나 들보를 재면서 목수가 제 노래를 부르는 것이,

일 시작하거나 마치면서 석수가 제 노래를 부르는 것이,

사공이 뱃속에서 제 세계를 노래하는 것이, 수부(뱃사람)가 기선 갑판 위에서 노래하는 것이,

제화공이 벤치에 앉아서 노래하는 것이, 모자를 만드는 이가 선 채로 노래하는 것이,

벌채꾼의 노래, 밭가는 아이가 아침나절 점심 때 혹은 해질녘에 길에서 부르는 노래,

어머니의, 일하는 젊은 아내의, 혹은 바느질이나 빨래하는 처녀의 달콤한 노래,

제가끔 자기만의 노래를 하는 것이 들린다.

낮이 낮의 노래를—밤에는 건장하고 정다운 젊은이의 무리가,

입을 크게 벌리고 힘차고 아름다운 그들의 노래를 부르는 것이.

인내심 있는 거미 한 마리

인내심 있는 조용한 거미 한 마리,

조그만 돌출구에 홀로 서 있는 것을 나는 보았다.

그가 어떻게 삭막한 주변을 정복해 가는가를,

거미는 작은 자신의 몸에서 가는 실, 가는 실, 가는 실을 계속 뽑아내고,

쉴 새 없이 뽑아내며 지칠 줄 모르고 속도를 더 해 가는 것을.

그리고 너— 나의 영혼이여, 네가 서 있는 곳은,

한량없는 공간의 대양에 둘러싸여 고립되어 있는 곳,

쉬지 않고 생각하며, 탐험하며, 실을 던지며, 연결할 구체를 너는 찾고,

다리가 놓이고 부드러운 닻이 내려질 때까지,

내던진 너의 가느다란 실이, 어디엔가 걸릴 때까지. 나의 영혼이여!

오, 선장, 나의 선장이여!

오, 선장, 나의 선장이여! 무서운 항해는 끝났다.

배는 온갖 난관을 뚫고, 찾던 불치도 획득하였다.

항구는 가깝고 종소리와 사람들의 환성이 들린다.

바라보면 우람한 용골돌기, 엄숙하고 웅장한 배.

그러나, 심장이여! 심장이여! 심장이여!

오 뚝뚝 떨어지는 붉은 핏방울,

갑판 위에 누워 있는 나의 선장,

이미 쓰러져 죽은 그는 싸늘하다.

오, 선장, 나의 선장이여! 일어나 종소리 들으시오,

일어나라—깃발은 당신 위해 펄럭이고—나팔은 당신 위해 울리고 있다.

당신을 위해 해안에 모여든 무리여—꽃다발과 리본으로 장식한 화환도 당
신을 위함이요.

당신을 부르며, 동요하는 무리의 진지한 얼굴과 얼굴.

자, 선장이여! 사랑하는 아버지여!

내 팔을 당신의 머리 아래 놓으시오.

이것은 갑판 위의 꿈이리라,

이미 쓰러져 죽은 당신은 싸늘하다.

우리의 선장은 대답이 없고, 그 입술은 창백하여 닫힌 채 움직이지 않는다.

우리 아버지는 내 팔을 느끼지 못하고, 맥박도 뛰지 않고 생명도 없다.

배는 안전하게 단단히 닻을 내렸고, 항해는 끝났다.

무서운 항해에서 돌아온 승리의 배는 쟁취한 전리품을 싣고 돌아온다.

환희하라, 오, 해안이여! 울려라, 오, 종소리여!

그러나 나는 슬픔에 겨운 발걸음으로

싸늘하게 죽어 쓰러져 있는

우리 선장이 잠든 갑판을 밟는다.

📖 독서 지도와 논술 지도

《풀잎》은 19세기 미국 작가 휘트먼의 낭만주의 시로서, 총 300여
수의 시를 담고 있다. 시집의 이름을 '풀잎' 이라고 한 이유는 풀잎
이야말로 가장 보편적이고 가장 생명력이 있는 것이어서 이것이
당시 발전을 거듭하고 있던 미국을 상징한다고 보았기 때문이다.
그리고 작가가 이러한 이름을 선택한 것은 풀잎 자체에 대한 비유
의 뜻도 있다.

　《풀잎》은 이상적인 색채가 진하다. 휘트먼은 상승기에 있던 미국
에 광명의 희망을 주었다. 그래서 그는 앞으로 미국이 노예제가 없
는 '민주의 대지', '우애의 성지'로 대통령과 시장처럼 '임금을 받
는 고용인' 만 있는 곳이 될 것이라고 생각했다. 민주와 자유를 향한
염원 때문에 그는 1848년 유럽인의 혁명에 호응하면서 극악무도한
노예제도를 격렬히 반대했고 진보적인 이상의 실현을 위해 투쟁하

링컨 저격 사건
1865년 4월 14일 저녁, 링컨은 그의 부인과 함께 워싱턴의 극장에서 《우리의 미국 형제 Our American Cousin》을 관람하던 중, 존 부스라는 비극배우에 의해서 저격당했다. 이 위대한 대통령이 죽은 후에 휘트먼은 《오, 선장! 나의 선장》을 지어 링컨대통령에 대한 미국인들의 슬픔과 애도를 표현했다.

는 사람들을 칭송했다. 그리고 이런 사건들을 묘사한 《풀잎》은 사람들에게 가장 많이 회자되는 걸작이다. 예를 들어 그의 유명한 시 《오, 선장! 나의 선장이여》는 노예제 폐지를 위해 노력하다 총을 맞은 영웅, 미국의 링컨 대통령을 기념하기 위해 만든 것이다.

《풀잎》속에는 대자연에 대한, 자아에 대한 범신주의의 칭송이 미국식 '신인(新人)'의 이미지로 나타난다. 그래서 시 속에서 '나'는 보통의 '자아' 혹은 '소아(小我)'가 아니라 국민이며 '대아(大我)'이다. 작가는 시 속에서 대자연에 대해 열렬히 노래했는데 실제로도 의기양양한 미국인들을 노래하면서 그들이 대자연을 바꾸고 신대륙을 개척하며 신대륙의 장엄한 삶을 건설해 나가는 것을 노래했다. 그래서 시인의 펜 아래 미국의 장엄한 산과 강은 사람들에게 끓어오르는 격정을 느끼게 해주며 영원토록 사람들에게 매혹하는

관련링크 휘트먼의 시풍은 미국
시 발전과 미국 현대주의 문학 형성
에 큰 영향을 주었다. 미국 현대시는
주로 두 종류로 나뉘다. 하나는 엘리
엇을 대표로 하는 고전파인데 이들
시인들은 현학시를 추앙하며 작가로
서의 가장 근본적인 임무는 인류의
과거와 대화하는 것이라고 보았다. 다
른 하나는 휘트먼을 대표로 하는 신
시파이다. 엘리엇의 대표작 《황무지》
는 미국 시의 발전사에서 매우 중요
한 위치에 있다. 이 장시 속에서 작가
는 정신과 문화의 위기 속에 처한 현
대 사회와 현대사회 속에서 찾아낸
산산 조각난 경험, 상대적으로 안정된
문화유산의 충돌을 묘사했다. 그런 의
미에서 《황무지》는 정신적인 낙원을
찾는 시이며 그 속에 나타난 현대주
의 시가의 창작 기술의 참신함은 엘
리엇을 유명하게 만들었다.

향기를 발산한다.

《풀잎》은 미국 시가사상, 그리고 문학사상에서 매우 중요한 위치에 있다. 이 작품은 세계적으로 이름난 가작이며 미국 민족 시가의 새로운 시대를 열었다. 그리고 전 영미시에 있어서도 그의 영향력은 가히 '혁명'이라고 할 정도이다. 헨리, 워즈워드, 롱펠로 등의 시인들의 시가 내용에서부터 형식까지 유럽 전통을 따라가기만 했을 때 작가는 시가 형식에 있어서 대담하게 새로움을 추구했고 '자유체'의 형식을 만들었다. 그리고 전통적인 시 격률을 타파하고 단구법을 음률에 기초하여 리듬을 자유롭게 했다. 움직임이 자유롭기 때문에 거침없는 기세와 풍부한 내용을 갖게 된 것이다. 때문에 그를 시작으로 미국의 시는 비로소 진정한 표현력을 갖게 되었다고 말할 수 있다. 나중에 앨런 긴스버그Allen Ginsberg와 같은 미국시인이 휘트먼을 창작의 지도자라고 한 것도 일리 있는 말이다.

악의 꽃

보들레르 Charles Baudelaire　　LES FLEURS DU MAL

작가 소개

샤를 피에르 보들레르(1821~1867)는 프랑스의 유명한 시인이며 현대파 시의 선구자이고 상징주의 문학의 원조이다. 프랑스 대혁명의 혼란을 거친 후 미술에 깊은 애착을 갖게 된 조제프 프랑수아 보들레르의 아들로 태어났다. 그는 6살에 아버지를 여의었고 어머니는 재가했다. 의붓아버지 오픽 Jack Aupick 소령은 대령으로 승진했으나 제 2제정 시기 프랑스 주 스페인대사로 임명되기도 했다. 그는 보들레르의 시적 기질과 복잡한 심정을 이해하지 못했고 보들레르도 의붓아버지의 독선적인 행동과 고압적인 방법을 받아들일 수 없었다. 그래서 의붓아버지는 보들레르가 가장 증오하는 사람이었다. 이런 비정상적인 가족관계는 시인의 정신상태와 창작에 영향을 줄 수밖에 없었다. 보들레르는 한때 파리의 루이 르 그랑 Louis le Grand에서 공부를 했는데 성적은 우수했지만 학교 규율을 지키지 않아 퇴학을 당했다. 그때부터 고독에 빠진 그는 고난 속에서 글을 썼지만 발표한 것은 많지 않다. 1848년 혁명 중에 무장의기에 참여했지만 혁명은 실패했고 그는 혁명의 회오리에 끼어들었던 자신의 행동에 부정적인 결론을 내렸다.

1841년 시를 쓰기 시작한 보들레르는 초기 미국시인 에드가 앨런 포우의 영향을 받았다. 1857년 대작 《악의 꽃》을 발표했다. 이 책이 출판되자 여론이 들끓었다. 보들레르도 단번에 유명인사가 되었다. 시집 《악의 꽃》 외에도 보들레르는 독특한 산문시집 《파리의 우울》(1869), 《인공 낙원》(1860)을 발표했다. 그의 문학과 예술평론집 《심미 섭렵》(1868)과 《낭만파 예술》은 프랑스 문예평론사에서 중요한 위치를 차지하고 있다. 그 밖에도 보들레르는 미국 시인 에드가 앨런 포우의 작품을 번역하는데 주력했으며 《이상한 이야기 Histoires Extraordinaires》와 《신 이상한 이야기 Nouvelles Histoires Extraordinaires》 등을 번역했다.

◎ 배경 소개

1857년 6월 25일, 오랜 노력 끝에 드디어 《악의 꽃》이 파리 서점에 등장했다. 이 작품은 벼락처럼 프랑스 시단을 순식간에 뒤흔들었고 격정적인 논쟁을 불러 일으켰다. 작가 보들레르는 이 책으로 인해 이름이 알려지게 되었지만 이 시집 때문에 '악의 이름'이라고 알려졌다. 당시 평론계에서는 이 시집을 두고 맹렬한 비판을 가했다. 그들의 눈에는 작가 보들레르가 '악마 시인'으로 보였다. 여론

보들레르 상

보들레르 시집 《악의 꽃》 속표지

의 압력으로 프랑스제국 법정이 끼어들게 되었는데 보들레르는 '미풍양속을 해치고', '종교를 모독했다'는 죄명으로 기소 당했다. 결국 보들레르는 벌금형을 받았고 《악의 꽃》은 6편의 시를 삭제하는 판결을 받았다. 그 후 이 시집과 관련한 평론이 잇달아 나오면서 상당 기간동안 찬반양론으로 시끄러웠다. 비방 속에도 칭찬이 있고 칭찬 속에도 비방이 있어서 평가가 모호했다. 그래서 프랑스 문학사에서 보들레르의 위치는 확정적이지 않았다. 그러나 이 시집에 대한 독자들의 관심은 식지 않아서 1978년 11월 1일 프랑스 《렉스프레스》(제 1426기)에서 '프랑스는 독서 중'이라는 조사를 발표했는데 46%의 독자들이 보들레르의 작품을 좋아했다. 매년 이런 조사가 발표되고 있는데 그때마다 보들레르와 그의 작품 《악의 꽃》은 항상 앞자리를 차지하고 있다.

◎ *작품 감상*

1857년 《악의 꽃》이 처음 출판되었을 때는 백 여 수의 시와 한편의 《독자에게》라는 시가 들어가 있었다. 시는 5부분으로 나뉘어져 있다. 1부는 《우울과 이상》으로 총 77수였고, 2부의 제목은 《악의 꽃》으로 총 12수, 3부는 《반항》으로 3수, 4부는 《술》로 5수의 시가 수록되어 있다. 그리고 마지막은 《죽음》으로 3수만 있다. 1861년 출판되었을 때 법원의 판결로 6수의 금시를 빼고 다시 35수를 보충하여 여섯 부분 《우울과 이상》, 《파리 풍경》, 《술》, 《악의 꽃》, 《반항》, 《죽음》으로 만들었다. 작가가 이렇게 만든 이유는 이 작품이 그 자체로 시리즈처럼 서로 긴밀하게 연결되어 있어서 논리적으로 일정한 순서를 이루었기 때문이었다. 그 중에서 1부 《우울과 이상》은 주로 시인 내면의 우울한 상태를 서술했는데 우울함을 벗어버리기 위해 시인은 현실세계로 나아갔다. 그러나 《파리 풍경》은 시인에게 무한한 실망을 안겨주었고 그래서 그는 《술》에 빠지게 되었다. 술도 시인의 고통을 해결해 줄 수 없게 되자 시인은 퇴폐한 《악의 꽃》으로 들어가 자신을 놓아버렸다. 그는 《반항》을 하지만 결국 《죽음》에 이른다. 이것이 시인의 운명이었다.

아래에는 대표적인 작품을 몇 수 골랐다.

상응

자연은 하나의 우주이니 거기서 사는 기둥들은,
때때로 모호한 말을 새어 보내니.
사람은 상징의 숲을 가로지르고
숲은 친밀한 눈으로 행인을 지켜본다.

어둠처럼 광명처럼 광활하여
컴컴하고도 깊은 통일 속에
멀리서 혼합되는 긴 메아리들처럼
향과 색과 음향이 서로 응답한다.

어린이 살처럼 싱싱한 향기, 목적(목동의 피리)처럼
아늑한 소리, 목장처럼 비취색의 푸르름,
-그 밖에도 썩은 풍성하고 기승한 만물,
정신과 육감의 양양을 노래하는
-용연향, 사향, 안식향, 훈향처럼
무한한 것의 확산력 지닌 향기도 있다.

명언명구

● 어리석은, 과오, 죄악, 탐욕이 /우리 정신을 차지하고 육신을 괴롭히며,/또한 거지들이 몸에 이·벼룩을 기르듯이/우리의 알뜰한 회한을 키우도다.《독자에게》

● 자유로운 인간이여, 그대는 언제나 바다를 사랑하리!/바다는 그대의 거울, 그대는 그대의 넋을/끝없이 펼쳐지는 물결에 비추어본다,/그리고 그대의 정신 역시 바다 못지않게 씁쓸한 심연《인간과 바다 L' HOMME ET LA MER》

● 햇빛은 이제 촛불을 흐려놓았다!/이처럼 언제나 승리에 찬 그대 모습은,/찬란한 넋이여, 불멸의 태양을 닮았구려《영혼의 새벽 L' AUBE SPIRITUELLE》

● 일년 내내 그대는 듣게 되리,/썩 받는 그대 머리 위에서/녹대들 구슬픈 물음소리/그리고 굶주린 마녀들 울부짖음을,/음탕한 늙은이들 희롱도,/음흉한 아바위꾼들의 음모도.《묘지 SEPULTURE》

발코니

추억의 유모여, 애인 중의 애인이여,
오 그대, 내 기쁨! 오 그대, 내 의무!
그대 회상해 보오, 애무의 아름다움을,
실내의 고요함, 저녁의 매혹을,
추억의 유모여, 애인 중의 애인이여!

이글대는 숯불로 밝혀진 저녁,
발코니에 깃든 장밋빛 너울 자욱한 저녁.
따사로웠던 그대 가슴! 부드러웠던 그대 마음!
우린 자주 불멸의 것들을 얘기했었지,
이글대는 숯불로 밝혀진 저녁.

따사로운 저녁 태양은 얼마나 아름다운가!
공간은 얼마나 그윽한가! 마음은 굳건하고!
연인 중의 여왕, 그대에게 몸 기대면,
그대의 피 냄새를 맡는 듯했지,
따사로운 저녁 태양은 얼마나 아름다운가!

밤은 두꺼운 벽처럼 깊어만 갔고,
내 눈은 어둠 속에서 그대 눈동자 알아보았다,
그리고 나는 숨결을 마셨지, 오 그 달콤함! 오 그 독기여!
그대 발은 내 다정한 손 안에서 잠이 들었다.
밤은 두꺼운 벽처럼 깊어만 갔고.

나는 행복한 순간들 되살릴 수 있다,
나의 과거는 그대 무릎 속에 숨겨져,

따스한 그대 몸과 그토록 포근한 그대 마음 아닌 다른 곳에서

그대 번민하는 아름다움 찾아본들 무슨 소용이랴?

나는 행복한 순간들 되살릴 수 있다.

그 맹세, 그 향기, 오 끝없는 입맞춤이여!

깊이를 알 수 없는 심연에서 다시 살아날 것인가?

깊은 바다 속에서 멱 감고

다시 젊어진 태양이 하늘에 떠오르듯……

오 맹세! 오 향기! 오 끝없는 입맞춤이여!

독서 지도와 논술 지도

19세기 중엽 문학사의 전환기, 전통적인 시가에도 변화의 운명이
찾아왔다. 그리고 그 변화에 결정적인 역할을 한 인물을 꼽자면 단
연 프랑스 시인 보들레르이다. 보들레르는 이렇게 말했다. "유명한
시인은 이미 시의 영역에서 가장 화려한 부분을 차지해 버렸다. 그
래서 나는 다른 일을 해야 했다."

그렇다면 보들레르는 무슨 일을 했을까? 그는 "18세기에는 허위
의 도덕관이 유행했으며 그로 인한 '미'도 허위이다. 그래서 18세
기는 보편적인 맹목의 시대"라고 생각했다. 그래서 그는 시의 성격
에 엄청난 변화를 주었다. "무엇을 시작이라고 부르는가? 시의 목
적은 무엇인가? 바로 선과 미를 구별해서 악 속의 미를 발굴하는
것이다." "꾸밈을 꿰뚫어서 지옥을 발견해 내리라!" 보들레르의 창

보들레르의 여자 친구

관련링크 《악의 꽃》 외에도 보들
레르는 '산문체' 시를 썼다. 이 시집
은 《파리의 우울》 혹은 《소산문시라
고 불린다. 이 작품은 시인이 만년에
쓴 걸작으로 시인이 죽고 난 후에 출
판되었다. 일반 사람들은 《파리의 우
울》을 《악의 꽃》의 부록이라고 생각하
는데 이 두 작품은 문체의 특징과 소
재에서 커다란 차이를 보이고 있다.
그래서 《파리의 우울》은 그 자체의 독
특한 가치를 가지고 있다. 이 작품은
주로 파리의 풍경을 묘사했기 때문에
그 속에는 다양한 파리의 생활모습과
파리 하층민의 비참한 생활이 나타나
있다. 그리고 작가는 이 하층민의 삶
을 인도주의적인 관점에서 동정했다.
이 시집에 있는 50여 수의 시는 난해
한 스타일을 갖고 있지만 프랑스 산
문에 새로운 길을 열어 주었다.

작의 세계는 바로 이 《악의 꽃》 속에
있다.

보들레르의 일생은 모순과 고통,
반항과 타락으로 가득했다. 그는 시
속에서 전통시의 소재와는 완전히
다른 추악하고 타락한 것을 많이 썼
다. 그러나 본인 자체는 타락한 시인
이 아니었으며 단지 타락한 시대에
살고 있는 시인일 뿐이었다. 그는 당
시 그가 살던 시대에 대해 분노와 멸
시를 퍼부었으며 광명을 추구했다.
그래서 그의 고난과 우울은 바로 당시 '세기의 병'을 반영한 것으
로 심각한 사회에 그 근원을 두고 있다. 그의 작품에는 대도시의
추악한 현상이 한눈에 들어온다. 파리의 풍경은 너무나 우울하고
신비하며 곳곳에 사회로부터 버려진 가난한 사람, 맹인, 창녀, 심
지어는 눈뜨고 보기 힘들 정도로 참혹하게 거리에 버려진 여자의
시체까지 있다. 그러나 이런 시상은 오히려 가장 진실하고 가장 표
현력이 넘치며 가장 독자들을 전율하게 한다. 그래서 시의 심미적
각도에서 볼 때 보들레르는 '추한 면을 인식'하는 거대한 예술적
공간을 발견했고 그것은 특별한 의미가 있는 것이 분명하다.

그 외에도 그의 작품 속에는 작가 개인의 고민스런 심리가 곳곳
에 가득하다. 실패한 사랑, 고독한 정신, 정치적인 실패로 인한 병
리적인 정신상태, 그리고 감정은 개인의 진실을 비추고 전 시대의
정서를 반영했다. 이후 많은 시인들이 이 시구 속에서 현대인의 생
존에 가장 본질적인 특징을 발견했으며 그래서 보들레르는 '현대
주의' 시가의 선구자라고 불린다.

보들레르는 예술적으로 주로 상징주의 수법을 이용했다. 즉 구

체적인 시상으로 추상적인 관념을 표현하고 시상과 시상 사이의 내적 관계를 통해 전체 시가 함의하고 있는 심층적 내용을 암시했다. 그의 펜 아래, 시간과 미, 죽음과 우연, 부끄러움과 분노, 원한 등은 시인의 상상 속에서 구체화되고 의인화되었다. 그래서 그는 프랑스 상징과 시의 선구자로 꼽힌다. 그의 시작은 자유분방한 상상, 정교한 구성, 엄격한 규율, 완벽한 형식으로 비관적이고 고민스러운 내용과 선명한 대조를 이루고 있어 무궁한 예술적 매력을 갖고 있다. 그리고 그의 시속에 내포된 반항정신 또한 많은 독자들을 깊이 감염시켰다.

보바리 부인

구스타브 플로베르 Gustave Flaubert　MADAME BOVARY

작가 소개

구스타브 플로베르(1821~1880)는 19세기 프랑스의 비판적 현실주의 작가였다. 의사 집안에서 태어난 그는 법률을 공부했다. 그러나 그는 평생 고향 루앙 Rouen에서 글을 썼다.

플로베르는 7월 왕조와 제 2제정 시기, 프랑스 자본주의사회가 상승단계에서 점차 부패해가는 시기에 살았다. 그는 자본주의의 추악한 현실에 대해 증오와 실망감을 감추지 못했으며 문학으로 현실을 인정사정 없이 들춰냈으며 비관적인 정서도 드러냈다.

《보바리 부인》은 플로베르가 5년여의 시간을 들여 1857년에 완성한 작품이다. 이 작품은 문학사의 신기원을 마련한 그의 대표작이다. 그 후 플로베르는 《살람보 Salammbo》(1862), 《감정 교육》(1869), 《세 가지 이야기》(1877)를 썼다.

현실주의의 전통을 계승한 플로베르는 인물의 정신 상태를 세심하고 남김없이 묘사하는 것으로 유명했다. 인물과 현실을 해부할 때 그는 자신의 감정을 드러내지 않으려고 노력했다. 플로베르는 프랑스 문학에서 언어의 장인이었으며 그의 문장은 프랑스어의 모범으로 꼽힌다. 그는 "몇 마디 말로 한 사람 혹은 한 사건의 특징을 분명하게 나타내야 한다."고 주장했다. 그는 글귀를 다듬기 위해 힘든 퇴고를 거쳤으며 그렇게 해서 세련되고 훌륭한 글이 완성될 수 있었다.

플로베르 상

◎ 배경 소개

플로베르 작품의 기본 주제는 자산계층의 모습을 파헤치는 것이며 예술적으로는 현실주의를 기본으로 하고 있다. '지방풍속'이라는 부제가 붙은 《보바리 부인》은 한 지방의 부유한 농민의 외동딸 에마의 비극적인 일생을 묘사하면서 타락한 사회를 고발하고 있다.

에마는 원래 순결한 자산계층의 여성이었다. 그러나 수도원에서의 금욕생활과 낭만소설로 인해 그녀의 성격은 불안정해 졌고 현실을 벗어나기 위해 환상에 빠지는 경향이 있었다. 사회에 나간 후 그녀는 단조롭고 폐쇄된 시골환경과 정신적인 생활이 결핍된 가정에는 만족을 느낄 수가 없었다. 그리고 음란하고 향락적인 사회 분위기가 그녀의 마음을 더욱 부패하게 만들었으며 결국 그녀를 타락의 길로 이끌고 말았다. 소설은 에마의 비극을 통해 자본주의 사회의 금권관계의 죄악을 고발하고 정신적인 공허와 타락을 들춰냈다.

◎ 작품 감상

샤를 보바리는 토스트라는 시골 마을의 의사였다. 어느 날 루올 씨가 골절상을 입었다고 해서 샤를은 그 집으로 왕진을 가게 되었다. 거기서 샤를은 아름답지만 어딘가 불안해 보이는 농장주의 딸 에마를 보게 되었다. 어려서 프랑스 수녀원에서 교육을 받은 그녀는 새로운 삶에 대한 갈망을 억누르지 못하고 있었다. 이 젊은 의사는 아름답고 우아한 에마에게 마음을 뺏기고 환자를 보러간다는 핑계로 자주 그녀를 만나러 갔다. 그러나 짜증만 내던 아내 엘로이즈는 남편이 루올의 농장에 가는 진짜 이유에 대해 금방 의심을 하기 시작했다. 그녀는 눈물을 흘리며 화를 냈고 샤를은 앞으로 절대 루올의 집에 가지 않겠다고 맹세했다. 나중에 샤를은 엘로이즈의 재산이 없다는 것을 알게 되었다. 그녀의 거짓된 행동으로 인해 샤를 어머니와 큰 싸움이 일어나게 된다. 그리고 그 싸움으로 아내는 옛 병이 재발하여 얼마 안가 숨을 거두고 말았다.

샤를은 아내가 죽었는데도 별로 슬퍼하지 않는 자신을 보고 양심의 가책을 느꼈다. 늙은 루올의 초대로 그는 다시 농장으로 갔고 에마의 매력에 다시 빠져들었다. 샤를이 자기 딸을 깊이 사랑한다는 것을 알았을 때 루올은 이 젊은 의사가 믿을 만하고 틀림없는 정직한 사람이라고 확신했다. 그

영화 《보바리 부인》

래서 그는 샤를의 분명한 입장을 알고 싶어했고 그의 생각을 알고 났을 때는 샤를에게 에마와 결혼해도 좋다고 했다. 그리고 둘의 결혼을 축복해 주었다.

결혼 후, 초기 몇 주 동안 에마는 자신의 새로운 가정을 위해 온 힘을 기울였다. 종일 집안일을 생각하면서 예전에 가지고 있던 환상을 없애려고 했다. 에마는 자신이 샤를을 사랑한다고 생각했지만 결혼은 그녀에게 기쁨을 가져다주지 않는다는 것을 알았다. 어렸을 적 그녀가 읽었던 많은 것들과 너무나 조용한 그녀의 감정은 고통스런 실망을 의미했다. 그리고 결혼 후 성생활 역시 싫었다. 그녀는 자신과 자는 사람이 벨벳 정장을 입고 멋진 장식을 달았으며 향수를 뿌린 잘 생긴 애인이 아니라 진한 약 냄새를 풍기는 바보 같은 남편이라는 것을 알았다.

에마가 새로운 삶에서 즐거움을 찾으려고 했던 모든 희망을 버렸을 즈음, 샤를은 한때 병을 낫게 해준 지체 높은 사람으로부터 초대를 받아 그의 별장에서 열리는 파티에 갔다. 파티에서 에마는 십 여 명의 사람들과 춤을 추고 샴페인을 마셨다. 사람들은 그녀의 아름다운 용모를 칭찬했다. 보바리 집안의 삶과 이 귀족 집안의 삶이 보여준 극심한 대조는 그녀를 더욱 고통스럽게 했다. 그녀는 샤를에게 점점 더 불만이 쌓여갔다. 그녀를 기쁘게 하기 위한 그의 노력은 모두 헛수고였고 그녀는 샤를이 영원히 자신을 이해하지 못한다는 사실에 절망스러웠다. 그녀는 창가에 앉아 파리를 꿈꾸었고 울적한 생활로 인해 결국 병이 나고 말았다.

샤를은 에마의 건강을 회복하고자 환경을 바꾸기로 했다. 그는 에마를 데리고 용마르로 가서 그곳에서 새로운 진료소를 차렸다. 그리고 에마는 아이의 탄생을 준비했다.

딸을 낳은 후 아이에 대한 에마의 관심은 고작 아이 옷의 레이스나 리본 밖에 없었다. 그리고 아이는 친정으로 보내고 자신은 어쩌

〈보바리 부인〉 삽화

다 한번씩 그곳에 들렀다. 용마르에서 그녀는 우연히 도시 생활에
지쳐 새로운 즐거움을 찾고 있던 변호사 보조 레옹 뒤퓌를 만나게
되었다. 레옹은 이 젊은 유부녀에게 매료되어 황혼이 어둑어둑한
시간에 그녀를 데려다 주었다. 에마는 그가 낭만적인 생각을 가진
자신을 동정하고 있다는 것을 알게 되었다. 그 후 레옹은 마을의
약사 오메를 동행하여 그녀의 집을 방문했다. 오메는 그 지역 식당
에서 주민들을 초대해 작은 파티를 자주 열었다. 그런 파티에서 에
마와 레옹은 점점 가까워졌고 마을 사람들은 뒤에서 수군거렸다.
그러나 둔감했던 샤를은 에마가 레옹에게 관심을 가지고 있다는
것을 전혀 알아차리지 못했다.

　그러나 결실이 없는 사랑에 염증을 느낀 레옹은 공부를 마치기
위해 파리로 돌아가 버렸다. 그가 떠나자 너무나 상심한 에마는 자

관련링크 《감정교육》은 플로베르
의 또 다른 대표작이다. 이 소설은 청
년 프레데릭의 경험을 통해 1840~
1867년 프랑스의 광활하면서도 복잡
한 사회 상황을 나타냈으며 다양한 인
물을 묘사했고 7월 왕조의 현실을 비
판했다. 플로베르 소설의 '객관적이며
무미 건조한 문체'는 《보바리 부인》에
서 이미 만들어졌고 이 소설을 통해
완벽해졌다. 그래서 19세기의 이 소설
은 20세기 소설의 탄생을 예고한다.

신의 나약함을 한탄했다. 기댈 레옹이 없으니 무료하고 조바심이 나서 그녀는 다시 병으로 쓰러졌다.

그러나 그녀는 예전처럼 그렇게 슬퍼하지 않았다. 왜냐하면 또 다른 낯선 사람 루돌프 블랑제가 그 마을에 나타났기 때문이었다. 어느 날 루돌프는 피를 뽑기 위해 샤를을 초청했다. 루돌프는 연애에 능숙한 사람이었다. 그는 한번에 에마가 자신의 애인이 되어줄 것을 알았다. 그가 구애를 했을 때 에마는 그에게 의지하는 것이 부도덕한 행동이라는 것을 알았다. 그러나 그녀는 자신의 의심에 다시 변명을 늘어놓으며 사랑 같이 아름답고 낭만적인 일은 죄악이 될 수 없다고 스스로를 타일렀다.

에마는 샤를에게 거짓말을 하고 루돌프와 밀회를 즐겼다. 그와 시골길에서 말을 타고 그의 절절한 사랑 고백을 들었으며 마지막에는 결국 그의 요구에 굴복하게 되었다. 처음에 그녀는 죄를 짓는다는 느낌이 들었지만 나중에는 자신을 소설 속에 나오는 간통을 저지르는 여 주인공에 비유하며 자신은 그녀들처럼 낭만적인 멋이 넘치는 진정한 사랑을 맛보았다고 믿었다. 에마의 사랑을 확실하게 얻게 된 루돌프는 더 이상 부드러운 애인 행세를 계속할 필요가 없다고 느꼈다. 그는 더 이상 힘들게 에마와 만나는 약속을 하지 않았다. 그가 계속 그녀를 만나긴 했지만 에마는 자신에 대한 루돌프의 사랑이 점차 차가워지고 있음을 눈치 챘다.

그때 샤를은 오메가 설계한 기계장치로 아이의 기형 다리를 고치는 실험에 참여했다. 두 사람은 그 실험의 성공으로 자신들의 신분이 높아질 것이라고 확신했다. 그러나 몇 주 뒤 실험 대상이 된

명사 덧글

프랑스 작가 에밀 졸라는 《보바리 부인》을 숭배했다. "《보바리 부인》을 전형으로 하는 자연주의 소설의 첫째 특징은 생활을 확실하게 복제하는 것이며 어떠한 이야기적인 성분을 없애는 것이다. 작품의 구조도 장면 선택과 여러 가지 조화로운 전개 순서에 있다. 결국 소설가는 주인공을 죽였다. 만약 그가 일반적인 삶의 평범한 과정을 받아들였다면…"

또한 《플로베르 평전》에서 이렇게 말했다. "스탕달은 날카롭고 발자크는 위대하다. 그러나 플로베르는 완벽하다."

아이는 고통스러워했고 다리는 썩어 들어가 절단할 수밖에 없는 지경에 이르렀다. 그러나 이 일로 오메의 명예는 실추되지 않았다. 그는 일개 약사에 불과했기 때문이었다. 그러나 의사 보바르는 사람들의 의심을 받아야 했다. 그의 사업은 쇠퇴하기 시작했다.

샤를이 실패하자 에마는 그에게 깊은 반감을 갖게 되었다. 그녀는 루돌프와의 관계를 유지하기 위해 과거의 정조는 완전히 무시했으며 보석과 액세서리, 옷에 돈을 물 쓰듯 해서 남편의 빚만 산더미 같이 만들었다. 결국 그녀는 루돌프로부터 같이 도망가자는 약속을 받아냈다. 그러나 도망치기로 한 전날, 그녀는 루돌프로부터 편지를 한통 받았다. 죄악을 참회한다고 쓴 편지에 그녀는 코웃음을 쳤다. 그러나 그를 잃어버렸다는 것을 깨달았을 때 그녀는 심한 공포감을 느끼고 창문에서 뛰어내리고 싶었다. 샤를이 소리쳐 그녀의 행동을 막는 바람에 겨우 목숨을 구할 수 있었다. 그러나 그녀는 다시 뇌염이 심해져서 거의 죽은 듯이 몇 달 동안 누워 있어야 했다.

그녀의 건강이 점점 좋아지고 완전히 회복되었을 때 남편과 함께 루앙으로 연극을 보러갔다. 무대 위에서 펼쳐지는 사랑장면에 에마는 정신을 빼앗겼다. 그녀는 다시 한번 낭만적인 사랑을 꿈꿨다. 루앙에서 그녀는 다시 레옹 뒤퓌를 만났다.

이번에 레옹은 그녀를 차지하려고 결심했다. 그는 동정어린 눈빛으로 그녀의 하소연을 들어주고 그녀를 위로하며 그녀를 마차에 태우고 놀러 다녔다. 그때 사랑에 대한 갈망이 여전히 에마를 불태웠으며 그녀는 처음부터 그렇게 되었어야 했다며 완전히 그의 요구에 순종했다.

샤를 보바리는 끊임없이 늘어나는 채무에 대해 관심을 갖기 시작했다. 그의 부친이 세상을 떠나자 경제상황에 대한 우려는 더욱 커졌고 어머니는 가정 형편에 대해 전혀 모르고 있었다. 에마는 시

G. 플로베르의 《보바리 부인》, 가장 많은 칭찬을 받은 작품이며 한 때 사회규범을 비난했다는 이유로 소송을 당하기도 했다.

1869년 플로베르의 작품 《감정 교육》의 삽화

어머니를 위해 변호사를 구한다며 루앙으로 레옹을 만나러 갔다. 레옹은 거기서 변호사 사무소를 열고 있었다. 레옹의 제안으로 에마는 샤를로부터 위탁서를 얻었고 그 증명서를 바탕으로 그녀는 뭘 사든지 남편 모르게 돈을 자유롭게 쓸 수가 있었다.

에마는 자신의 끊임없는 타락이 자신의 정부도 타락시켰음을 알게 되었다. 그녀는 더 이상 그를 존경하지 않았다. 결국 그녀는 수 천 프랑의 빚을 지게 되었다. 부사법관은 샤를의 재산을 팔아 채무자들의 요구를 해결할 준비를 했다. 사태가 공개되었을 때 샤를은 마침 외부로 나가고 없었다. 에마는 마지막 노력으로 루돌프에게 도와달라고 애원했지만 그는 그녀에게 돈을 빌려주지 않았다.

에마 보바리는 샤를을 속였던 모든 거짓말이 들통 날 것임을 알고 영웅처럼 죽기로 결심한다. 그녀는 오메 상점에서 사온 비상을 삼켰다. 샤를이 외부에서 돌아왔을 때 그녀는 이미 죽어가고 있었다. 천천히 고통스럽게 죽어가는 그녀를 구하기는 너무 늦은 것이다.

불쌍한 샤를은 비통해했다. 그녀의 관 뚜껑에 못이 박힐 때 그는 그 망치 소리를 참을 수가 없었다. 에마의 죽음이 가져다 준 고통이 조금은 풀어질 때 쯤 그는 그녀의 책상 서랍을 열었다가 아주 단단하게 묶여 있던 레옹과 루돌프가 그녀에게 보낸 편지를 발견했다. 샤를은 아내의 부정으로 너무나 상심한데다 부채의 고통이 가중되어 정신을 차렸을 때는 뭘 해야 할지 막막했다. 결국 얼마 후 샤를 보바리는 아내를 따라 죽고 말았다. 홀로 남겨진 그의 딸에게는 겨우 12프랑의 양육비가 유산으로 남겨졌다. 보바리 집안의 불행은 다시없는 비극이었다.

독서 지도와 논술 지도

플로베르는 5년의 시간을 투자하여 《보바리 부인》을 완성했다. 그는 글자와 문구마다 세심한 수정을 거치고 소설의 예술적 구조를 상세히 다듬어 정확성을 기했다.

그는 관찰을 통한 분석과 객관적인 묘사를 중요시했고 소설 속에서 자신의 주관적 견해를 나타내는 것을 피했다.

결국 플로베르는 당시 유행하던 과학정신을 문학의 영역에도 인용하여 '소설의 과학화'를 주장했으며 문학 창작에서 완전한 예술을 추구했다.

그 때문에 《보바리 부인》은 예술적으로 완벽하고 정교한 수준에까지 다다랐다. 소설의 이런 특징들은 발자크 이후 프랑스 현실주의 문학 발전의 추세를 대표하며 많은 사람들에게 모범이 되었다.

두 도시 이야기

디킨슨 Charles Dickens · A TALE OF TWO CITIES

작가 소개

《두 도시 이야기》의 작가 찰스 디킨스(1812~1870)는 영국의 유명한 소설가이다. 그는 해군의 하급관리 집안에서 태어났는데 12살 때 아버지의 부채로 인해 전 가족이 채무자의 신세가 되어 어린 그에게는 감당하기 힘든 노동이 시작되었다. 그는 가죽공장에서 도제로 일하기도 하고 15세 때는 변호사 사무소에서 서기로 일하다 나중에는 신문사의 취재기자를 하기도 하면서 특이한 경험을 많이 쌓았다. 1837년 디킨스는 《피크위크 페이퍼스》를 출판해 이름이 알려졌으며 그때부터 전문적으로 글을 쓰게 됐다. 그는 평생 동안 14편의 장편 소설과 수많은 중단편 소설과 다양한 글들, 기행문, 희극, 소품을 썼다. 그 중 가장 유명한 작품은 노사 갈등을 묘사한 장편 소설 《고된 시기 Hard Times》(1854)와 1789년 프랑스 혁명을 묘사한 또 다른 대표작 《두 도시 이야기》(1859)가 있다. 그 외에도 유명한 작품으로는 《올리버 트위스트 Oliver Twist》(1838), 《골동품 상점 The Old Curiosity Shop》(1841), 《돔비와 아들 Dombey and Son》(1848), 《데이비드 카퍼필드 David Copperfield》(1850), 《위대한 유산 Great Expectations》(1861) 등이 있다.

◎ 배경 소개

《두 도시 이야기》가 만들어지기 한참 전부터 프랑스 대혁명에 큰 관심을 갖고 있던 디킨스는 영국역사학자 칼라일(Carlyle, Thomas, 1795~1881 영국의 비평가 · 역사가)의 《프랑스 혁명사》와 다른 학자들의 관련 서적을 탐독했다. 그가 프랑스 대혁명에 깊은 관심을 갖게 된 것은 당시 영국에 잠재되어 있던 심각한 사회 위기에 대한 우려 때문이었다. 1854년 말 그는 이렇게 말했다. "극에 달한 불만이 화염보다 더 심하게 타오를 것이라고 믿는다. 이것은 프랑스의 첫 번째 혁명 발발 전야의 대중심리 같다. 이렇게 위험해진 것은 여러 가지 원인 때문이다. 수입이 좋지 못하고 귀족 계급의 독단과 무능이 이미 긴장되어 있는 상태를 더욱 강하게 조이고 있으며 이득 없는 해외 전쟁과 국내에서 발생

《디킨스의 꿈》 삽화

한 사건 등등, 이런 것들이 이제껏 한번도 보지 못한 무서운 불로 변했다."

역사소설 《두 도시 이야기》는 프랑스 대혁명의 역사적인 경험을 빌어 영국 통치계급에게 경종을 울리기 위해 만들어졌다. 그리고 혁명 공포에 대한 극단적인 묘사를 통해 마음속의 분개와 폭력으로 폭정에 대항하려는 국민들에게 경고하며, 사회의 갈등이 날로 심화되고 있는 영국의 현 상황에서 출구를 찾는 상상을 했다.

성탄절 전날 출판된 《크리스마스 캐롤》의 표지. 이 소설은 순식간에 알려졌으며 당시 영국의 유명한 작가 새커리는 "모든 남녀 독자를 개인에게 착한 마음을 선사할 수 있는 것은 전국적으로 행복한 일이다."라고 평가했다.

◎ 작품 감상

《두 도시 이야기》는 프랑스 대혁명을 배경으로 하는 역사소설이다. 프랑스 귀족 생 테브레몽드 후작 형제가 양가집 아가씨를 유린하고 그녀의 동생을 죽였다. 그러나 그 범죄는 생 테브레몽드 후작이 억지로 불러온 마네트 의사에 의해 목격되고 마네트는 몰래 편지로 정부에 고발을 한다. 그러나 불행하게도 그 편지는 후작의 손에 들어가고 마네트는 모함을 쓰고 바스티유 감옥에 갇히게 되었다. 그렇게 세상과 떨어져 바깥 소식은 전혀 들을 수 없었다. 충격을 받았던 아내가 2년 후 세상을 떠났다. 그리고 어린 딸 루시는 친구가 런던으로 데려갔고 그곳에서 착한 하녀의 손에서 자라게 되었다.

마네트 의사가 석방된 후 그는 옛 하인 드파르주의 보살핌을 받게 되었다. 얼마 후 마네트를 데리러 런던에서 딸이 왔다. 두 사람은 런던으로 가는 여정 길에 프랑스 청년 찰스 다니를 알게 되고 그의 도움을 받게 되었다. 그러다 루시와 찰스 다니는 서로 호감을 갖게 되었고 둘은 약혼을 한다.

어느 날 변호사인 시드니 카톤은 우연한 기회에 루시를 알게 되어 점점 그녀를 사모하게 되었다. 그리고 그는 조사를 통해 찰스

명언명구

● 모든 사람은 남에게 있어서 태어날 때부터 오묘함과 기적을 가지고 있다. 잘 생각해보면 확실히 묘한 점이 있다.

● 상상이 현실로 나타나면서부터 탐욕스럽고 만족을 모르는 각종 악행에 대한 상상은 하나의 발명으로 응집되었다. 그 발명이 바로 단두대이다.

다니가 마네트의 원수인 후작의 생질이라는 것을 알게 되었다. 원래 찰스 다니는 자기 가족들의 악행을 증오하여 의연히 재산 상속권과 귀족의 성씨를 포기하고 런던으로 이주하여 불어선생으로 생활을 해 가고 있었다. 마네트는 딸의 행복을 위해 과거는 묻어두기로 하고 딸의 결혼을 흔쾌히 받아들였다.

프랑스에서 다니 부모가 잇달아 세상을 떠나자 숙부 생 테브레몽드 후작은 더욱 안하무인이 된다. 그는 마차를 미친 듯이 몰아 한 농민의 아이를 치여 죽이고도 태연했다. 그러나 결국 아이의 부모가 휘두른 칼에 살해당했다. 혁명의 폭풍이 마침내 파리에 휘몰아쳤다. 한때 마네트를 도와주었던 드파르주의 집은 혁명 활동의 연락처가 되었다. 술집을 운영하던 드파르주 부부, 특히 드파르주 부인은 한때 후작에게 능욕을 당했기 때문에 일반 귀족들을 저주했다. 그들은 앞장서서 혁명의 구호를 외치며 민중을 선동했고 결국에는 후작 집에서 일하던 하인과 그의 딸을 아무 죄도 없이 체포한다. 그 불합리한 체포 소식을 들은 다니는 분노하며 생명의 위험을 무릅쓰고 파리로 가서 그들을 구해냈다. 그러나 얼마 뒤 혁명 정부에 체포당하고 말았다. 그 소식을 들은 마네트 부녀는 밤새 파리로 달려왔다. 마네트 의사가 법정에 출두하여 증언해주어 다니는 아내의 곁으로 돌아가게 되었다. 그런데 드파르주는 바스티유의 벽에서 마네트가 옥중에 있을 때 써두었던 생 테브레몽드 형제의 죄를 폭로한 혈서를 찾았다. 그들은 다니에게 생 테브레몽드 집안의 죄를 속죄하라고 요구했고 결국 다니는 체포당해 사형 판정을 받았다.

단두대의 형 집행 소리는 사람을 몹시 공포스럽게 했다. 곧 남편

영국 문학사에서 디킨스는 19세기 영국 현실주의 문학을 대표하는 인물로서 그는 도덕적 우화와 유랑자 소설, 개인 성장 소설, 역사 소설, 사회 소설 심지어 당시 언급하는 사람이 거의 없던 고민 소설 등 광범위한 예술 영역에서 큰 성공을 거두었다. 영국의 유명한 문학가 새커리는 그를 '대단한 천재'라고 했으며 마르크스도 디킨스를 두고 새커리 등과 같이 영국의 '걸출한 소설가'로 꼽았다.

을 잃게 되는 루시는 너무나도 비통해 했다. 그런데 오랜 방탕한 생활을 접은 카톤은 루시를 위해 그녀의 남편을 구하기로 했다. 그는 자신의 외모가 다니와 매우 흡사하다는 것을 알고 감옥에 몰래 들어가 정신이 혼미한 다니 대신 단두대에 올랐다. 그리고 마네트 가족은 이 혁명의 안개 속에서 서둘러 파리를 떠났다.

관련링크 《데이비드 카퍼필드》는 디킨스가 1850년에 완성한 자서전에 가까운 소설이다. 소설의 주인공이 걷는 젊은 작가 본인의 경험과 매우 흡사하다. 카퍼필드는 여러서 아버지를 잃고 인생의 쓴맛을 경험하게 된다. 고용주의 학대를 견디지 못해 그는 자기 이모의 집으로 도망을 가고 그곳에서 교육을 받게 되었고 결국에는 성공한 작가가 되었다. 디킨스도 이렇게 말했다. "수많은 자식을 사랑하는 부모처럼 나의 마음에도 가장 편애하는 아이가 있는데 그가 바로 데이비드-카퍼필드이다." 이 소설 역시 성공한 작품으로 꼽힌다.

독서 지도와 논술 지도

현실주의 역사소설 《두 도시 이야기》는 프랑스 혁명을 묘사한 다른 소설과 비교할 수 없을 정도로 사회역사 현실을 광범위하고 심도 깊게 반영하고 있다. 이 작품은 프랑스 대혁명 전에 극에 달했던 사회의 모순을 날카롭게 파헤쳤으며 귀족 계급의 방탕함과 잔혹함을 강하게 비판했다. 아울러 고통 받는 하층민에 대해 깊은 동정을 나타냈다. 프랑스 농민들의 마음속에 억눌려 있던 분노는 화산처럼 반드시 폭발할 것이므로 혁명의 발생은 피할 수 없는 일이라는

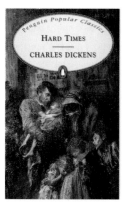

디킨스의 《고된 시기》 표지

것이다. 분명히 디킨스는 인도주의의 입장에서 출발하여 프랑스 혁명의 합리성을 설명했다. 그러나 혁명이 진짜 폭발한 후에 그는 다시 혁명의 여러 가지 어두운 면들, 예를 들어 과도한 폭력과 그칠 줄 모르는 살인과 복수 등을 또렷하게 보았다. 디킨스의 펜으로 전체 혁명은 모든 것을 없애 버리는 거대한 재난으로 묘사되었으며, 혁명은 죄를 지은 귀족들을 무참히 징벌하고 무고

한 사람까지 맹목적으로 살해했다.

이 소설 역시 전형적인 의미를 지닌 인물을 만들어 냈다. 작가가 통렬하게 비판한 생 테브레몽드 후작 형제는 이 책에서 낙후한 봉건 귀족을 대표하고 그들은 제멋대로 여러 가지 악행을 저질렀다. 그들은 봉건 귀족의 잔혹한 압박을 받았으면서도 하층민들의 미덕도 가지고 있었지만 혁명이 일어나고 그 기세가 높아지자 그들의 몸에 있던 반역적인 인성을 더 이상 억누를 수가 없었다. 결국 자신들이 주장하던 혁명 때문에 죽게 된다. 그리고 작가가 진정으로 칭송한 것은 인도주의 정신을 가진 이상적인 인물 다니와 카톤이다. 특히 카톤의 루시에 대한 깊은 애정과 그의 숭고한 인격 역시 사람들을 감동시킨다. 이 인물은 이 책에서 가장 사람들을 감동시키는 예술적 감염력이 있는 인물로 묘사되었다.

전체적으로 이 소설은 억울한 옥살이, 사랑과 복수라는 세 가지 상호 독립적이면서도 서로 연관되어 있는 이야기가 한 데 어우러져 있다. 줄거리는 복잡해서 갈피를 잡을 수가 없을 정도이다. 그리고 두 지역을 연결함으로서 넓은 역사 화보를 보는 듯하다.

이 소설은 작가의 초기 창작단계에서 볼 수 있었던 특유의 유머와 풍자는 없었지만 그 엄숙하고 진한 역사가 축적되어 비범한 예술적 매력을 갖고 있으며 작가의 예술 스타일을 나타내는 대표작이 되었다.

레 미제라블

LES MISERABLES

작가 소개

《레 미제라블》의 작가 빅토르 위고(1802~1885)는 19세기 프랑스 낭만주의 운동을 이끈 대표적인 인물이었다. 위고는 1802년 2월 26일 프랑스 브장송의 한 장교 집안에서 태어났다. 그의 부친은 초기에 나폴레옹 휘하에 있었으며 모친은 왕실의 열렬한 옹호자였다. 그래서 위고는 어려서부터 보수적인 생각을 갖고 있었으며 프랑스 초기의 낭만주의 작가 샤토브리앙 Chateaubriand을 숭배해 작품의 대부분이 왕정과 종교를 노래했다. 그러나 1820년대 중기 위고는 사상적으로 점차 민주주의로 변화하게 되었고 낭만주의 문학운동에 적극 참여했다. 1827년 발표한 《크롬웰》은 프랑스 낭만주의 희곡운동의 선언문으로 불렸고 1830년에 발표한 《에르나니 Hernani》와 그 공연은 낭만주의가 고전주의를 상대로 결정적인 승리를 거두었음을 상징했다. 그래서 위고는 프랑스 낭만주의 운동의 지도자가 되었으며 그 후 위고의 사상도 시대의 흐름을 따라 흘러갔다. 그리고 그는 루이 나폴레옹(나폴레옹 3세)의 쿠데타와 그 독재정치를 비판했다하여 외국 망명길에 오르게 되었다.

위고는 19세기 프랑스에서 일어난 중요한 사건들을 거의 다 겪었기 때문에 그의 활동과 창작은 인도주의를 추구하고 폭력을 반대하고 사랑으로 악을 다스려야 한다는 내용을 담고 있다. 그는 60년 이상의 긴 창작기간 동안 26권의 시와 20권의 소설, 12권의 극본, 21권의 철학논저까지 총 79권이 넘는 작품을 남겼다. 그러나 그 중에서도 그는 시와 소설에 큰 성공을 거두었으며 프랑스 문학과 인류문학 보고에 엄청난 문화유산을 남겼다. 위고의 대표작은 시집 《징벌시집》(1853)과 장편 소설 《노트르담 드 파리》(1831), 《레 미제라블》(1862), 《웃는 사나이》(1869), 《93년》(1874) 등이 있다.

◎ 배경 소개

《레 미제라블》은 빅토르 위고의 대표작이자 프랑스에서 가장 유명한 문학작품이다. 이 작품은 실제 사건을 바탕으로 쓴 것이라고 한다.

1801년 한 가난한 농민이 빵을 하나 훔쳤다는 이유로 5년형을 받았고 출소 후에도 전과자라는 이유로 일자리도 찾지 못했다. 그 사건에 깊은 충격을 받은 위고는 그 사건을 소재로 평생 법의 핍박을 받는 장발장의 이야기를 쓰기로 했다. 그리고 작가는 장발장 외에 팡틴, 코제트 등

위고와 그의 두 아들—샤를과 프랑소와

다른 하층민의 불행과 고난을 보충했다. '저자 서문'에서 위고는 이 작품을 쓴 목적을 이렇게 설명했다. "법률과 관습이 만들어낸 핍박을 파헤치고 이 세상에서 빈곤과 기아로 인해 남자와 여자가 어떻게 타락해가며 암흑세계가 어떻게 아이를 짓밟는지를 폭로함으로써 소설을 통해 사회문제 해결에 도움이 되고자 했다."

위고는 17년이라는 시간을 투자하여 1862년 마침내 이 대작을 발표했다. 작품의 대부분은 작가가 망명 중일 때 완성되었다. 이 소설이 묘사하는 사건은 1815년에 시작됐다. 그리고 이 작품은 대혁명 시기와 나폴레옹 시기의 역사적 사건을 배경으로 하여 7월 왕정 시기에 끝이 난다. 시간적인 폭이 매우 넓은 이 작품은 19세기 전반기의 프랑스 사회 정치의 모습을 잘 반영했다. 《레 미제라블》은 위고가 표현하고자 한 인도주의 사상을 집중적으로 보여주었다. 이런 인도주의는 《노트르담 드 파리》에서는 단지 종교 암흑 세력과 봉건 정치 세력의 죄악을 파헤치는 것에 그쳤지만 《레 미제라블》에 와서는 근대 자본주의사회의 도덕과 법률 등 사회 제도에 대한 깊이 있는 비판으로 발전했다.

◎ 작품 감상

《레 미제라블》은 〈팡틴〉, 〈코제트〉, 〈마리우스〉, 〈플뤼메 거리의 목가〉, 〈장발장〉 5부분으로 이루어져 있다. 그러나 주인공 장발장의 비참한 삶을 주요 줄거리로 하고 있다. 성실한 노동자였던 장발장은 7명의 아이들을 돌보는 가난한 누이를 돕고 있었다. 어느 해 겨울, 일거리를 찾지 못한 장발장은 아이들을 굶기지 않으려고 빵을 훔쳤다가 5년형을 선고 받았다. 그런데 감옥에서의 고통을 참지 못해 네 번을 도망쳤다가 형벌은 19년으로 늘어났다. 장발장은 46세가 되어서야 석방되었다. 석방된 그 해는 마침 워털루 전투의 첫 해였다. 전과자의 신분이 영원히 그를 따라다녀서 그는 일자리도

구하지 못하고 묵을 숙소도 없었다. 그때 인자한 밀리에르 신부의 도움을 받게 되었다. 그러나 나쁜 습관에 물들어 있던 장발장은 교회의 은기들을 훔쳤다. 그러나 신부는 그를 용서해줬을 뿐 아니라 오히려 은기를 선물이라며 장발장에게 주었다. 신부의 이런 모습에 깊은 감동을 받은 장발장은 새로운 사람이 되기로 결심했다. 그래서 그는 자신의 이름을 마드렌느로 바꾸고 도시 개발에 전력을 다했다. 열심히 한 덕분에 그는 사람들의 인심을 얻게 되었고 사람들은 그를 시장으로 뽑았다. 그러나 당시 규칙으로는 전과자는 사회에서 인정받을 수 없었다. 옛날 장발장 사건에 참여했던 경관 자베르는 시장 장발장의 신분을 의심하게 되었다. 얼마 후 장발장은 자신의 신분이 탄로나 다시 감옥에 가게 되었다. 감옥을 탈출한 장발장은 나쁜 악당의 손에서 여공 팡틴의 딸 코제트를 구해주고 고아인 그녀를 데리고 파리로 간다. 그러나 그들은 계속해서 자베르의 추적을 받게 되었고 다행히 수도원에 숨을 수 있게 되었다. 그곳에서 코제트는 아름다운 처녀로 자랐으며 마리우스를 사랑하게

(레 미제라블) 삽화 : 자베르 경감

되었다. 그때는 이미 1832년 6월, 마침 공화당 사람들이 파리에서 혁명을 일으키고 있었고 마리우스도 그 전투에 참여했다. 전투 중에 간첩으로 의심을 받은 자베르가 체포되었다. 그러나 장발장은 그를 미워하지 않고 오히려 기회를 틈타 그를 석방시켜 주었다. 그 일로 자베르는 장발장에게 크게 감동받았다. 혁명이 실패한 후 장발장은 상처 입은 마리우스를 하수구에서 구출해냈다. 마리우스를 데리고 하수구 앞에 다다랐을 때 그들은 다시 한번 권력을 쥐게 된 자베르를 만나게 되었다. 그러나 이번에 자베르는 양심에 따라 그들을 풀어주었다. 두 사람이 떠난 후에 자베르는 자신의 양심과 자신이 따라야 하는 법률 사이에는 조화를 이루기 힘든 모순이 있다는 것을 깨달

(레 미제라블) 삽화 : 어린 코제트

관련링크 빅토르 위고는 《레 미제라블》 이후 최후의 장편 소설 (93년)을 완성했다. 이 소설은 1862년에 구상을 시작해 1872년에 글을 쓰기 시작했으며 1873년에 가서야 마침내 출판된다. 전체 3부로 나눠져 있으며 각각 바다와 파리, 방데에서 이야기가 펼쳐진다. 공화국의 원정군이 방데의 반혁명 반란을 평정한 사건을 중심으로 1793년 프랑스 대혁명의 역사적인 모습을 재현했으며 공화국 군인의 불굴의 투쟁정신과 군인들 사이의 친밀감을 노래했다. 또한 봉건제도의 여러 가지 죄악을 파헤쳤으며 외국의 간섭자들과 보황당의 혁명에 대한 질시와 반격을 질책하면서 혁명을 정의의 사업이라고 긍정했다. 이 작품은 18세기 프랑스 대혁명을 묘사한 작가의 대표작이다.

았다. 그는 결국 자살하고 말았다. 상처가 회복된 후에 마리우스와 코제트는 순조롭게 결혼해 행복한 생활을 했다. 그리고 홀로 남겨진 장발장도 점점 늙어갔다. 자신의 생명의 은인이 바로 장발장임을 알게된 마리우스 장발장에 대한 선입견을 완전히 벗어버리고 코제트와 함께 이 정의롭고 인자한 노인을 자주 찾는다. 이 두 사람의 따뜻한 보살핌으로 장발장은 사랑하는 사람의 품 안에서 행복하게 죽게 된다. 그 때 밀리에르 신부가 준 은제 촛대가 성스러운 불빛을 발산하고 있었다.

📖 독서 지도와 논술 지도

《레 미제라블》은 인류 고난의 '백과사전'이라고 말할 수 있다. 배가 고파 빵을 훔쳤다가 전과자가 된 장발장, 곤궁함으로 창녀로 전락한 팡틴, 어린 시절 고통을 겪은 코제트, 파리를 유랑하는 아이 가브로쉬, 그리고 사법의 개였다가 결국에는 자살하고 마는 자베르, 사악한 길을 걷다 파멸로 치닫는 테나르디에 등, 이들의 삶은 인류 역사에서 종종 있었던 일이다. 그러나 저자는 인류의 보편적인 고난을 보여 주면서 단순한 폭로나 아무 도움 없는 개탄에만 머물지 않았다. 그는 《레 미제라블》에서 선에 대한 갈망과 사랑에 대한 추구에 더 중점을 두었다.

이 책은 범법자 장발장이 악에서 선으로, 미움에서 사랑으로, 악마에서 천사로 변하는 과정을 보여준다. 장발장은 결국 선량함과 사랑의 마음을 가진 위대한 사람으로 다시 태어났다. 장발장과 같이 아름다운 모습을 보여주는 사람은 정직하고 선량한 밀리에르 주교와 고난 속에서도 순수하고 선량한 마음을 잃지 않은 코제트, 정의와 사랑을 추구하는 마리우스 등이 있다. 그들은 서로 다른 경로를 통해 자신의 육신을 힘들게 했으며 자신의 영혼을 정화시켰다.

위고가 《레 미제라블》에서 말하고자 하는 이야기는 그다지 신기하지 않다. 그러나 바로 그런 이야기 뒷면에 숨어 있는 인류의 고통스런 운명에 대한 작가의 관심과 미래에 대한 흔들림 없는 믿음이야 말로 일반 소설에서는 볼 수 없는 이 책만이 가진 감동의 힘이다.

《레 미제라블》 영문판 표지

위고의 낭만주의 스타일은 이 작품에서도 잘 나타나 있다. 이 소설이 현실 속에서 소재를 취했기 때문에 책 곳곳에 현실주의가 빛나고 있다. 예를 들어 핍박을 당하는 장발장의 경험과 팡틴의 비참한 운명, 그리고 워털루 전쟁, 파리의 바리케이트 전투 등의 장면 묘사는 상당히 사실적이다. 그러나 낭만주의의 요소도 군데군데 찾아볼 수 있다. 예를 들면 작가는 장발장이라는 인물에게 초인적인 체력과 놀랄만한 자기희생 정신을 부여하여 그를 보통 사람과 다르게 묘사했다. 그리고 소설의 줄거리 배치에서도 작가는 많은 연극적인 장면을 집어넣어 '비범' 한 사건들을 묘사했다. 예를 들면 장발장과 코제트가 막다른 골목에서도 수도원으로 숨을 수 있었던 것이나 파리의 바리케이트 장면에서 장발장이 지하 하수도에서 마리우스를 구하는 장면도 작위적으로 보일 수 있다. 그러나 그것도 책의 주제를 더욱 두드러지게 하기 위한 장치로 이해할 수 있다. 그 밖에 언어 면에서도 짙은 낭만주의의 냄새가 묻어나며 명언들도 끊임없이 등장한다. 이런 아름다운 어구 속에는 고귀한 열정과 철학이 녹아 있기 때

미니철학

《레 미제라블》은 출판되자마자 엄청난 성공을 거두었다. 톨스토이는 이 작품을 당시 프랑스 최고의 작품이라고 했으며 로맹 롤랑도 작가 위고를 두고 '문학계와 예술계의 위대한 인물 중에서 그만이 유일하게 프랑스 국민의 마음속에 살아 있는 인물이다' 고 했다. 그러나 일부 보수적인 사상을 가진 사람들은 《레 미제라블》의 성공을 깎아내리기도 했다. 어떤 이는 위고를 두고 '프랑스의 첫 번째 선동자' 라고 했고 또 다른 문학 비평가는 "이 책은 위험하다. 군중에게 가장 치명적이고 가장 무서운 열정을 넣어 주었지만 실현할 수 없는 열정을 추구했다."고 했다.

문에 이 소설은 역사시 같이 보이게 해준다.

물론 세계 문학작품으로서 《레 미제라블》은 비판받을 곳도 없지 않다. 종교에 대한 작가의 열렬한 칭송은 그의 사상의 한계를 말해주며 이 책에서 전달하는 사실도 어느 정도 공상적인 것이다. 그러나 어찌됐든 《레 미제라블》에 녹아있는 인도주의의 빛은 계승할 만한 가치가 있는 인류의 고귀한 정신적 재산이다.

고리키는 위대한 위고를 두고 이렇게 말했다. "폭풍처럼 세계를 뒤흔들어 사람들의 마음속에 있는 모든 아름다움을 일깨웠다." "그는 모든 사람들에게 삶을 사랑하고 아름다움과 진리를 사랑하며 프랑스를 사랑하도록 만들었다."

도스토예프스키 Fyodor Mikhailovich Dostoyevsky CRIME AND PUNISHMENT

작가 소개

1821년 11월 11일, 도스토예프스키(1821~1881)는 모스크바의 평민가정에서 태어났다. 그의 아버지는 빈민병원의 의사였고 그는 침울하고 비참한 병원 분위기 속에서 어린 시절을 보냈다. 1834년 도스토예프스키는 그의 형과 함께 모스크바의 한 기숙학교에 들어가게 되었다. 그곳에서 그는 문학에 깊은 흥미를 갖게 되었다. 1838년 아버지의 뜻에 따라 공학을 공부하지만 그는 개설된 과목에 전혀 흥미가 없었다. 졸업하고 얼마 지나지 않아 그는 전공을 버리고 문학에 입문한다. 1845년 3월 말 도스토예프스키는 그의 처녀작 《가난한 사람들》을 완성했다. 이 작품에서 그는 하층의 소외된 사람들의 비참한 운명을 그렸으며 그들의 고귀하고 선량하며 순결한 감정과 영혼을 표현했다. 이 작품은 그 다음해 벨린스키가 편집을 주관하는 《조국의 기록》에 발표되면서 유명해졌다. 그러나 작가가 이후에 발표한 《분신》(1846), 《주부》(1847), 《백야》(1848)와 《네트치카 네즈바노바》(1848) 등 몇 편의 중편소설은 사상과 문학적 관점에서 벨린스키와 엇갈리면서 대립이 점점 가중되다가 결국 결별하게 된다.

1847년 2월 프랑스 자산계급 혁명사조의 영향으로 도스토예프스키는 혁명단체에 참여하고 공상적 사회주의를 신봉하는 활동에 적극 가담한다. 1849~1859년 도스토예프스키는 혁명에 참여했다는 이유로 제정 러시아정부에 체포당하고 사형 선고를 받았다가 나중에 시베리아 유배형으로 감형됐다. 이러한 경험들은 《죽음의 집의 기록》(1861~1862)에 반영되었다. 다시 문단으로 돌아온 도스토예프스키는 계속해서 《학대받는 사람들》(1861), 《죄와 벌》(1866) 등의 작품을 발표했는데, 이 중 《죄와 벌》은 세계적인 명성을 얻었다. 도스토예프스키는 만년에 《백치》(1868), 《악령》(1871~1872), 《카라마조프의 형제들》(1880) 등 세계적으로 유명한 장편 소설을 많이 썼다. 1881년 2월 9일 도스토예프스키는 페테르부르크에서 힘들고 복잡했던 생을 마감했다.

◎ *배경 소개*

작가가 이 소설을 처음 구상했을 때 주인공은 마르멜라도프였다. 작가는 술에 찌든 가난한 사람들의 이야기를 통해 러시아 하층민의 비참한 삶과 도덕적 결함을 표현하고자 했다. 이것은 그가 초기에 잘 쓰던 '소외된 인간'의 스타일과 거의 비슷했다. 그래서 책 제목도 《죄와 벌》이 아니었다. 라스콜리

도스토예프스키 반신 상

도스토예프스키의 원고

니코프의 이야기는 나중에 만들어진 것이지만 이 시기에 작가의 사회 인식은 더욱 깊어졌다. 그는 농노제 개혁의 실패와 개혁을 원하는 청년들이 개인주의와 결과 없는 반항의 길을 걷고 있는 것을 보았다. 이런 실망스러운 정서를 깊이 인식하고 작가는 작품의 창작에 임했다. 그래서 작품이 완성되었을 때 원래 부차적인 인물이었던 라스콜리니코프가 이 작품의 핵심 인물이 되었고 처음에 주인공이었던 마르멜라도프가 부차적인 인물이 되었다.

◎ *작품 감상*

페테르부르크의 한 건물에 가난한 대학생 라스콜리니코프가 살고 있었다. 그는 원래 법학과에 입학했지만 학비를 내지 못해 공부를 그만둘 수밖에 없었다. 지금은 어머니와 동생이 궁핍한 생활 속에서도 절약한 돈으로 생활을 이어가고 있었다. 집 주인은 그에게 계속해서 방세 독촉을 했고 그는 하루 종일 조마조마해 하며 행동으로 현재 자신의 어려움을 극복하려 했다.

그가 사는 곳에서 얼마 멀지 않은 건물에 전당포를 하는 노파가 살고 있었다. 라스콜리니코프는 오래된 시계를 전당포에 맡기러 갔다가 노파의 탐욕스런 착취에 당하고 말았다. 그래서 그는 이 잔혹한 주인을 미워했다. 마침 그는 작은 술집에 갔다가 한 학생과 장교가 그 노파를 죽일지 말지에 대해 고민하는 얘기를 듣게 되었다. 그 얘기에 영향을 받은 라스콜리니코프는 자신과 가족이 처한 경제적인 어려움에서 벗어나기 위해 암살 계획을 세밀하게 세웠다.

다음날 저녁 6시 라스콜리니코프는 노파가 혼자 집에 있는 틈을 타서 집안으로 들어가 그녀를 죽인다. 그리고 갑자기 들어온 노파의 여동생도 죽이고 보석을 조금 훔쳤다. 일을 저지른 후 흔적을 남기지는 않았지만 라스콜리니코프는 마치 큰 병에 걸린 것 같이 공포와 초조함에 깊이 빠졌다. 그의 안색으로 인해 경찰들의 의심을 사지만 정확한 증거가 없었다. 병이 나은 후 어느 날 그는 길에서 마르멜라도프라는 퇴역관리가 마차에 부딪혀 죽은 것을 발견했다. 라스콜리니코프는 남아 있는 그의 불쌍한 가족들을 보고는 어머니가 보내준 25루피를 마르멜라도프의 아내와 딸 소냐에게 주게 된다.

라스콜리니코프가 숙소로 돌아오니 어머니와 여동생 두냐가 와 있었다. 두 사람을 보자 라스콜리니코프는 마음이 혼란스러웠다. 여동생은 그의 장래를 위해 변호사 루딘과 결혼하기로 했다. 그러나 루딘은 겉만 번지르르한 위선자였고 그래서 라스콜리니코프는 심하게 반대했다. 이에 앙심을 품은 루딘은 라스콜리니코프가 부모로부터 받은 돈을 창녀 소냐에게 주었다며 그의 행동이 단정치 못하다고 모함했다. 라스콜리니코프는 사람들 앞에서 루딘의 후안무치한 행동을 폭로하고 이 모습에 소냐는 그에게 감격해했다.

가족을 위해 자신을 희생하는 소냐의 모습은 라스콜리니코프에게 큰 감동을 주었다. 그는 소냐가 사는 곳으로 찾아가 그녀 앞에 무릎을 꿇었다. "당신에게 무릎을 꿇는 것이 아니라 인류의 모든 고난에 무릎을 꿇는 것이오." 그는 소냐에게 《신약성서》를 읽어달라고 하고는 그녀에게 자신이 두 명의 여자를 죽였다고 고백했다. 소냐는 그에게 자수하여 속죄하라고 권하며 평생 그와 함께 하겠다고 약속했다.

명언명구

● 만약 전체 인종이, 전 인류가 비친하 것이 아니라면 그것은 다른 모든 것이 다 편견이며 마음이 만들어 낸 공포일뿐이다. 어떤 장애도 존재하지 않는 것이야말로 당연한 것이다.

● 사람이 영리해질수록 자신을 의심하지 않게 되기 때문에 간단한 일도 사람들에게 집힐 수 있다. 사람이 영리해질수록 그는 간단한 함정에 더욱 빠지기 쉽다.

● 하느님이여 정말로 정의는 없습니까? 우리같이 의지할 곳 없는 사람을 보호하지 않고 누구를 보호하러 가셨습니까?

● 나는 당신에게 무릎을 꿇는 것이 아니라 인류의 모든 고난을 위해 무릎을 꿇는 것입니다.

페테르부르크에 있는 도스토예프스키의 사무실, 현재는 박물관이 되었다.

경찰에 자수한 라스콜리니코프는 8년 고역형을 받았다. 소냐는 그를 따라 시베리아로 갔다. 그들은 서로를 꼭 껴안으며 새로운 삶을 맞이한다.

독서 지도와 논술 지도

《죄와 벌》은 19세기 60년대 중기 페테르부르크에서 발생한 이야기를 그렸다. 당시는 농노제가 막 폐지되고 러시아의 옛 기초가 점차 와해되어가면서 자본주의가 급하게 발전하던 과도기였다. 이 시대에는 귀족 계급이 몰락하고 자산 계급의 사업가와 모험가가 사회 무대에 등장했으며 놀랄 만큼 처참한 극빈층도 나타났다.

소설의 중심 내용은 대학생 라스콜리니코프의 '죄와 벌' 이다. 라스콜리니코프는 지방에서 도시로 공부하러 온 대학생이었다. 그는 똑똑하고 예민하며 자존심이 강하고 고독했다. 하지만 그는 가난하였다. 자신의 막다른 처지와 상황, 술집에서 들은 고리대금업자를 죽이려는 대학생과 장교의 대화, 마르멜라노프의 비참한 처지, 가정의 힘든 상황 등이 그가 오랫동안 계획했지만 재차 머뭇거리고 있던 살인계획을 실행하도록 부추겼다. 그는 인간은 평범한 인간과 비범한 인간, 두 종류의 인간이 있다고 '이론' 을 만들었다. 전자는 천성이 보수적이고 규율을 잘 지키며 명령에 잘 따르는 사람이고, 후자는 자신의 목적을 달성하기 위해 어떤 장애라도 뛰어넘을 권리가 있으므로 방해자의 생명을 없애버리는 등 하고 싶은 대로 할 수 있는 사람이었다. 사람을 죽인 후 그의 영혼은 심각한 정신적 충격을 받았다. 정신적 붕괴는 '하고 싶은 대로 한다' 는 그의 이론이 깨져버렸음을 증명했으며 고귀한 목적을 위해 보잘것없는 생명을 죽일 수 있느냐 없느냐 하는 형이상학적인 의미의 도덕적 문제를 제기한다. 라스콜리니코프는 결국 소냐의

〈죄와 벌〉 영문판 표지

신앙에 감화되어 자수했다. 이렇게 작가는 인물의 심리 과정을 통해 종교관과 인생관을 형상화했다. 바흐친Bakhtin은 《도스토예프스키 : 창작 방법의 제 문제》에서 《죄와 벌》과 같은 소설을 '다중성'이라는 개념으로 이해했다. 이러한 독창적인 서술방식으로 도스토예프스키는 후대 사람들에게 '현대주의' 소설의 원조가 되었다. 그러나 작가가 현대주의 소설의 서술전통을 창조하는 데 기여했다고 하더라도 후대의 현대주의 작가들처럼 '희극성'을 완전히 버리지는 않았다. 오히려 '희극성'은 이 작품의 서술에 절대적으로 필요한 부분이다. 도스토예프스키는 희극적인 충돌이 가득한 장면을 묘사하는 것을 좋아했으며 이것은 이 작품에서도 잘 나타난다.

《죄와 벌》은 심리묘사에서 뿐 아니라 내면 독백에서도 뛰어난 성과를 보여준다. 꿈과 환상, 무의식의 표출, 잠재의식의 충동 등 묘사 수법이 주인공의 비정상적인 심리 상태를 효과적으로 표현했으며 작가가 말했던 '인간의 마음 깊은 곳의 오묘함을 묘사한다'는 특징을 비교적 잘 나타냈다. 그 밖에도 이 소설은 장면 전환과 상황의 변화 속도도 빠르다. 주요 줄거리를 며칠 간이라는 짧은 시간을 이용하여 나타냈으며 농축된 시공에서 풍부한 사상인인 내용을 수용했기 때문에 소설의 시대적 색채와 정치적 색채 또한 선명하게 드러난다.

해저 이만 리

쥘 베른 Jules Verne VINGT MILLE LIEUES SOUS LES MERS

작가 소개

쥘 베른(1828~1905)은 1828년 프랑스 서부 해안 항구도시 낭트의 법관 집안에서 태어났다. 18살 때까지 그는 아름다운 항구도시에서 공부를 했다. 그는 책 속의 지식에만 고집하지 않고 어려서부터 바다를 사랑하고 먼 바다를 탐험하는 꿈을 꾸었다. 1848년 베른은 파리로 와서 법률을 공부했지만 사실 그것보다 문학과 희극에 더 관심이 많았다. 졸업 후 대(大) 뒤마의 격려를 받으며 시와 희극을 쓰기 시작했다. 그는 20편의 극본(출판되지 않음)과 낭만적인 사랑을 노래한 시를 썼다. 그 기간 동안 베른은 많은 여행으로 다양한 지식을 가지고 있던 탐험가 아라고를 알게 되면서 모험과 과학지식에 대단한 흥미를 보였다. 그는 굶주린 듯이 각종 지식을 탐독했으며 이런 지식들이 나중에 그가 공상과학 소설을 쓰는데 탄탄한 기초가 되었다.

1857년 베른은 두 딸이 딸린 과부 오노린과 결혼했다. 결혼 후 그는 첫 번째 공상과학 소설 《기구를 타고 5주일》을 썼다. 그의 원고를 읽은 대 뒤마는 그가 창조한 공상과학 소설 분야에서 계속 분발하라고 격려해주었다. 이 소설은 1863년 출판되었고 큰 성공을 거두었다. 이 소설의 출판은 공상과학 소설의 탄생을 의미했다. 그 후 베른은 출판가 쥘 에체르와 함께 매년 3권의 작품을 내는 속도로 공상과학 소설 시리즈 《기이한 여행》을 완성했다. 이 시리즈 안에는 《지저 여행Voyage au Centre de la Terre》, 《지구에서 달까지De la Terre a la Lune》, 《달세계 일주 Autour de la Lune》, 《해저 이만 리》, 《신비의 섬 L'Ile myst Rieuse》 등 우수한 작품이 많다. 이 작품들은 육지, 해양, 하늘을 총 망라하는 내용을 담고 있다. 1886년 베른은 스스로 '만년'에 들어섰다고 인정했지만 '전 지구 묘사'라는 위대한 목표를 위해 놀랄만한 의지력으로 병마를 이겨내고 글쓰기에 몰두했다. 1904년 드디어 그는 최후의 작품 《세계의 주인 Master of the World》을 완성했다. 1905년 3월 17일 베른은 반신불수 증세를 보이다가 25일 새벽, 세상을 떠났다.

쥘 베른

◎ 배경 소개

좋은 공상과학소설은 반드시 과학적 이론 혹은 과학적 정신이 기초가 되어야 한다. 공상과학소설 속에서 작가들이 과학이론으로부터 펼쳐낸 환상들은 과학의 예언이 되기도 하고 과학의 방향이 되기도 하는데 이런 작품들을 '하드 SF'라고 한다.

베른이 과학정신으로 무한한 열정을 쏟아 부은 그의 소설 속의 많은 환상들은 이제 생생한 현실이 되었다. 예를 들어 《지구에서

달까지〉가 발표되고
100년 후, 인류의 첫
우주 탐사선은 바로 소
설에서 묘사했던 발사
지점-미국 플로리다
케이프커내버럴Cape
Canaveral에서 발사되었
다. 그리고 달까지 도

미국 '노틸러스' 호 핵잠수정

달하는데 소요되는 시간, 착륙지점, 항행속도 등도 소설에서 묘사
한 것과 상당히 유사했다. 《해저 이만 리》에 나오는 잠수함은 지금
의 잠수함과 너무나 유사하다. 현실에서 진짜 잠수함이 등장하기
수십 년 전에 베른의 소설에 잠수함이 등장한 것이다. 베른의 작품
에 나오는 잠수함의 이름은 '노틸러스 호' 인데 노틸러스는 앵무조
개라는 뜻으로 바로 몇 밀리미터 밖에 안 되는 자신의 얇은 껍질로
백 미터 심해의 엄청난 수압을 이겨낼 수 있는 유일한 조개과 동물
이다. 이런 세세한 부분에서도 베른의 박식한 과학지식을 엿볼 수
있다.

◎ 작품 감상

1870년에 만들어진 《해저 이만 리》는 1866년에 발생했던 기이한
일을 담은 것이다. 바다에서 '외뿔고래' 라고 생각되는 커다란 괴물
이 발견되었다. 프랑스 생물학자 아로낙스 박사는 이 괴물 포획에
초빙됐다. 포획과정에서 아로낙스와 그의 하인 콩세유, 고래잡이
네드 랜드가 사고로 물에 빠졌다가 괴물의 등에 오르게 되었다. 그
런데 알고 보니 그 괴물은 외뿔고래가 아니라 기이한 잠수함이었
다. 잠수함의 선장인 국적이 불분명한 네모선장은 스스로 말한 것
처럼 '세상과 단절한' 신비한 인물이었다. '노틸러스 호' 라고 부르

는 잠수함은 놀랄 만큼 발전된 현대 산업의 걸작이었다. 파도를 이용해 발전을 하고 배의 열, 빛, 동력을 공급했다. 그 배의 모든 것은 다 바다로부터 얻은 것이었다. 그 배는 네모선장이 한 무인도에서 비밀리에 만들어낸 것이었다. 아로낙스와 그의 동료는 '노틸러스 호'를 타고 태평양에서부터 해저탐험 여행을 시작한다.

태평양을 출발한 그들은 산호섬, 인도양, 홍해, 지중해를 거쳐 대서양으로 들어왔으며 보기 힘든 해양 동식물과 물 속에서 일어나는 기이한 현상들을 보았다. 그리고 바다 속에 침몰한 도시를 보았고 아직 개발되지 않은 섬을 방문했으며 거대 오징어의 공격을 받거나 빙해 속에 갇히는 등 많은 어려움을 겪었다. 그러나 네모선장의 지도력과 선원들의 노력으로 그 모든 어려움을 극복했다. 마지막에 잠수함은 노르웨이 해안에 닿았고 말없이 헤어진 아로낙스는 그가 알게 된 모든 해저비밀을 세상에 알리게 되었다.

독서 지도와 논술 지도

인류에게 상상력이 없다면 세상은 어떻게 되었을까? 지금의 삶도 그렇지만 미래 인류의 삶은 어떻게 될까? 어제의 공상과학은 오늘날 현실이 되었고 오늘의 공상과학은 미래의 현실이 될지도 모른다. 그래서 공상과학 소설은 인류의 풍부한 상상력을 최대한으로 표현한 문학이며 청소년의 상상력을 최대한 키워줄 수 있는 문학이다.

세상에서 가장 위대한 공상과학 소설 작가인 쥘 베른이 쓴 작품은 갈수록 그 가치를 높이 인정받고 있다. 그의 이야기는 생동감 있고 유머와 재치 있는 말들로 넘친다. 그리고 사람들, 특히 청소년들에게 과학을 사랑하고 탐험을 향한 열정을 북돋아 줄 수 있어서 백년이 훨씬 지난

〈지구에서 달까지〉 표지 1865년
쥘 베른은 주로 바다와 산맥, 계곡에 관한 작품을 썼지만 이 작품은 우주 탐험에 관한 이야기이다.

지금까지도 세계의 독자들에게 사랑을 받고 있다. 유네스코의 자료에 따르면 베른은 번역된 작품이 가장 많은 10대 작가 중 한명이라고 한다.

앞에 소개된 《해저 이만 리》는 베른의 대표작 중 하나이다. 이 책의 주인공 네모선장은 낭만과 신비함을 가진 인물로 사람들의 눈길을 끄는 인물이다. 네모는 자신의 설계에 따라 잠수함을 만들었고 해저를 다니면서 대규모 과학연구를 한다. 그렇지만 그것이 그가 고독한 생활을 하게 된 유일한 이유는 아니었다. 그는 자신의 적과 자신을 핍박하는 사람들을 피해 해저에서 자유를 찾았으며 자신의 고독한 삶에 진한 고통을 느끼고 있었다.

공상과학 소설 3부작은 줄거리 상에서 서로 긴밀하게 연결되어 있어서 3부작의 세 번째 작품에 가면 이 신비의 인물 네모 선장의 비밀도 밝혀진다. 그래서 이 작품에 흥미가 있

옛날 덧글

쥘 베른은 40년 동안 심혈을 기울여 소중한 문화재산인 80편의 공상과학 소설을 우리에게 남겼다. 그의 작품은 50여 개의 언어로 번역되었으며 세계 각지에서 유행하여 《성경》 다음으로 발행량이 많은 책이라고 한다. 문학의 대가 톨스토이도 그의 작품을 사랑했으며 직접 쥘 베른의 작품에 17폭의 삽화를 그리기도 했다. 톨스토이는 쥘 베른을 '대단한 작가' 라고 열정적인 칭찬을 아끼지 않았다. 그래서 쥘 베른은 '과학환상 소설의 아버지' 라고 불린다. 그러나 그의 작품의 가치는 공상과학 소설의 성공으로만 나타난 것이 아니었다. 1884년 교황이 쥘 베른을 만난 자리에서 이렇게 말했다. '나는 당신 작품의 과학적 가치는 잘 모릅니다. 그러나 내가 가장 소중하게 여기는 것은 그 작품의 순결하고 도덕적인 가치와 정신력입니다.' 이것으로 보아 그의 작품은 보편적인 가치를 지니고 있다고 할 수 있다.

관련링크 《그랜트 선장의 아이들 Les enfants du Capitaine Grant》(1868), 《해저 2만 리》(1870), 《신비의 섬 The Mysterious Island》(1875)은 쥘 베른의 유명한 공상과학소설 3부작이다. 1868년에 쓴 《그랜트 선장의 아이들》은 쥘 베른의 5번째 작품이자 최고의 작품이라고 말한다. 한 세기를 넘게 사람들의 입에 회자되는 작품이다. '던컨호 Duncan'의 선장 그라나반 영주는 2년 전 조난당한 스코틀랜드 항해사 그랜트 선장에 대한 실마리를 얻게 되었다. 그는 영국 정부에 사람을 파견하여 선정을 찾자고 하지만 영국정부는 그의 청을 거절했다. 그러나 그는 혼자서 사람들을 모아서 직접 그 일을 하기로 결심했다. 그는 그랜트의 자식들을 태우고 남아메리카를 통과하고 호주와 뉴질랜드를 지나 지구를 한바퀴 돌았다. 여정 중에 그들은 수많은 어려움을 겪었지만 용기와 의지로 그 많은 고난을 이겨내고 마침내 태평양의 무인도에서 그랜트 선장을 찾아냈다.

《신비의 섬》은 미국의 남북전쟁 시기 5명의 북부인이 남군의 포위를 벗어나기 위해 기구를 탔다가 거센 폭풍으로 태평양의 한 무인도에 떨어진 이야기를 그렸다. 그들은 지혜와 노동력을 모아 빈손에서 행복한 삶을 이룩해 냈다. 어려움과 위기에 봉착했을 때마다 신비스런 인물이 나타나 그들을 도와주었는데 알고 보니 그 사람은 그들이 오래 전부터 존경하던 평화의 투사 네모선장이었다. 그러던 어느 날 그들은 마침내 그랜트 선장의 아들 로버트가 지휘하는 '던컨호'에 오르게 되어 다시 조국의 품으로 돌아왔다.

는 독자라면 3부작을 함께 읽는 것이 가장 좋을 것으로 본다. 그래야 쥘 베른이 우리를 위해 창조한 해양 공상과학 모험 시리즈의 놀랄 만한 예술적 매력을 충분히 느낄 수 있기 때문이다.

이 소설의 가장 큰 특징은 풍부하고 다채로운 상상과 치밀한 문장이다. 소설 속 줄거리는 기이하며 생생한 이미지 묘사는 신비한 해저 세계를 잘 나타내 주고 있다. 생동감 있고 흥미로운 언어와 예술적 언어, 그리고 과학적 언어를 사용하여 각종 해저의 모습을 설명한 부분은 정말 너무나 예리해서 마치 실제 모습을 보듯이 묘사하고 있다. 특히 '노틸러스 호'라는 잠수함은 진짜 잠수함이 탄생하기 전까지 수많은 독자들을 매료시켰으며 실제로 나중에 엔지니어들이 실제 잠수정을 만드는 데도 유익한 도움이 되었다. 이런 의미에서 보면 쥘 베른은 천재 예언가라고 해도 과언이 아니다.

그림 동화

작가 소개

야콥 그린(1785~1863)과 빌헬름 그린(1786~1859) 형제는 독일의 유명한 동화수집가이자 언어문화연구자였다. 취미가 비슷하고 비슷한 경험을 해온 두 사람이 함께 언어학과 민간 동화 및 전설을 수집하고 정리했기 때문에 사람들은 그들을 '그림 형제'라고 불렀다. 그들은 하나우(독일 헤센주에 있는 도시)의 자녀 많은 법학자의 가정에서 태어났으며 카셀에서 학교를 다녔고 함께 마르부르크 대학에서 법률을 공부했다. 후에 둘은 카셀 도서관에서 일했고 1830년에는 괴팅겐대학의 교수가 되었다. 1840년 베를린 아카데미의 회원으로 추천되었으며 죽을 때까지 베를린 대학에서 교편을 잡았다.

그림 형제의 흥미는 광범위했고 그들은 많은 것을 섭렵하고 있었다. 1812년에서 1815년 그들은 3권의 《독일아동과 가정동화집》을 출판했다. 그 후 그들은 1857년 마지막 판이 나오기 전까지 계속해서 이 작품을 수정했다. 이 총서에는 216편의 동화가 들어있었다. 그 중에는 《신데렐라》, 《백설 공주》, 《붉은 모자》, 《용감한 재봉사》 등의 명작이 들어있었는데 출간되자마자 세계 각국의 어린이로부터 엄청난 사랑을 받았다. 그밖에도 그림 형제는 1808년부터 독일 민간 전설을 수집하여 총 585편의 2권짜리 《독일 전설》을 출판했다. 그들은 또한 게르만 언어학의 발전에 큰 공헌을 한 《독일어법》(1819~1837), 《독일언어사》(1848), 《독어대사전》(1852)의 학술 저서를 남겼다.

◎ 배경 소개

1812년 그림 동화가 처음 출판되었을 때 독일은 나폴레옹의 점령이라는 비극을 겪은 지 6년밖에 안 되던 시기였다. 비참한 시기를 겪은 독일에서 잃어버린 유토피아를 찾고 독일 민족의 통일된 희망을 이루고자 하는 마음이 바로 그림 형제에게 창작의 원동력이 되었다. 그림 형제는 독일이 수많은 도시 국가로 이루어져 단결할 수 없었기 때문에 나폴레옹에게 침략을 당했다고 생각했으며 독일 민족의 통일은 반드시 언어와 문화 통일에서부터 시작되어야 한다고 믿었다. 그래서 그들은 독일의 언어와 문화 통일을 위한 끊임없는 노력을

〈백설 공주〉 표지

관련링크 《하우프동화집》은 독일의 유명한 동화작가 빌헬름 하우프 Wilhelm Hauff(1802~1827)가 창작한 동화집이다. 하우프동화는 독일예술동화의 걸작이며 내용과 예술적 스타일이 풍부하고 다채롭다. 이야기는 하우프의 조국 독일의 성, 시골, 빽빽한 숲 속, 그리고 멀리 이국땅에서 일어난 것도 들어 있다. 넓디넓은 아라비아의 사막과 황량한 스코틀랜드의 작은 섬… 하우프동화는 더욱 다양한 내용을 받아들이고 있어서 민간 동화의 선악 구분으로 교육적인 의미가 크며 참신하고 자연스러우며 유머러스한 언어로 되어 있다. 뿐만 아니라 낭만파 소설의 기이한 상상과 황당함이 넘친다. 하우프동화는 그림 동화와 같이 독일에서는 널리 알려진 작품이며 다양한 언어로 번역되어 세계 어린이들과 청소년들의 사랑을 받고 있다. 심지어는 성인을 포함한 문학 애호가들에게도 사랑받고 있는 하우프동화는 세계아동문학의 고전이 되었다.

기울였다. 마침 18세기 말부터 19세기까지는 독일 문화의 융성기였다. 문학계에서는 괴테와 실러, 철학계에서는 칸트, 음악계에서는 모차르트, 베토벤, 하이든 등이 활약하고 있었다. 민중들은 점차 게르만 민족의 역사와 신화, 전설 그리고 시골 이야기에 흥미를 갖게 되었고 이러한 문화적 배경 아래에서 그림 동화도 탄생하게 된 것이다.

그림 형제가 민간 동화를 수집하고 출판한 직접적인 목적은 민족적 색채가 담긴 동화를 통해 민족의 공동의식에 도달하는 데에 있었다. 또한 이런 단순하면서도 통속적인 방식을 이용하여 다음 세대의 민중들에게도 교육적인 효과를 얻을 수 있기를 희망했다.

◎ 작품 감상

《그림 동화》 속에는 무려 200여 개의 이야기가 나오는데 대부분 민간에서 구전되던 전설에 그 뿌리를 두고 있다. 이 중에 〈신데렐라〉, 〈백설 공주〉, 〈빨간 모자〉, 〈개구리 왕자〉 등은 사람들의 입에 회자되며 세계적인 사랑을 받고 있다. 여기에서는 유명한 동화 중에 몇 편만을 간단히 소개하겠다.

잠자는 숲 속의 공주

잠자는 숲 속의 공주는 백 년이나 잠들어 있었다. 전설에 따르면 이 공주가 태어났을 때 국왕이 흑인 무녀를 잊어버리고 초대하지 않는 바람에 모든 성 안의 사람들이 마법에 걸렸다고 한다. 벌써 백 년이나 흘렀지만 잠자는 숲 속의 공주는 여전히 성의 꼭대기에 잠들어 있었다. 그곳에는 오래된 물레가 있는데 그것이 바로 공주를 잠에 빠뜨린 원인이었다.

할아버지로부터 이런 이야기를 듣고 있던 왕자는 속으로 공주의 모습을 한번 보고 싶다는 생각을 했다. 이야기만 듣고도 잠자는 숲 속의 공주에게 이미 매혹된 것이다. 그날은 바로 왕자의 16번째 생

일이었고 백 년 전 공주가 잠들었을 때의 나이와 같
았다. 왕자는 말을 타고 잠자는 숲 속의 공주가 있는
성으로 달렸다. 이상한 일이지만 왕자가 도착한 곳에
는 이미 정해진 것처럼 길이 나타났다. 공주는 마치
왕자가 와서 키스로 깨워주길 기다리고 있었던 것 같
았다. 성의 꼭대기에 도착한 왕자는 잠자는 미인을
보게 되었다. 과연 전설과 똑같이 공주는 너무나 아
름다웠다.

〈빨간 모자〉 삽화

　잠자던 숲 속의 공주가 깨어나자 성에 있던 모든
사람들도 깨어났다. 모두들 백 년 전 그날처럼 공주의 16번째 생일
을 준비하기 위해 바빴다. 그러나 이제는 공주의 생일뿐만 아니라
공주의 결혼식으로 더 바빴다.

백설 공주 눈 내리던 밤에 태어난 백설 공주는 눈처럼 흰 피부를 가
지고 있었다. 특히 햇볕이 내리쬐는 날에는 얼굴이 윤기 나는 사과
처럼 붉게 변해서 너무나 아름다웠다. 그러나 그녀의 아름다움은
계모의 질투를 불러일으켰고 결국 죽임을 당하는 상황에 처했다.
위기를 모면한 백설 공주는 숲 속에 숨어서 일곱 난장이들과 함께
살았다. 왕이 된 계모는 이 소식을 듣고 자신이 직접 사과 파는 노
파로 변신해 일곱 난장이의 집으로 향했다. 그리고는 백설 공주에
게 물 좀 달라고 한 후 보답으로 사과를 주었다. 계모가 떠난 후 사
과를 한 입 베어 물은 백설 공주는 갑자기 정신을 잃고 말았다. 집
으로 돌아온 일곱 난장이는 공주가 죽은 줄 알고 슬퍼하며 그녀를

위해 투명한 목관을 준비했다. 그때 마침 지나던 왕자가 백설 공주를 보게 되었다. 그가 자신도 모르게 백설 공주에게 키스를 하자 백설 공주가 깨어났다. 이 소식이 계모의 귀에 들어가자 그녀는 화를 참지 못해 죽고 말았다.

늑대와 일곱 마리 새끼 양 어미 양은 외출하기 전에 일곱 마리 새끼 양에게 당부했다. "절대 낯선 사람에게 문을 열어주지 마라." 어미 양이 외출하고 얼마 후에 문을 두드리는 소리가 들렸다. 새끼 양들은 물었다. "누구세요?" "엄마란다." 새끼 양들이 다시 물었다. "당신은 낯선 사람이에요. 우리 엄마는 목소리가 부드럽고 듣기 좋은 데다 발도 하얀 색이에요." 그래서 이리는 어미 양으로 분장하기 위해 밀가루와 목을 부드럽게 해주는 물을 샀다. 손과 발에 밀가루를 바르고 목을 부드럽게 하는 물을 마시고 다시 새끼 양들의 집에 찾아갔다. 이번에 늑대는 새끼 양들의 집안으로 들어가서 여섯 마리의 새끼 양들을 모두 잡아먹고 만다. 가장 어린 양만이 시계 속에 숨어서 발견되지 않고 도망쳤다. 돌아온 어미 양은 새끼 양을 발견하고는 늑대에게 복수를 하기로 결심했다.

그들은 우물가에서 잠들어 있는 늑대를 발견했다. 어미 양은 가위로 늑대의 배를 갈라 여섯 마리 새끼 양들을 무사히 구출한 다음 돌로 늑대의 뱃속을 가득 채우고는 바늘로 꿰맸다. 잠에서 깨어난 늑대는 목이 말라 우물가에 가서 물을 마시려고 하다가 뱃속에 든 돌들이 너무 무거워 우물 속에 빠지고 말았다. 그 후 일곱 마리 새끼 양과 어미양은 편안하게 살 수 있었다.

이 그림은 계모의 학대를 받고 있는 신데렐라의 모습을 묘사했다.

신데렐라 아름답고 착한 신데렐라는 악독한 계모와 교활하고 포악한 두 언니의 학대를 받으면서 살고 있었다. 불쌍한 신데렐라는 결국 착한 행동으로 보답을 받게 되는데, 비둘기와 개암나무가 그녀의 꿈을 실현시켜 주는 것이다. 파티가 있던 날 저녁 잘 생긴 왕자와 신데렐라는 첫눈에 서로 반하게 되고 둘은 궁궐의 무도회에서 즐겁게 춤을 추었다. 그러나 오래된 마법은 자정 종소리가 울리고 나면 연기처럼 사라져버렸다. 그래서 신데렐라는 12시가 되기 전에 왕자의 곁을 떠나야 했다. 서둘러 자리를 뜨던 신데렐라는 실수로 유리 구두를 잃어버렸고 왕자는 구두의 주인을 찾기 위해 전국을 돌아다녔다. 결국 그는 그 마법의 구두를 신을 수 있는 유일한 신데렐라를 찾게 되었다.

독서 지도와 논술 지도

19세기 독일에서 만들어진 《그림 동화》는 유럽 각국에서 수집된 이야기로는 가장 오래되고 길며 체계성이 가장 뛰어난 동화집이다. 《그림 동화》는 총 210여 편으로 아동, 가정이야기, 아동종교, 전설로 나누어진다. 각 편마다 반복해서 읽을 만큼 좋은 작품들이며 그 중에서도 사람들이 좋아하는 작품은 위에서 제시한 이야기 외에도 《개구리 왕자》, 《빨간 모자》, 《성실한 존》, 《라푼젤》, 《어부와 그의 아내》, 《거위치기 아가씨》 등이 있다.

그림 형제는 독일 낭만주의 문학운동으로부터 깊은 영향을 받았기 때문에 많은 이야기가 일반 국민들의 소박함과 유머, 기지와 용감함을 담고 있다. 이런 동화가 갖고 있는 가장 광범위하고 가장 열정적인 감정, 그리고 진리와 정의, 선량함과 근면, 용기 등 홀륭한 품성에 대한 옹호와 찬송, 허위와 사악함, 잔혹함과 교활함, 비겁함과 나태함 등 나쁜 품성에 대한

《그림 동화》 삽화
여행길에 오른 용감한 재봉사는 도중에 거인을 만났다.

● 우리가 어려움에 처했을 때
우리를 도와준 사람들은 그가
누구이던 간에 후에 멸시를 받
아서는 안 된다. ((개구리 왕자))
● 그녀의 어린 딸은 점점 자라 생
기 있는 아가씨가 되었고 그녀를 보
는 사람이면 다들 그녀를 사랑하게
되었고 그녀의 아름다움에 감탄했
다. 그녀의 피부는 눈처럼 고왔고 볼
은 붉은 피처럼 붉게 빛났다. 머리카
락은 흑단처럼 검게 빛났다. 그
래서 왕비는 그녀의 이름을 백
설 공주라고 지었다. ((백설 공
주))

비판과 풍자는 현실 생활 속에서 어려움을 당하고 있는 사람들을 위로해 주고 인생과 미래에 대한 자신감과 용기를 북돋아준다.

그 외에도 그림 동화 속에 나오는 많은 이야기들은 우여곡절이 있으면서도 이상하지 않고 서술이 소박하면서도 단조롭지 않으며, 언어도 시적인 의미가 풍부해서 지역의 색채와 민족의 색채, 시대의 색채를 강하게 가지고 있다. 이런 것들은 그림 동화가 문학 예술적으로도 성공을 거둔 작품임을 보여준다. 이 아름다운 이야기들은 한번 읽기만 하면 아름다웠던 어린 시절로 되돌아가는 것을 느낄 수 있다.

물론 그림 동화가 대부분 민간에서 왔기 때문에 일부 작품은 통속주의의 흔적이 많다. 예를 들어 초기 출판된 그림 동화 속에는 수식을 가하지 않은 음란한 내용도 있어서 어떤 사람들은 원본 《그림 동화》는 '엄마가 딸에게 읽어주기에는 부끄럽다'고 하기도 한다. 또한 그림 동화 속에는 일부 여성에 대한 편견이 있어서 아이들에게 읽어주기 적절치 못한 이야기도 있다. 이런 문제들은 차치하고, 전체적으로 보았을 때 그림 동화의 결점은 결코 장점을 누를 수 없다. 그림 동화는 위대한 문학 작품집임이 확실하며 이것은 누구도 부정할 수 없는 것이다.

안나 카레니나

톨스토이 Leo Tolstoy　ANNA KARENINA

작가 소개

톨스토이(1828~1910)는 19세기 러시아에서 가장 위대한 작가였다. 그는 명문 귀족 집안에서 태어났으며 어려서 부모를 여의었다. 1840년 카잔대학에서 동양어문을 공부했고 루소와 몽테스키 외 등 계몽 사상가들의 영향을 받았다. 1847년 고향으로 돌아온 후 농노제 개혁에 참여했다. 개혁 실패 후 1851~1854년까지 카프카스에서 군대 생활을 했으며 크리미아 전투에도 참가했었다. 그 시절 무렵부터 그는 글을 쓰기 시작했다. 몇 년간의 군 생활을 통해 그는 상류사회의 부패를 보게 되었고 군 생활의 경험은 이후 그의 대작 《전쟁과 평화》에 나오는 전쟁장면을 묘사하는데 기초가 되었다. 이 때 톨스토이는 자서전적인 3부작 소설 《유년 시대》(1852), 《소년 시대》(1854), 《청년 시대》(1857)을 발표했다. 그는 이 작품에서 귀족생활을 비판하면서 '도덕적인 자기 수양'을 주장했다. 그리고 심리분석에 있어서 뛰어난 모습을 보였다.

1857년 톨스토이는 외국을 여행하면서 자본주의 사회의 여러 가지 모순을 보게 되지만 사회의 죄악을 없앨 방법은 찾지 못하고 그저 사람들에게 '종교적 진리'에 따르는 삶을 살 것을 호소했다. 이런 관점은 단편 소설 《루체른 Lucerne》(1857)에서 반영되었으며 나중에 삶과 죽음, 행복과 고통을 탐구하는 《세 죽음》, 《가정의 행복》을 창작했다. 1860~1861년 유럽의 교육을 살펴보기 위해 다시 출국한 톨스토이는 게르친을 만나게 되고, 디킨스의 연설을 들었으며, 프루동을 만났다. 그는 러시아가 마땅히 소농경제를 기초로 이상적인 사회를 건설해야 한다고 생각했고 농민은 최고의 도덕적 이상의 화신이며 귀족은 '평민화' 해야 한다고 생각했다. 이런 생각은 중편 소설 《코사크》(1852~1862) 속에 확연하게 나타났다.

1863~1869년 톨스토이는 장편 역사소설 《전쟁과 평화》를 집필했다. 이 작품은 그의 창작 인생에 첫 번째 이정표가 되었다. 1873~1877년 그는 12번의 수정을 거쳐 대작 《안나 카레니나》를 완성했다. 그의 소설은 예술적으로 이미 최고의 수준에 올라 있었다. 1870년대 말 톨스토이는 세계관에 커다란 변화가 온 후 《참회록》(1879~1882)을 완성했다. 1880~90년대 창작한 주요 작품으로는 《어둠의 힘》(1886), 《문명의 열매》(1891), 중편 소설로 《악마》(1911), 《이반 일리치의 죽음》(1886), 《크로이체르 소나타 Kreytserova Sonata》(1891), 《하지 무라트 Khadzhi-Murat》(1886~1904), 단편 소설로는 《무도회의 밤》(1903)이 있다. 특히 1889~1899년에 완성한 장편 소설 《부활》은 그의 오랜 사상과 예술적 탐구의 총결정체라고 할 수 있으며, 또한 러시아 사회를 가장 전반적으로 비판한, 영향력 있는 걸작이었다. 그래서 세계문학의 불후의 작품으로 꼽힌다. 만년에 톨스토이는 소박한 평민의 생활을 추구했으며 자진해서 귀족의 칭호를 버렸다. 1910년 10월 집에서 나온 후 11월 7일 어떤 역에서 향년 82세로 세상을 떠났다.

톨스토이 상

톨스토이는 1870년에 《안나 카레니나》를 구상했지만 1873년에 이르러서야 집필에 들어갔다. 그에게 있어서 이 시기는 정신적인 고통의 시간이었다. 처음에 톨스토이는 상류사회의 기혼녀가 타락하는 이야기를 쓰려고 했다. 그러나 깊이 써 내려 갈수록 원래의 구상을 계속 수정하게 되었다. 소설의 처음에는 50일이라는 짧은 시간을 투자하여 완성하려고 했지만 톨스토이는 그 결과에 만족할 수 없어서 다시 그 수십 배의 시간을 들여 끊임없이 수정했다. 결국 12번의 대 수정을 거치고 4년이라는 시간이 지나서야 마침내 정식으로 출판될 수 있었다. 그때 소설을 쓰다 폐기한 원고의 높이만도 1미터가 넘는다고 한다. "모두 필요했기 때문에 수정했다." 톨스토이는 이 말을 입에 달고 다녔다. 확실히 《안나 카레니나》는 처음보다 수정된 것이 좋았다.

작가의 뼈를 깎는 노력 속에서 소설의 중심은 크게 변화했다. 제일 처음 '타락하게 되는 여인'(취향이 악질적이고 품행이 방정하지 못한 여인)으로 구상된 안나는 우아한 품격과 진정한 사랑과 행복을 추구하는 '반역적' 이미지의 인물로 변하여 세계문학에서 가장 반항 정신이 강한 여성이 되었다.

〈전쟁과 평화〉 영화 포스터

안나 카레니나는 페테르부르크의 고관 카레닌의 아내였다. 형편이 어려워진 오빠 오브론스키와 새언니 도리를 도와주려고 그녀는 페테르부르크에서 모스크바로 왔다. 그리고 기차역에서 근위병 우론스키와 만나게 되었다. 안나의 우아한 자태는 우론스키를 매료시켰지만 사람들은 모두 우론스키의 결혼 상대는 도리의 동생 키티라고 생각했다. 당시 키티는 우론스키에게 완전히 빠져 있었기 때문에 모스크바 귀족 집안 출신의 레빈의 구혼도 거절했다. 안나의 등장으로 도리와 오브론스키의 관계는 좋아졌지만 키티는 불행해진 것이다.

파티에서 우론스키는 안나에게 따뜻하게 대해주었고 마지막에는 그녀를 따라 페테르부르크로 갔다. 그의 이런 행동에 키티는 몹시 상심하게 되고 안나에 대한 깊은 반감을 갖게 되었다. 처음에 안나도 자신의 열정을 계속 억누르고 있었지만 우론스키의 광풍 같은 사랑에 결국에는 오랫동안 마음속에 잠들어 있던 사랑의 불꽃을 불태웠다. 마침내 둘은 주변 상황은 전혀 상관하지 않고 만나기 시작했다. 얼마 후 안나는 우론스키의 아이를 임신했다. 그러자 우론스키는 안나에게 남편과의 이혼을 요구했지만 안나는 큰 아들

만년에 직접 밭을 갈았던 톨스토이의 모습을 그린 유화

때문에 결정을 망설였다.

　어느 날 안나는 남편 카레닌과 성대한 경마대회를 보러갔다. 그곳에서 그녀는 장애물을 뛰어넘은 우론스키가 실수로 말에서 떨어지는 것을 보고 자신도 모르게 큰 소리를 내고 말았다. 그녀의 이상한 행동은 남편의 의심을 사게 된다. 집으로 돌아오는 길에 마침내 안나는 자신과 우론스키의 관계를 인정했다. 분노한 카레닌은 일을 크게 만들면 집안의 분란만 가져올 뿐 아니라 자신의 명예와 장래에도 좋지 못한 영향을 미칠까봐 두려웠다. 그래서 그는 안나에게 모든 것은 현상 그대로 유지하되 우론스키를 집안으로 끌어들이지 말라고 했다.

　한편 키티에게 구혼을 거절당한 레빈은 자신의 장원으로 돌아가 버렸다. 그는 농업에 대한 새로운 발전 방법을 모색하고 외국의 경험을 배우기 위해 출국했다. 그리고 돌아오는 길에 우연히 키티를 다시 만났다. 도리의 주선으로 둘은 결국 그간의 서먹함을 없애고 금방 결혼에 이를 수 있었다.

　얼마 후, 안나는 딸을 낳지만 분만할 때 걸린 산욕열 때문에 큰 병을 얻고 말았다. 병세가 위급하자 그녀는 남편에게 용서를 구하고 우론스키와 만나게 해 달라고 요청했다. 그녀의 병세에 놀란 남편은 눈물을 머금은 채 우론스키에게 안나의 곁에 있어달라고 먼저 손을 내밀었다. 그리고 우론스키도 자신의 부끄럽고 옹졸한 행동을 깊이 반성하고 총으로 자살하려 했지만 미수에 그치고 말았다. 병이 나은 안나와 우론스키는 또 다시 사랑의 감정을 억제하지 못했고 결국에 둘은 모든 것을 버리고 외국으로 도피를 한다. 두 사람은 유럽에서 3개월을 지내다 마음이 허전하고 무료해졌을 때 쯤 귀국했다. 그러나 상류사회의 사람들은 차가운 눈빛으로 그들을 맞이했고 안나는 가는 곳마다 냉

러일전쟁 시기 톨스토이는 평화를 기원했다.

대를 받았다. 우론스키는 사회의 여론에 참여하고 싶고 다시 사교계로 진출하고픈 욕망에 굴복하여 사교행사에 참석하게 되었다. 그러나 그로 인해 안나와 자주 언쟁을 벌이게 되었고 냉정해진 안나는 우론스키가 다른 여자를 사랑하게 될까봐 몹시 걱정했다. 한 번은 언쟁을 벌인 후 우론스키가 갑자기 나가버렸고 절망한 안나는 마침내 자신이 모욕당하고 버림받은 사람이라는 것을 알게 되었다. 그녀는 우론스키와의 첫 만남을 떠올렸다. 삶에 대한 의지가 순식간에 사라지자 안나는 달려오는 기차로 뛰어든다.

레빈과 키티의 생활은 여전히 편안하고 행복했다. 농업개혁이 그다지 순조롭지는 않았고 레빈도 한때 고통스런 방황의 시기를 겪기 했지만 둘은 하나님에 대한 신앙으로 삶의 고난과 한가로움, 남을 기쁘게 하는 아름다움을 함께 하기로 결심했다.

독서 지도와 논술 지도

《안나 카레니나》는 두 개의 주요한 줄거리와 한 개의 부차적 줄거리로 이루어져 있지만 전체적으로는 농노제 개혁 이후 '모든 것이 막 안정되어 가는 시기'의 정치, 경제, 도덕, 심리 등 다방면의 상황과 갈등을 소재로 하고 있다. 안나가 추구하는 자유연애라는 줄거리를 통해 소설은 봉건주의 가족관계의 와해와 도덕의 상실을 표현했다. 그리고 레빈과 키티의 사랑과 농촌개혁을 위한 탐색이라는 줄거리를 통해 자본주의가 농촌에 들어온 후 지주 경제가 직면하게 되는 여러 가지 위기를 묘사하고 있다. 그리고 도리와 오브론스키라는 부차적인 줄거리는 앞의 두 주요 줄거리를 교묘하게 연결시켜 주고 있다. 이 세 줄거리는 서로 대응하고 서로 참조하면서 세 가지 다른 유형의 가정 모델과 생활 방식을 그려낸다. 작가는 이 세 줄거리 속에서 러시아 모스크바에서 시골까지 광활하고

관련링크 《전쟁과 평화》는 톨스토이의 가장 대표적인 작품이다. 소설은 네 가족의 관계를 실마리로 하여 당시 러시아의 도시부터 시골의 광활한 생활 모습까지 묘사했다. 또한 1805~1820년 사이 발행했던 중대한 역사적 사건들, 특히 1812년 쿠투조프 장군의 대 나폴레옹 전쟁을 반영했으며, 러시아 국민들의 애국심과 영웅적인 투쟁정신을 노래했으며, 주로 러시아의 미래와 운명, 특히 귀족의 지위와 나아갈 방향을 탐구했다. 방대한 구조와 많은 인물들, 생생한 이미지가 가득한 이 소설은 역사시와 편년체적인 특색을 가진 대작이다.

《부활》은 톨스토이 만년의 대표작이다. 그때는 작가의 세계관에 많은 변화가 있었다. 작가는 지주귀족계급의 전통적인 관념을 버리고 농민들의 눈으로 사회의 각종 현상들을 새롭게 관찰했다. 남녀주인공의 불운을 통해 제정 러시아의 현실, 사람의 목숨을 하찮게 여기는 법정과 무고한 백성을 가두는 감옥, 휘황찬란한 교회와 초췌하고 남루한 범인, 황폐하고 파산한 농촌과 사치스런 수도, 망망한 시베리아와 수갑과 족쇄를 찬 정치범 등을 남김없이 묘사했다. 톨스토이는 가장 분명한 현실주의 태도로 당시의 현실을 강렬하게 비판했다.

다채로운 풍경을 묘파했다. 그리고 150여 명의 등장인물을 묘사하여 백과사전식의 방대한 작품을 만들었다.

안나라는 이 반역적인 이미지는 이 작품에서 중요한 위치에 있다. 현대의 독자들에게 안나의 행동이 특별하지 않을 수도 있지만 당시에 이런 이미지는 일부 작가들에게는 묘사하기 싫어하는 인물이었다. 그래서 이런 인물에 대한 톨스토이의 성공적인 창조는 특별한 의미를 가진다. 안나는 개성 해방 사상을 가진 귀족부인이라고 볼 수 있는데 그녀가 추구하는 것은 개인의 사랑과 자유이기 때문에 이를 드러내기 위해 반항의 형식을 이용한 것이다. 그녀가 전체 상류사회에 대항하고 감히 사회의 논리와 도덕의 반역자가 되었다는 것은 분명히 큰 의미를 갖는다. 물론 안나는 어머니로서의

역할과 아내로서의 의무를 버렸기 때문에 독자들의 질책을 받아야 한다. 이런 이유들로 인해 안나의 이미지는 복잡해졌다. 그런데 이 복잡함은 다시 작가의 사상적 모순과도 어느 정도 관련이 있어 보인다. 안나의 죽음과 레빈 가족의 행복을 대비하는 것도 어떤 의미에서 보면 뭔가 암시를 준 것이라고도 할 수 있다.

명나 더 알기

로맹 롤랑이 쓴 《톨스토이의 생애》에서는 톨스토이를 "러시아의 위대한 영혼이며 백 년 전 대지 위에 화염을 일으켰으며 우리 청춘시대의 순결한 빛을 비추었다. 19세기가 끝나가는 황혼에 그는 인간을 위로하는 큰 별이다."이 작품이 출판되었을 때 반응이 엄청났었다. 도스토예프스키는 이 책을 '선하고 아름다운 예술 걸작이며 현대 유럽문학에서 이만한 작품도 없다.'고 평했으며 심지어는 편지에서 톨스토이를 '예술의 신'이라고 불렀다. 레닌 또한 이 작품에 깊이 매료되었으며 그는 이렇게 말했다. '톨스토이는 자신의 작품에서 이렇게 많은 문제들을 제기할 수 있고 이렇게 엄청난 예술적 역량에 도달할 수 있었기 때문에 그의 작품은 세계문학에서도 최고의 자리에 있는 것이다.'

예술적 업적으로 보면 몇 개의 줄거리가 서로 대조되면서도 상호 보완하도록 하는 '아치식' 구조는 작가가 창조한 것이다. 이런 구조는 이후 장편 소설에 매우 중요한 본보기가 되었다. 그 밖에 심리 묘사에 있어서 세밀함과 정교함, 그리고 소설 속에 군데군데 존재하는 인물의 내면 독백은 매우 효과적이다. 이 책이 출판되었을 때 사람들은 이 작품이 러시아 문학이 한번도 도달한 적이 없던 최고의 수준에 다다랐다는 것을 알았다. 톨스토이는 러시아 현실주의의 우수한 전통을 계승하고 발전시켰을 뿐 아니라 19세기 현실주의 예술 자체를 최고봉에 올려놓았다.

더버빌가의 테스

토마스 하디 Thomas Hardy   Tess of the D'Urbervilles

작가 소개

19세기 말 영국의 현실주의 문학의 대가 토마스 하디는 1840년 6월 2일 잉글랜드의 도싯주에서 태어났으며 1928년 1월 11일 세상을 떠났다. 젊은 시절 많은 책을 읽었던 그는 항상 시인이 되고 싶어했다. 그러나 런던에서 건축사의 조수로 일하면서 건축 일을 하게 되었고 건축 방면으로 상까지 받았다. 그의 소설이 구조적으로 균형이 잡힌 것도 건축을 배우면서 익힌 것이라고 할 수 있다.

그는 5년이라는 시간을 들여 시에 몰두했지만 27세에 단호히 소설로 전향했다. 2년 후 그는 첫 번째 단편 소설을 쓰지만 조지 메레디스의 권고로 출판하지 않았다. 1871년 그의 첫 번째 소설 《최후의 수단》이 세상에 나왔다. 그 후 25년 동안 그는 14편의 소설과 2편의 장편 소설집을 발표했다. 《녹음 아래서Under the Greenwood Tree》(1872)는 그의 '예술의 정교함이 최고에 달한 작품'이었다. 《광란의 무리를 떠나 Far from the Madding Crowd》(1874)는 그가 처음으로 성공한 작품이었다. 그 후에 《귀향 Return of the Native》, 《더버빌가의 테스》, 《미천한 사람 주드 Jude the Obscure》를 발표했다. 그는 58세가 되어서야 첫 번째 시집을 출판했다. 그리고 64세 때 발표한 대서사시극 《제앙 The Dynasts》은 문단에 큰 반향을 불러일으켰다.

◎ 배경 소개

《더버빌가의 테스》, 이 소설은 모욕당한 시골처녀 테스의 비참한 운명을 그리고 있다. 자신의 두 손으로 살아가고자 했던 테스는 개인의 최소한의 행복권을 추구하는 순박한 소녀였다. 그러나 사회의 권력은 이 연약한 여자를 그냥 놔두지 않았으며 결국 그녀를 비극으로 몰아갔다. 소설은 19세기 말 자본주의가 침투한 영국 농촌에서 일어난 소농경제의 해체와 개인 농민들의 파산과 빈곤의 고통스런 과정을 생생하게 묘사하고 있다. 이 작품의 반종교적이고 반봉건적인 도덕, 그리고 자산 계급 법률에 반대하는 생각은 당시 영국 상류사회의 반발을 불러왔다. 그러나 많은 독자들의 사랑을 받았던 이 책은 출판되자마자 많은 언어로 번역되

토마스 하디 상

었으며, 수 차례 스크린으로 옮겨져 하디에게 세계적인 명성을 가져다주었다.

◎ 작품 감상

말롯의 장사꾼 존 더버빌은 자신이 귀족 더버빌의 직계 후손이라는 것을 알게 되자 갑자기 의기양양해졌다.

그의 아내는 건강하고 천박한 여자였지만 아이들에게는 부드러운 엄마였다. 아내는 자신들이 고귀한 신분이었다는 말을 듣자마자 터무니없는 생각을 했

자연주의 걸작 《더버빌 가의 테스》은 은막으로 옮겨지기도 했다. 폴란스키 감독은 영화에서 자연주의 화가 밀레를 모방하여 영화를 완성했다.

다. 그녀는 자신의 아름다운 딸에게 신분에 걸맞는 좋은 집안과 짝을 맞춰줘야겠다고 생각했다. 그래서 딸 테스에게 같은 성을 가진 부호의 집에 가서 일하라고 부추겼다.

그래서 이 순진한 소녀는 파산의 지경에 이른 자신의 집안형편에 조금이나마 도움을 주려는 생각으로 귀족신분을 산 집안에 가서 가축을 돌보는 일을 한다. 그러나 그녀는 그 집안의 젊고 방탕한 아들 알렉의 희생양이 되고 말았다. 얼마 뒤 모든 환상이 깨져버린 소녀는 말롯으로 되돌아왔고 작고 마르게 태어난 아이가 죽을 때까지 우울하게 혼자 살게 된다.

몇 년간 반성의 시간을 보낸 테스는 다시 집을 떠나 젖 짜는 일을 하게 되었다. 이번에 그녀가 간 곳은 젖소들을 방목하는 산속에 있는 비옥한 농장이었다. 그곳에서 테스는 엔젤 클레어를 만나게 되었다. 그는 엄격하고 열정적인 보수파 목사의 작은 아들이었다. 국교를 믿지 않고 목사가 되기를 원치 않았던 엔젤은 부친에게 실망을 많이 안겨주었다. 그래서 그는 시골 관리로 지내면서 각 농장에 대한 전문적인 연구를 하고 있었다. 교양과 이상이 있으며 동정심 많은 엔젤은 테스의 눈에 신과 같은 존재였다. 한때 그녀는 결

명언명구

● 그녀가 이야기를 마치고 나자 그들이 예전에 깃거에 속삭였던 여운은 마치 그들의 머리 한 구석에 밀린 듯이 그곳에서 자끄만 되살아났다. 예전에 그들의 행동은 전부 맹목적이었고 어리석었다.

● 즐거움을 찾는 것은 원래 자연적으로 생기는 것이며 저항할 수도 없는 보편적으로 존재하는 것이다. 또한 제일 높은 곳에서 제일 낮은 곳까지 모든 생명에게 주입된 것이다.

관련링크 영국문학사에서 하디
는 두 세기를 뛰어넘어 단테와 같은
독보적인 위치를 차지하고 있다. 그는
영국문학의 교량이었다. 그는 자신의
현실주의 창작을 통해 영국문학의 전
통을 계승하고 발전시켰으며 또한 자
신만의 독특한 창작 모델을 통해 전
통과 당대 문학을 연결시켰다. 20세
기 이후 하디는 당시 영국에서 가장
유명한 작가가 되었으며 많은 존경을
받았다. 하디는 그의 장편 소설을 성
격 및 환경 소설, 로맨스와 환상 소
설, 경험 소설로 나누었다. 그 중 가
장 큰 성공을 거둔 것은 성격 및 환경
소설이다. 이 소설들은 도셋셔와 그
부근 농업지역을 배경으로 하고 있어
서 '웨섹스 소설(도셋셔 Dorsetshire
는 웨섹스Wessex지방에 있다)'이라
고도 부른다.

혼을 하지 않겠다고 맹세했다. 그렇지만 일하면서 그와 부딪히다
보니 둘은 점점 가까워졌고 테스는 결국 사랑의 그물에 걸리고 말
았다.

사랑의 진실이 분명해지자 테스는 이 남자에게 자신이 어떤 존
재인지를 확실히 알 수 있었다. 그녀는 매번 뒤로 물러섰지만 그의
따뜻함에 그녀의 단호했던 마음은 무너졌다. 테스는 그에게 모
든 것을 밝히려고 했지만 점점 그럴 기회가 없어져갔다. 결국 억지
로 결혼식 날짜가 잡히고 식이 열리기 일주일 전 그녀는 네 장의
고백편지를 써서 그의 방 문 아래로 밀어 넣었다. 그러나 그 편지
는 누가 일부러 그런 것처럼 카페트 속에 들어가 있었다. 결혼식
날 이른 아침이 되어서야 테스는 편지가 그 속에 그대로 있는 것을
알게 되었다. 그러나 때는 너무 늦어버렸고 그녀는 그 편지를 찢어
버릴 수밖에 없었다. 테스와 엔젤은 옛날에 쓰던 육중한 골동 마차
(옛 더버빌 가의 상징)를 타고 교회로 갔다. 둘이 마지막으로 떠날 때
흰 수탉이 세 번 울었다. '오후의 닭 울음소리'는 목장 사람들에게
불길한 징조로 들렸다.

엔젤은 현실적이면서도 낭만적인 분위기가 넘치는 사람이었다.
그는 자신의 사랑스런 신부를 오래된 농가로 데리고 갔다. 그곳이
옛 더버빌 저택의 버려진 가옥이었다. 뜨거운 화로 앞에서 신랑은
경모하는 마음으로 아내의 손을 꼭 쥐고는 한때 자신이 창녀와 지
낸 적이 있다고 고백했다. 그는 자신감 있게 그녀에게 용서를 구했
고 그녀도 기꺼이 용서했다. 그리고 진정한 희망의 빛이 솟아오르
는 것을 느낀 테스는 자신의 비통한 과거를 고백했다.

성인 남자의 방탕한 행동과 무지하고 순진했던 소녀의 거짓! 그
러나 이 남자는 이 여자를 용서할 수 없었다. 엄격한 부친의 규율
과 불공평한 사회 제도가 그를 꽁꽁 묶어 버렸던 것이다. 인류 해
방을 주장하던 엔젤은 더 이상 존재하지 않았다. 며칠 뒤 그들은

겉으로만 친한 척했지만 속으로는 소원해졌다. 테스의 유일한 희망은 그녀가 숭배하던 사람을 기쁘게 하는 것이었다. 그래서 그의 태도를 묵인할 수밖에 없었다. 테스는 처음으로 이 불공평한 운명에 맹렬하게 반항했지만 자신을 변호하려는 어떠한 노력도 할 수 없었다. 그녀는 더 이상 순결하고 천진무구한 농가의 소녀가 아닌 몰락집안의 잔해일 뿐이었다. 그들은 잠시 헤어져 있기로 했다. 엔젤은 화를 내며 떠났고 테스는 조용히 집으로 돌아왔다. 절대 비밀을 털어놓지 말라고 신신당부했건만 결국에는 사실을 말해버린 딸에게 어머니는 심하게 화를 냈다. 그리고 아버지는 술을 마시고는 테스에게 귀에 거슬리는 말을 해댔고 테스는 담담히 집을 떠났다. 그녀는 자신의 생활비의 반을 부모에게 보내면서 부모님에게는 남편을 찾아 같이 지내고 있다고 했다.

그런데 테스는 엔젤의 집안에서 주는 모든 도움을 거절했다. 여름에 농장에서 쉽게 일자리를 찾았지만 겨울이 되자 집에다 보내는 생활비가 너무 많아져서 그녀는 빈곤한 삶에 처하고 말았다. 하루하루 그녀는 목표 없이 떠돌아다녔고 결국에는 백악기 고원지대

까지 왔다. 죽음의 기운이 가득한 황무지에서 그녀는 가장 천하고 가장 힘든 일을 찾았다. 고용주는 가혹하고 모진 시골 늙은이였고 그는 테스를 몹시 증오했으며 그녀에게 심한 고통을 안겨주었다.

어느 날 터무니없는 말로 자신만만하게 창고의 농부를 욕하는 자가 있었다. 영원히 잊혀지지 않는 그 목소리, 순간 테스는 창고 문 앞에서 멈춰버렸다. 밀 자루가 쌓여있는 곳에 알렉이 서있었다. 그는 신성해 보이려고 구레나룻을 길렀고 목사 같은 검은 옷을 입고 있었다. 그의 짐승 같은 욕구는 열정으로 변했고 이러 저러 굴리는 눈은 아주 정직해 보이는 듯한 빛을 내뿜었다. 그녀가 오솔길을 갈 때 그가 쫓아왔다. 그는 테스에게 용서해달라고 구걸하며 잘못을 보상해주겠다고 했다. 테스는 계속해서 단호한 말로 거절했지만 알렉의 행동을 중단시키지는 못했다. 그는 하루 종일 테스의 주변을 맴돌았다. 그는 결혼증명서와 신성한 서약서를 들고 와 그녀를 설득했다. 테스의 아름다운 모습에 알렉은 옛 정이 다시 불타오르는 것을 느꼈다. 그는 새로 걸친 종교복장을 벗어버렸고 개과천선하겠다는 결심도 흘려버렸다. 그는 온갖 방법을 동원하여 테스를 유혹했다. 불쌍하고 절망스러운 테스, 그녀의 신경은 이제 과도한 노동의 고통으로 거의 마비가 될 지경이었고 이 남자를 멸시하면서도 자신이 처한 위험을 제대로 알지 못했다. 결국 아버지가 세상을 떠나자 테스의 전 가족은 거리에 나앉게 되었다. 이 일로 테스의 운명이 결정되고 말았다. 기댈 곳이 없던 어머니와 동생들을 마지막으로 구제하기 위해 그녀는 운명에 굴복하고 만 것이다. 조용히 하늘이 내린 운명을 받아들인다는 마음으로 돌이킬 수 없는 길을 걷게 된 것이다. 결국 그녀는 직접 알렉을 죽였다.

질병과 회한의 고통으로 쇠약해진 엔젤은 잃어버린 신부를 다시 찾아왔다. 그는 마침내 끝없는 사랑과 비참한 결혼이 그녀를 어떻게 만들었는지 이해하게 되었다. 그는 따뜻한 두 팔을 벌렸다. 둘은 아이처럼 인적이 드문 길을 여행하면서 세상과 죄를 모두 잊어 버렸다.

5일 동안 둘은 목가적인 생활 속에 살았다. 여섯 째날 밤 고대 이 교도들의 태양신 제로로 유명한 폐허 스톤헨지에서 테스는 자신을 구해달라고 기도했다. 여명이 떠오르고 수사관들이 도착했다. 은색의 지평선 위에 희미하게 그들의 검은 그림자가 나타났다. 그들은 잔혹하고 무정하게 포위망을 만들고 그 옛날의 제사가 있을 때처럼 태양의 빛이 희생물에게 비쳐 모든 신들이 버린 테스가 깨어날 때까지 기다렸다. 그녀는 조용히 그들을 보았다. "나는 준비됐어요." 라고 그녀는 말했다.

사방에 금속 두드리는 소리가 아침 공기를 흔들었다. 부근의 작은 산에는 정신이 나간 듯한 사람이 꼼짝하지 않고 음침한 감옥의 깃대를 응시하고 있었다. 엔젤에게 테스가 갇힌 감옥은 생명이 곧 끊어지는 이 시점에 너무나 큰 의미로 다가왔다. 검은색의 깃발이 천천히 소리 없이 깃대 위로 올라갔고 이른 아침의 공기는 싸늘했다.

독서 지도와 논술 지도

'순결한 여성'이라는 부제가 붙은 것처럼 《테스》는 여주인공을 동정하는 작가의 인도주의적인 입장이 잘 나타나 있다. 그리고 이것은 자산계급의 도덕에 대한 대담한 도전이기도 하다. 토머스 하디는 셰익스피어의 말을 인용하여 이 책의 서문을 썼다. '이 불쌍한 상처받은 이름이여! 침대 같은 내 가슴에 너를 길러주리.' 테스는

맨나더론

에번스는 《영국 문학간략사》에서 이렇게 말했다. "그(하디)의 소설을 읽고 나면 가장 마지막으로 남는 인상은 사악한 운명이 사람들의 삶에 끼치는 영향이다. 그것은 행복을 무너뜨릴 수도 있고 비극으로 이끌 수도 있다."

영국 문학의 한 연구자는 이렇게 지적했다. '하디는 19세기 빅토리아 시대의 상투적인 패턴을 벗어나 근대 자본주의의 조건 하에서 살고 있는 사람들의 느낌을 표현했다. 그의 비극적인 생각은 현대주의 정신과 긴밀하게 통하며 영국 소설사에서 현대주의의 시작이 되었다.

작가가 작품 곳곳에서 보호했던 인물이며 예술적으로 성공한 인물이다.

작가는 테스에게 노동하는 여성의 모든 아름다움을 부여했다. 강인하고 근면하며 반항적인 것이 그녀의 특징이다. 스스로의 힘으로 살겠다는 자존심과 의지력으로 그녀는 어려움과 고난 앞에서도 언제나 강인했고 많은 위험에서도 다시 되살아났다. 그녀는 자산계층의 사회와 그 허구의 도덕을 증오했으며 끊임없이 그것과 투쟁했다. 허영과는 거리가 멀었던 그녀는 자신의 조상이 귀족 출신이었다는 사실을 전혀 신경 쓰지 않고 계속 농민의 성을 그대로 썼다. 엔젤에 대한 그녀의 사랑은 진실한 것이며 고귀한 것이었다. 종교에 대한 테스의 반항도 대담하고 단호했다.

작가는 테스를 사회의 희생양이라고 생각했기 때문에 그런 사회를 몹시 미워하고 폭로했으며 여주인공을 동정했다. 그러나 다른 한편으로는 테스를 운명의 희생양으로 보았기 때문에 반항조차 헛되게 결말을 비극으로 만들었다.

〈더버빌 가의 테스〉 표지

허클베리 핀의 모험

마크 트웨인 Mark Twain THE ADVENTURES OF HUCKLEBERRY FINN

작가 소개

미국 작가인 마크 트웨인(1835~1910)은 필명이고 본명은 새무얼 랭혼 클레멘스 Samuel Langhorne Clemens 이다. 그는 미시시피강 유역의 한니발이라는 작은 농촌 마을의 가난한 판사 집안에서 태어났다. 어려서부터 기예를 익히려 다니기도 하고 인쇄공 일을 하기도 했으며 미시시피 강의 선원, 남군 사병, 목재업, 광업, 출판업까지 다양한 직업을 거쳤다. 나중에 기자 일을 하게 되면서 유머를 쓰게 됐다. 마크 트웨인은 미국의 비판적 현실주의 문학의 선구자이며 세계적으로 유명한 단편 소설의 대가이다. 그는 미국이 '자유' 자본주의에서 제국주의로 변해가는 과정을 겪었기 때문에 그의 사상과 창작도 가벼운 유머에서 신랄한 비판까지 그리고 비판적 염세주의 단계로 발전했다. 마크 트웨인의 이름이 알려지게 된 것은 1867년 《캘러베러스 군(郡)의 명물 뛰어오르는 개구리 The Celebrated Jumping Frog of Calaveras County》가 발표되면서였다. 그의 초기 작품은 단편 소설 《Running for Governor》(1870), 《철부지 해외여행기 The Innocents Abroad》(1870) 등과 같이 유머와 골계의 수법으로 미국 '민주선거'의 황당무계함과 '민주 천국'의 본질을 비웃었다. 중기 작품은 장편 소설 《도금시대》(1873 C. D. 워너와의 공저), 대표적인 장편 소설 《허클베리 핀의 모험 Adventures of Huckleberry Finn》(1884), 《멍청이 윌슨 Puddinhead Wilson's Calendar》(1893) 등과 같이 무겁고 신랄한 필치로 전염병처럼 퍼져 있는 미국의 투기와 배금주의, 암울한 사회현실, 잔인한 인종 차별을 풍자하고 파헤쳤다. 19세기 말 미국이 제국주의 단계로 들어서면서 마크 트웨인의 작품은 《적도를 따라서 Following the Equator》(1897), 중편 소설 《하드리버그를 타락시킨 사나이 The Man That Corrupted Hadleyburg》(1900), 《괴상한 타관 사람 The Mysterious Stranger》(1916)과 같이 비판적 폭로의 의미가 점차 약해지고 절망적이고 신비한 정서가 늘어났다. 마크 트웨인은 '미국 문학의 링컨'으로 불린다.

◎ 배경 소개

허클베리 핀은 《톰 소여의 모험》과 《허클베리 핀의 모험》에서 활약하던 주인공이다. 마크 트웨인은 '핀'이라는 성을 그의 어린 시절 고향 미주리주 한니발에서 보았던 한 술꾼 유랑자 지미 핀 Jimmy Finn의 성에서 따왔다고 한다. 그러나 성격은 또다른 유랑자 톰 블랜캔십 Tom Blankenship에서 영향을 받았다. 트웨인은 톰을 마을에서 '진정으로 독특한 행동을 할 수 있었던 유일한

마크 트웨인

인물'이었다고 칭찬했다. 그리고 허클베리는 맥주를 만들 수 있는 야생 장과에서 따온 것이다. 트웨인은 주인공에게 거리낌 없는 색깔과 평민적인 이미지를 부여해주려고 그런 이름을 붙였다. 그러고 보면 허클베리가 반항적인 성격을 가진 것도 결코 우연은 아니다. 그리고 어떤 설에 따르면 마크 트웨인은 주인공 '허클베리 핀'의 발음이 자신의 이름과 발음이 비슷하기 때문에 골랐다고도 한다. '허크'의 발음과 '마크'가 비슷하고 '핀'의 발음이 '트웨인'이 유사하다는 것이다. 허클베리 핀과 마크 트웨인은 물론 동일 인물은 아니지만 어느 정도에서 둘은 마음이 통한다고 할 수 있다. 많은 자료를 보아도 시골에서 자라서 혼자 공부한 마크 트웨인은 이 작품의 주인공을 형상화하는데 심혈을 기울였으며 그 이름도 심사숙고한 끝에 만들어진 깊은 뜻을 가진 것이 분명하다.

◎ 작품 감상

문학 키워드

엘리자베스의 애칭이 "리즈"인 것처럼 허클베리 핀의 애칭은 "허크"이다.

이 작품은 《톰 소여의 모험》에 이어서 나온 것이다. 톰 소여와 허클베리 핀, 이 두 장난꾸러기는 가난한 마을 세인트피터즈버그에서 큰 소동을 일으켰다. 둘은 맥두갈 동굴에서 놀다가 흉악한 살인범 인디언 조의 해골과 금화 상자를 발견했다. 그 돈은 인디언 조가 훔쳐서 동굴 안에 숨겨둔 것이었는데 출구를 찾지 못한 조는 동굴 안에서 굶어 죽었다. 톰과 허크는 그 돈을 반반 나누었다. 순식간에 부자가 된 둘의 이야기로 마을은 술렁거렸다.

그런데 더글라스 미망인이 떠돌이 허크를 맡아 키우면서 나중에 허크가 자라 장사를 할 때 주겠다며 돈도 몰수했다. 허크는 이제 더글라스 부인의 집에 살게 되었지만 천성적으로 더글라스 집안의 엄격한 교육을 참을 수가 없어서 자주 집을 나왔다. 그때 마침 한 번도 얼굴을 비추지 않던 허크의 아버지라고 하는 자가 나타나 허크와 함께 돈을 가지고 가버렸다. 허크의 아버지는 유랑자에다 술

〈톰 소여의 모험〉 중의 한 장면. 장난기 넘치는 톰이 뗏목을 타고 신성한 탐험을 떠나고 있다.

꾼이었다. 그는 술에 취하기만 하면 일을 저질렀다. 이 때문에 골머리를 앓던 마을 사람들이 결국에는 그에게 허크를 데려가도 좋다고 허락하고만 것이다. 그런데 이 사람은 불쌍한 허크를 일리노이주 근처의 오래된 통나무집에 가두고 말았다. 그러나 똑똑했던 허크는 미시시피강이 만조했을 때를 틈타 도망친다. 잭슨 섬으로 도망친 허크는 그 섬에서 우연히 더글라스 부인의 여동생 집에서 일하던 흑인 노예 짐을 만나게 되었다. 짐도 너무나 과중한 일을 참지 못하고 섬으로 도망친 것이었다. 둘은 함께 섬에서 숨어 지내다 수색하던 사람에게 발견되자 뗏목을 타고 도망쳤다. 그러나 그들의 뗏목은 항해 중이던 증기선과 부딪히게 되고 허크와 짐은 강에 빠졌다. 허크는 부유한 상인에게 구조됐지만 나중에 그들은 많은 분쟁과 총격전에 휘말리게 되었다. 얼마 후 허크와 짐은 다시 만나게 되는데 이번에는 자칭 '젊은 공작'과 '늙은 국왕'이라고 하는 두 명의 떠돌이에게 사기를 당한다. 이 두 사기꾼은 허크와 짐에게 여러 가지 사기 수법을 가르쳐서 시내로 보내 돈을 뜯어오라

마크 트웨인, 자신의 집에서 찍은 사진. 이곳에서 그는 수많은 사람들의 입에 오르내리는 멋진 소설을 완성했다.

고 하거나 시골로 가서 시골 사람들을 우롱하게 했다. 어떤 때는 사람이 죽은 집에 가서 사기를 치고 돈을 빼앗아오는 등 정말 온갖 나쁜 짓을 다 하고 다녔다. 나중에 힘들게 배로 도망친 허크는 짐을 찾아보지만 찾지 못했다. 왜냐하면 그때는 이미 그 사기꾼이 짐을 펠부스 가에 팔아버린 뒤였기 때문이었다. 그 사실을 알게 된 허크는 톰과 함께 짐을 구해낼 방법을 상의한다. 아슬아슬한 모험 끝에 그들은 결국 펠부스 가에서 짐을 구해냈다. 그러나 도망 중에 톰이 다리에 총상을 입게 되고 할 수 없이 톰을 데리고 마을로 갔던 짐은 잘못하여 잡히고 말았다. 그 때 펠부스 부인이자 톰의 숙모 폴리가 마을에 왔다. 그녀는 더글라스 부인의 여동생이 이미 죽었다는 소식을 전한다. 그리고 더글라스 부인의 동생이 죽으면서 짐을 자유의 몸으로 회복시켜 주었다고 말한다. 그리고 허크의 아버지도 죽어서 허크는 자유의 몸이 되었다. 결국 폴리 숙모는 허크를 맡아 기르기로 한다. 전에 더글라스 부인의 집에서 고생을 했던 허크가 이번에는 문명교육을 제대로 견뎌낼지 모르겠다.

 메모장

《허클베리 핀의 모험》은 미국 문학의 걸작일 뿐 아니라 미국 문화에서도 위대한 작품이다. 200여년 전(1984) 미국 문단에서는 이 책의 출판 100주년을 기념하여 성대한 경축행사와 학술토론을 열었으며 전문 학술지를 출판했다. 오로지 한 대작가의 한 작품을 위하여 그렇게 큰 기념 행사를 연 것은 세계 문단에서도 흔한 일이 아니다. 미국의 유명 작가 헤밍웨이는 "모든 현대 미국문학은 한 권의 책으로부터 왔는데 그것이 바로 마크 트웨인의 《허클베리 핀의 모험》이다……. 이 작품은 우리가 가진 책 중에서 가장 훌륭하다. 모든 미국문학은 이 책에서 시작되었으며 그 이전 혹은 그 이후에도 이만한 작품은 나오지 않았다."고 했다. 다른 유명 작가 T. S. 엘리엇, 윌리엄 포크너도 유사한 평가를 내렸다. 이 작품이 세상에 나오자 세계각국의 사람들의 사랑을 받았다. 미국의 러시아 문학전문가 브라운 교수도 '러시아에서 초등학생이면 누구나 《톰 소여의 모험》과 《허클베리 핀의 모험》을 읽는다'고 했을 정도로 작품의 영향력이 크다.

독서 지도와 논술 지도

《허클베리 핀의 모험》은 발표되자마자 전 세계 독자들의 큰 사랑을 받았다. 이 작품은 미국과 세계의 독자들에게 독특한 미국식 유머와 서부 개척시대 수많은 사람들이 씩씩하게 황무지를 개간할 때의 이야기를 보여주었다. 작가는 어린이의 모험과 넓은 사회 현실을 연결시키면서 작품의 현실주의 묘사와 전기적인 낭만주의 정서를 결합시켰다. 그 속에는 예리한 폭로와 유머, 신랄한 풍자도 적지 않아 마크 트웨인의 독특한 유머 예술을 보여주었다. 이 작품은 생동감 있는 속어가 많이 등장해서 작품의 정취를 한층 더해준다.

사람들의 깊은 인상을 받은 《허클베리 핀》은 바로 미시시피 강의 정신을 상징하며 이 아이에게는 서사시의 영웅주의적인 면도 갖고 있다. 한편으로 이 인물은 자유에 대한 작가의 갈구와 지나가버린 어린시절의 아름다운 기억을 소재로 하고 있다. 그리고 하층민 출신의 허크가 꿈꾸는 그런 자유, 그런 '새로운 문화'는 바로 작가 자신이 인생의 경험과 미국 사회의 역사 발전 속에서 얻어낸 것이다. 그래서 그는 문화적인 의

《허클베리 핀의 모험》은 한때 미국의 일부 도서관에서 축출되기도 했다. 그 이유는 심사위원이 마크 '미국문명 '을 깔보고 현존 '사회질서 '에 도전을 제기해 대담하게 공개적으로 기독교의 교의를 조롱했다고 생각했기 때문이었다. 예를 들면, 그가 흑인 짐이 도망가도록 도와준 후 "좋아, 그러면 지옥에 가려면 가라라."라고 했는데 이 말을 반역적인 선언으로 해석했던 것이다. 이 그림은 마음 속에 온통 '낚시와 사냥으로 먹고 살면서' 술주정뱅이 아버지의 밑에서 도망치기만을 생각하고 있는 허클베리 핀의 모습이다.

관련링크 《톰 소여의 모험》은 마크 트웨인의 4대 작품 중 하나이며 《허클베리 핀의 모험》의 자매편으로 1876년에 처음 출판됐다. 사실 《허클베리 핀의 모험》은 《톰 소여의 모험》의 속편이다. 이 소설은 톰 소여를 중심으로 하는 아이들의 천진난만한 생활을 그리고 있다. 그들은 지루한 공부와 허구의 교리, 판에 박힌 생활에서 벗어나기 위해 여러 가지 모험을 한다. 그 중 많은 사건들이 작가가 직접 겪은 일이라고 한다. 그래서 전기적인 성격도 띠고 읽을수록 친밀감이 느껴진다. 바로 작가 본인이 말한 것처럼 이 작품은 순수한 아이들을 위한 것이며 또한 어른들의 아름다운 추억을 위한 것이기도 하다.

미의 가치를 가지고 있기도 하다.

이 작품의 여러 가지 주제 가운데 인종차별 반대도 중요하다. 작가는 인도주의 입장에서 동정어린 필치로 짐이라는 흑인 캐릭터를 만들어냈으며, 대외적으로 노예의 자리에 있던 흑인의 비참한 삶도 폭로하고 있다. 이는 작가의 진보적인 정신을 반영하는 것이다. 이 작품은 미국 문학발전사에 중요한 발자취를 남겼다.

인형의 집

입센 Henrik Ibsen   A DOLL'S HOUSE

작가 소개

노르웨이의 유명한 극작가이자 시인인 입센(1828~1906)은 노르웨이 남부 쉰Shein지역의 한 목재상의 아들로 태어났다. 16살에 약재상에서 일을 하기도 한 그는 22살에 수도 오슬로로 가서 사회주의자들이 주도하는 노동운동에 참여하면서 글을 쓰기 시작했다. 입센은 한때 극단의 전속 작가로 일하기도 했으나 1864년에 덴마크와 프러시아의 전쟁이 발발하자 로마 등지로 거주지를 옮겼다. 입센은 유럽 근대 현실주의 희극을 대표하는 인물이다. 특히 그는 유럽 현실주의 희극이 쇠퇴기로 접어들면서 자연주의와 퇴폐적인 문학이 범람하고 있을 때 현실주의와 민주주의의 깃발을 높이 들고 의문을 설정하는 구상, 변론적 대화, 추적방식을 기본 특징으로 하는 '사회문제극' 이라는 문제를 만들었다. 그 창작 실천과 사회적 영향은 셰익스피어, 몰리에르 Moliere와 같은 대극작가 못지 않다.

입센의 창작 성향은 크게 세 단계로 나눠진다. 18세기 50~60년대에는 주로 애국적이고 개인의 '정신적 반역' 사상이 넘치는 낭만역사극을 주로 썼다. 1870~80년대에는 사회의 추악함을 비판하고 여성해방을 주장하는 '사회문제극' 을 썼다. 1880년대 후반에는 신비하고 상징적인 색채의 탐색극을 썼다. 이 중에서도 '사회문제극' 의 영향이 가장 컸으며 그 대표작으로는 《사회의 기둥 Pillars of Society》(1877), 《인형의 집》(1879), 《유령 Ghosts》(1881), 《민중의 적 An Enemy og the People》(1882) 등이 있다.

◎ 배경 소개

입센은 전기 작가 루드비그 파사르게에게 보낸 편지에서 이렇게 말했다. "내가 쓴 모든 것은 내가 직접 겪은 것은 아니지만 내가 겪어온 모든 것과 매우 깊은 관계가 있다." 그의 《인형의 집》은 단순한 허구가 아니라 현실생활을 주체적으로 반영한 작품이다. 입센은 로라라는 친구가 있었다. 그녀는 문학을 좋아하고 감수성이 풍부했다. 그녀의 초기 결혼 생활은 매우 만족스러웠다. 그런데 그녀의 남편이 폐결핵에 걸리자 의사는 로라에게 남편을 남부 유럽으로 요양 보내라고 한다. 그렇지 않으면 병세가 악화되어 생명까지 위험할 수 있다고 했다. 로라는 남편에게는 비밀로 하고 친구들에

입센 상

게 거금을 빌렸다. 부채 기한을 늦추기 위해 보증인의 사인을 위조하기도 했다. 나중에 병이 나은 남편은 이 사실을 알고 크게 화를 냈다. 남편은 로라의 행동이 그의 명예와 미래를 망쳐놨다고 책망했다. 로라는 자신의 일편단심이 이런 결과로 돌아오자 남편과 갈등을 겪게 되고 이윽고 둘은 이혼을 하게 된다. 한때 친구들로부터 부러움을 샀던 그들의 가정은 그렇게 끝났다. 입센은 친구 로라의 경우를 바탕으로 예리한 비판정신과 고도의 예술기교를 이용해 노라라는 인물의 이미지를 만들어냈다.

◎ 작품 감상

성탄절 전날, 노라는 마지막으로 물건을 사느라고 바빴다. 그녀는 결혼하고 나서 이번 처음으로 넉넉한 성탄절을 보낼 수 있게 되었다. 그녀의 남편 헬머는 막 은행 매니저로 승진했고 이제 새해에는 더 이상 돈 때문에 고민할 필요가 없어졌다. 노라는 결혼한 지 8년이 되었고 세 아이를 키우고 있으며 남편 헬머는 '아무리 가난해도 빚은 지지 않는다' 는 생각을 실천해온 사람이었다. 노라는 줄곧 남편이 자신을 깊이 사랑한다고 믿어왔고 자신도 헬머를 사랑하고 있다고 믿었다. 그러나 노라에 대한 헬머의 생각은 노라의 아버지

와 비슷하게 그녀를 귀여운 인형쯤으로 여겼다. 그러나 어쨌든 이 가정의 앞날은 밝아 보였다.

그런데 노라에게는 지금까지 남편에게 숨기고 있던 일이 하나 있었다. 그것은 그들이 결혼한 지 얼마되지 않았을 때의 일이다. 첫째 아이가 막 태어났을 때 헬머는 병에 걸렸다. 의사는 그가 외국으로 요양을 나가지 않으면 죽는다고 했다. 막다른 골목

길에 선 노라에게 할 수 있는 유일한 방법은 남편의 사인을 위조해 크로그스타라는 채권자에게 거금을 빌려 헬머를 이탈리아로 요양 보내는 것이었다. 그 돈을 갚기 위해 노라는 생활비를 줄이고 헬머 몰래 부업을 하면서 조금씩 부채를 갚아 나갔다. 그러나 그녀는 마음속으로 남편을 위해 그렇게 했다는 것에 대해 '자부심'을 느꼈고 하나의 '즐거운 비밀'로 간직하고 있었다.

헬머가 은행 매니저가 되자 크로그스타는 헬머를 이용해 길을 뚫어보려고 했다. 그렇지만 크로그스타를 눈에 가시처럼 여기고 있던 헬머는 그를 해고하기로 결심했다. 그래서 크로그스타는 노라를 찾아가 그녀를 위협했다. 만약 그가 해고되면 위조죄로 그녀와 남편에게 복수하겠다고 한 것이다. 갑작스런 사고로 노라는 위기에 빠진다. 그녀는 헬머에게 크로그스타의 직위를 회복해달라고 부탁했지만 남편은 결국 크로그스타에게 해고 통지서를 보냈다.

에드바르트 뭉크가 그린 1906년 상연된 입센의 희곡 《유령》의 배경. 《유령》(1881)은 특수 풍자 수법으로 아무 의심 없이 사회를 의지하던 개인의 이상이 가져오는 불쾌한 결과를 설명하고 있다. 위배할 수 없는 결혼과 부계구조의 가정생활 외에도 성병 유전의 영향을 암시하고 있다. 그런데 이것은 당시 예법을 엄격히 지켜야 했던 분위기 속에서 용서할 수 없는 내용들이었다. 그래서 이 극은 많은 보수파들의 혹평을 받아야 했다.

그러자 크로그스타는 위조 과정을 적은 편지를 헬머에게 보냈다. 모든 사실을 알게 된 헬머는 몹시 화를 냈고 할 수 있는 모든 심한 말로 노라를 모욕했다. 나중에 노라의 친구 린데의 조정으로 크로그스타트가 헬머 부부에 대한 고발을 취소하자 헬머의 태도도 180도 변했다. 안도의 한숨을 내쉬는 헬머는 살았다고 큰 소리치며 다시 노라의 따뜻하고 충실한 '보호자'가 되려고 했다. 그러나 노라는 이제 남편의 진면목을 확실히 알게 되었다. 그녀는 남편에게 결혼은 반드시 평등 위에서 만들어져야 하는 것이라고 분명히 말하고는 그 집을 떠나 다시는 돌아오지 않겠다고 선언한다. 그녀는 결혼반지를 남편에게 돌려주고 아이들을 남겨두고 집을 나갔다. 그렇게 노라는 인형 같던 아내의 삶을 벗어던져 버렸고 누군가의 아내가 되거나 여인이 되기 전에 반드시 먼저 '진정한 인간이 되어야 한다'는 것을 자각하게 되었다.

📖 독서 지도와 논술 지도

입센이 평생 가장 관심을 가졌던 사회문제 중의 하나가 바로 여성문제였다. 그는 여성 해방을 주장하며 1885년의 한 연설에서 이렇게 말했다. "현재 유럽은 사회관계를 변화시키려는 준비를 하고 있다. 이 변화는 노동자와 여성의 장래를 해결하는 문제이다. 나는 이 변화를 기다리고 있고 이 변화로 인해 흥분하고 있으며 내 평생의 모든 힘을 걸어 이 변화를 위해 행동하고 싶다." 그래서 우리는 《인형의 집》이라는 작품에서 그의 이런 약속의 구체적인 실현의 일

여성 문제에 관한 논쟁을 다룬 《인형의 집》에 대해 마르크스는 엥겔스에게 보낸 편지에서 이렇게 평했다. "입센의 희곡은 어떤 결점이 있다 하더라도 그가 표현한 상황은 독일의 상황에 비하면 천지 차이의 세계를 보여주었다. 이런 세상에서 사람들은 아무리 외국인이 이상하게 보더라도 자신의 성격과 독창적인 정신을 갖고 있다." 그러나 또 다른 문학 평론가 프란츠 메링(Franz Mehring)은 입센을 평하면서 이렇게 말했다. "입센이 아무리 위대하다 할지라도 그도 결국은 자산계급의 시민이다. 그가 '바관주의자이고' 분명 '비관주의자라' 할지라도 그는 본 계급의 몰락을 보지 않았고 또한 어떠한 해결 방법도 낼 수 없었다."

부를 볼 수 있는 것이다.

이 희곡은 입센을 전 세계적으로 유명하게 만든 작품이다. 작가가 이런 사회문제를 작품으로 형성화한 것은 여주인공 노라와 남편 헬머가 서로 사랑하던 관계에서 분열되어 가는 과정을 통해 결혼문제를 탐구하고, 남성중심의 사회와 여성 해방 사이의 모순 되는 충돌을 폭발시켜 사회의 종교와 법률, 도덕에 도전하기 위함이었다. 특히 여성들에게 전통 관념의 속박에서 벗어나 자유와 평등을 위해서 투쟁하도록 격려하려는 의도에서 쓴 것이다. 그래서 희극이 상연되자마자 엄청난 반향을 불러일으켰다. 그러나 노라의 가출로 작가는 작품에서 문제를 제시하기는 했지만 정확한 실천 방법을 제시하지는 못했다. 노라가 진정한 독립을 얻고자 반항정신에만 의지하는 것은 한계가 있는 것이다. 우선 경제적으로 독립을 한 후에야 비로소 독립된 인격을 얻을 수 있을 것이다. 이런 문제에 대해 엥겔스와 루쉰은 깊고 예리한 의견을 제시한 적이 있다.

《인형의 집》의 예술적인 성공 가운데 한가지는 노라라는 깨달아

1894년 파리에서 공연된 입센의 첫 번째 희곡
《브랜드 Brand》의 프로그램표

가는 여성의 이미지를 만들어낸 것이다. 여성의 현실을 깨닫고 난 후 그녀가 내뱉은 정당하면서도 날카로운 말을 두고 사람들은 '여성독립선언'으로 평가한다. 그리고 그녀가 집을 떠난 것도 그녀가 사회의 개혁적인 여성임을 나타냈다. 이런 행동은 세계 여성 문학사상 상징적인 의미를 갖는다. 그 외에 《인형의 집》은 연극 예술에 있어서도 놀랄 만한 변화를 가져왔다. 이 작품은 유럽 근

관련링크 입센의 희곡은 '사회문제극'의 성과이며 엄청난 영향을 끼쳤다. 《인형의 집》외에도 그는 아래 몇 편의 유명한 사회문제극을 만들었다.

❶ 《사회의 기둥》(1877), 작가는 극본을 통해 사회도덕문제와 현대사회 경제제도가 갖고 있는 도덕적 가치 문제를 탐구했다. 이 희곡에는 자신계층의 도덕적 화신이며 성인군자인 척 행세하는 조선소 주인이 사실은 남의 재산을 훔치는 도덕성이 무너진 위선자였음이 밝혀지는 내용이다. 이것이 바로 '사회의 기둥'의 본래 모습이다. 그러나 이 위선자는 결국 양심을 회복하고 스스로 도덕성을 키우게 된다.

❷ 《유령》(1881), 극중 여주인공 아르빙부인은 길거리 여자들에게 정신을 잃은 남편을 버리고 갔다가 다시 돌아와 열악해진 가정생활을 구차히 이어간다. 그녀는 목사의 설교에 따라 아내의 '본분'을 기꺼이 따르지만 결과는 비참하게도 매독에 걸린 아들을 낳게 된다. 결국 그녀는 절망의 고통 속에서 외친다. "나에게 빛을 다오" 추악한 현실을 폭로한 이 비극은 서유럽 희곡 혁신 운동을 촉진했지만 노르웨이 내에서는 구시대 도덕을 옹호하는 자들에게 맹렬한 비난을 받았다.

❸ 《민중의 적》(1882), 정직한 의사 스토크만 박사는 요양지역의 온천에 전염병균이 많다는 것을 알게 되었다. 그는 시장과 목욕탕 주인의 위협과 유혹에도 불구하고 온천을 개조할 것을 주장했다. 아울러 연설회를 열어서 자신의 주장을 선전했다. 그런데 권력자는 그 집회를 이용해 민중을 선동하여 도리어 스토크만이 민중의 적이라고 선포했다. 이 작품은 그해 독일 연극계에서 격렬한 논의가 벌어졌던 화제작이었다.

대 연극을 변화시켰고 현실주의 연극문학발전에 지대한 공헌을 하였다. 역추적 구성 방법을 성공적으로 이용한 것도 입센 희곡의 남다른 예술적 특색과 매력을 보여주는 것이다. 이 작품은 세계 연극 예술 발전사에서도 중요한 위치를 차지하고 있으며 입센이 '현대 연극의 아버지' 로서 기초를 다지는데 중요한 역할을 했다.

벨아미

모파상 Guy De Maupassant

BEL-AMI

작가 소개

프랑스 작가 모파상(1850~1893)은 1850년 8월 5일 프랑스 서북부 노르망디의 몰락한 귀족 집안에서 태어났다. 1870년 법학을 공부하러 파리에 갔던 모파상은 보불전쟁이 발발하자 종군했다. 제대 후 해군부와 교육부에서 일했다. 1870년대는 그의 창작에 있어서 중요한 준비단계였다. 그는 여러 가지 문체의 문학습작을 시작했다. 후에 G. 플로베르로부터 직접 지도를 받으면서 에밀 졸라가 주도한 자연주의 작가 단체에 참여했다. 그리고 《비곗덩어리》(1880)가 실린 단편 소설집 《메당의 저녁》으로 프랑스 문단에 데뷔했다. 모파상의 문학적인 성과는 단편 소설에서 단연 돋보인다. 그는 총 350여 편의 중단편 소설을 썼으며 세계적으로 '단편 소설의 제왕'이라고 불렸다. 그는 평범하고 사소한 것에서 전형적인 의미가 가득한 조각들을 끄집어냈다. 작은 것에서 큰 것을 찾는 방식으로 삶의 진실을 얘기한 것이다. 그의 단편 소설은 인간의 세태만상을 주로 묘사했으며 세심한 구성과 자세한 묘사와 인물의 언어, 이야기 결말이 모두 독특했다. 모파상은 《비곗덩어리》(1880) 외에도 《메종 텔리에 La Maison Tellier》(1881), 《쥘르 삼촌》(1883), 《두 친구》(1883), 《목걸이》(1884) 등 사상과 예술이 완벽하게 결합된 걸작을 많이 썼다. 모파상의 장편 소설 역시 높은 평가를 받았다. 그는 총 6편의 장편을 썼다. 《여자의 일생》(1883), 《벨아미('아름다운 친구'로도 번역됨)》(1885), 《온천》(1886), 《피에르와 장 Pierre et Jean》(1887), 《죽음처럼 강하다 Fort comme la mort》(1889), 《우리들의 마음 Notre coeur》(1890). 이 중 앞의 두 편이 세계적인 장편 소설로 평가된다.

◎ 배경 소개

모파상이 영향을 받은 인물 중 가장 중요하고 유명한 사람이라면 당연히 플로베르이다. 1878년 모파상이 교육부에서 일하며 틈틈이 글을 쓰기 시작했을 때 대문학가인 플로베르가 모파상의 스승이 되었다. 그 둘은 부자지간 같은 사제사이였다. 플로베르는 자신의 창작 경험을 모파상에게 전수해주면서 상당히 엄격하게 지도했다.

"자기 가게 앞에 나와 앉아있는 잡화상 앞을 지나가거나, 담뱃대를 문 문지기 앞을 지나가거나, 마차역 앞을 지나갈 때 그 잡화상과 문지기의 자세가 어떠하며 그들의 모습이

모파상 상

어떠한지 묘사해 보아라. 화가처럼 그들의 정신적인 본질을 전달해서 다른 잡화상이나 다른 문지기와 혼동하지 않도록 해보아라. 그리고 한 마디 말로 마차역의 말이 그 앞뒤에 있는 50여 필의 다른 말과 어떻게 다른지 나타내 보아라."

엄격한 스승의 교훈을 소중히 생각했던 모파상은 열심히 생활을 관찰하고 글을 썼으며 습작한 것을 모두 스승에게 보냈다. 플로베르는 꼼꼼하게 그의 습작을 수정해 주었으며 모파상의 많은 작품에 대해 찬사를 보냈지만 모파상에게 결코 성급하게 발표하지 말라고 했다. 그래서 1870년대 모파상의 저술은 많았지만 발표된 것은 매우 적었다.

◎ 작품 감상

〈아름다운 친구〉 영화의 한 장면

아프리카에서 군 생활을 하다 귀국한 하급 군인 뒤르와는 가난한 시골 술집 주인의 아들이었다. 그는 프랑스의 아프리카 식민지에서 2년간 군 생활을 하고 제대 후 파리로 돌아와 철도국에서 일을 하게 된다. 그러나 그의 매월 수입은 턱없이 적었으며 주머니에는 항상 두 끼 분의 돈 밖에 없었다. 그가 자신의 생활에 불안을 느끼고 있을 즈음 예전 군대에서 알고 지냈던 친구 샤를르 포레스티에를 만나게 되었다.

그 친구는 이미 결혼도 하고 《라비 프랑세에즈》라는 신문사에서 정치 뉴스를 담당하는 기자가 되어 있었다. 뒤르와를 만난 친구는 신문계 쪽에서 일하는 것이 현재 직장보다 훨씬 많은 수입을 올릴 수 있다고 하며 뒤르와를 사장의 만찬에 오라고 초대를 했다. 그 제안을 흔쾌히 받아들인 뒤르와는 친구에게 빌린 돈으로 파티에 입을 예복까지 빌렸다. 차려 입고 나니 군인다운 멋이 나는 출중한 자신의 외모를 보고 뒤르와는 스스로 귀부인들의 눈을 사로잡을 수 있을 거라고 자신했다.

파티에서 뒤르와는 얘기할 기회를 잡자 과장된 손짓으로 군대 시절에 있었던 기괴한 이야기며 아랍의 특이한 풍속과 전장에서의 모험을 얘기했고 귀부인들은 그의 모습에 눈길을 주기 시작했다. 신문사 사장 왈테르까지도 흥미를 보였다. 친구는 기회를 놓치지 않고 사장에게 뒤르와를 알제리아에 대한 느낌과 식민 문제에 대해 글을 써보게 하는 것이 어떻겠느냐고 추천했다. 왈테르 부인은 《아프리카 사냥꾼의 기억》이라고 글의 제목도 확정해주었다.

집에 돌아온 뒤르와는 펜을 들지만 배운 것이 없었기 때문에 한자도 써내려가지 못했다. 어쩔 수 없이 친구에게 도움을 청하자 영리한 친구는 뒤르와를 위해 독특한 사냥꾼의 기억을 써 냈다. 다음날 글이 발표되고 뒤르와는 자신의 처지가 어찌될지도 모르는 상황에서 다니던 직장에 사표를 쓰고는 자신의 명함을 찍었다. 정식으로 신문사에 출근 했을 때 그는 또 다른 기자로부터 여러 가지 날조법과 속이는 법을 배웠다. 그리고 명문 극단의 내막과 정치 내막을 정탐하기 시작했다. 얼마 지나지 않아 그는 사람들이 주목하는 인물이 되었다.

그런데 2개월이 지났지만 뒤르와가 원하던 명예와 돈은 잡히지 않았다. 그는 자신의 앞길에 도움이 될만한 귀부인을 사귀고 싶어 했다. 그는 처음으로 클로틸드 드 마렐 부인과 사귀게 되는데 그녀의 딸 로린느는 그에게 '벨아미(멋진 친구)'라고 불러주었다. 이 아명을 얻은 후 사람들도 그를 그렇게 부르게 된다. 얼마 뒤 친구 샤

예미 더보기

1893년 7월 에밀 졸라는 모파상의 장례식에서 이런 애도사를 했다. "그는 글쓰기에 민첩했으며 탁월한 성공을 거두었다. 또한 글쓰기에만 매달리지 않고 인생의 즐거움을 맘껏 누렸다." 이 말은 모파상의 문학적 재능에 대한 당시 사람들의 공통된 생각이었다. 작가는 천부적인 문학적 자질을 타고 난데다 창작에 많은 노력을 기울였기 때문에 '탁월하고 완벽한 문학 거장'으로 꼽혔다. 《벨아미》에 대해 긍정적인 평가를 내린 평론가가 한둘이 아니다. 예를 들어 프랑스의 저명한 문학평론가는 《모파상과 소설예술》에서 '《벨아미》의 탄생은 제 3공화국 시절 가장 중요하고 가장 찬란했던 시기를 상징하며 이 시기의 중대한 사건들을 잉태했던 걸작이라 할 수 있다.'고 했다. 엥겔스 역시 이 소설이 가진 엄청난 가치를 인정했으며 모파상에 대한 마음을 '모자를 벗어 경의를 표한다'고 했다.

를르가 중병에 걸려 세상을 떠나자 신문사에서 뒤르와의 지위는 더욱 중요해졌다. 게다가 결투에서 신문사의 명예를 지킨 '영웅'이 되기도 했다. 그는 사를르의 부인이었던 마들렌느가 필요하다고 생각되어 그녀와 계약 결혼을 했다. 그들은 함께 모나코에 관한 정치평론을 써서 큰 성공을 거두었다. 그러나 뒤르와는 신문사에서의 현재 지위에 만족하지 않고 사장 부인을 유혹해 그녀의 정부가 되었다. 뒤르와 부부는 모나코 사건에 대해 대대적으로 글을 내보내어 정부의 내각 개편을 불러왔고 신문사는 신내각의 대변기관이 되었다. 그때 마들렌느와 깊은 관계에 있던 백작이 세상을 떠나면서 그녀에게 백만 프랑의 재산을 남겨주었다. 뒤르와는 그 기회도 놓치지 않고 그 금액의 절반을 얻어낼 수 있었다. 그러나 그 돈도 신문사 사장이 공채로 벌어들이는 3~4천만 프랑에 비하면 소액에 불과했다. 그는 사장의 딸에게 눈을 돌렸다. 그녀를 통해 아름다운 미래를 현실화시키기로 결심했다. 그래서 그는 마들렌느와 이혼을 하고 '간통 현장 잡기'로 자신의 염원을 완성해갔다.

이혼 후 뒤르와는 쉬잔느를 유혹한 뒤 도망을 쳐 신문사 사장에게 결혼을 허락해달라는 압력을 넣었다. 결혼식 날, 주교는 큰 소리로 뒤르와를 세상에서 '가장 부유하고 가장 존경받는 사람'이라고 칭찬했다. 듣고 있던 뒤르와는 잠시 우쭐해졌다. 그는 《라비 프랑세에즈》의 총편집자가 되어 신문사의 실권을 장악했다. 행사에 참석한 사람들을 보면서 뒤르와는 자신이 머지않아 중의원에 들어갈 것을 확신했다. 그는 자신이 이 세상의 주인이자 통치자가 된 것 같았다.

독서 지도와 논술 지도

모파상은 세계 단편 소설에서 단연 독보적인 존재였기 때문에 장편 소설에서의 그의 성공은 별로 강조되지 않는 편이었다. 중단편 소설로 큰 성공을 거둔 작가는 이에 만족하지 않고 더 넓은 배경으로 사회의 현실을 담기로 결심하고 장편 소설을 쓰기 시작했다. 그의 첫 번째 장편 소설 《여자의 일생》은 개인의 생활이라는 다소 협소한 배경 범위를 갖고 있지만 1885년에 발표한 두 번째 소설 《벨아미》는 그 눈을 신문계와 정계로 돌려 더욱 풍부한 내용을 담아 날카로운 폭로와 풍자가 바탕을 이룬 사회소설로 평가받고 있다. 그래서 소설이 발표된 이후 이 작품의 날카로운 폭로는 엄청난 반향을 불러일으켰고 어떤 사람은 모파상이 어느 신문사와 어느 편집자를 넌지시 암시하고 있다고까지 공격했다. 그러자 모파상은 신문의 세력이 사방에 퍼져있다고 날카롭게 받아쳤다. "그곳에서는 찾을 수 없는 것이 없고 이용하지 못할 것이 없지요." 이로 인해 당시 이 소설은 사회에 대단한 영향을 미쳤다.

《벨아미》의 성공은 뒤르와라는 전형적인 야심가이자 모험가의 이미지에 있다. 그는 배운 것도 없는 사람이지만 자신의 아름다운 외모와 비열한 수단으로 상류 사회 여성들의 신임을 얻고 그렇게 권세를 이용해 상류 사회로 들어갔다. 게다가 결국에는 백만장자의 사위가 되어 정계로 나아갔다. 뒤르와의 출세과정은 당시 사회 상황을 대변한다고 할 수 있다. 그에게 벼락출세의 조건을 만들어준 것은 다름 아닌 당시의 부패하고 타락한 상류 사회다. 파리라는 모험가의 낙원은 이 '소인배'에게도 대단한 영향을 끼쳤던 것이다. 이런 각도에서 볼 때 뒤르와의 이미지는 《적과 흑》에 나오는 줄리앙과 발자크의 《잃어버린 환상》에 나오는

모파상 《비곗덩어리》에서의 역마차

● 이 여자의 있어서 교회란 여러 모로 유익한 곳이다. 이곳에서 유대인과 결혼을 해서 자기 마음의 안식을 찾을 수 있었고 정치적으로는 정의파인 양 행세하며 상류사회가 주는 지위를 계속 유지하면서 오늘내일 밀회의 장소로도 쓸 수 있다. 어떤 날씨에도 항상 쓸 수 있는 우산 같다. 맑은 날에는 좋은 지평이 가 되고 햇볕이 센 날에는 태양을 가릴 수도 있고 비가 오면 비를 피할 수도 있다. 그리고 만약 외출하지 않으면 그것을 이무렇게나 한 곳에 처박아 둘 수도 있다. 이렇게 교회는 너무나 유용한 곳이었다. 그녀들은 하느님은 처음부터 신경 쓰지 않았지만 남들이 하느님에 대해 제멋대로 말하는 것은 허락하지 않았다. 필요할 때는 하느님의 높은 명망을 빌어 정부를 협박하는 것이다. 만약 그녀들에게 이에 여관에 가라고 한다면 그것은 그녀들에게 크나큰 치욕이다. 그래서 교회 제단 아래서 밀회를 즐기는 것을 가장 적절한 것처럼 생각한다.

● 처음부터 악기 소리는 높게 몰아치는 파도가 오랫동안 굉음을 울리듯이 고조되었다. 그 웅장한 기세는 정말이지 천정을 뚫고 푸른 하늘로 날아갈 것 같았다. 그 뒤 마음을 흔들었던 음악소리는 갑자기 부드러워졌다. 경쾌한 음은 살랑거리는 바람이 귀에 스치듯 공중에서 장난치는 듯 했다. 완만한 곡조는 작은 새가 하늘을 날아다니는 것처럼 기분이 좋았다. 잠시 후, 우아했던 곡조는 갑자기 다시 경쾌하고 부드러움에서 빨라지기 시작했다. 그 무쇠의 기세는 모래가 순식간에 드넓은 공간으로 변한 것처럼 놀라울 정도로 힘찼다.

청년 야심가 루시앙과 유사한 점이 많다. 차이점이라면 그 둘은 다 실패했지만 뒤르와는 계속 출세하게 된다는 것이다.

창작 수법으로 볼 때 모파상은 플로베르의 자연주의를 계승 발전시켰다. 그러나 일반적인 작가들과는 달리 현실 속의 삶을 충실하게 기록했으며 더욱 깊이 있게 해부하고 묘사했다. 그렇게 창조된 이미지는 어느 작가보다 더욱 전형적이고 생동감 있게 묘파되었다. 그러나 이런 스타일도 간결하고 정확한 그의 언어로 표현되면 소박한 스케치 속에 깊은 내용을 함축하고 있는 듯 보인다. 그러나 이 작품에도 한계점은 있다. 예를 들어 남녀관계에 대한 묘사와 비관적인 숙명론은 옥의 티로 느껴진다.

나나

에밀 졸라 Emile Zola

NANA

작가 소개

에밀 졸라(1840~1902)는 19세기 후반 프랑스의 비판적 현실주의 작가였으며 자연주의 문학이론의 창시자였다. 어렸을 때 부친을 여의었고 집안 형편은 몹시 어려웠다. 중학교 졸업 후, 시험 낙방과 어려운 가정 형편으로 어쩔 수 없이 학업을 중단하고 짐꾼에서 기자까지 다양한 일을 하다가 1872년에는 직업 작가가 되었다. 90년대 중반에는 무고하게 국가배반죄의 누명을 쓴 유대인 장교 드레퓌스를 변호하면서 쇼비니즘을 신봉하는 정부와 오랜 투쟁을 벌였다.

1860년대부터 에밀은 공쿠르 형제를 대표로 하는 자연주의 창작방식에 관심을 갖게 되었다. 1864년 그는 초기에 쓴 단편 소설집 《니농에게 바치는 콩트》를 출판했다. 다음해 첫 번째 장편 《클로드의 고백 La Conffession de Claude》을 출판했는데 이 작품들은 낭만주의 작가들의 영향을 벗어나지 못했다. 그 후 그는 혼자 자신만의 자연주의 창작이론을 만들기 시작했다. 과학적 실험이라는 방법으로 글을 쓰는 것인데 인물에 대한 생리학적, 해부학적 분석을 주장했다. 작가는 조금의 동요도 없이 현실생활의 사실만을 담담하게 썼으며 주관적인 감정은 넣을 필요가 없었다. 이런 이론에 따라 1871년부터 에밀은 20편의 장편 소설을 잇달아 발표했으며 이들 작품의 전체 이름을 《루공마카르 총서 Le Rougon-Macquart)라고 했다. 이 가운데 대표작은 《제르미날》(1885), 《목로주점》(1877) 등이 있다. 그는 또한 3부작 《세 도시》인 《루르드》(1894), 《로마》(1896), 《파리》(1898)와 《4복음서》의 앞 3부 《번식》(1899), 《노동》(1901), 《진리》(작가가 사망한 뒤 1903년에 출판)를 썼다.

1902년 9월 29일 졸라는 가스 중독으로 세상을 떠났다. 1908년 프랑스공화국 정부는 에밀 졸라가 생전에 프랑스 문학에 끼친 영향과 공헌을 높이 사 국민장으로 장례를 치루고 팡테옹에 그의 유해를 안치했다.

◎ 배경 소개

19세기 중엽 서양의 과학기술은 엄청나게 발달하고 있었으며 그로 인해 생산력은 크게 증가했고 사람들의 생활 여건도 많이 개선되었다. 자연과학의 영향은 사회과학의 각 영역까지 영향을 끼쳤으며 사람들은 과학이 만능한 것이고 모든 문제를 해결할 수 있다고 생각했다. 시대의 흐름에 영향을 받은 에밀 졸라는 소설을 쓸 때 인간의 생리적 본능을 쓰는 것에 주안점을 두었다. 글 쓰는 것을 마치 실험실에서 실험을 하

프랑스 자연주의 작가 졸라는 과학적 실험 방법으로 글을 쓴 선구자이다.

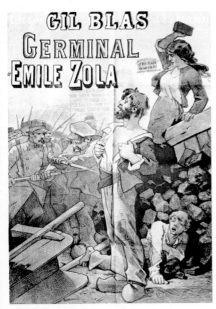

〈제르미날〉 삽화

는 것처럼 사회 규율에 지배 받기를 원치 않았다. 그는 문학창작의 과학성과 진실성을 강조했고 순수하게 객관적인 태도로 생활의 모든 세세한 부분까지 하나도 남김없이 흡수할 것을 주장했다. 작가는 사회에 대해 당파와 정치를 뛰어넘는 객관적인 태도를 취했으며 자신의 생각과 감정을 드러내거나 사물에 대한 결론도 내리지 않았다. 이런 방법은 차차 그의 자연주의 문학창작이론으로 발전했다. 그렇게 에밀 졸라는 프랑스 자연주의 문학의 주요한 창시자가 된 것이다.

에밀 졸라가 자연주의 이론으로 쓴 소설로는 먼저 《테레즈 라캥》과 《마들렌 페라》가 있다. 주로 생리학적 분석을 강조하기 위해 그는 3년이라는 시간을 들여 생리학을 공부하고 많은 병리자료를 수집하고 연구했다. 그 후에 25년의 긴 시간에 걸쳐 《나나》를 포함한 20여 편의 자연주의 대표작 《루공마카르 총서》를 써 냈는데 이는 프랑스 자연주의 창작에 큰 힘을 실어주었다.

◎ 작품감상

나나는 《목로주점》에 나오는 젊은 함석장 쿠포와 청소부 제르베즈의 딸이다. 그녀의 이름은 안나 쿠포이며 나나는 그녀의 어릴 적 이름이었다. 가정 형편이 어려웠던 나나는 15세에 거리에 나와 떠돌면서 파리의 최하등 창녀가 되었다. 18세 때 수준 낮은 극단의 주인 보르드나브에게 눈에 띄어 극단에 들어갔다. 사실 나나에게는 예술적 재능이라고는 거의 찾아볼 수 없었으며 노래도 못하고 무대에서 손발을 어떻게 움직여야 하는지도 몰랐다. 그런데 나름대로 생각이 있던 극장주는 나나를 나체로 공연에 출연시켰고 이로 인해 순식간에 파리 전체가 흥분에 휩싸였다.

나나의 미모가 소문을 타자 상류사회의 '신사'들이 너나할 것 없이 다들 그녀의 정부가 되어갔다. 노부인 트리공은 나나에게 매춘을 주선해주었고 나나는 호화롭고 사치스런 생활에 푹 빠져든 듯이 보였다. 처음에는 귀공자 다그네가 나나와 가까이 지내면서 그녀에게 30만 프랑이라는 거금을 쏟아부었다. 그러나 이 방탕한 귀공자는 주식으로 파산하면서 나나의 환심을 살 돈이 전혀 없는 지경에 이르렀다. 그래서 나나는 은행가 스테너에게로 눈길을 돌렸다. 스테너는 그녀를 위해 파리 외각에 별장을 사주고 그녀를 거기 살게 했다. 그러나 스테너는 나나의 욕망을 채워주지 못했고 그녀는 다시 귀족 청년 조지와 나폴레옹 3세의 뮈파 백작과 관계를 맺는다. 뮈파 백작은 명문가 출신에다 엄청난 재산을 상속받았다. 그에게는 영예도 있었고 아름다운 아내도 있었지만 그 역시 나나로 인해 완전히 짓밟히게 된다. 나나 역시 뮈파 백작의 열정과 매너, 관리로서의 풍모에 매료되긴 했지만 그래도 그녀에게는 뮈파 역시 다른 남자들과 다를 바 없었다. 그녀는 그의 재산을 물 쓰듯이 써댔고 그의 부유함을 비웃기도 했다. 그러면서 나나의 시야에 다시 악역배우

명나 명론

어떤 프랑스 문학연구가는 《나나》를 "애리한 폭로성을 갖고 있는 성공한 폭로 문학의 전형이다. 작가는 나나의 흥망성쇠를 통해 제 2제국시대의 성장할 수 없는 부패를 표현했으며 청년사회가 의지하고 있던 상류사회의 음란과 부패를 폭로했다"고 보았다. 이런 생각은 이 작품의 주제이기도 하다. 그리고 1981년 4월 5일, 프랑스 《르몽드》에 발표된 평론에 보면 에밀 졸라의 《나나》를 두고 '사실적으로 묘사된 19세기의 대변화 시대는 지금까지도 아직 지나지 않았다. 그가 묘사한 사람들의 문제들도 우리가 지금 겪고 있는 문제이다.'라고 했다. 《나나》의 가치는 시대를 초월하여 보편적인 의미를 갖고 있다.

나나 마네 함부르크미술관

풍탕이 들어왔다. 그와 사이가 좋아지자 나는 가차 없이 뮈파 백작을 차버렸다. 그녀는 풍탕과 진정한 가정을 꾸리기로 결심했다.

파리에 있는 사무실에서 일하고 있는 졸라

그러나 결혼 후 풍탕의 실체가 드러난다. 그는 상습적으로 바람을 피우고 나나를 학대하고 구타한다. 어쩔 수 없이 나나는 다시 창녀로 전락할 수밖에 없었다. 그녀는 뮈파 백작과 다시 잘 되어 그의 재산으로 예전의 그 사치스럽던 생활로 되돌아가기를 원했다. 나나는 상류사회의 호색한들을 더욱 심하게 갖고 놀았고 이로 인해 많은 남자들이 불행해졌다. 그런데 어느 날 나나가 갑자기 실종됐다. 사람들은 그녀가 애인과 외국으로 놀러갔을 거라고 했다. 그러나 그녀는 아들이 천연두에 감염되었다는 소리를 듣고 아들을 보러갔다가 생각지도 않게 천연두에 감염되어 얼마 후 여관에서 병사하고 만다.

독서 지도와 논술 지도

《나나》는 에밀 졸라의 자연주의 가족사 소설 《루공마카르 총서》의 제9부로, 영향력이 컸던 5개의 작품 중에 하나이다. 《나나》를 보면 입센의 《인형의 집》에 나오는 노라를 떠올리는 사람이 많을 것이다. 사실 졸라의 이 작품에 나오는 여주인공의 운명은 알렉상드르 뒤마 피스의 《춘희》와 유사하다. 소재면에서 엥겔스는 "무산계급의 소녀가 자산계급의 남자에게 유혹당하여 진흙구덩이로 발을 잘못 들여놓은 이야기이며 세계 문학의 영원한 화젯거리다."라고 했다.

에밀 졸라의 글 속에서 나나는 방탕하고 사치가 극도에 다다랐

명언명구

"도대체 여자에게 연기와 노래 따위가 뭐 그리 중요합니까? 애 당신도 참 어리석군요…….나나에게는 부족함을 능가할 뭔가가 있어요. 나는 벌써 그걸 알아챘지요. 그녀의 장점은 그녀의 몸에서 뿜어져 나오는 겁니다. 내가 그걸 못 알아챈다면 내가 바보지요. 두고 보세요. 그녀가 무대에 등장하기만 하면 관중들이 다들 침을 질질 흘릴 겁니다."

"이 바보 같은 무리에게는 너무 훌륭한 연기지요." 그녀가 말했다. "봤나요? 오늘 저녁에 손님이 꽤 많죠!"

이 무시무시하고 기괴한 얼굴 위로 태양처럼 빛나는 머리카락이 황금빛 여울처럼 흘러내리고 있었다. 베누스는 썩어갔다. 수챗구멍 안과 아무도 돌아보지 않는 부패한 시체 위에 독소가 감염되어 않은 사람들을 해쳤다. 그 독소는 이미 그녀의 얼굴에도 올라타 그녀의 얼굴을 썩고 있었다.

A Partir du 29 NOVEMBRE, lire dans le
GIL BLAS
l'Argent

Roman Inédit
PAR
E. ZOLA

1891년 졸라는 금융계를 묘사한 소설 《금전》을 발표했다. 이 작품 속에는 메마른 주식시장은 사람들을 끌어들이는 전쟁터로 변하고 사람을 미치게 하는 금전세로 변했다. 이 작품은 드라마로도 만들어졌으며 발행부수도 상당했다.

으며 금을 물 보듯 하는 창녀이지만 그녀도 사실 처음부터 그런 생활을 원한 것은 아니었다. 그녀가 우연히 극장주를 만나면서 잠들어 있던 감정들이 되살아난 것이다. 그녀는 보통 여자들처럼 자신의 가정을 갖고 행복한 삶을 살기를 원했다. 결혼 후 그녀는 모든 연인들과 관계를 끊었고 공연도 하지 않았으며 가정부를 부리는 돈도 아깝다며 보통 가정의 주부들이 그렇듯이 자신이 직접 집안일을 하고 시장을 보았다. 그녀는 어린 아들 루이에게는 진정한 모성애를 보여주었으며 결국 아들로 인해 천연두에 감염되었다.

작가는 음탕한 창녀인 나나에게 걸리는 자는 누구든 비참해지게 만들어 버리는 것은 '유전요인에 의한 것'이라고 했다. 나나는 '생리적으로, 신경적으로 성욕 본능이 유난히 왕성한 변태'의 모습을 작가는 소설 곳곳에 언급했다. 그러나 작가는 있는 그대로 쓰는 방법을 통해 곤궁한 생활로 몸을 파는 창녀의 삶에서 어떻게 위세 당당한 고급 창녀가 되었는지 보여준다. 그녀는 남자들 사이를 맴돌며 돈 있는 사람을 사육하고 남자를 인형처럼 보았다. 그녀가 모든 것을 걸고 한 결혼이 철저하게 실패했을 때 그녀는 다시 창녀로 전락했다. 이번에는 예전보다 더 심한 창녀가 되었으며 그녀를 위해 모든 것을 쏟아 부은 남자들이 빈털터리가 되면 가차 없이 내버렸다.

그런데 이 이야기는 대부분 상류 사회에서 실제로 일어나고 있으며 나나의 '유명세'와 배반, 농락

화기애애한 분위기의 졸라와 그의 가족

하고 농락당한 것 모두가 바로 상류 사회의 음탕함과 부패로 인해 촉진되었다는 것을 잊지 말아야 한다. 그들은 신분이 다르고 성격도 달랐지만 다들 지나친 욕망이라는 공통의 즐거움이 있었기 때문에 그로 인해 가산을 탕진하기도 했다. 그래서 《나나》는 창녀의 타락사를 보여주기도 하지만 사실 제 2제정 시기 상류사회 고관들과 귀부인들의 도덕 상실사를 보여주며 제 2제정이 붕괴의 길로 나아가고 있음을 암시하고 있다.

예술적으로 이 책에서는 자연주의 필법이 확연하게 드러난다. 작품에서 장면 묘사는 독자들이 현장에 있는 듯한 느낌을 준다. 그리고 인물의 심리묘사도 세밀하다. 이런 점들은 생활을 세심하게 묘사했기 때문에 가능했다. 물론 세심하고 솔직한 묘사와 군데군데 지루한 서술적 표현이 어떤 부분에서는 좀 번잡하고 지나친 면도 있다. 그러나 전체적으로 이 작품은 발표되자마자 엄청난 반향을 불러 일으켰고 지금까지도 독자들의 사랑을 받고 있는 성공작이다.

관련링크 1860년대, 에밀 졸라는 발자크의 《인간 희극》으로부터 영향을 받아 여러 권에 이르는 대작 《루공마카르 총서》를 구상하고 부제를 〈제 2제정 하의 한 집안의 생물학적 사회학적 역사라고 붙였다. 작가는 이 방대한 구조의 대작이 '이미 죽은 왕조에 대한 그림'이며 광분과 치욕으로 가득찬 이상한 시대의 그림이 될 것이라고 했다. 이 말에서도 알 수 있듯이 작가는 이 대작을 통해 프랑스의 제 2제정시대 사회의 다양한 면을 반영하려고 했다. 졸라는 총 10부를 계획했고 1893년부터 완성하기 시작했는데 실제로는 20부를 썼다. 1870년 가족사 소설 제 1부 《루공가의 운명》을 시작으로 잡지에 연재했다. 이 작품은 주로 나폴레옹의 세 번째 정변 때의 혁명과 반혁명의 투쟁을 그렸고 수 차례 정변으로 일 어버린 민심과 그 옹호자들의 가증스런 면모를 묘사했다. 그 후 다시 《함욕의 각축》등 5부의 장면을 발표했다. 1877년 가족사 소설의 제 7부 《목로주점이》 세상에 나왔다. 이 작품은 노동자에 관한 소설로 현대사회의 환경이 만들어 낸 사람들의 육체와 정신의 기형을 해석했다. 1880년 그는 장편 《나나를 발표했다. 이 두 작품으로 작가는 큰 명성을 얻게 되었다. 그후부터는 거의 매년 가족사 장편 소설을 내놓았다. 1893년 《파스칼 박사》를 끝으로 에밀 졸라의 가족사 소설 20부가 완성되었다. 이 거대한 작품은 기본적으로 여주인공을 중심으로 그녀의 두 차례 결혼으로 생긴 후대를 통해 유전과 환경이 사람에게 미치는 영향을 증명했다. 광범위한 소재와 프랑스 제 2제정, 제 3제정 시기의 정치, 경제, 군사 등 다양한 범위를 이용했으며 등장인물만도 1200여명에 달하는 이 작품은 19세기 후기 프랑스 사회의 생활 모습을 성공적으로 묘사했다.

셜록 홈즈의 모험

코난 도일 Sir Arthur Conan Doyle THE ADVENTURES OF SHERLOCK HOLMES

작가 소개

영국의 유명한 탐정 소설가이자 극작가인 코난 도일(1859~1930)은 1859년 5월 22일 스코틀랜드 에든버러 근처의 피카디 플레이스에서 태어났다. 청소년기 코난 도일은 교회학교에서 공부했으며 나중에 에든버러대학에서 의학을 전공했다. 22세(1881)에 의사 자격증을 획득했으며 1885년에 박사학위를 받았다. 그는 10여 년간 의사로 일했는데 수입은 그저 생계를 유지할 정도였다. 후에 작가로서의 수입이 갑자기 증가하자 소설가로 전업했다. 처음에는 순탄치 않았지만 나중에는 프랑스 소설가 포나 가보리오와 애드가 앨런 포우의 영향을 받아 종전 사람들이 하지 않던 탐정소설을 쓰기로 결심했다. 1886년 4월 그는 셜록 홈즈를 내세운 첫 번째 탐정소설 《주홍색 연구A Study in Scarlet》를 몇 번의 퇴고 끝에 발표하였다. 1890년 《네 사람의 서명 The Sign of Four》이 발표되고 나서야 이름이 알려지게 되었다. 1891년 의사 일을 그만두고 전문적으로 탐정 소설을 쓰기 시작했다. 1891년 7월부터 《스트랜드》 잡지에 《보헤미아의 스캔들A Scandal in Bohemia》 등 총 12편의 셜록 홈즈 탐정이야기를 잇달아 발표했고 이를 모아 1892년에는 《셜록 홈즈 모험Adventures of Sherlock Holmes》을 발표했다. 1892년 말, 《실버 블레이즈 Silver Blaze》를 시작으로 12편의 셜록 홈즈 시리즈를 발표하고 1894년 이 12개의 이야기를 묶어 《셜록 홈즈의 회상 Memoirs of Sherlock Holmes》을 발표했다. 그리고 1894년 《최후의 사건 The Final Problem》에서 셜록 홈즈가 급류에 죽은 것으로 만들고는 탐정 소설을 그만 쓰기로 결심했다. 그런데 예상밖에 셜록 홈즈의 죽음에 분개한 많은 독자들이 강력하게 항의하게 된다. 코난 도일은 어쩔 수 없이 《빈집의 모험 The Adventure of the Empty House》으로 셜록 홈즈를 죽음으로부터 살려냈고 계속해서 《버스커빌가의 개 The Hound of the Baskervilles》, 《돌아온 셜록 홈즈 The Return of Sherlock Holmes》, 《공포의 계곡 The Valley of Fear》 등을 내놓았다.

코난 도일은 43세(1902) 때 영국의 남아프리카 정책을 변호하여 작위를 수여받았다. 1930년 코난 도일은 향년 71세로 자택이 있던 윈돌 섬에서 사망했다.

코난 도일 상
영국작가, 그가 창조한 명탐정 셜록 홈즈는 전 세계를 풍미했다.

◎ 배경 소개

소설 주인공의 이름을 지을 때 코난 도일은 영국의 크리켓 선수와 유명한 미국작가를 떠올렸다. 둘 다 이름이 셜롬 홈즈라 그 이름을 쓰기로 했다. 그리고 이야기를 서술하는 왓슨박사는 친구 제임스 왓슨박사의 이름에서 따왔다. 그리고 셜록 홈즈는 원래 실제 인물을 바탕으로 만들어졌다. 이 특이한 인물은 바로 코난 도일이 에든버러대학에서 의학을 전공하고 있을 때 그를 가르쳤던 조지프 벨 교

수였다. 도일은 한 때 벨 교수의 조교
를 하기도 했었다. 벨 교수는 인물과
사건에 대한 탁월한 관찰력과 신기에
가까운 추리력을 가지고 있어서 완벽
한 셜록 홈즈의 모델이었고 벨 교수
는 코난 도일에게 큰 영향을 끼쳤다.
작품에서도 코난 도일은 셜록 홈즈에
게 해부식의 눈과 비범한 추리력을
부여했고 수년이 지난 후 영국황실
화학학회에서는 이 허구의 탐정소설

코난 도일은 《스트랜드》잡지에 셜록 홈즈 시리즈의 삽화를 실었다. 그림 속 인물은
호기심 많고 어수룩하며 화를 잘 내는 닥터 왓슨이며 왼쪽이 셜록 홈즈이다.

속 인물인 셜록 홈즈를 명예회원으로 추대하기도 했다.

  그런데 최근에는 일부 역사가들이 셜록 홈즈를 주인공으로 한
연재소설 《버스커빌가의 개》의 작가에 대해 이의를 제기했다. 그들
은 이 작품이 사실 코난 도일의 친한 친구 로빈슨이 만든 것이며
코난 도일은 이 사실을 은폐하기 위해 친구를 독살시키기까지 했
다는 것이다. 그러나 홈즈를 좋아하는 사람들과 다른 독자들은 로
빈슨이 코난 도일의 창작에 큰 공헌을 한 것은 인정했지만 로빈슨
이 그 작품을 썼다는 설에는 동의하지 않는다. 물론 진실이야 어떻
든 탐정소설 셜록 홈즈 시리즈에 대한 코난 도일의 공헌은 누구도
대신할 수 없다.

◎ *작품 감상*

셜록 홈즈의 이야기는 여러 가지 시리즈로 이루어져 있지만 연구
자들은 이 이야기들을 정리하여 홈즈의 개인 프로필을 정리했다.
이에 의하면 홈즈는 1854년에 태어났다. 가족은 형인 마이크로프
트가 있으며 부모에 대해서는 자세한 내용이 없다. 조모는 프랑스
사람이었는데 그녀의 부모가 모두 화가여서 홈즈도 그런 예술적

명언명구

● 독자들이여, 그래도 셜록 홈
즈는 여러분과 이별합니다. 여
러분들이 나에게 보내준 믿음에
무한한 감격을 느끼며 소설의
환상이라도 여전히 세상의 울적함
을 털어버릴 수 있는 유일한 방법이
기에 내가 보내준 무료함을 이기는
방법이 여러분들에게 보답이 될 수
있기를 바랍니다.

● 나는 정말이지 그가 추리와 관찰
을 이용하는 세상에서 가장 완벽한
기계라고 생각합니다. 그러나 연인
으로서 그는 절못을 잘 저지릅니다.

● 일반적으로 기이한 일일수록
진상이 밝혀지고 나면 별로 복
잡한 것이 아닌 경우가 많다.

기질을 타고 났고 탐정 일을 할 때도 어느 정도 이런 재능이 등장하기도 한다. 홈즈는 한 때 귀족식 사립학교를 다녔다. 옥스퍼드, 케임브리지대학에서 화학을 전공했으며 사교활동이나 일반적인 운동은 좋아하지 않았지만 펜싱과 복싱에는 능했다. 대학 시절 친구 아버지의 영향을 받아 탐정 일을 하기로 결심했다. 졸업하기 전부터 그의 분석력과 추리력은 친구들 사이에서 정평이 날 정도였다. 1875년 대학을 졸업하고 2

홈즈-이 허구의 탐정(좌)은 그의 의사 친구 왓슨의 도움으로 60여 건의 사건을 해결했다.

년 후 홈즈는 런던 대영박물관 근처의 몬테규 가에서 탐정사무실을 차리고는 친구가 소개해 준 사건을 받았다. 25세 때에는 '머스그레이브 가의 의식' 사건으로 두각을 드러내기 시작했다. 1877년 왓슨을 만나 새로운 하숙집 베이커 가에서 같이 지내기로 했다. 홈즈는 스코틀랜드야드(런던경시청의 별칭. 옛 스코틀랜드 국왕 궁전 터에 위치하고 있어서 이런 별명이 붙음.)의 레스트레이트 경감과 트레이슨 경감에게 왓슨을 소개해 주었다. 이 두 사람은 홈즈의 사건에서 자주 출연하는데 홈즈는 언제나 사건 해결에 대한 명예를 이들에게 돌렸다.

1889년 홈즈 나이 35살 때 왓슨은 《네 개의 서명》에서의 모스턴 양과 결혼을 하면서 베이커를 떠났다. 그러나 홈즈와의 비밀스런 관계는 계속 유지됐다. 1891년 두 사람은 유럽대륙을 여행하던 도중 스위스의 라야헨바흐 폭포에서 런던의 악마 모리어티 교수와 결투를 벌였다. 모리에티 잔당의 추격을 피하기 위해 홈즈는 이름을 숨기고 세계를 여행했다. 그는 중국 서장, 아라비아반도, 수단 등 곳곳을 돌아다녔으며 나중에는 프랑스 남부에서 화학을 연구했다. 1894년 40세가 된 홈즈는 베이커가의 하숙집으로 다시 돌아왔다. 이후 홈즈의 사업은 새로운 부흥기를 맞이하고 여러 차례 큰 사건들을 해결해 유럽을 건너 미국에까지 그 명성이 알려졌다. 제1차 세계대전 발발 직전, 홈즈는 영국정부의 요청으로 독일 간첩 사건을 해결해주었다. 이후 정식 은퇴를 하고 종적을 감췄다.

다음은 홈즈 시리즈 중에 몇 개를 소개하고자 한다.

전서구의 수수께끼 레스트레이드경감은 도버 근처에서 어떤 사람이 전서구를 프랑스의 비둘기 애호가 소식을 주고받는 것을 알았다. 경감은 그들이 법에 저촉된 일을 벌이고 있는 것이 아닌가 싶어 그 유명한 셜록 홈즈의 도움을 청했다. 홈즈는 매번 보내는 전서구의 수를 보고 그들이 현재 밀수를 하고 있다는 것을 추측했다. 그는 직접 전서구를 잡아 뭔가 있을 증거물에 대해 자세한 조사를 벌였다. 마침내 그는 비둘기 몸에 묶인 것은 둥근 통이었고 그들이 밀수한 것은 황금이었다는 것을 알아냈다. 그들은 비둘기를 이용한 방법이 그들의 장사를 숨겨줄 것이라고 생각했다.

문학 키워드

전서구
소식이나 정보를 주고 받기 위해 훈련시킨 비둘기를 가리키는 용어

버스커빌가의 개 찰스경이 연못에서 죽은 채로 발견되자 사람들은 그 집안에 전해 내려오는 '마귀 사냥개'의 소행이라고 생각했다. 찰스경은 자식이 없었기 때문에 찰스경 동생의 아들 헨리 경이 상속자가 되었다. 홈즈는 왓슨, 헨리경과 함께 조사하기 전에 혼자 몰래 그 연못에 들어갔다가 사냥개를 숨겨놓은 폐허가 된 광산의

맛보기
이 작품의 예술적 성과에 대해서 영국의 저명한 소설가 서머셋 몸은 이렇게 말했다. "코난 도일이 쓴 《셜록홈즈 완집》만큼 엄청난 명성을 얻은 탐정소설은 없다." 코난 도일은 '영국 탐정소설의 아버지'라고 불릴 정도로 세계적으로 인기 있는 작가가 되었다.

수갱을 발견했다. 결국 그는 찰스경의 이웃 스테이블튼이 찰스경의 둘째 동생이 외국에서 낳은 사생아였다는 사실을 밝혀냈다. 스테이블튼은 찰스경의 재산을 가로채기 위해 옛날부터 내려오던 전설을 이용해 사냥개를 길렀고 사냥개를 이용해 찰스경과 그 상속인을 죽이려고 했다. 그리고 나중에 자신은 합법적인 상속인으로 모든 것을 물려받을 계획이었다. 그가 헨리를 죽이려고 했을 때 갑자기 홈즈가 나타나 총으로 사냥개를 없애버렸고 스테이블튼은 원래 다른 사람을 죽이려고 했던 연못 무덤 속으로 빨려 들어가고 말았다.

독서 지도와 논술 지도

일반 사람들은 탐정소설을 본격 문학은 아니라고 생각한다. 그러나 코난 도일의 《셜록 홈즈 시리즈》를 읽고 나면 생각이 바뀔 것이다. 셰익스피어, 루쉰(魯迅), 발자크, 그리고 《호밀밭의 파수꾼》의 샐린저, 이들은 세계 문학사에서 생생한 문학적 이미지를 남겼다. 그러나 그들의 책을 읽은 사람들 중에는 안나 카레니나, 로미오, 아큐 같은 인물이 실제로 존재했다고 생각하는 사람은 거의 없다. 그런데 셜록 홈즈는 시작부터 지금까지 독자들에 의해 생생하게 살아있는 인물이 되었다. 사람들은 그를 위해 '집'과 기념관을 지었으며 심지어 그의 집, 런던 베이커가 221호 B에는 아직도 계속해서 우편

홈즈의 암울한 런던

물이 온다고 한다. 셜록 홈즈의 창시자 아서 코난 도일이 문학사에서 차지하는 위치는 앞에서 말한 대문호들과는 상당한 차이가 있다. 그러나 전 세계에 홈즈의 독자들이 많다는 점은 다른 어떤 작가들에게도 뒤지지 않는다.

세계문학사에서 홈즈의 이미지는 독보적이다.

깡마르고 키가 큰 스코틀랜드인으로 코트를 걸쳤으며 그의 입에는 담뱃대가 물려져 있었고 코는 매부리코에 눈빛은 예리하고 지팡이를 들고 있지만 행동은 민첩했다. 런던의 항구에 나타나거나 잉글랜드 시골의 안개가 자욱한 밤에 고성(古城)에 나타나기도 한다. 아니면 베이커가의 숙소에서 화학실험을 하기도 하고 바이올린을 켜기도 한다. 그의 놀라운 추리력과 사건을 꿰뚫어 보는 능력은 스코틀랜드의 경찰들도 탄복할 정도이고 저 유럽 뿐 아니라 북미의 범죄자들도 두려워할 정도였다. 그의 곁에는 항상 충실한 의사 왓슨이 있었다.

그 둘의 사건 해결이 많은 독자들을 끌어들이는 이유는 작가가 궁금증을 유발시키게 하는 긴장감과 반전이 많은 이야기를 잘 썼기 때문이다. 독자들은 읽으면서 자신도 모르게 소설에서 설정한 놀라운 이야기에 빨려 들어가 주인공과 함께 사건이 해결될 때까지 끊임없이 결과를 찾아헤맨다. 그런데 홈즈의 대단한 능력은 하루아침에 생긴 것이 아니며 끊임없는 연구를 거듭한 끝에 터득한 사물의 내적인 논리에서 생긴 것이다. 그래서 독자들은 쉽게 홈즈를 사회현실의 일원이라고 믿게 된 것이다.

이 뿐 아니라 홈즈의 이야기에는 당시 영국 사회의 현실도 어느 정도 반영하고 있다. 그 중 사회도덕의 폭로는 독자들의 심리와 잘 어울리며 홈즈의 이야기는 마지막에 모두 '이에는 이, 눈에는 눈'라는 사상으로 귀착된다. 객관적으로도 여러 범죄와 각종 부도덕한 행동은 간접적인 비판을 받는다. 독자들의 호응을 쉽게 얻어 낼 수 있는 이러한 방식 때문에 홈즈는 긍정적인 이미지를 가진 사건 해결의 대가로 추앙받게 된 것이다.

관련링크 코난 도일은 탐정 소설류가 형성되는 데 결정적인 역할을 했다. 그런데 미국의 작가 에드가 앨런 포우Edgar Allan Poe가 코난 도일보다 앞서 탐정소설을 시작했다. 에드가 앨런 포우는 1841년 발표한 《모르그가의 살인을 통해 최고의 탐정소설로 인정받았다. 이 작품은 밀실 살인을 내용으로 하고 있는데 흉악범은 결국 원숭이로 밝혀진다. 1842년 발표한 《마리 로제 사건의 수수께끼》는 순전히 추리형식으로 사건을 파헤쳤다. 그 외 《황금벌레》, 《도둑맞은 편지》 등 5편의 소설을 통해 성공적으로 추리소설의 형식밀실살인, 인과의지 위의 순수추리, 암호 해결, 흉악범과 그 심리 파악, 인간의 맹점을 창조했으며 이야후어 탐정 오귀스트 뒤팽은 코난 도일의 소설에 나오는 셜록 홈즈의 전형이라고 할 수 있다. 에드가 앨런 포우는 탐정소설의 창시자로 불려진다. 그의 소설은 기괴하면서 공포 분위기가 가득하다. 에드가 앨런 포우의 탐정소설 모델은 140년이 지난 지금에도 세계 각국의 탐정 소설가들에게 중요한 방법이 되고 있으며 수많은 작품들이 그의 기존 형식을 벗어나지 않고 그의 뒤를 따르고 있다. 심지어 탐정소설의 아버지라고 불리는 영국 작가 윌리엄 콜린스William Wilkie Collins의 명작 《탐정석My1868》의 탐정 커프도 에드가 앨런 포우의 영향을 받아 탄생한 인물이다.

장 크리스토프

로맹 롤랑 Romain Rolland
JEAN-CHRISTOPHE

작가 소개

로맹 롤랑(1866~1944)은 프랑스 작가이자 음악 평론가였다. 그는 1866년 1월 29일 프랑스 중부 고원지대에 있는 클람시에서 태어났다. 15세에 부모를 따라 파리로 이주했다. 1899년 로맹 롤랑은 프랑스 파리고등사범학교를 졸업하고 로마의 프랑스고고학교 석사과정에 들어갔다. 귀국 후 파리고등사범학교와 파리대학에서 예술사를 강의했으며 글도 썼다. 그 때 그는 역사상의 영웅을 소재로 한 7편의 희곡, 즉 '혁명희곡'으로 부패한 희곡 예술에 대항하려고 했다.

20세기 초는 그의 창작에 있어서 새로운 단계였다. 그는 여러 명인들의 전기를 연속해서 발표했다. 《베토벤의 생애 Vie de Beethoven》(1903), 《미켈란젤로의 생애 Vie de Michelange》(1906), 《톨스토이의 생애 Vie de Toltoi》(1911) 등을 발표하고 동시에 그의 장편 소설 《장 크리스토프》를 발표했다. 이 소설로 로맹 롤랑은 1913년 프랑스아카데미의 문학상을 수상했고 1915년에 노벨 문학상을 수상했다. 로맹 롤랑은 당대 프랑스 최고의 작가로 꼽히게 되었다. 두 차례의 세계 대전이 벌어지는 동안 로맹 롤랑은 창작의 절정기를 맞이했다. 1919년 중편소설 《콜라 브리뇽 Colas Breugnon》을 발표했고 1920년에는 두 편의 반전소설 《클레랑보 Clerambault》과 《피에르와 뤼스 Pierre et Luce》, 1922년에서 1933년까지는 또 다른 대표작 《매혹된 영혼》을 발표했다. 이 기간에 발표한 7권의 《베토벤의 대창조기 Les Grandes poques cratrices de Beethovan》(1928~1943)는 음악이론과 음악사에 중요한 획을 그은 걸작으로 꼽힌다. 그 밖에 시와 문학평론, 일기, 회고록 등 다양한 문체의 작품을 발표하기도 했다. 로맹 롤랑은 세계적으로 영향력 있는 작가였을 뿐 아니라 유명한 사회활동가로서 평생을 인류의 자유와 민주, 광명을 쟁취하기 위한 불굴의 투쟁을 보여주었다.

로맹 롤랑 상

◎ 배경 소개

《장 크리스토프》는 구상에서 완성까지 20여년의 시간이 걸렸다. 작가 본인의 《청년시대의 회고록》에 기술된 내용을 근거로 보면 작가는 1890년쯤에 이 작품을 구상하기 시작했으며 스스로 이 소설을 쓰는 목적을 '허영심에 가득찬 시장'을 향한 복수라고 했는데 그가 초기에 희망했던 '민중극론' 속에서 실현된 세상을 깨우는 염원을 위해서라고 한다. 이 소설은 세상에 나오자마자 엄청난 환영을 받았다.

장 크리스토프는 독일 라인 강변의 작은 도시, 대대로 존경받는 음악가 집안에서 태어났다. 그의 조부는 왕궁악대를 지휘했지만 부친은 술에 찌들어 살았고 그래서 가정 형편은 날로 어려워졌다. 그런데 장 크리스토프가 풍부한 상상력과 강인한 생명력, 천부적인 재능을 가지고 있다는 것을 알게 된 부친은 아들의 재능을 이용해 돈을 벌려고 했다. 그래서 장 크리스토프는 어쩔 수 없이 음악을 사랑할 수밖에 없었고 자신의 일생을 모든 희로애락이 응집된 예술에 바쳐야 했다. 장 크리스토프는 6살에 음악회를 열어 전 도시를 놀라게 한 음악 신동이었다. 13살이 안되어 그는 정식으로 궁중악대의 제 2바이올린 주자가 되어 가정 경제를 떠맡게 되었다.

나이가 들어가면서 그는 독일 사회의 허위와 부정을 잘 알게 되었고 마음속에서는 그것을 배척하고 그것을 극복하려고 했다. 젊은 장 크리스토프는 많은 연애의 실패로 인한 슬픔과 가정 형편의 어려움 속에서도 외삼촌의 도움으로 음악 창작에 매진할 수 있었다. 어느 날 산책을 나갔던 그는 갑작스런 싸움에 휘말리게 되었다. 그 싸움에서 한 여자를 보호하려다 사람을 죽이게 되었고 그대로 파리로 도망 치고 만다.

프랑스는 크리스토프가 오래도록 갈망하던 나라였지만 일단 그곳에 도착하고 나니 적응하기가 만만치 않았다. 파리의 퇴폐적인 분위기 속에서 그는 고독과 싸워야 했다. 그곳에서의 유일한 소득이라면 학생들을

베토벤
《장 크리스토프》이전, 로맹 롤랑은 영웅적인 인물들의 전기를 여러 편 썼었다. 그 중 3대 '명인전' 중 하나인 《베토벤의 생애》는 《장 크리스토프》의 전주곡이라고 할 수 있다.

관련링크 로맹 롤랑은 《장 크리스토프》를 완성하기 전에 세상 사람들에게 '명인의 숨결을 흐를 할 수 있도록 엄청난 정신적 힘을 가진 영웅의 생애를 글로 남기는 작업을 하기로 결심했다. 그는 연속해서 수편의 명인 전기를 완성했다. 《베토벤의 생애》(1903), 《미켈란젤로의 생애》(1906), 《톨스토이의 생애》(1911)는 '3대영웅전 혹은 '명인전'이라고 불린다. 어떤 의미에서 이 전기의 완성이 《장 크리스토프》라는 위대한 작품의 탄생을 암시한 것이라고 할 수 있다.

《명인전》은 격정적인 문자로 세 명의 영웅을 찬양한 작품이다. 로맹 롤랑이 말하는 영웅은 '사상 혹은 강력한 힘을 가진 것이 아니라 영혼에 의지한 위대한 인물'이다. 그래서 그는 이 위대한 예술 천재들을 묘사하는데 신중을 가했다. 힘들고 어려운 과정을 어떻게 싸워 이겨냈으며 불후의 걸작을 창조하기 위해 평생 동안 어떤 노력을 기울였는지 표현했다. 그의 펜이 아래로 베토벤과 미켈란젤로, 톨스토이는 고통 받는 사람들이었다. 베토벤은 운명의 장난으로 귀머거리 음악가가 되었지만 고통을 음악으로 바꾼 영웅이었고, 미켈란젤로는 우울증 환자였으며 모든 석상을 생명으로 조각하는 고픈 일 중독자였지만 고통을 즐기면서도 쾌락을 버리지 않은 영웅이었다. 톨스토이는 조국을 괴롭히는 사랑이었다. 집을 스스로 떠난 그는 삶의 안녕을 버림으로써 양심적인 영웅이 되었다. 작가들은 이 영웅들에 대해 '그들은 자신들의 의지로 위대해졌지만 고난 역시 위대해졌다고 할 수 있다.'고 했다. 작가가 이들을 탄생시킨 이유 역시 이 영웅들의 전기를 통해 사람들에게 삶과 인류의 신앙에 대한 새로운 힘을 불어넣어주기 위함이었다.

가르치며 사는 청년 시인 올리비에를 만난 것이었다. 마음이 잘 맞았던 둘은 한 집에 살면서 각자의 예술적 목표를 위해 함께 노력했다. 오래지 않아 크리스토프의 작품이 프랑스와 독일 양국에서 공연되어 큰 성공을 거두면서 크리스토프는 천재로 인정받게 되었다. 그러나 그것도 잠시, 곧 다른 사람들의 모함과 비난을 받았다. 그 때 크리스토프는 자신과 올리비에가 아크리나라는 여자를 동시에 사랑하고 있음을 알게 되었다. 그는 둘의 결혼을 위해 스스로 물러났다. 그런데 '5.1'절 축제날 올리비에는 사람들에게 밀려서 넘어진 아이를 구하려다 자신이 도리어 사람들에게 밟혀 죽고 말았다. 그리고 크리스토프도 사병을 죽이게 되어 다시 옛 친구가 있는 스위스로 도망치게 된다.

스위스에서 유랑을 하던 때에 크리스토프는 친구의 아내인 안나와 적절치 못한 연애 사건을 일으켰다. 결국 크리스토프와 안나는 자살로 모든 것을 마무리 짓고 싶었지만 뜻을 이루지 못했다. 실망 속에서 혼자 은거하던 크리스토프는 잊은 지 오래된 옛 친구인 이탈리아 여자 그라치아를 우연히 만나게 됐다. 두 사람은 오랫동안 상봉의 기쁨에 빠져 있었다. 비록 그라치아의 아들이 둘의 결합을 막았지만 둘의 마음은 그래도 만족스러웠다. 그라치아의 도움으로 크리스토프는 스위스에서 보내는 십년 동안 놀랄만한 성과를 거두었다.

만년에 유명해진 크리스토프는 계속해서 창작에 몰두했지만 그의 작품은 더 이상 초년기의 작품처럼 격동적이지 않고 조화롭고 평온했다. 이제 그는 자유롭게 프랑스와 독일을 오갈 수 있게 되었다. 프랑스로 돌아갔을 때 그는 큰 환호를 받았다. 그런 상황이 그는 참 우스웠지만 그로 인해 새롭게 인생을 생각하게 되었다. 그라치아가 세상을 떠난 후 크리스토프는 두문불출했다. 그는 성장하고 있는 젊은이들을 바라보며 죽음의 신을 기다렸다.

독서 지도와 논술 지도

《장 크리스토프》를 쓰기 전, 로맹 롤랑은 이미 몇 편의 영웅 전기를 완성했었다. 그리고 전기에 대한 그의 흥미가 대표작 《장 크리스토프》 속에도 고스란히 남아있다. 이 순환식 구조의 소설은 20세기에 위대한 인물들의 전 생애를 포착하는 전기 소설에 새로운 길을 열었다.

《장 크리스토프》는 독일 음악가들이 많은 예술적 투쟁을 벌이던 변화의 시대로 거슬러 올라간다. 독자는 주인공의 경험에서 음악가 베토벤과 모차르트, 와그너 같은 사람들의 모습을 어렴풋이 볼 수 있다. 예를 들어 장 크리스토프의 불후했던 어린 시절은 베토벤과 비슷하다. 그러나 롤랑이 창조한 이 영웅은 이 선구자들의 제약을 받지 않는다. 롤랑은 장 크리스토프를 통해 20세기 인류 영웅의 초상화와 그 꿈을 실현시키고자 시도했다.

로맹 롤랑은 이 작품이 소설이라는 것을 부정했다. 작품의 느슨한 구조와 문체 역시 이 작품이 단순히 이야기가 긴 작품만은 아니라는 것을 설명한다. 롤랑의 눈에 한 사람의 삶은 문학형식이라는 협소한 영역에 가둘 수 없다고 보았다. 《장 크리스토프》는 한 음악 천재가 자신과 예술과, 그리고 사회와 겪는 갈등을 적은 것이다. 장 크리스토프의 격정과 반항, 분노에서 그의 상심과 순종, 안정의 심리 과정에 이르기까지 롤랑은 조화롭지 못한 그의 성격과 생명의 열정은 가득하지만 세상의 오해를 받았던 예술을 표현했다.

예술적으로 이 소설은 매우 독특한 스타일을 갖고 있다. 소설 속에서 심리묘사를 매우 중시했던 작가는 심리묘사와 자연묘사를 작

메시 터치

프랑스의 유명한 문학평론가는 영웅을 묘사한 작품으로 《장 크리스토프》를 20세기 가장 고귀한 소설작품이라고 꼽았다. 그리고 고리키는 이 위대한 작품을 읽은 후에 장편서사시 같은 대작이며 20세기 가장 위대한 소설이라고 했다. 노벨문학상 수상사에서는 '그의 문학작품 속의 고상한 이상과 그가 묘사한 다양한 유형의 인물이 가진 동정(同情), 그리고 진리에 대한 열정'을 잘 표현해냈다고 평가했다.

가의 철학사상과 결합시켜 작품의 '깊이'를 더했다. 그리고 이 소설은 '음악소설'로도 불린다. 만약 음악에 흥미가 있는 독자라면 이 거대한 서사시를 읽으면서 그 속에 녹아있는 예술적 매력을 충분히 느낄 수 있으리라 생각한다.

기탄잘리

라빈드라나드 타고르 Rabindranath Tagore　　GITANJALI

작가 소개

라빈드라나드 타고르(1861~1941)는 인도의 유명한 시인이자 소설가, 예술가, 사회운동가이다. 그는 콜카타의 문학적 조예가 깊은 집안에서 태어났으며 브라만계급에 속했다. 부친은 유명한 종교 개혁가이자 사회활동가였으며 여섯 명의 형들도 모두 사회개혁과 문예부흥운동에 헌신했다. 타고르는 정규교육을 많이 받지는 못했고 주로 가정교사를 통해 엄격한 교육을 받고 그 외에는 혼자 학습했다. 그러나 어린 시절부터 재능이 남달랐던 그는 14살에 첫 장편시 《들꽃》을 발표했다. 1878년 영국에서 법학을 공부한 후에 런던대학에서 영국문학을 공부했다. 1880년 귀국한 후 같은 해 타고르는 전업작가가 되었다. 그 후 학교를 세우고 반영시민운동에 참가하기도 했다. 1913년 타고르는 종교적인 서정시 《기탄잘리》로 노벨문학상을 수상했다. 1915년에는 간디와 만났다. 한때 수많은 나라를 방문했으며 중국에도 두 번 방문했었다. 1941년 8월 7일 타고르는 콜카타 고향에서 세상을 떠났다.

타고르는 평생 2,000여 수의 시, 50여 편의 시집, 12편의 중·단편 소설과 100여 편의 단편 소설, 20여 편의 희곡, 그리고 다량의 문학, 철학, 정치 논저 및 여행기, 서간 등을 썼다. 그 중에서 주요 시집으로는 《이야기 시집》(1900), 《기탄잘리》(1910), 《초승달The Crecent Moon》(1913), 《날아가는 새》(1916), 《정원사》(1938), 《아침의 노래》(1941)가 있으며 소설로는 단편 《빛 청산》(1891), 《포기》(1893), 《삶과 죽음》(1892), 《대마아》(1892), 《태양과 구름》(1894), 중편 《네 사람》(1916), 장편 《침선》(1906), 《고라Gora》(1910), 《가정과 세계》(1916), 《두 자매》(1932)가 있고 주요 희곡으로는 《견고한 보루》(1911), 주요 산문으로는 《죽음의 거래('아편—죽음을 운반하다'라고도 번역된다고 함.)》(1881), 《중국의 대화》(1924), 《러시아 서간》(1931) 등이 있다.

◎ 배경 소개

타고르는 동양에서 최초로 노벨문학상을 수상한 작가이다. 그의 성공은 그의 비범한 재능 때문이기도 하지만 수많은 예술가들의 추천과 인용 덕분이기도 하다. 1910년 타고르는 벵골어로 된 시집 《기탄잘리》를 발표했다. 이 작품은 자연 경관에 대한 세세한 묘사가 가득한 시집이었다. 시집이 발표된 이후, 런던에서 조직된 인도단체에서 활동하던 젊은 화가 로젠스타인이 1911년에 인도를 여행하면

타고르는 동양인으로는 최초로 노벨문학상을 수상했으며 인도에서는 '시성(詩聖)'으로 불린다.

문학 키워드

기탄잘리
기탄잘리는 《신에게 바치는 송가》라는 뜻으로 모두 종교적, 상징적 내용이다.

관련링크 타고르의 시 중에는 《기탄잘리》외에도 서사시 《분배》, 서정시 《원정》, 《초승달》, 《날아가는 새》 등이 있다. 《분배》는 작가가 농촌에서 지내던 시기에 썼던 이야기 시로 왕이 자신의 정원을 '넓고 네모처럼 만들기 위해 농민이 가진 작은 땅을 강탈하고 관부와 결탁해 공연한 사람에게 죄를 뒤집어 씌우는 내용이다. 《원정》은 총 85수의 시가이며 대부분 사람과 인생에 관한 서정시이다. 인생에 대한 시인의 탐구와 추구를 표현했으며 길을 찾으려고 하지만 찾지 못하는 안타까운 심정을 반영했다. 《초승달》은 총 37수로 이루어져 있으며 어린이를 묘사하고 노래했다. 작가의 어린이에 대한 사랑과 이상적인 세상에 대한 갈망을 표현했으며 위대한 모성애를 노래했다. 《날아가는 새》는 총 325수의 단편시로 이루어져 있으며 단편시를 먼 길을 날아가는 새가 남기는 족적처럼 유랑자의 인생과정에 비유하였다. 이를 통해 인생에 대한 경험과 소감을 표현했다.

서 타고르를 방문했다. 그는 《기탄잘리》의 가치를 알아보고는 타고르에게 영어로 번역해 출판하라고 권유했다. 1912년 타고르는 미국과 영국을 각각 방문했다. 그 해 로젠스타인의 노력으로 인도단체의 간행물에 타고르의 번역시가 실렸다. 동시에 타고르의 작품은 유명한 시인 예이츠의 눈길을 끌었다. 이 신비주의 시인은 타고르의 시를 영향력 있는 평론가이자 작가인 어네스트 라이즈Ernest Rhys에 보냈고 그는 다시 이 시집에 대한 평론을 발표하여 작가의 명성을 미국에까지 알렸다. 독자와 예술인 동료들의 대대적인 지지로 타고르는 1913년 순조롭게 노벨문학상을 수상했다. 그 후 다른 각종 명예로운 상도 잇달아 수상했다. 1915년 영국식민정부는 그에게 작위를 수여했다. 그러나 타고르는 이에 만족하지 않고 평생 동안 작품을 통해 동서양 문화 교류의 중개자 역할을 하여 서양세계가 동양을 이해하는 데 큰 공헌을 했다.

◎ *작품 감상*

《기탄잘리》는 신에게 바치는 시이기 때문에 이 시집은 한편의 종교송가이다. 시집의 주제는 신을 공경하고 신과의 결합을 갈구하는 것이다. 작품에서 시인은 신에 대한 경건함을 나타냈으며 시인이 신과의 교류를 통해 인생을 인식하고픈 목적을 표현했다. 그 밖에 시 속에는 대자연에 대한 아름다운 묘사가 나온다. 이 시집은 1910에 발표되었으며 총 103수의 시가 수록되어 있는, 타고르의 시집 중 가장 유명한 작품이다.

명사 평론
타고르의 시는 세계적인 인기를 얻고 있다. 1913년 노벨문학상 수상사에서는 '민감하고 깨끗하며 아름다운 시를 위해 이 시에 놀라운 기교를 사용했으며 그리고 작가 본인이 영어로 표현하여 그의 풍부한 시적인 사상은 이제 서양문학의 일부분이 되었다.' 라고 했다. 미국의 시인 파운드는 타고르에게 경의를 표하며 "우리는 자신의 새로운 그리스를 발견했다"하여 작가를 높이 평가했다. 타고르의 시는 중국 현대에도 대단한 영향을 주어 스웨덴의 웁실라는 "노벨문학상은 예술가이자 예언가인 작가에게 주어져야 한다. 그런 의미에서 라빈드라나드 타고르는 단연 최고이다."라고 했다.

기탄잘리 1

당신은 나를 무한케 하셨으니 그것은 당신의 기쁨입니다. 이 연약한 잔을, 당신은 비우고 또 비우시고, 끊임없이 새로운 생명으로 채우십니다.

이 가냘픈 갈대 피리를, 당신은 그것을 가지고 산을 넘고 골짜기를 건너셨고, 피리에서는 영원히 새로운 노래가 흘러나옵니다.

당신 손길의 끝없는 로다거림에, 내 가냘픈 가슴은, 한없는 즐거움에 젖고, 형언할 수 없는 소리를 발합니다.

당신의 무궁한 선물은 이처럼 작은 내 손으로만 옵니다. 세월은 흐르고, 당신은 여전히 채우시고, 그러나 여전히 채울 자리는 남아 있습니다.

기탄잘리 5

나는 잠시 동안이나마 당신 옆에 앉을 은총을 구합니다. 지금 하던 일은 뒷날 마치겠습니다.

당신의 얼굴 앞에 있지 않으면, 내 가슴은 안식도 휴식도 없고, 나의 일은 가없는 고통의 바다 속 끝없는 고통이 됩니다.

오늘 여름이 내 창가에 와서 산들거리며 속삭이고, 벌들은 꽃 담불 정원에서 부지런히 노래를 부릅니다.

지금은 말없이 당신과 얼굴을 마주하고 앉아, 이 조용하며 넘치는 안일 속에서 생명의 헌사를 노래할 시간입니다.

독서 지도와 논술 지도

《기탄잘리》는 타고르 자신이 벵골어 시집에서 100여 수의 시를 선택해 영어로 번역하여 이름 붙였다. 서양 독자들에게 그의 작품을 소개하기 위한 것이었기 때문에 번역과정에서 그는 서양 독자들의 심미적인 취향을 많이 고려했다. 선택된 시들은 인성과 사랑, 모정 그리고 그의 철학 사상이 가득한 신비주의 작품이 주를 이루었으며 몽롱하면서도 말로 전달하기 힘든 미적 감각을 표현했다.

신에게 바치는 시 《기탄잘리》는 종교적인 색채가 강하기 때문에 대부분의 시가 철학시 같다. 이것은 작가의 범신론적 사상 때문인데 동시에 인도의 민간 종교 전통 및 고대의 문화와도 밀접한 관련

〈기탄잘리〉책

이 있다. 시인의 마음속에서 대자연의 아름다운 경관은 신이 창조한 것이며 신의 화신이다. 그래서 그것은 신과 같이 똑같이 숭고한 지위를 차지한다.

한편, 이 작품은 신에게 바치는 시이긴 하지만 그 내용이 현실과도 긴밀하게 결합되어 있어서 이상적인 삶에 대한 시인의 희망도 담고 있다. 또한 시인은 시속에서도 빈곤함에 대한 동정을 표현했는데 이것은 시인 본인의 박애사상과 인도주의 정신에 부합하는 것이다.

타고르의 작품은 예술적으로 감수성이 풍부하다. 시인이 시속에서 자신의 표현을 중시하였기 때문에 이 작품은 진한 낭만주의 색채를 띠고 있는 것이다. 소재 상으로 볼 때 시인은 신비스런 종교를 시 속에 들여왔으며 종교라는 이 오래된 예술의 소재를 새로운 경향으로 탈바꿈시켜 서양예술가들에게도 큰 영향을 끼쳤다.

문학 키워드

타고르가 한국인에게 남긴 두 편의 시 가운데 하나는 〈패자의 노래〉인데 3.1운동의 실패로 실의에 빠진 한국인에게 위로를 주기 위해 육당 최남선의 요청에 의해 쓰여졌으며 또 〈동방의 등불〉은 1929년 타고르가 일본을 방문했을 때 동아일보 도쿄지국장이 한국 방문을 요청한 것에 응하지 못함에 대한 답례로 대신한 시이다.

동방의 등불

일찍이 아시아의 황금 시기에
빛나던 등불의 하나인 코리아
그 등불 다시 한번 켜지는 날에
너는 동방의 밝은 빛이 되리라
마음에 두려움이 없고
머리는 높이 쳐들린 곳
지식은 자유롭고
좁다란 담벽으로 세계가 조각조각 갈라지지 않은 곳
진실의 깊은 속에서 말씀이 솟아나는 곳
끊임없는 노력이 완성을 향해 팔을 벌리는 곳
지성의 맑은 흐름이 굳어진 습관의 모래 벌판에 길 잃지 않은 곳
무한히 퍼져 나가는 생각과 행동으로 우리들의 마음이 인도되는 곳
그러한 자유의 천국으로
나의 마음의 조국 코리아여 깨어나소서

(주요한 옮김, 1929. 4. 2)

유년 시대

고리키 Maksim Gorky

CHILDHOOD

작가 소개

막심 고리키는 위대한 러시아 작가이자 사회주의의 현실주의 문학을 창시한 사람이며 무산계급 혁명문학의 지도자였다. 그의 본명은 알렉세이 막시모비치 페슈코프 Aleksei Maksimovich Peshkov로 니주니노브고로트 Nizhny Novgorod에서 태어났다. 아버지는 가구장이었으나 일찍 세상을 떠났다. 그래서 고리키는 외조모 밑에서 자랐다. 외조모의 집이 가난해서 11살의 고리키는 어쩔 수 없이 일을 하게 되었다. 그는 짐꾼과 빵집 일꾼으로 일했으며 빈민굴과 항구가 그에게 '사회' 대학이 되어 주었다. 그는 노동자들과 동고동락하면서 자본주의의 잔혹한 수탈과 압력을 직접 경험했다. 이런 삶이 그의 사상과 창작 발전에 중요한 영향을 미쳤다. 20세가 된 후, 고리키는 조국의 각 지역을 떠돌았다. 1892년 9월 고리키는 그의 처녀작 〈마카르 추드라〉를 발표하면서 러시아문단에 데뷔했다.

고리키의 초기 작품에는 낭만주의 색채를 띤 민간전설과 우화 같은 이야기가 중요한 자리를 차지하고 있다. 예를 들면 〈이제르길리 노파〉, 〈매의 노래〉, 〈바다제비의 노래〉(1901) 등이 있는데 그 중에 〈바다제비의 노래〉는 무산계급의 혁명투쟁을 찬양한 작품으로 레닌의 극찬을 받았다. 1905년 혁명 전야, 고리키는 희곡으로 방향을 돌려 중요한 사회적인 의미를 가진 극본을 썼다. 예를 들면 〈소시민〉(1901), 〈밑바닥에서〉(1902), 〈별장의 사람들〉(1904), 〈태양의 아이들〉(1905), 〈야만인들〉(1905) 등이 그것이다. 1906년 고리키는 가장 중요한 장편 소설 〈어머니〉와 희곡 〈적〉을 썼다. 이들 작품은 그의 창작활동이 최고에 달했다는 것을 의미했다. 혁명 실패 후 고리키는 미국과 이탈리아로 가서 여러 가지 정치적인 문장을 발표하면서 서방 자본주의 제도를 비판하고 사상계와 문학계의 다양한 조류를 이끌었다. 제1차 세계대전이 발발하기 전날 고리키는 〈이탈리아 이야기〉와 〈러시아 순례〉 등의 중요한 작품을 발표했다. 러시아 10월 혁명이 준비되던 시기에 고리키는 자서전적인 3부작 소설 중 2부작 〈유년 시대〉(1914)와 〈사람들 속에서〉(1916)를 완성하고 1923년 3부 〈나의 대학〉을 완성했다. 고리키의 다른 작품으로는 〈아르타모노프 가의 사업〉(1925), 〈클림 삼긴의 생애〉 등이 있다.

문학 창작 외에도 고리키는 평론가, 정론가, 학자로 활동하면서 많은 사회활동에도 참여했으며 러시아의 작가들을 배출하기도 했다.

◎ 배경 소개

5살 때 부친을 여의고 10살 때 모친을 여읜 고리키는 스스로의 노력으로 러시아의 위대한 문학가가 되었다. 《유년 시대》를 포함하여 자서전적인 3부작 소설은 레닌의 격려로 썼다고 한다. 고리키의 출

고리키(우)와 체호프

영화화된 고리키의 《어머니》

《유년 시대》를 영화화한 《고리키의 유년 시대》, 영화의 한 장면

생과 유년 시절의 상황에 대해 작가 자신은 이렇게 묘사했다. "나는 1868년 아니면 1869년 3월 14일에 니주니노브고로트의 염색공의 집에서 태어났는데 어머니는 염색공의 딸이었고 아버지는 소시민이었다. 내가 5살 때 아버지가 돌아가시고 어머니는 10살에 죽었다. 어머니가 세상을 떠난 후에 외조부는 나를 신발가게에 도제로 보냈고 9살에는 《성경》으로 나에게 글자를 가르쳐주었다. 신발 수리하는 일을 하고 싶지 않았던 나는 결국 도망을 쳤고 나중에 화가의 집에서 일하게 되었으나 다시 줄행랑을 쳤다. 얼마 뒤 나는 조각을 하는 작업장에 들어갔다가 나중에 배에서 잡역부로 일하기도 했다. 15살까지 나는 이런 일을 하면서 생활을 유지했다. 책을 몹시 좋아했던 나는 작가의 이름도 모르는 고전 작품을 자주 읽었다." 그의 이런 서술은 《유년 시대》라는 소설을 읽는데 많은 도움이 되며 고리키의 어린 시절과 그 성장 과정을 이해하는데도 참고가 된다.

◎ 작품 감상

《유년 시대》는 속편 《사람들 속에서》, 《나의 대학》과 함께 고리키의 3부작 자전소설 중에서 첫 편이다. 이 소설에서는 작가의 10살 이전의 생활이 묘사되어 있다. 책에서는 주인공의 성장과 살아가는 과정이 기술되어 있는데 질식할 것만 같고 두려움으로 가득찬 세계를 묘사해냈다.

주인공 알레샤의 기억은 그를 위해 죽은 아버지로부터 시작된다. 그가 겨우 5살 때 아버지가 세상을 떠났다. 어머니는 그를 데리고 외조부의 집에 들어갔고 그곳에서 그는 빈곤하고 고통스런 어린시절을 보냈다. 외조부는 모순적이면서 복잡한 성격을 갖고 있었다. 그의 마음속에는 선량한 면도 있었지만 돈에 대

《태양의 아이들》을 낭송하고 있는 고리키
고리키는 평생 15편의 극본을 썼는데 모두 러시아 희곡의 고전이 되었다. 《태양의 아이들》은 1905년에 완성한 작품이다

한 탐욕으로 영혼이 부패한 사람이어서 점점 화를 잘 내고 인색해져갔다. 이 차가운 세계에서 한 때 방직공장 여공이었던 외조모만이 그를 보호해주고 사랑해주었으며 그에게 무한한 애정을 주어 그의 성장에 좋은 영양분이 되었다.

날로 쇠락해지는 집안 형편 속에서 알레샤는 흉악한 싸움과 다툼에 자주 휘말렸다. 외조부가 만든 방직공장은 가정 경제를 지탱하는 주요 원천이었다. 그런데 두 외삼촌은 재산을 빼앗기 위해 서로 다투었다. 심지어 그들은 약한 자를 우롱하고 아이를 때리는 것을 즐겼다. 그래서 알레샤는 그곳의 모든 것이 모두 토할 것 같은 '납처럼 무거운 추태'로 보였다. 어느 날 깊은 밤, 외삼촌은 분가를 안 해준다는 이유로 공장에 불을 지른다. 파산한 외조부는 외삼촌을 내보내고 자신은 따로 방을 구해서 이사를 나갔다. 가산이 기울자 외조부는 더욱 인색해졌고 결국에는 돈을 벌어오라고 외조모를 집 밖으로 내몰았다.

불쌍한 어머니는 그 가정에서 '잉여 인간'이 되었고 어쩔 수 없이 생계를 위해 재가를 할 수밖에 없었다. 그러나 도박을 좋아했던

계부는 알레샤를 나쁘게 대하다가 외조부의 집에 보내버렸다. 알레샤는 외조모가 그를 먹여 살리는 상황을 견디지 못하고 아이들과 쓰레기를 주우러 나섰다. 이 책의 끝에서 알레샤의 어머니는 결국 학대를 견디지 못해 이 세상을 떠나며 알레샤도 어쩔 수 없이 집을 떠나 '사람들 속으로' 살 길을 찾아 나선다.

독서 지도와 논술 지도

《유년 시대》, 《사람들 속에서》, 《나의 대학》, 이 3부작은 고리키라는 위대한 작가의 자서전이며 탁월한 예술품이다. 이 작품들은 고리키가 자신의 삶을 근거로 1870~80년대 사회모습을 묘사한 다채로운 시대화보이다.

작품의 주인공 알레샤는 바로 작가 본인이다. 이 이미지는 고리키의 어린 시절의 모습이며 동시에 복잡하고 고통스런 과정을 겪는 러시아 노동자들이 새로운 삶을 향해 나아가는 모습을 의미한다.

많은 사람들이 3부작의 기본 주제는 알레샤의 성장이라고 말한다. 그러나 《유년 시대》에는 주로 삶의 고난이 반영되어 있다. 작가는 사실적인 삶의 모습을 묘사했으며 그 속에는 러시아 최하층에 살고 있는 많은 시민들이 등장하고 있다. 그들의 저속함과 이기심, 의심, 멸시, 끝없는 고난은 무수한 독자들에게 탄식을 불러일으킨다. 심지어 가족끼리 이익의 쟁탈을 위해 서로 싸우고 양보

어느 잡지의 표지이다. 이 그림은 고리키가 유랑에서 돌아와 예술로 혁명에 희생하겠다고 결심한 모습을 묘사한 것이다. 고리키는 1934년 소비에트 작가대회의 연설에서 "우리의 작품에서 최고의 영웅은 당연히 노동자이다."라고 했다.

관련링크 자서전적 작품 《유년시대》, 《사람들 속에서》, 《나의 대학》은 고리키 문학의 유산 중에서 가장 우수한 작품이다. 이 중 《사람들 속에서》는 자서전적 소설의 두 번째 이야기로 소년 알레샤가 사회의 일터로(사실은 어린이 노동자이다) 나온 이후 겪게 되는 다양한 경험들을 얘기하고 있다. 알레샤는 10살 때부터 신발가게 도제 일을 하기 시작했고 화가 친척집에서 조수 겸 일꾼으로도 일했다. 상점에서 점원으로 일하기도 했고 건축공사 반장의 조수로 일하면서 상류 사람들을 만나기도 했다. 그리고 여러 가지 아름답기도 하고 추하기도 하며 간사하기도 하고 어리석기도 한 사회현상들을 보았다. 고리키는 소년시절의 기억을 통해 독자들에게 19세기 중엽 러시아의 다양한 사회현상을 보여주었다. 《나의 대학》은 알레샤가 카산에 있을 시기 참여했던 사회활동을 묘사했다. 이 시기에 그는 유랑자였다가 짐꾼이 되기도 했고 빵 공장 노동자, 잡화점의 계산원으로 일하기도 했다. 그러나 그런 고난 속에서도 그는 혼자 힘으로 열심히 문화지식을 습득할 수 있었으며 혁명 활동에 적극적으로 참여하고 현실의 바꾸기 위한 길을 모색했다.

하지 않는 모습은 더욱 사실적으로 보인다. 그리고 외조모의 이미지는 인자하고 희망을 대표하는 이 책의 유일한 빛이다. 외손자에 대한 그녀의 사랑은 바로 알레샤가 인생의 고난을 이겨내고 용감하게 살아갈 수 있는 정신적인 힘이 되었다. 주인공 알레샤는 바로 납과 같은 삶의 무게 아래서, 끝없는 고난 및 악의 세력과 투쟁하는 가운데, 현실의 모든 아름다움을 받아들이고 인식하는 과정에서 점점 발전해 나간다. 이런 성장 과정은 어떤 의미에서 러시아 신세대의 성장 과정의 축소판이라고 할 수 있다.

변신

카프카 Franz Kafka

THE METAMORPHOSIS

작가 소개

오스트리아 소설가인 카프카(1883~1924)는 오스트리아 헝가리 제국령 하에 있던 프라하의 유대인 집안에서 태어났다. 부친은 도매상인이었다. 18세에 그는 프라하 대학에서 문학과 법학을 공부했고 졸업 후에 보험업에 종사했다. 1904년 독일어로 글을 쓰기 시작했고 1917년에 폐결핵으로 요양원을 전전했다. 1923년 베를린으로 이주한 후 글쓰기에 전념했다. 그러나 다음해 병세가 악화되어 그해 7월 3일 빈에서 사망했다. 그의 주요 작품은 4편의 단편 소설집과 3편의 장편 소설이 있다. 그러나 애석하게도 대부분 발표되지 않았고 3편의 장편은 다 완성되지도 못했다. 그가 죽고 수년이 흐른 뒤 작품 속에 담긴 깊은 사상이 사람들에게 인정을 받으면서 20세기 가장 위대한 모더니즘 작가로 꼽히고 있다.

카프카는 오스트리아 근대 역사상에서 사회 변화가 심각했던 시기에 살았으며 또한 니체, 베르그송 HenriBergson의 철학에 영향을 받았다. 정치에는 줄곧 방관자적인 태도를 보였으며 작품도 대부분 변형과 부조리한 이미지, 직접적인 상징의 수법을 사용하여 소외되고 절망감에 휩싸인 사람을 표현해냈다. 카프카는 유럽 '현대인의 곤혹'을 성공적으로 표현해 냈으며 아울러 유럽에서 '카프카열풍'을 일으켰다. 단편 소설 〈굴 Der Bau〉(1923)은 작은 동물이 천적을 두려워하는 심리를 이용하여 자신을 보호하기 어려운 자본주의 사회에서 소시민의 정신상태와 적의로 가득찬 환경 속에 고립된 절망적인 정서를 표현한 작품이다. 〈변신〉(1912)은 회사원 잠자가 갑자기 가족들이 싫어하는 벌레로 변해버린다는 줄거리로 현대 사회가 인간을 노예로 만들고, 심지어는 '비인간화' 시킨 '소외 현상'을 표현한 단편 소설이다. 장편 소설 〈성 Das Schloss〉은 토지 측량기사 K가 신비한 권력 혹은 무형의 족쇄를 상징하는 성벽 앞에서 들어가지도 물러서지도 못하고 그저 죽음을 기다릴 수밖에 없는 상황을 그린 작품이다. 장편 소설 〈심판 Der Prozess〉은 은행원 K. 요제프가 기묘하게 체포당하고 또다시 기묘하게 살해당한다는 황당한 사건을 통해 자본주의 사법제도의 부패와 비인간적인 모습을 들춰낸 작품이다.

◎ 배경 소개

오스트리아의 유대인 집안에서 태어난 작가 카프카는 살아 있을 때는 전혀 이름도 알려지지 않았던 작가였다. 젊은 시절 세상을 떠난 카프카는 죽기 전에 유언으로 가장 친한 친구에게 자신이 죽으면 그의 모든 원고를 전부 태워달라고

"우리의 삶을 향상시키고 충실하고 풍부하게 해주는 것은 바로 사랑이며, 높고 깊은 모든 것으로 통하는 것도 바로 사랑이다."
–프란츠 카프카

부탁했다. 카프카의 원고는 발표되지 않은 작품들이 대부분이었다. 그러나 카프카가 죽고 나서 얼마 지나지 않아 그의 친구는 카프카의 유언을 보고 심각한 고민에 빠졌다가 결국에는 카프카의 뜻을 저버렸다. 친구는 발표된 것과 발표되지 않은 원고 할 것 없이 모을 수 있는 카프카의 작품을 모두 모아 출판하게 된 것이다. 생전에 냉대 받고 세상의 고통을 겪다 죽은 천재 작가 카프카는 결국 죽은 지 10년 후에 갑자기 유명해졌다. 결국 많은 평론가들이 카프카의 중요성을 알게 되었고, 수많은 작가들이 카프카의 작품을 공부했다. 그의 작품은 20세기 소설을 철저하게 변화시켰다. 카프카도 20세기 현대 예술의 시조라는 명예를 얻게 되었다.

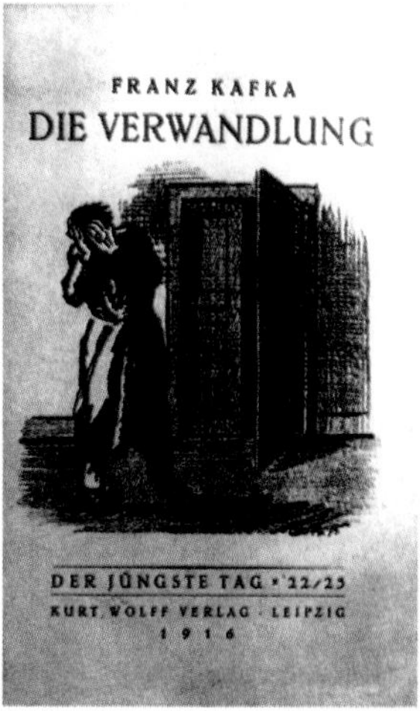

〈변신〉의 표지

◎ 작품 감상

파산한 작은 회사 사장의 아들인 그레고르 잠자는 부친의 부채를 갚기 위해 채무자의 회사에서 판매원이 되어 힘들게 일하면서 네 식구의 생계를 이어나간다. 그런데 어느 날 아침 깨어난 그레고르는 자신이 한 마리 벌레로 변한 것을 알게 되었다. 그레고르의 모습에 어머니는 기절하고 아버지는 울기 시작했다. 회사에서 조사차 나온 비서주임도 다리를 휘청거리며 도망쳤다. 해고시키지 말아달라고 그레고르가 주임을 쫓아가려고 했을 때 어머니는 놀라서 벌떡 일어났다. 그리고 아버지는 지팡이를 들고 소리치며 발을 동동 굴렀다. 그리고는 지팡이를 내저으며 그를 방안에 집어넣고 문을 닫아 버렸다. 아버지가 그를 방으로 쫓아버릴 때 휘두른 지팡이 때문에 그의 다리가 부러져 방문 앞에는 보기 흉한 피의 흔적을 남겼다.

명언명구

- 그(의사)는 세상에서 이런 제2의 인간이 있을 수 있는지 의문스러웠다.
- 놀라면서도 기뻐하는 가족들 앞에 밝고 둥근 은화가 탁자 위에 놓여졌다. 그때는 정말 행복한 시간이었다.
- 가정의 재정적인 부담이 모두의 구역질나는 마음을 짓눌렀다. 참을 수밖에, 참는 방법밖에는 다른 도리가 없었다.

카프카의 가족
아랫줄 좌측에서 어머니, 아버지, 이모, 윗줄 좌측에서 외삼촌 지그프리트, 또 다른
외삼촌과 외숙모.

갑작스런 사고로 이 가정에는 바로 변화가 찾아왔다. 하녀는 갑자기 핑계를 대며 휴가를 내고는 다시 돌아오지 않았고 가정형편은 날로 어려워졌다. 아버지는 은행에 가서 잡역 일을 해야 했고 어머니도 가정 형편을 보조하기 위해 바느질을 했다. 상점에서 판매 일을 하게 된 여동생은 좀더 좋은 일을 찾기 위해 저녁에는 속기와 불어를 공부하기도 했다. 이 때문에 그레고르는 너무나 부끄럽고 마음이 아팠다. 여동생을 각별히 아꼈던 그레고르는 변하기 전에 동생을 음악대학에 보낼 계획을 갖고 있었다. 그런데 모든 것이 너무 늦어버렸다. 가족의 수입을 위해 그레고르의 부모는 3명의 기숙생들에게 방을 빌려주기로 했다. 그러면서 점점 그레고르의 방은 창고처럼 수많은 물건이 쌓이기 시작했다. 한편, 그레고르는 아버지가 떨어뜨린 사과에 상처를 입게 된다. 그때부터 그레고르는 식욕이 감퇴하고 몸이 점점 쇠약해져 갔다. 3월 말, 그레고르는 자신이 '곧 죽을 것'이라는 것을 알게 되었다. 그레고르가 죽고나서 이 사실을 안 아버지는 이렇게 말했다. "마땅히 신께 감사드려야 해." 그리고 세 식구는 전차를 타고 시외로 산책을 나갔다.

카프카가 왕성한 창작활동을 하던 때는 바로 독일 표현주의 문학 운동이 최고조에 달하던 시기였다. 그의 단편 소설 《변신》은 표현주의의 전형적인 작품이라고 할 수 있다. 표현주의는 '표현론'이라는 미학적 원칙을 따르고 전통적인 사실주의의 '모방론'과는 대립된다. 표현주의는 '세계 복제'를 반대한다. 다시 말해 객관적인 사물의 표현현상을 진실의 근거라고 생각하지 않으며 진지한 '관찰'과 새로운 사고에 의지하여 습관적인 관념으로 뒤덮인 것들, 보통 사람들이 알지 못하는 진실을 발견하고 통찰할 것을 주장했다.

이를 위해서는 특수한 방법이 필요하기 때문에 묘사하는 객관적 대상에 '낯설게 하기' 방법을 가미하여 심미적인 주체와 묘사되는 객체 사이에 거리를 만든다. 그렇게 하면 경이로움을 불러일으키게 되고 동일한 사물의 본질을 다른 각도에서 확인하게 된다. 이런 예술적 방법을 보통 '거리두기'라고 하는데, 베르톨트 브레히트 Bertolt Brecht는 '낯설게 하기 효과'라고 했다. 《변신》에서 변신이 바로 거리두기(혹은 '낯설게 하기')이다.

작가는 인간과 인간 사이에 겉으로는 친한 것 같지만 속마음은 오히려 몹시 고독하고 낯선 본질이 있음을 나타내려 한 것이다. 친해 보이는 것은 서로가 공통의 이해관계를 유지하고 있기 때문이므로 일단 그런 관계가 끊어지면 그 친하던 외관적인 모습은 사라지고 냉혹하고 냉담한 진상이 드러나는 것이다. 엥겔스는 이러한 경우를 《영국 노동자계급의 상태》에서 "가정의 유대를 유지하는 것은 가정의 사랑이 아니라 재산 공유 관계 뒤에 숨은 개인의 이익이다."라고 했다.

우리는 전통 소설의 경우에 가장 일반적으로 소

카프카 《성》의 원고

관련링크 세계문학사에서 고대 로마시인 오비디우스 Ovidius(서기전 43년~서기 17년)는 유명한 장편시 《변신이야기》를 썼다. 그의 대표작 중 하나인데 이 작품은 전체가 15권으로 된 시로, 고대 그리스로마신화를 소재로 했다. 고대 그리스 철학자 피타고라스의 '영혼윤회이론'을 근거로 사람이 어떤 원인으로 동물, 식물, 별, 돌 등으로 변한다는 이야기이다. 크고 작은 이야기가 총 250여 개它 중 사랑이야기가 대부분이어서 들어있으며 고대 그리스로마신화를 집합시켜 놓았다. 이야기는 시간 순서에 따라 서술되면 우주의 창조와 대지의 형성, 인류의 출현을 시작으로 로마의 건설까지 이어지고 카이사르가 암살된 이후 성신(星辰)과 아우구스투스로 변해 하늘의 뜻에 따라 통치한다는 것으로 끝이 난다. 시인은 풍부한 상상력을 이용하여 신화와 전설의 겉모습을 연결하였다. 줄거리의 생동감을 주기 위한 작가의 독특한 서술방법은 유명한 고대 신화전설을 더욱 상세하게 묘사했다.

설의 3요소(인물, 줄거리, 배경)를 중심으로 독서를 한다. 전통 소설에서 가장 신경을 쓰는 것은 인물 이미지의 형성이며 성격의 묘사이다. 소설의 가치는 개성이 뚜렷한 인물의 이미지를 제공했느냐에 달려있다. 그러나 《변신》에서는 강렬하게 기억에 남는 개성이 없다. 인물들은 거의가 추악함과 냉담함 속에서 소멸해 버린다.

전통적인 소설에서는 기복 있는 줄거리가 시종일관 차례로 나타나고 점차 심각해진다. 그러나 《변신》에서는 구체적이고 사소한 현실생활을 쓰고 있어서 정말이지 이야기 같지 않고 줄거리 같지 않으며 심지어는 좀 번잡하고 요지가 없어 보이는 느낌마저 든다.

전통 소설에서 인물은 시간과 장소, 인간관계 등 객관적인 요인의 틀에 국한되어 있어서 반드시 논리적인 원칙과 인과관계에 따라서 합리적으로 전개되어 나간다. 그러나 《변신》은 시공의 한계를 초월한다. 사건의 교차가 매우 모호하고 구체적인 시간과 장소, 배경이 불분명하다. 심지어는 환상과 일상생활 사이의 경계마저도 사라져 버리고 허구와 현실이 분리하기 힘들 정도로 하나로 끈끈하게 결합되어 있다.

카프카에 대한 평론계의 의견은 매우 다양하다. 어떤 사람은 그를 보배로 생각하고 어떤 사람은 그의 작품을 '무료하기 짝이 없다'라고 보기도 한다. 그래서 나치의 명령으로 금지되기도 하였고 전후 철학계의 열렬한 추앙을 받기도 했다. 어떤 이는 카프카를 '자산계급의 퇴폐자'라고 폄하했지만 어떤 사람은 그가 자본주의의 어두운 면을 파헤쳤다고 평가했다. 카프카의 예술적 성과는 자신의 작품에 다원적인 내용의 잠재력을 갖게 했다는 것이며 작품과 독자 사이에 엄청난 거리의 공간을 두었다는 점에 있다. 카프카를 통해 독자들은 새롭게 자신을 인식하고 자신을 표현할 수 있는 방법을 찾게 된다.

R잃어버린 시간을 찾아서

작가 소개

마르셀 프루스트(1871~1922)는 프랑스 '의식의 흐름' 소설의 대표 작가이다. 그는 파리에서 태어났으며 아버지는 의사였고 어머니는 부유한 유대인 집안 출신이었다. 그는 문학적 분위기가 가득한 집안에서 자랐다. 그의 외숙모가 운영하던 문화 살롱의 단골이 라마르틴 Lamartine, 위고, 뮈세 Alfred de Musset, 메리메, 뒤마 등 프랑스 문화의 명인들이었고 그는 그런 무리 속에서 영향을 받으며 문학적으로 계몽됐다. 1896년 프루스트는 첫 번째 단편 소설집《즐거움과 나날》을 출간했다. 1896년부터 1899년까지 자전적 소설《장 상퇴유》를 쓰지만 미완성이었고 이 작품은 1952년에 이르러서야 후대 사람들이 원고를 정리하여 발표했다. 그리고 영국 예술평론가 러스킨 John Ruskin의 예술평론을 읽고 번역했다. 1903에서 1905까지 프루스트의 부모가 잇달아 세상을 떠났다. 그는 1906년부터 장편 소설《잃어버린 시간을 찾아서》를 쓰기 시작했고 1913년에 전체적인 틀을 완성했다. 이 대작은《스완가 쪽으로》(1913),《꽃피는 아가씨들의 그늘에》(1919),《게르망트 쪽》(1920~1921),《소돔과 고모라》(1922),《사로잡힌 여자》(1923),《달아나는 여자》(1925),《다시 찾은 시간》(1927)까지 모두 7권으로 되어 있다. 이 중 제 2권이 공쿠르상을 수상하고 평론가들의 주목을 받게 되면서 프루스트는 전 세계적으로 유명한 작가가 되었다. 프루스트는 평생 천식으로 고생했으며 그 병은 그의 사고방식과 문학 창작에도 깊은 영향을 주었다. 프루스트는 1922년 11월 8일 파리에서 세상을 떠났다.

◎ 배경 소개

부유한 가정에서 태어난 프루스트는 병약하지만 재기 넘치는 아이였다. 책과 회화를 지독히도 좋아했으며 파리 사교계에 자주 출입했다. 그는 요양 중에 아고스티넬리라는 여자를 알게 되었다. 프루스트를 거절하던 그녀가 점차 마음을 바꾸자 그는 광적으로 그녀를 사랑하게 되었으며 그녀와 결혼해 그녀를 집안에 가둬두려고 했다. 그러나 그녀는 말도 없이 그를 떠나가고 말았다. 결국 그는 그녀의 갑작스러운 사망 소식을 듣게 되었다. 깊은 절망감 속에서 그는 글을 쓰기로 결심했고 자신이 겪은 행복과 고통을 써 내려갔다.

이 소설의 첫 번째 원고는 1907년부터 쓰기 시작해 1908년까지 계속 이어졌다. 그때 그는 자신의 소설에 철학적 기초가 부족하다

프루스트 상

는 것을 의식하게 되었고 그래서 《생트 뵈브에 대한 반론Contre Sainte-Beuve》이라는 책을 썼다. 그는 이 책에서 문학을 재능 있는 자들의 심심풀이라고 보는 평론가를 비판했다. 그리고 예술가의 사명은 우리가 습관적으로 보고도 못 본 척하는 불후의 진실을 잠재된 기억 속에서 해방시켜내는 것이라고 생각했다.

1909년 1월 그는 무의식 중에 차와 과자를 통해 어린 시절의 기억을 떠올렸다. 그 일을 시작으로 소설 속의 인물이 갑자기 그의 머릿속에 나타났고 그래서 그는 《잃어버린 시간을 찾아서》의 제 1부의 첫 장을 쓰는데 매진하게 되었다. 1차 세계대전 기간 프루스트는 소설의 다른 부분을 수정해 감정적 색채를 더 진하게 만들었으며 현실에 대한 풍자를 늘려서 총 분량이 세 배로 늘어나게 되었다. 이 수정 과정으로 원래 작품은 인류 상상력이 이룬 가장 깊이 있고 가장 완벽한 성공작이 되었다.

◎ 작품 감상

마르셀은 어려서부터 병약했지만 넉넉한 집안 형편으로 한가로운 삶을 살고 있었다. 어느 날 저녁, 그가 비몽사몽 중에 침대에 누웠을 때 생각들이 조수처럼 밀려왔다. 읽고 있던 작은 책이 마치 그를 아주 먼 옛날로 데려간 것처럼 기억의 조각들이 보였다 사라졌다 했다. 그는 어린 시절 콩브레에서의 그날 밤을 떠올렸다. 그때도 그는 침대에 누워 잠자기 전 어머니의 키스를 기다리고 있었지만 이웃의 스완 씨의 방문으로 그는 초조해지고 있었다.

오랫동안 콩브레에 대한 인상은 그날 밤밖에 없다. 그는 콩브레의 고모 집에서 먹던 프티 마들렌느 과자 맛을 기억했다. 그 달콤한 과자의 맛은 영원토록 익숙한 느낌이 되었다. 그는 또다시 콩브레의 이웃을 떠올렸다. 그의 집에는 두 갈래의 길이 있었는데 하나는 게르망트 가로 향하는 긴 길이고 다른 하나는 스완 가로 향하는 길이었다. 스완 씨는 매

프루스트의 노트, 이 속에는 《잃어버린 시간을 찾아서》의 일부분도 들어있다.

우 부유한 유대인이었는데 그의 부인 오데트는 카르바초의 유화처럼 빼어난 미모를 갖고 있었다. 그러나 원래 파리의 고급 창녀였던 그녀는 상류사회의 비웃음을 당했다. 그 길에서 마르셀은 그의 첫사랑 질베르트를 만났다. 나중에 둘은 파리에서 사랑에 빠졌다. 그러나 마르셀은 그녀의 어머니 오데트를 잊어버리지 못하고 그녀에게서 남자아이 같은 그리움과 열정을 느꼈다. 그는 스완 가를 자주 방문했지만 지나치게 민감하고 제멋대로인 신경질로 질베르트를 짜증나게 만들었다. 그들은 점점 서먹해졌고 결국 서로를 떠나게 되었다.

사랑의 실패로 마르셀의 몸 상태는 점점 나빠졌고 가족들은 그를 할머니와 함께 발베크 해변의 휴양지로 요양을 보냈다. 그곳에서 알베르틴느라는 소녀가 마르셀의 관심을 끌었다. 그는 할머니의 옛 친구 빌파리지 부인을 알게 되었고 그녀를 통해 가장 친한 친구 생루를 만나게 됐다. 그 후 마르셀은 게르망트 가의 사교계에 참석하면서 귀족들의 사생활에 관심을 갖기 시작했다. 특히 베르뒤랭 부인의 집안에 많은 흥미가 생겼다. 얼마 뒤 마르셀의 할머니가 세상을 떠났다. 마르셀은 슬픔을 위로받기 위해 알베르틴느에게 찾아가 마음을 털어놓았다. 그러나 그의 신경질 때문에 알베르틴느와는 다시 한번 멀어지게 된다. 결국 그는 그녀를 다시 찾아가기로 결심했지만 그때는 이미 그녀가 말에서 떨어져 죽은 뒤였다.

관련링크 프루스트는 제임스 조이스, 버지니아 울프, 윌리엄 포크너와 함께 의식의 흐름 소설가로 불린다. 조이스와 포크너의 자세한 내용은 본 책의 관련 페이지를 참조 바란다. 영국의 유명한 여류작가 버지니아 울프(1882~1941)는 최초의 장편 소설 《출항》(1915), 《밤과 낮》(1917) 같은 작품에서는 전통적인 방법으로 글을 썼다. 그 후 새로운 글쓰기 방법을 시도하여 단편 소설집 《월요일 아니면 화요일 Monday or Tuesday》(1921)과 《댈러웨이 부인 Mrs. Dalloway》(1925) 등을 출판했다. 1922년 그녀는 실험적인 성격을 띤 소설로서 전통적인 논리를 깨고 인상 대조의 방법이 많이 쓰인 《제이콥의 방》을 출판했다. 이 소설 역시 그녀의 오빠의 정신성장에 관한 기록이다. 그리고 1927년 발표된 《등대로》는 그녀의 작품 중 가장 뛰어난 작품으로 손꼽힌다. 이 소설은 의식의 흐름 기법이 잘 발휘된 작품이다. 상징과 시가의 수법을 이용하여 현대 사회의 혼잡을 반영하고 인생의 의미와 인간의 본질을 탐구했다. 울프의 또 다른 작품으로는 《물결 The Waves》(1931), 《막간 Between the Acts》(1941) 등이 있다.

마르셀은 친구들을 찾아가 위로를 받으려고 했지만 시간이 흐르면서 친구들도 그 시간의 흐름 속에서 조용히 변하고 있었다. 스완 집안의 주인은 중병이 들어 죽음의 사자만 기다리고 있었다. 그의 딸이자 마르셀의 옛 연인이었던 질베르트는 이제 생루의 부인이 되어 있었다. 얼마 후 스완 씨가 세상을 떠나고 생루는 전사했다. 그리고 재가한 스완 부인은 사교계의 화려한 꽃이 되었다. 게르망트 집안에서는 재산을 탕진한 주인이 엄청난 유산을 상속받은 베르뒤랭 부인과 결혼을 했다.

몇 년 뒤, 게르망트 가에서 마르셀은 질베르트와 생루의 딸을 만나게 되었다. 그러자 옛날의 추억들이 순식간에 그의 눈앞에 떠올랐다. 게르망트의 서재에서 마르셀은 무의식 중에 조르쥬 상드(George Sand, 프랑스 여류작가. 쇼팽의 연인으로 유명하다)의 소설을 꺼냈다. 그는 수년 전 콩브레의 그날 밤 어머니가 그에게 이 책을 읽어주던 광경이 생각났다. 갑자기 밖에서 스완 씨 댁의 익숙한 종소리가 들려왔고 그는 마치 그 종소리와 함께 과거로 돌아간 듯 아득히 먼 어린 시절과 그 모든 것을 찾아다녔다.

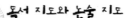

독서 지도와 논술 지도

《잃어버린 시간을 찾아서》는 글자 그대로 '기억은 인생의 정수'라는 개념 위에 세워진 건축물 같은 자서전적인 성격의 작품이다. 그러나 프루스트는 생활 본래의 모습으로 삶을 묘사하는 여느 작가들과는 달리 삶의 기억을 연결시켜 나갔다. 프루스트는 소설 속 주인공의 기억을 통해 많은 인물들과 사건을 묘사했다. 더욱 중요한 것은 '기억'이라는 독특한

프루스트 상

각도를 통해 프루스트는 다양하고 참신한 기교를 시도했다는 것이다. 발자크 등 사실주의 작가들은 독자에게 인물을 '인식'시켜주었다면 프루스트의 이 소설에서 '나'는 단지 기억을 추억할 뿐 독자들에게 이 인물의 성격이 어떠한지는 명확하게 알려주지도, 알려주고 싶어하지도 않는다. 프루스트 역시 다른 작가들처럼 사회를 묘사하긴 했지만 마치 기억의 흐름에 따라 저절로 따라오는 것처럼 소재를 자유롭게 선택한다.

그의 작품 속에는 어떤 고정적인 줄거리를 찾아볼 수 없으며 인물의 성격도 한번에 파악할 수가 없다. 이점이 바로 프루스트 작품의 독특함이다. 그가 창작의 중심을 사물의 밖에서 인물의 내재된 정신으로 옮겨 소설도 정신의 반응과 왜곡된 세계의 묘사에 치중하고 있다. 현대 평론가들은 프루스트의 이런 변화가 그가 어렸을 때 접촉했던 철학사상과 관련 있으며 이 작품에서는 직관주의와 현상주의의 흔적을 볼 수 있다고 지적한다. 이런 각도에서 말하자면 이 책의 완성은 문학사에서 '역방향의 코페르니쿠스적 전환'을 의미한다.

이 소설은 방대한 구조와 복잡한 내용을 갖고 있지만 그 단락 단락이 내재된 정서로 결합되어 의식의 흐름을 이루고 다시 독립적으로 존재할 수 있어서 독자들에게는 내적 정신세계의 섬세함과 풍부함을 충분히 느낄 수 있게 해준다. 작가는 한 순간의 감정이나 어떤 사건으로 떠오른 마음의 미묘한 변화를 묘사하는데 많은 공간을 할애했다. 이전의 작품에서는 이런 기법을 볼 수 없었다.

프루스트와 같은 의식의 흐름을 묘사하는 작가들이 출현하여 인간의 정신세계를 새롭게 발견하자 독자들은 어쩔 수 없이 새로운 독서 습관을 길러 이런 새로운 형태의 소설에 적응하게 된 것이다.

일반적인 독자들이 이 소설을 읽는다면 시간 순서가 익숙하지 않아 많은 어려움을 겪을 것이다. 일반 작가들과 독자들이 볼 때

명언명구

{ 매일 잠자리에 들 때 엄마가 내 침실로 와서 키스를 해주었다. 나는 식당에서부터 침실까지 그 키스의 부드러움이 없어질까 걱정하며 곧 사라질 효과가 쉽게 흩어지지 않도록 유난히 조심해서 옷을 벗었다.

● 경험했던 즐거움은 더 이상 존재하지 않는 것 같다. 눈앞에 오면 그 즐거움의 신비함이 연기처럼 흩어질 것이다. 그것은 그저 신기루 같다.

● 진정한 아름다움이란 그렇게 특별하지도, 그렇게 신기하지도 않지만 우리가 쉽게 볼 수 없는 것이다.

● 대부분의 사랑이란 그것을 잃을까봐 두렵거나 그것을 얻을 수 없다고 걱정하는 느낌이 들 때 비로소 형체가 된다. 그리고 그런 걱정은 형체로 이해할 수 없는 인연이 있어서 형체에 미모보다 더 사람을 끌어당기는 빛을 더해준다. }

프루스트의 《잃어버린 시간을 찾아서》에서 제 1권
《스완가 쪽으로》의 책 표지

작품 속의 시간 순서는 자연의 순서에 따라 엄격히 흘러가야 하며 절대 뒤집을 수 없는 것이다. 자연의 시간 순서에 따라 혹은 발전 과정에 따라 사물을 묘사해야만 진실해 보인다고 생각했기 때문이다. 그러나 프루스트는 기억의 힘을 빌려 아주 수월하게 과거로 돌아갔고 심지어는 떠오르는 어떤 흐릿한 향기와 맛, 풍경들도 시간의 역 흐름이라는 터널을 이용해 사람들의 눈앞에 순식간에 부활시킬 수 있는 것이다. 때때로 작가는 과거의 어떤 사건과 이후 그 사건에 대한 '나'의 생각을 동시에 서술하여 마치 시간이 뒤집어지는 듯한 느낌이 들게 해 독자들에게 끊임없이 읽었던 내용을 다시 살펴보게 만든다. 이런 방법은 분명히 참신한 기교일 뿐 아니라 시간과 삶에 대한 작가의 성찰이 담긴 것이다.

율리시스

제임스 조이스 James Joyce

ULYSSES

작가 소개

아일랜드의 유명한 소설가인 제임스 조이스(1882~1941)는 1882년 2월 2일 아일랜드 더블린의 세무원 가정에서 태어났다. 어려서 예수회 계통의 학교를 다녔고 중학교 시절부터 남다른 문학적 재능을 나타내기 시작했다. 1898년에서 1902년까지 그는 더블린 대학에서 현대 언어학을 공부했다. 졸업 후 예츠, 그레고리부인 등과 왕래했으며 입센의 희곡을 사랑했다. 21살에 인생관이 급변하면서 그는 종교 신앙과 고통스런 결별을 한다. 1903년 어머니가 병으로 세상을 떠나자 어쩔 수 없이 고향으로 돌아와 사립학교에서 재직하면서 소설과 시를 썼다.

더블린의 저속하고 타락한 사회생활과 철저하게 분리하기 위해 1904년 그는 여자친구 로라와 유럽으로 사랑의 도피를 한다. 그 후 아무 것도 생각하지 않고 1년간 유랑생활을 했다. 스위스의 취리히, 이탈리아의 로마 등지에서 영어를 가르치거나 은행 직원으로 일하면서 생계를 유지했고 그러면서도 계속해서 글을 썼다. 1922년 이후 작품 《율리시스》의 성공으로 그는 파리에 정착하게 됐고 이후에는 창작활동에만 전념할 수 있게 되었다. 1941년 1월 13일 제임스 조이스는 취리히에서 병으로 세상을 떠났다.

제임스 조이스는 주로 시와 단편 소설을 썼다. 1907년 서정시집 《실내악》을 발표했다. 그리고 1914년 단편 소설집 《더블린 사람들》을 출판하면서 제임스 조이스는 창작의 이유를 '우리나라의 도덕과 정신사를 위해 자신의 한 장(章)을 써야 했다'고 밝혔다. 1916년 자전적 장편 소설 《젊은 예술가의 초상》을 발표했다. 1922년에는 제임스의 대표작 《율리시스》를 발표하여 파리와 아일랜드를 흥분시켰으며 순식간에 서양 문단 평론의 초점이 되었다. 1939년 의식의 흐름 수법이 쓰인 그의 마지막 장편소설 《피네간의 경야(經夜) Finnegans Wake》을 발표했다. 그 외에도 제임스 조이스는 극본 《유인(1918)》 등을 썼다.

◎ 배경 소개

문학 창작 과정에서 제임스 조이스는 새로운 산문체와 소설의 형식(무의식을 포함한 인류의 심리활동을 주요 대상으로 하는 의식의 흐름 소설)을 발전시켰다. 그는 문학 발전이 서정, 서술, 희곡 등의 세 단계로 발전한다고 보았다. 희곡 단계가 가장 높고 가장 완벽한 단계로 작가는 더 이상 서정적이지 않고 더 이상 사건에 개입하지도 않으며 '창조물처럼 그의 창작 속이나 밖에서 흔적도 없이 초월한 듯이 숨

제임스 조이스 상

조이스의 장편 소설 《율리시스》의 표지
1922년 초에 완성된 이 책은 조이스가 8년이라는 시간을 들여 완성한 작품이다. 이 작품으로 조이스는 세계적으로 유명해졌으며 의식의 흐름에 있어 주도적인 인물이 되었다.

명언명구

{

● "죽음은 또 뭘까?" 그가 물었다. "당신의 어머니도 그렇고 당신도 그렇고 나 자신도 그렇고. 당신은 당신의 어머니가 죽는 것만 보았소. 나는 성모와 리치먼이 있는 곳에 앉아 그들이 갑자기 숨을 거두고 해부실에서 해부되는 것을 보았지. 그것은 짐승에게도 있는 일이지.

● 어떻게 진정으로 물을 가질 수 있을까? 물은 끊임없이 흐르고 수시로 변하는데 우리는 흘러가는 인생에서 그것의 자취를 쫓아가고 있다. 왜냐면 생명은 유동적인 것이니까.

● 존재에서 존재로 존재까지. 그는 많은 사람들 앞에 나타나 존재로서 받아들여졌다. 존재와 존재의 관계로 말하면서 그가 마치 어떤 존재처럼 어떤 존재에 대해 그렇게 어떤 존재에서 존재하지 않는 곳으로 사라질 것이므로 모든 사람들은 존재하지 않는 것으로 본다.

}

어있어서' 인물은 작가의 간섭 없는 장면 속에서 자유롭게 살고 직접적으로 자신의 정신세계를 표현한다고 했다. 등장 인물의 영혼 깊숙한 곳까지 직접 들어갈 수 있다고 본 것도 제임스 조이스가 추구하는 문학의 목표이자 의식의 흐름 소설의 특징이다.

제임스 조이스의 대표작 《율리시스》는 연재 당시 음란하다해서 영국과 미국에서 여러 차례 금지되었고 소각되기도 했다. 그러나 그런 법적 소송으로 이 작품은 더 유명해졌고 신문사들은 이 책에 대한 전문적인 평론을 앞 다퉈 싣기도 했다. 출판사는 작가에게 작품을 줄인 후 단행본으로 낼 것을 바랬다. 그러나 조이스는 한 자도 수정하지 않겠다고 했다. 1922년 프랑스에게 《율리시스》 초판이 출판됐고 1933년에는 결국 영국과 미국에서도 공개적으로 출판됐다. 이 작품의 출판은 '음란물과 문학 작품 속에서 정상적이면서도 필요한 성묘사의 한계를 확정했다'는 의미에서 출판사상 특별한 의미를 갖는다.

◎ *작품 감상*

《율리시스》는 평범한 주인공인 광고 대리인 리오폴드 블룸의 1904년 6월 16일 하루 동안의 경험을 적은 것이다.

어머니의 병이 위중하다고 해서 파리에서 더블린으로 돌아온 청년 시인 스티븐은 학생을 가르쳐서 생계를 꾸려가기로 했다. 그날 오전 스티븐은 학교로 봉급을 받으러 갔는데 교장이 그에게 어떤 글을 주면서 신문사에 좀 갖다 주라고 한다. 학교를 나온 스티븐은 해변으로 가서 맹렬한 바다의 모습을 보며 깊은 생각에 빠졌다. 고민이 많았던 그는 자신에게 정신적인 아버지가 있었으면 하고 바랐다.

그날 아침 소시민 블룸은 일어나자마자 아침거리를 위해 돼지 콩팥을 샀다. 집에 돌아온 그는 아직 일어나지 않은 아내 몰리를 위해 아침을 준비했다. 아내는 그리 유명한 가수는 아니지만 블룸보다 훨씬 많은 돈을 벌었다. 그러나 그녀는 신중하지 못한 성격이었다. 블룸은 그녀가 오늘 오후에 정부 보일런과 약속이 있다는 것을 알고 있지만 그 둘의 관계를 막을 방법도 용기도 없었고 그저 그것 때문에 너무나 고통스러워만 했다. 오후 10시 블룸도 은밀한 편지를 주고받고 있는 마샤의 편지를 읽고 기분이 좋아졌다.

확대경을 들고 있는 조이스
1917년 조이스는 녹내장에 걸렸다. 이 병은 그를 고통스럽게 했으며 그의 최후의 작품 《피네간의 경야》에도 직접적인 영향을 미쳤다. 그러나 그는 1938년 끝내 이 작품을 완성했으며 1939년 5월 출판했다.

11시, 블룸은 친구 디그넘의 장례식에 참가했다. 묘지에서 그는 보일런의 멋진 모습을 보고 또다시 자신의 요절한 아들과 자살한 아버지를 떠올리며 순간 마음이 처량해지는 것을 느꼈다.

정오, 신문사에 도착한 블룸은 편집장에게 자신이 얻어낸 광고 도안을 설명했고 교장 대신 글을 전해주러 온 스티븐을 우연히 만났다. 편집장은 교장의 글에 전혀 관심이 없었고 스티븐도 그냥 갈 수밖에 없었다. 스티븐은 방금 전에 받은 봉급을 생각하며 블룸에게 같이 술을 한 잔 하자고 한다.

오후 1시, 블룸은 값싼 식당으로 식사를 하러 들어가지만 그곳에서 연적인 보일런을 다시 보게 됐다. 그는 서둘러 도서관을 찾아 숨었다. 2시 경, 블룸은 그곳에서 토론을 벌이고 있는 스티븐을 보았지만 자신은 낄 수가 없었다. 이후 그는 거리로 나가 무료함 가운데서도 바빠 보이는 더블린 시를 바라보았다.

오후 5시, 술집에서 친구를 기다리던 그는 유대인을 비방하는 무뢰한 사람을 보았다. 유대인인 블룸은 참지 못하고 그 무뢰한과 언쟁을 벌였는데 결국은 그 무뢰한의 폭력으로 그는 황급히 술집을 떠났다.

황혼 무렵, 해변에 온 블룸은 서쪽으로 천천히 가라앉고 있는 석양에 눈으로 인사를 했다. 그때 거키라는 소녀도 근처에 바람을 씌

파리의 서점에 있는 조이스와 그의 친구이자 후원자인 실비아 비치

러 나왔다. 블룸은 그녀의 아름다움에 매료되지만 결국에는 그 여자아이가 장애를 가지고 있음을 알고는 자신도 모르게 "불쌍한 아가씨군!"하고 탄식한다.

저녁 10시, 블룸은 산부인과에 난산으로 고생하고 있는 퓨어포이 부인에게 병문안을 갔다가 그곳에서 또 다시 스티븐이 병원 학생과 논쟁을 하고 있는 것을 보았다. 둘 다 술에 절어 있었다. 퓨어포이 부인이 사내아이를 낳자, 스티븐은 사람들과 또 술을 마시러 가자고 한다. 적막한 밤, 블룸의 눈앞에서 수많은 환각들이 나타났다. 그는 자신이 창녀의 집에서 절정에 다다르는 환상에 사로잡혔다. 환상은 다시 이어져 이제는 알 수 없는 이유로 경찰에게 잡혀가 신문을 당한 후 갑자기 시장과 국왕이 되었다. 국민들이 '국왕'인 자신을 축출하려고 할 때 블룸은 정신을 차렸다. 그는 사창가에 가서 스티븐을 찾았지만 술에 취한 스티븐은 대로에서 고성을 질러대다 경찰에게 얻어맞았다. 그때 실의에 빠진 스티븐과 블룸은 마치 서로의 몸에서 각자의 정신적인 안식처를 찾은 듯 했다.

블룸은 스티븐을 데리고 집으로 갔다. 아침, 스티븐은 인사를 하고 자신의 집으로 갔다. 블룸은 어젯밤 아내와 정부의 밀회를 상상하니 마음이 괴로웠다. 그리고 꿈속의 몰리가 새로 온 젊은이 스티븐과 다정한 얘기를 나누는 상상을 하자 알 수 없는 충동과 만족이 느껴졌다.

멘토 현장

이 작품이 세상에 나왔을 때 음란하다고 여러 차례 폐기되기도 했지만 지금까지 의심할 여지도 없는 현대고전이다. 위험을 무릅쓰고 미국 잡지에 《율리시스》를 연재한 잡지사 편집자 마가레트 앤더슨은 제임스 조이스의 소설을 두고 자신을 위해 쓴 글이와 생명을 어떻게 엽신여기고 자신을 상하게 할지 탐구할 듯이 쓰여 졌으나', '오직 비범한 사람만이 부패와 음란을 완벽하게 인류의 비평서사시로 바꿀 수 있었다. 그로 인해 그의 뜻을 부식시키는 인류의 저열한 근성을 향해 좋은 결과를 안겨주었다'고 했다. 런던대학 현대영문학 교수 존 서덜랜드는 《아일랜드의 세익스피어》의 문장에서 이렇게 썼다. '아마도 제임스 조이스는 사기꾼 아니면 쓰레기일 수도 있겠지만 우리는 어떤 압력도 없다. 그런데 그는 어쨌든 사기꾼도 아니고 쓰레기도 아니다. 우리가 그의 천재성을 믿지 않는다면 그것으로 만족하겠는가? 제임스 조이스는 아일랜드의 세익스피어이며 괴테이며 라신 톨스토이이다'

독서 지도와 논술 지도

의식의 흐름은 19세기 말 서양 소설에서 시작된 기법이다. 이 명칭은 미국의 심리학자 윌리엄 제임스가 《심리학의 원리》(1890)에서 처음 사용했는데 원래 의미는 인간의 의식은 고정적이고 질서 정연한 것이 아니라 유동적이며 계속해서 변한다는 뜻이다. 나중에 심리분석학자 프로이드는 의식과 잠재의식이라는 학설을 제기했다.

문학에서 의식의 흐름은 소설가가 주관을 개입시키지 않으면서 연상과 기억 등 내재된 생각을 통해 인물을 묘사하거나 외부사물에 수시로 반응을 일으키는 방식으로 활용되며 내적 독백으로 불리기도 한다. 제임스 조이스는 의식의 흐름의 창시자는 아니지만 그의 작품 《율리시스》는 이런 '내적 독백'을 이용한 가장 성공적인 작품임에는 틀림없다.

의식의 흐름을 이용하기 때문에 《율리시스》는 이야기를 통한 상투적인 인물이 등장하는 전통 소설과는 달리 독자들에게 새로운 방식으로 예술세계를 보여주었다. 이 작품에 등장하는 인물은 너무나 평범한 블룸, 육욕에 사로잡힌 몰리, 그리고 허무주의를 대표하는 청년 스티븐이다. 소설은 이들 세 사람의 하루를 통해 그들의 전체 역사와 전체적인 정신생활, 내적 세계를 남김없이 드러냈다. 작가는 도시에 사는 현대인의 실망과 적막감을 나타냈으며 그들의 영혼 깊숙한 곳에 자리잡은 공허와 상실을 끄집어냈다. 이중에서 특히 블룸이라는 인물은 속부터 겉까지 가장 잘 드러난 인물이다. 그들은 마치 더블린이라는 그 도시의 정신을 대표하는 것 같이 현실에 대한 작가의 독특한 시각을 전달하고 있다.

그리고 작가가 책 이름을 '율리시스'라고 한 것도 어느 정도 상징성을 갖는다고 할 수 있다. 율리시스는 《호머의 서사시》에 나오는 그리스 영웅 오디세우스이다. 작가는 블룸이 더블린에서 방황하는 18시간을 바다에서 10년간 떠돌았던 율리시스에 비유하는

관련링크 《더블린》은 1905년에 완성되었지만 20여 군데의 출판업자들이 원고를 거절했다. 나중에 미국의 이미지즘의 대표 시인 파운드의 도움으로 1914년 정식으로 출판됐다. 이 작품은 총 15편의 소설로 이루어져 있으며 기본적으로는 네 부분, 아동기, 소년기, 성년기, 사회생활로 나뉘어져 있다. 현실주의 수법으로 형형색색의 더블린 하층시민들의 평범하고 자질구레한 삶의 모습을 묘사했다.

《젊은 예술가의 초상》이라는 작품은 자서전적인 색채가 강한 작품이다. 더블린 청년 스티븐 디달러스가 그의 발전을 가로막는 각종 장막들, 가정의 속박, 종교전통, 협소한 민족주의 정서를 어떻게 벗어나려고 하는지 묘사하면서 예술과 미의 진리를 추구했다. 제임스는 디달러스의 이야기를 통해 예술가와 사회, 예술가와 삶의 관계에 대한 문제를 제기했다. 아울러 스티븐 디달러스 본인이 바로 그가 벗어나려고 했던 더블린이라는 세계의 창조물이라는 것이고 디달러스가 무형 중에 배반적인 청년 예술가에 복복하는다는 내용을 흥미롭게 들춰냈다.

《파네간의 경야(經夜)》는 환타지 소설로 임종 전 파네간의 악몽을 나타냈다. 그는 조난을 아일랜드와 전 세계의 역사가 머릿속에 천천히 떠다니는 것을 보았다. 꿈속의 파네간은 전 인류를 대표한다. 꿈은 두 부분으로 나뉘는데 첫 번째 부분은 파네간이 범죄로 인해 심판받는 꿈이고, 두 번째는 이어워크의 미래에 관한 꿈을 나타냈다.

것이다. 그래서 《율리시스》는 현대서사시를 개괄하는 당대의 '오디세우스'라고 불려졌다.

　예술적으로 이 작품은 전형적인 모더니즘 소설이면서도 책 속에서는 고전(古典)과 신화를 대량으로 이용하고 있어서 작품의 문화와 사상 내용을 매우 깊이 있게 해주었다. 그러나 그로 인해 일부 독자들은 읽는 데 어려움을 겪기도 한다. 그러나 작품의 가치는 총명한 독자들이 읽으면서 천천히 느끼고 발견할 일이다.

음향과 분노

윌리엄 포크너 William Faulkner   **The Sound and the Fury**

작가 소개

윌리엄 포크너(1897~1962)는 '의식의 흐름' 기법을 즐겨 사용하기로 유명한 소설가이다. 그는 미국 '남부 문예부흥'의 기수이자 서양 문학에서 가장 영향력 있는 모더니즘 문학의 대표적 소설가이다. 포크너는 미시시피주 뉴올버니의 몰락한 지주 가정에서 태어났다. 10학년을 마쳤을 때, 제 1 차 세계대전이 일어나자 캐나다의 영국공군에 입대했고 제대 후 미시시피 대학에 입학하지만 생계 문제로 1학년을 마친 후 중퇴했다.

1920년대 초, 포크너는 아마추어 창작활동을 시작했고, 그의 처녀 시집 《대리석의 목신상 The Marble Faun》(1924)과 첫 소설 《병사의 보수 Soldier's Pay》(1926)를 출간했다. 1929년 장편 소설 《사토리스 Sartoris》 후부터 전업 작가로 나서 미국 남부 스타일로 남부 생활을 반영한 《음향과 분노》(1929), 《내가 죽어 누워 있을 때 As I Lay Dying》(1930), 《8월의 빛 Light in August》(1932), 《압살롬 압살롬! Absalom, Absalom!》(1936), 《촌락 The Hamlet》(1940), 《무덤의 침입자 Intruder in the Dust》(1948), 《마을 The Town》(1957), 《저택 The Mansion》(1959) 등을 발표했다. 포크너의 마지막 소설은 임종 전날 출판된 《약탈자 The Reivers》(1962)이고, 그의 유일한 희곡으로는 《어느 수녀를 위한 진혼미사 Requiem for a Nun》(1951)가 있다.

1949년 포크너는 '당대 미국 소설에서 예술적으로 누구와도 비교할 수 없는 지대한 공헌을 했다'는 이유로 노벨문학상을 받았고, 1955년에는 미국 퓰리처상을 받았다.

◎ 배경 소개

《음향과 분노》는 포크너의 대표작으로 그 제목은 "인생이란 백치가 지껄여대는 한낮 넋두리일 뿐, 그리하여 '헛소리와 분노'에 가득 차 있는 아무런 의미가 없는 것일 뿐"라는 셰익스피어의 비극 《맥베스》의 대사에서 인용한 것이다. 미국 남부 지방을 배경으로 한 이 작품에는 많은 인물들이 등장하며 생동감 넘치는 표현과 인물의 심리에 대한 깊은 고찰로 당시 사람들이 공통적으로 추구하고 고민하던 바를 형상화했다. 그는 여러 가지 의미에서 다양한 각도로 중심 사상을 표현해냈기 때문에 많은 공감을 얻어낼 수 있었다. 포

창작 중인 윌리엄 포크너

크너는 1950년 노벨 문학상을 받을 때 시인과 작가의 직무는 '인간 내면의 충돌 문제'와 '인간의 영혼'에 대해 쓰는 데 있다고 강조한 바 있다. 소설의 기교적인 면에서 작가는 '의식의 흐름'과 '다양한 시점'의 서술 방법을 활용하여 강렬한 예술적 효과를 만들어 내며 모더니즘 소설에 커다란 공헌을 했다.

◎ 작품 감상

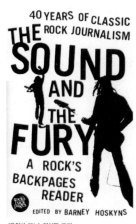

40 YEARS OF CLASSIC ROCK JOURNALISM
THE SOUND AND THE FURY
A ROCK'S BACKPAGES READER
EDITED BY BARNEY HOSKYNS

《음향과 분노》 영어판 표지

미국 남부 제퍼슨이라는 소도시에서 콤프슨가는 화려한 과거를 자랑하던 몰락 지주 가문이었다. 원래 광활한 농지와 수많은 흑인 노예를 거느리고 있었으나 현재는 쓰러질 듯한 집과 늙은 흑인 노예 딜지와 그의 외손자 러스터만이 남아있을 뿐이다. 술주정뱅이 가장인 콤프슨 씨는 변호사이긴 했지만 누구와도 잘 어울리지 못했고 만사에 불만이 많아 사사건건 트집을 잡았다. 그리고 그의 냉소적인 태도는 고스란히 큰아들 퀜틴에게도 유전이 되었다. 콤프슨 부인은 이기적이고 냉혹하며, 늘 자신이 모욕을 당하고 손해를 보고 있다고 생각하며 자신의 운명을 한탄했지만 사실 그녀 자신이 가족들에게 번거로움과 괴로움을 안겨주는 인물이었다. 그녀는 늘 남부 귀부인이라는 신분을 잊지 못하고 귀족적 품위에만 집착했다. 자녀들과 남편에게는 전혀 관심을 쏟지 않았고 가정의 불행으로 점점 더 신경질적으로 변해갔다.

콤프슨 부부에게는 퀀틴, 캐디, 제이슨과 벤지, 모두 네 명의 자녀가 있었다. 캐디는 아름답고, 열정적이며, 명랑하지만 '남부 숙녀'의 제약에서 심하게 벗어나 경박하고 방탕한 여자가 되었다. 캐디는 마을 남자와 관계를 갖고 임신하게 되고 이를 수습하기 위해 부유한 은행가와 결혼을 하지만 얼마 후 사실이 밝혀져 이혼을 당한다. 사생아(이 아이도 퀀틴이라 불린다)를 부모의 집에 맡기긴 후 자신은 대도시로 나가 떠돌았다.

큰아들 퀀틴은 몰락한 지주 집안의 마지막 대표자로 늘 일종의 상실감에 사로잡혀 있으며, 자만하고, 예민하며 동시에 극도로 허약했다. 그는 캐디의 순결에 병적으로 집착하며 그것을 가문의 명예, 심지어는 자신의 생명 등의 문제와 결부시켰다. 캐디가 순결을 상실하자 그는 정신적인 평형을 잃고 누이동생이 결혼하고 한 달뒤 강물에 투신자살했다.

제이슨은 캐디의 첫째 동생이다. 그는 퀀틴과는 반대로 남부에서 돈의 위력이 높아지자 시대에 순응하며 실리주의자가 된다. 때때로 복수심과 절망감에 이성과 현실성을 잃기도 하고 보복과 학대를 일삼기도 했다. 자본도 없고, 재능도 없던 그는 잡화점에서 점원 노릇밖에 할 수 없었다. 그는 캐디의 부정한 행실로 자신이 얻어야 할 은행의 취직자리를 잃게 되었다고 생각하여 캐디를 원망했다. 뿐만 아니라, 그녀의 딸 미스 퀀틴, 그리고 캐디 모녀에게 관심을 갖는 유모 딜지까지 원망했다. 다시 말해 주변의 모든 것을 원망하고 돈 이외에 어떤 것도 사랑하지 않았다. 심지어 자신의 정부조차 경계하며, 그저 매매의 상대로만 볼 뿐이었다. 그는 양심이라곤 전혀 없어서 언제나 혼자서만 이익을 챙기고 늘 피해자의 얼

관련링크 포크너는 일생 동안 19편의 장편과 75편의 단편 소설을 썼는데 그 중 15편의 장편 및 다수의 단편이 가상의 요크나파토파군 제퍼슨 마을을 배경으로 하여 점차적으로 '요크나파토파 연대기'를 형성했다. 이 연대기는 남북전쟁 50~60년 전부터 시작하여 제 2차 세계 대전 후까지 이어지는 장장 1.5세기에 이르는 역사적 배경을 아우르고 있다. 이 작품들은 독자에게 이전 세대의 풍모하고 다채로운 생활 모습과 다양한 특색의 인물 형상을 보여주고 있으며 몇몇 인물들은 여러 작품에 등장하고 있다. 작품은 서부 개척 시대, 노예제도, 남북전쟁, 전후 재건 등 여러 역사 시기의 젊은 세대의 역사에 대한 반성 등의 내용을 통해 역사의 깊은 연을 건드리면서 백년이 넘는 기간 동안의 미국 남부 사회의 변천을 묘사했다. 이 연대기 중에는 《음향과 분노》, 《내가 죽어 누워 있을 때》, 《8월의 빛》과 《압살롬 압살롬》 등 네 편의 장편 소설이 가장 뛰어난 작품으로 손꼽히고 있다.

굴을 하곤 했다. 그는 누나가 여러 해 동안 딸 퀸틴의 양육비로 보내온 돈을 가로채고 그 안에서 복수의 희열을 느끼곤 했다. 캐디가 딸을 만나기 위해 멀리서 찾아오려고 하면 이를 저지하거나 만남의 시간을 제한하면서 100달러를 모녀 상봉의 조건으로 강탈했다. 미스 퀸틴은 더 이상 집에서 살기가 힘들어지자 1928년 부활절에 제이슨이 부정한 방법으로 취득한 재산 7,000달러를 훔쳐 유랑 극단의 배우와 함께 달아났다. 제이슨은 차를 몰고 미스 퀸틴을 쫓아갔으나 기차에서 소동이 일어 생명을 잃을 뻔했다. 더구나 부정한 방법으로 취득한 재산이기에 경찰에 신고도 제대로 못하고 결국 그렇게 흐지부지 끝나고 말았다.

캐디의 막내 동생인 벤지는 3살의 지능을 갖고 있는 33세의 선천적인 백치이자 벙어리로 늘 다른 이의 보살핌이 필요한 인물이다. 그는 풀밭에서 노는 것을 좋아하고, 누이를 사랑하고, 주위 사람들을 냄새로 식별하며, 불놀이를 좋아해 여러 차례 화상을 입기도 한다. 그러나 벤지가 좋아하던 풀밭은 퀸틴을 하버드 대학에 보내기 위해 팔아버렸고 누이 캐디는 결혼으로 집을 나가게 되면서 벤지는 매우 괴로워했다. 벤지는 마을 여학생을 따라 갔다가 강간하려 했다는 의심을 받아 제이슨의 강요 하에 거세를 당하나 끝까지 그 이유를 이해하지 못했다. 마지막에 제이슨은 이 골칫거리를 내버리기 위해 그를 주 수용소에 가둬 버린다.

독서 지도와 논술 지도

《음향과 분노》는 읽기 편한 책은 아니다. 포크너는 소설의 일반적인 방식을 벗어나 여러 가지 모더니스트의 기법을 응용하였고 시공의 도치, 과거, 현재, 미래를 뒤섞으며, 세 형제가 각각 자신의 이야기를 하다가, 마지막엔 전지적 시점에서 서술하는 시점 활용

등을 구사한다. 그리하여 독자의 참여가 반
드시 필요한 작품이 되었다.

　이야기가 표면적으로는 매우 복잡하지만
이는 실제적으로 내재된 질서를 작가가 의
식적으로 흩어 놓은 것이다. 시간적인 순서
에 따라 퀜틴이 처음, 다음이 제이슨, 벤지,
딜지가 되어야 하나 책에서는 그와는 반대
로의 순서를 따르고 있다. 사실 등장인물들
은 각각 유년 시절의 일, 대학 시절의 일,
제이슨이 가장이 된 후의 일, 그리고 현재

1949년, 포크너는 '당대 미국 소설에 지대하며 예술적으로 누구와도 비
교할 수 없는 공헌을 했다'는 이유로 노벨 문학상을 받았다. 그림은
1986년 스웨덴에서 발행된 포크너 노벨상 수상 기념우표이다.

의 일들을 이야기함으로써 포크너는 자신만의 논리에 따라 이야기
를 전개하고 있다.

　또한 이 가족의 역사를 반영하는 시점에 있어서도 내재적인 맥
락이 있다. 가족의 역사를 가장 잘 이해하는 이는 사고가 혼란스러
운 백치이며, 대학에 다니는 사람의 비정상적인 심리 상태는 자살
의 길을 걷고, 인성을 상실한 이기주의자는 사회 속으로 섞여 들어
가는 등 남부의 해체는 이미 돌이킬 수 없었다.

　다음으로 작가는 비정상적인 내면 심리의 세계로 독자를 이끈
다. 벤지의 견문과 기억은 백치의 심리 활동으로 그의 기억은 15개
의 장면과 수 십 개의 조각으로 이루어져 있기 때문에 독자는 3세
의 지능으로 바라본 변형된 세계를 하나씩 짜 맞춰 나가야 한다.
여기서 이 세계는 혼란스럽지만 직관적이라는 사실을 발견할 수
있다. 독자는 이렇게 이야기 안에서 이야기 밖으로 이동함으로써
점차 산산조각이 난 이야기를 완전하고, 명확하고, 이성적으로 인
식을 할 수 있게 되고 나아가 자신의 이해와 판단을 얻을 수 있는
것이다.

바람과 함께 사라지다

마가렛 미첼 Margaret Mitchell   Gone With The Wind

작가 소개

미국의 여류 작가 마가렛 미첼(1900~1949)은 미국 남부 조지아주 애틀랜타시에서 태어났다. 부친은 변호사로 애틀랜타 역사협회 회장이었고 미첼은 워싱턴 신학대학, 메사추세츠주의 스미스 칼리지에서 공부했다. 지역 신문인 〈애틀랜타 저널〉의 기자로 근무했으며 1925년 존 마시와 결혼한 후 직장을 그만두고 창작에 몰두했다. 미첼은 평생 《바람과 함께 사라지다》 한 작품만을 집필했다. 그녀는 1926년부터 《바람과 함께 사라지다》를 집필하기 시작하여 10년 후 작품이 세상에 나오게 되었고, 출판과 동시에 커다란 반향을 일으켰다. 《바람과 함께 사라지다》는 세계 각국에서 18개 언어로 번역 출판되었고 아직까지도 사랑을 받고 있다. 《바람과 함께 사라지다》는 1937년에 퓰리처 상을 받았으며 1938년 영화로도 제작되었다.

◎ 배경 소개

웃고 있는 마가렛 미첼

《바람과 함께 사라지다》는 미국의 남북 전쟁을 배경으로 두 개의 큰 줄거리, 여주인공의 비극적인 사랑과 전쟁 중에 남부 노예주의 연이은 실패를 큰 틀로 하여 어지러운 시대에 살았던 남부 사람들의 삶을 보여주고 있다. 또한 노예제도에 반대하며 북부 혁명을 지지하는 작가의 사상도 나타나 있다. 가족의 영향으로 미첼은 특히 남북전쟁 시대 미국 남부의 역사에 대해 큰 흥미를 가지고 있었다. 그녀는 고향에서 들은 내전과 전후 재건시대의 여러 일화와 소문들, 내전과 관련된 수많은 서적을 읽고 자료를 얻었다. 그녀는 어려서 남부 도시 애틀랜타에서 성장하여 미국 남부의 풍토와 인정에 친숙했는데 그곳의 자연 환경과 사회적 환경은 미첼이 작품을 구상하는데 있어 배경이 되고 창작의 원천이 되어 주었다.

◎ 작품 감상

1862년 4월, 미국 남북 전쟁 전날, 조지아주에서 흑인 노예로 면화를 생산하여 부자가 된 농장주들은 모두 전쟁 이야기에 정신 팔려

있었으나 스칼렛 오하라만은 전쟁에
전혀 관심이 없었다. 그녀의 관심은
오직 자신의 아름다운 외모와 얼마
나 많은 남자의 눈길을 끄느냐에 있
었다. 스칼렛은 자신이 마음에 두고
있던 애슐리가 멜라니와 결혼할 것
이라는 소식에 충격을 받았다. 그녀
는 자신이 지역 제일의 미녀인데다
춤추는 모습도 자신만큼 아름다운
사람이 없다고 생각했다. 그녀는 애
슐리의 눈에서 자신을 사랑하는 마

영화 〈바람과 함께 사라지다〉의 한 장면
남부군의 부상병들이 애틀랜타시 중심에 어지러이 누워 있다.

음을 보았다고 믿었다. 그래서 다음날 애슐리 집에서 열리는 파티
에서 스칼렛은 모든 남자들의 마음을 **빼앗은** 다음 애슐리가 자신
에게 얼굴을 붉히며 사랑을 고백하게 만들기로 했다.

스칼렛은 파티에서 모든 이의 이목을 끄는 인물이 되었다. 애슐
리를 찾아다니던 그녀는 해적같이 생긴 남자가 계속 자신을 주시
하고 있는 것을 발견했다. 최소한 서른다섯은 된 듯한 그 남자는
큰 키에 건장한 체격을 지니고 있었다. 그는 무기 투기상인 레트
버틀러였다. 애슐리의 서재에서 그녀는 애슐리에게 마음을 털어놓
을 기회를 찾았지만 생각하지 못한 거절을 당한다. 애슐리의 거절로
자존심에 큰 상처를 입은 스칼렛은 크게 분노하여 애슐리의 **뺨**을
때리게 되고 이 광경을 평판이 나쁜 버틀러에게 들키게 되었다.

스칼렛은 홧김에 애슐리 약혼녀의 남동생 찰스를 이용하게 된
다. 스칼렛의 매력에 푹 빠진 찰스는 그녀에게 구혼을 하고 스칼렛
은 바로 그 구혼을 받아들였다. 찰스를 사랑하지 않는 스칼렛은 신
혼 첫날 밤 찰스를 의자에서 밤을 지새우게 만든다. 결혼 다음 주,
찰스는 입대를 하고 두 달도 안 돼 군대에서 병사하여 스칼렛은 과

부가 되었다. 늘 우울해하는 그녀의 모습에 모두들 죽은 남편을 그리워하는 것이라 생각했지만 사실 그녀는 군입대한 애슐리를 그리워하고 있었다.

남부의 상황은 점점 더 악화되었으나 스칼렛은 반대로 매우 즐거웠다. 그녀는 다시 지역 제일의 미인이 되었다. 버틀러는 자주 그녀를 만나러 와서는 선물을 안겨줬다. 그는 모든 방법을 동원해 스칼렛을 정복하려 하지만 스칼렛은 꿈쩍도 하지 않았다.

애슐리가 휴가차 고향에 돌아온 동안 멜라니는 임신을 하게 됐다. 그 사실을 안 스칼렛은 마치 애슐리가 자신을 배신이라도 한 듯 크게 분노했다. 얼마 후 애슐리는 전쟁 중에서 포로가 되었다.

1864년 5월, 애틀랜타는 북부군에게 포위되어 함락될 위기에 처했다. 멜라니는 해산을 앞두고 있었고 경황이 없는 상황에서 스칼렛은 멜라니의 출산을 도와주고 출산 후 함께 고향으로 돌아가려고 했다. 그러나 마침 북부군이 길을 봉쇄하는 바람에 그녀는 버틀러에게 도움을 청할 수밖에 없었고 버틀러는 목숨을 걸고 마차를 찾아내 그들을 고향으로 데려갔다. 그러나 목적지에 이르렀을 때 버틀러는 군 입대를 결정한다. 스칼렛은 분노하지만 어쩔 도리가 없었다.

고향인 타라에 돌아와 보니 농장은 전쟁으로 황폐해져 있었고 집은 불타버렸다. 그리고 어머니는 돌아가시고 아버지는 실성해 있었다. 그녀는 겨우 열아홉이었지만 자신이 성숙했음을 느꼈다. 그녀는 집안을 다시 일으키기로 결심했다. 그녀는 곱게 자란 아가씨의 면모를 벗어던지고 매일 밖에 나가 음식을 찾고 말일을 하고 젖동냥을 하고 장작을 패고 농사를 지었다. 하루는 북부군 탈영병이 농장으로 와 약탈을 하다 스칼렛이 쏜 총에 맞아 죽었다. 그 후로 그녀는 아무 것도 두려울 것이 없었다. 점차 타라 농장은 호전되기 시작했다. 그러나 북부군이 다시 타라를 지나가면서 스칼렛 가족은 곤경에 빠지게 되었다.

1865년, 전쟁은 북부군의 승리로 막을 내리고 병사들은 하나둘 집으로 돌아왔다. 애슐리는 멜라니에게 편지를 보내 이미 석방이 되었으며 곧 집에 돌아갈 것이라 알렸다. 스칼렛은 만감이 교차했다. 마침 멜라니는 침대에 누워 있었고 스칼렛은 멜라니만 죽으면 자신이 애슐리와 결혼할 수 있으리라 생각했다.

남부는 공화당의 집권 하에 들어갔다. 농장을 재건하는 일은 전쟁 때만큼 고통스러웠다. 지주, 장교, 관리는 모두 선거권을 박탈당하고 곳곳에서 흑인과 백인이 평등함을 외치며 백인 여성이 흑인에게 강간당하는 일도 간간히 들려왔다. 타라 농장에서 일하던 노동자 중에 우두머리는 이미 관직에 올랐다. 그는 타라 농장을 강점하기 위해 일부러 토지세를 올려 스칼렛이 농장에서 손을 떼도록 만들었다. 그러나 스칼렛은 300달러를 마련하기 위해 여기저기 뛰어다녔다. 애슐리에 대한 사랑이 변함이 없었던 스칼렛은 그에게 함께 도망가자고 하지만 다시 거절당한다.

스칼렛은 어떤 방법을 써서라도 농장을 지키리라 결심하고 예쁘게 꾸미고 버틀러를 찾아갔다. 버틀러는 그 때 북부군에 의해 감옥에 갇혀 있었지만 스칼렛은 그에게 큰돈이 있다는 사실을 알고 그 돈을 얻기 위해 간 것이었다. 버틀러는 스칼렛이 돈 때문에 왔다는 사실을 단번에 알아차렸다. 그는 그녀가 돈만 손에 쥘 수 있다면 그의 정부가 돼도 좋다는 사실을 인정하게 만든다. 그러나 그녀가 인정한 후에는 그녀에게 줄 돈이 없다고 말한다.

화가 머리끝까지 난 스칼렛은 감옥에서 나오는 길에 여동생의 약혼자 프랭크 케네디를 만났다. 그가 돈이 많다는 사실을 알게 되자 그를 유혹해 결혼을 하고, 결혼 후 그의 돈으로 세금을 냈다. 결

관련링크 2000년, 미국 Hill Street 출판사는 근래에 발견한 마가렛 미첼의 초기 작품들을 모아 《스카렛 이전 : 마가렛 미첼의 소녀시기 작품집 (Before Scarlett : Girlhood Writings of Margaret Mitchell)》이란 이름으로 공개 발행하겠다고 발표했다. 사실 1995년에 미첼이 1916년 창작한 비교적 짧은 소설 《Lost Laysen》의 친필 원고가 발견되어 1년 후 출판되었고, 《뉴욕 타임즈》 베스트셀러에 랭크된 바 있다. Hill Street 출판사는 《머블리서스 위클리》에 두 권의 미첼 작품집을 광고하면서 새로 발견된 단편, 일기, 개인 서신과 단막극을 모은 《스카렛 이전》을 5월 중에 출판하는 것 외에, 10월에 작가가 작성한 기사를 모은 《기자 마가렛 미첼(Margaret Mitchell, Reporter)》이란 제목으로 출간하기도 했다.

영화 〈바람과 함께 사라지다〉는 원작 소설과 마찬가지로 큰 인기를 끌었다. 사진은 영화 중 과부가 된 스칼렛이 모금 무도회에 참석한 장면.

혼 후 버틀러가 찾아와 그녀를 비웃으며 자신에게 50만 달러가 있었다고 하자 스칼렛은 크게 후회했다. 그녀는 화를 억누르고 버틀러에게 돈을 빌려 제재소를 구입했다. 그녀의 영리함과 뛰어난 일솜씨로 제재소는 날로 번창했다.

백인과 흑인간의 오래된 모순으로 일부 백인들은 KKK단을 조직하게 되고 프랭크와 애슐리도 그에 동참하게 됐다. 하루는 흑인 하나가 스칼렛을 겁탈하고 그녀의 옷을 찢는 일이 발생했다. 그날 밤, KKK당이 소집되어 그녀를 위해 복수를 감행했다. 그러나 북부군이 병사를 보내 이를 진압하게 되고 마침 버틀러의 도움으로 도망을 칠 수 있었지만 그들 중 프랭크는 죽음을 맞게 되었다.

스칼렛은 다시 과부가 되었고 버틀러는 그녀에게 구혼했다. 결혼 후, 두 사람은 방탕한 생활을 하며 애틀랜타에서 가장 호화로운 집을 지었다. 그러나 스칼렛은 몸은 버틀러 옆에 있지만 마음은 여전히 애슐리 곁에 있었다. 얼마 후 그녀는 딸을 낳았다. 어느 날 밤, 애슐리와 만나고 들어온 스칼렛은 버틀러와 각방을 쓰기로 합의했다.

멜라니가 집안에서 애슐리의 생일 파티를 준비하며 스칼렛에게 애슐리를 찾아오라고 한다. 둘은 제재소에서 과거를 회상하다 자신들도 모르게 포옹을 하고 키스를 하게 되는데 이 모습을 다른 이에게 들키게 되고 금세 소문이 돌게 되었다. 스칼렛은 집안에 숨어밖에 나가지 않았고 버틀러는 오늘밤 얼굴을 내밀지 않으면 평생사람을 못 만나게 될 것이라며 그녀를 끌고 생일 파티에 갔다. 다음날 둘은 크게 싸우고 버틀러는 딸을 데리고 떠나 3개월간 그녀에게 편지 한 통도 하지 않았다. 그 때 그녀는 다시 임신을 하게 되고타라 농장으로 되돌아갔다. 애틀랜타로 돌아온 후 그녀는 버틀러가 아직 집에 있으며 사람을 대하는 태도가 상냥해졌음을 알게 되었다. 정치 활동에 적극적으로 참여하게 된 버틀러는 금방 유명 인사가 되었다. 어느 날 그들의 딸이 말을 타다 떨어져 사망하게 되자 둘은 슬픔에 젖는다.

멜라니의 병이 위독하다는 소식을 듣고 스칼렛은 그녀를 보러갔다. 그녀의 입에서 버틀러가 늘 스칼렛을 사랑해 왔음을 알게 되고, 그제야 정신이 든 그녀는 자신이 애슐리에 대한 사랑에 눈이멀어 세상의 모든 것을 제대로 보지 못했음을 깨달았다. 스칼렛은 또한 애슐리가 멜라니를 사랑하며, 그에 대한 사랑 역시 자존심에서 비롯된 것임을 알게 되었다. 그제야 그녀는 애슐리가 아무 것도제대로 할 줄 모르는 무능한 남자이며 자신이 상상하던 완벽한 남자와는 거리가 멀다는 것을 알았다. 그녀의 사랑은 자신이 만들어낸 한갓 환상에 불과했다. 그와는 반대로 버틀러야말로 어지러운세상에서 살아남을 수 있는 강자라는 것을 알게 되었다. 잔인하고, 탐욕스럽고, 냉혹한 레트 버틀러! 늘 자신과 대립하는 척 했지만그야말로 그녀의 천생연분이며 진정으로 자신을 이해하고 사랑하는 사람이라는 사실을 깨닫게 된 것이다.

스칼렛은 버틀러를 찾아 자신의 후회를 얘기하지만 버틀러는 스칼렛에 대한 자신의 깊은 사랑이 헛된 것이었다며 냉담한 반응을보였다. 스칼렛은 버틀러가 과거에 어떻게 그녀를 사랑했는지 모두 알게 되었으며 그의 행동이 모두 사실임을 알고 앞으로 그만을 사랑하겠다 맹세하지만 버틀러는 믿지 않는다. 그는 세 번째 모험은 원치 않는다고 말하며 스칼렛에게 자유를 주겠다고 했다. 얼마 후 그는 스칼렛을 떠났다.

그 때 스칼렛의 나이는 28세였다. 여전히 젊고 아름답지만 자신이 걸어온 인생의 길이 너무 길고 오래 되었다는 느낌이 들었다. 버틀러가 예전에 자신들이야말로 같은 부류의 사람이라고 했던 말이 무슨 의미였는지 알 것 같았다. 자신의 잃어버린 영혼은 애슐리가 아닌 버틀러였다. 스칼렛은 무슨 일이 있어도 버틀러를 되찾겠다고 결심했다.

독서 지도와 논술 지도

《바람과 함께 사라지다》는 사랑이야기이다. 미첼은 여성의 섬세함으로 사랑을 쫓는 젊은 여성의 복잡한 심리 상태를 정확히 잡아내어 스칼렛 오하라라는 복잡한 인물을 성공적으로 그려냈다. 어찌 보면 이 인물은 익숙해 보이기도 하지만 어찌 보면 다시 낯설게도 느껴진다. 경우에 따라서 그녀를 이해할 수도 있고 애매하게 느껴질 때도 있지만 그녀가 늘 진실하다는 것은 느낄 수 있을 것이다.

이것이 바로 이 책의 가장 큰 성과이다. 스칼렛은 젊고 아름답지만 그녀의 행동에서 냉혹함과 탐욕스러움, 자신감이 묻어난다. 가업을 일으키기 위해 그녀는 사랑과 결혼을 거래하고 세 번의 결혼을 하지만 한 번도 진심에서 우러난 것이 없었다. 나중에야 그녀가 늘 잊지 못하던 애슐리가 약하고 무능하며, 오히려 자칭 자신과 같은 부류라던 버틀러가 사랑할 가치가 있는 인물이었음을 깨닫는다.

미적 기준에서 볼 때, 성격이 복잡한 스칼렛을 단순히 부정적인 인물의 유형에 넣을 수는 없다. 소설의 로맨틱한 분위기와 풍부한 구상, 세밀하고 생동감 넘치는 인물과 장면 묘사 및 아름답고 생동감 넘치는 언어, 독특한 대화가 모두 《바람과 함께 사라지다》를 미국 소설사에서 중요한 위치에 올려놓은 요인들이다. 한 편의 뛰어난 로맨스는 눈과 마음을 즐겁게 하고 남북 전쟁의 풍파 속에서 꽃피운 사랑의 꽃은 더욱 잔혹하면서도 아름답다. 몇 번의 이별과 만남, 사랑과 증오의 엇갈림, 상황 변화의 풍부함이 독자의 마음을 사로잡는다.

영화 《바람과 함께 사라지다》의 한 장면
버틀러와 스칼렛이 전쟁 중 애틀랜타를 떠나는 장면이다.

채털리 부인의 사랑

로렌스 D. H. Lawrence   **LADY CHATTERLEY'S LOVER**

작가 소개

20세기 초 영국소설가이자 시인, 극작가, 화가였던 D. H. 로렌스(1885~1930)은 1885년 9월 11일 노팅엄셔주의 이스트우드에서 태어났다. 그의 부친은 광부였고 어머니는 학교 선생님이었다. 어릴 적 로렌스는 노팅엄셔 광산지역에서 공부를 했고 후에는 노팅엄셔대학에서 식물학과 법률을 공부했다. 그는 아주 일찍부터 시를 쓰기 시작했으며 1911년에는 첫 번째 장편 소설 《흰 공작》을 발표했다. 이 작품은 생기 넘치는 대자연에 대한 찬미와 사람들의 본성을 박해하는 기형적인 문명을 비판하는 내용을 담고 있다. 1910년 로렌스는 어머니의 사망으로 큰 충격을 받았지만 대학교수의 부인 프리다와 사랑에 빠지게 되었다. 프리다의 사랑은 그에게 큰 힘이 되었고 두 사람은 1914년 결혼했다. 로렌스는 제1차 세계대전 중에 《무지개》를 발표하지만 성 묘사의 문제로 발매 금지를 당해 경제적으로 어려운 상황에 처했다. 전쟁이 끝나고 그는 유랑생활을 시작했다. 이탈리아, 독일, 오스트리아, 미국, 멕시코 등지를 떠돌며 세상의 낙원을 찾아다녔다. 1928년 가장 논쟁이 많았던 최후의 장편 소설 《채털리 부인의 사랑》을 출판했다. 그러나 영국과 미국 등지에서는 1960년대 초까지 금서로 묶여 있었다. 1930년 3월 2일 로렌스는 폐결핵으로 프랑스에서 세상을 떠났으며 유골은 미국의 뉴멕시코주의 농장에 안장되었다.

로렌스는 20세기 영국문학사에서 가장 독특하고 가장 많은 논쟁을 불러일으킨 작가였다. 그는 소설이야말로 인류가 사상과 감정을 전달할 수 있는 최고의 형식이라고 생각했으며 '예술의 사명은 인간과 주변 환경의 관계를 밝혀주는 것'이라고 생각했다. 그는 감히 전통적인 방식을 깨고 독특한 스타일로 인간의 본능적인 힘을 들춰냈으며 자산계층이 지배하는 문명의 잿더미 속에서 현대적인 사회를 새로 건설할 것을 호소했다.

로렌스의 《아들과 연인Sons and Lovers》 책 표지

◎ 배경 소개

20세기 구미지역 나라들의 과학기술과 산업 생산력은 날로 발전했지만 자본주의의 고질병은 해소하지 못했고 오히려 인류의 생존은 더 큰 위협을 받고 있었다. 전쟁과 혼란, 실업과 불경기가 잇달았으며 인간과 자연, 인간과 사회, 인간과 자아의 관계도 기형적으로 변했다.

이런 현상들의 근본적인 문제는 신세대 모더니즘 작가들의 깊은 관심을 끌었다. 그들은 자신의 창작을 통해 각자의 각도에서 자본주의 사회의 고도로 발달된 물질문명 속에서 냉혹하고 부조리한 인간관계와 절대 조화를 이룰 수 없는 생존 환경을 표현했다. 또한 인간성의 왜곡과 인간 정신의 붕괴, 도덕의 타락, 인간의 자기 가치 상실을 나타냈다. 추악한 현실에 대한 폭로와 비판 속에서 미래에 대한 동경과 미망도 섞여 있었다. 로렌스의 작품은 대부분 두 성(性)의 관계에서 출발하여 자본주의 산업문명의 압력과 박해를 묘사했으며 현대인의 비극적인 생존 상황을 예리하게 파헤치면서 자연정신으로 충만한 이상사회로의 갈망을 전달했다.

◎ 작품 감상

1917년 영국 중부의 광산 주인이자 귀족지주인 클리퍼드 채털리는 아버지의 명에 따라 전선에서 휴가를 받아 집으로 돌아왔다. 집으로 돌아온 그는 콘스탄스(코니)와 결혼을 하고 짧은 신혼을 보낸 뒤 다시 부대로 복귀했다. 얼마 후 클리퍼드는 부상을 입고 귀국했다. 다행히 생명은 건졌으나 허리 아래쪽이 마비가 되어 평생 휠체어에 앉아서 살 수 밖에 없게 되었다. 아버지가 세상을 떠나고 클리퍼드는 가산과 작위를 승계받고서 코니를 데리고 고향으로 돌아갔다.

활발하고 명랑한 아가씨 코니는 열정이 넘치고 건강했으며 어려서부터 자유로운 교육을 받고 자랐다. 그녀는 생활 능력을 잃어버린 남편을 진심으로 보필하고 남편이 소설을 쓸 수 있도록 도와주었다. 클리퍼드는 겉으로는 귀족의 풍모를 유지하고 있었지만 성 기능의 상실로 인해 그의 정력은 날로 쇠약해져 갔고 감정도 메말라 갔다. 사는 데는 별 걱정이 없었으나 생기가 하나도 없이 우울

해져만 갔다. 이 모든 상황은 코니를 괴롭게 했고 그녀는 점점 그
런 숨 막힐 것 같은 삶을 참을 수가 없었다.

장원의 사냥터에 올리버 멜라스라는 산지기가 새로 왔다. 그는
퇴역 군인이었고 건장한 남자였다. 채털리부인은 우연히 숲 속 오
두막에서 그를 만나게 되었고 한 눈에 그에게 마음이 기울었다. 서
로 사랑하는 마음이 생기자 두 사람은 사랑의 늪에 빠지고 말았다.
코니는 몰래 오두막에서 멜라스를 만나면서 진심으로 사랑을 느끼
게 됐고 열정적이고 원시적인 쾌락인 성 생활을 맘껏 누렸다. 이

〈채털리 부인의 사랑〉 영화 포스터

모든 것이 코니에게 삶에 대한 새로운 희망을 안겨주었다. 얼마 후 코니는 임신을 하게 되었지만 갑자기 멜라스의 부인이 나타나 그들의 불륜을 공개했다. 그러나 코니는 클리포드와 이혼을 하기로 하고 멜라스도 아내와 이혼을 한 후 코니와 결합한다.

독서 지도와 논술 지도

로렌스는 산업화와 기계문명이 점점 발달할수록 인성에 대한 억눌림도 갈수록 잔혹해진다고 생각했다. 《채털리 부인의 사랑》에서 그는 두 성의 감정과 육체적인 결합을 통해서 현대 문명이 말살한 원초적인 성을 회복하려고 했다. 원시적이고 순수하며 활력이 넘치는 생명의 개체로 다시 만들어, 나아가서는 영국 사회에 생기를 불어넣겠다고 생각했다. 로렌스는 성 그 자체는 더러운 것이 아니며 어느 정도의 성에 대한 흡입은 인류의 삶에 엄청난 보물이라고 보았다.

진정한 의미에서의 성애는 의식과 본능의 결합이다. 소설 속에서 로렌스는 우아하고 서정적인 필체로 코니와 멜라스의 성관계와 성생활을 건전하고 장중하며 신성하게 묘사했다.

이 작품은 성애에 굶주린 상류층 귀부인이 자기 집에 고용된 산지기와 불륜의 관계를 즐기는 줄거리부터가 사회적 반향을 가져왔지만 무엇보다 로렌스는 성의 해방을 통해 인간의 근원적 자유 의지를 드러내고자 하였다.

성은 추잡하거나 억누를 수 있는 대상이 아니며, 남녀간의 애정은 정신과 육체가 합일되어야 한다고 그는 주장하고 있다.

관련링크 장편 소설 《무지개》는 로렌스의 대표작이다. 이 작품은 브랑겐 일가의 3대에 걸친 정신 발전사를 묘사했으며 서술 방식으로는 19세기 현실주의 소설의 특징을 잘 보여주고 있다. 그러나 전통적인 '가정 소설'과 비교했을 때 이 작품은 브랑켄 가족의 정신적인 발전의 흔적을 표현하는 데 더 무게를 실었다. 그들의 탐색은 현대인의 곤혹과 고민, 싸움과 동경을 반영했으며 속박을 벗어버리고 새로운 삶을 실현하고자 하는 소망을 표현했다. 모든 세대가 주위의 협소한 삶을 벗어버리고 자신의 생존을 더 넓고, 더 자유로운 환경 속에 던지고자 했다. 그들의 노력은 어떤 의미에서 그런 탐색을 앞으로 한 단계 나아가게 했다. 그런 과정 속에는 성공의 희열도 있고 실패의 쓸쓸함도 있었다.

고요한 돈 강

미하일 숄로호프 Mikhail Sholokhov

The Quiet Don

작가 소개

미하일 알렉산드로비치 숄로호프(1905~1984)은 구소련의 유명한 작가로 돈 강 근처에서 태어났다. 내전 동안 적군 편에 서서 일을 했다. 1924년 발표한 단편 소설 《검은 사마귀점》으로 프롤레타리아계급 작가협회 회원이 되면서 전업 작가가 되었다. 그의 초기 작품은 대부분 1926년 출판된 중·단편 소설집 《돈 지방 이야기》와 《남보랏빛 광야》에 실려 있다.

1926년부터 1939년까지 장장 14년에 걸쳐 그는 4부작에 이르는 대작 《고요한 돈 강》을 집필했다. 그는 1931년부터 잡지 《10월》의 편집위원으로 일했고, 1932년 공산당에 가입하여, 같은 해 그의 두 번째 장편 《개척되는 처녀지》 제 1부를 집필했다. 이 책은 농업 집단화의 과정을 반영하고 있다. 1934년 제1회 전소련 작가대회에 참석했고, 1937년 최고 소비에트 대표가 되었으며, 1939년 제 18차 소련 공산당대회에 출석하였고, 같은 해 소련 과학원의 회원이 되었다. 조국 전쟁 시기 그는 《프라우다 Pravda》와 《붉은 별 Krasnaya Zvezda》 등 신문사의 종군 기자로 전선에 나가 여러 편의 잡문과 르포르타주를 썼다. 1956년 이후에 그가 발표한 주요 작품으로는 《인간의 운명》(1956), 《개척되는 처녀지》 제 2부(1959)와 《그들은 조국을 위해 싸웠다》의 부분(1969)이 있다. 그는 레닌 문학상, 레닌 훈장을 받고, "사회주의 노동 영웅"의 칭호를 얻었으며 후루시초프 정권 이후 줄곧 공산당 중앙위원회 위원과 작가협회 이사회 서기를 역임했다. 숄로호프는 1965년 노벨 문학상을 받았다.

숄로호프

◎ *배경 소개*

카자크는 매우 특색 있는 민족으로 용맹스러우며 싸움에 능하기로 유명하다. 두 세기 동안 그들의 삶은 항상 신비한 색채를 띠고 있었다. 4부작이라는 엄청난 스케일의 대작 《고요한 돈 강》은 제 1차 세계대전부터 내전 종료까지 돈 강 카자크인의 삶과 투쟁을 생동감 있게 그렸으며 카자크 지역에서 소비에트 정권을 건립하고 또한 이를 견고히 하기 위한 역경의 과정과 끈질긴 생명력을 표현해냈다.

◎ *작품 감상*

제정 러시아 시기, 돈 강 유역의 타타르스키 마을에 메레호프 집안이 살고 있었다. 그 집안의 작은 아들 그레고리는 이웃 스테판의 아내 아크시니야를 사랑했다. 오랫동안 남편의 학대를 받아오던 아크시니야는 남편이 군대에 간 사이 그레고리와 불륜을 저질렀다. 그레고리의 아버지는 아들의 추문이 밖으로 새어 나갈까봐 아들을 나스타샤와 결혼시켰다. 그러나 그레고리는 나스타샤를 사랑하지 않았고 얼마 후 공개적으로 아크시니야와 동거를 시작했다.

그레고리의 아버지는 너무나 부끄러워 아들을 심하게 때렸다. 화가 난 그레고리는 집을 나가 버렸고 그는 아크시니야와 마을 밖의 부호 리스토니츠키 가에 가서 일을 했다. 그러는 시간 동안 아크시니야는 딸을 낳았다. 그리고 그레고리는 군대에 가야 했다.

나스타샤는 남편이 자신에게 아무런 감정도 없다는 것을 알고 고통스러워하며 자살을 하려고 했다. 그러나 메레호프 집안에서 온갖 방법으로 회유를 하는 바람에 그녀는 결국 평정을 찾아갔다. 그레고리가 처음 휴가를 받아 집에 돌아왔을 때 아크시니야가 지주 집안의 아들 에브게니와 정을 통하고 있다는 것을 알게 되었다. 그리고 공교롭게도 그레고리와 아크시니야의 딸이 죽어버렸다. 그레고리는 너무나 화가 났다. 그는 에브게니를 찾아가 싸웠고 아크시니야도 심하게 때렸다. 그런 다음 집으로 돌아와 나스타샤에게 용서를 구했다. 둘은 사이가 좋아졌다. 휴가기간 동안 임신을 한 나스타샤는 아들 딸 이란성 쌍둥이를 낳게 된다.

군대에서 용감하게 적을 물리친 그레고리는 십자훈장을 받았고 마을에서 제일가는 기사가 되었다. 마을에서 그는 우연히 형 페트로와 연적인 스테판을 만났다. 스테판은 틈만 나면 그레고리를 해치려고 했지만 그때마다 실패하였고, 도리어 그레고리는 전투 중에 스테판의 목숨을 구해주었다.

그 시기 정국은 혼란에 빠졌다. 볼셰비키는 군대에서 혁명을 선동했고 순식간에 수많은 병사들의 관심을 끌었다. 제 1차 세계대

관련링크 1920년대 말과 30년대 초 소련은 전국적인 농업 집단화 운동을 전개했고 숄로호프는 카자크 농촌 생활에서의 감상을 근거로 또 다른 장편 소설 《개척되는 처녀지》를 썼다. 1932년 소설의 1부가 출판되자 문학계의 찬사를 받았다. 1959년 창작기간 약 26년이라는 세월을 들여 완성한 《개척되는 처녀지》 제 2부를 출판했다. 두 번째 책은 1부와 함께 레닌상을 수상했다. 이 책은 30년대 소련의 농업 집단화 운동의 전 과정을 객관적으로 사실적으로 묘사했으며, 집단화 운동 중에 나타났던 인간하고 복잡한 계급 모순과 계급 투쟁을 파헤친, 역사적 의의와 예술적 가치가 깊은 작품이다.

명언명구

{ ● 영광스런 땅에 파종하는 것
은 카자크의 생명이다.

● 고요한 돈 강은 젊은 과부로
장식되어 있었다.

● 여자의 성숙한 사랑은 자줏빛 꽃
같지 않고 오히려 길가에 핀 야생화
같다.

● 전쟁은 미친 사람을 유혹하고 혼
란과 다른 사람의 고통은 그의
고통을 덜어주었다.

● 그레고리의 삶은 들불로 타
버린 초원처럼 시커멓게 변했다. }

전 중 고난과 향수병으로 지쳐버린 병사들은 이미 와해 상태에 있었다. 얼마 후 케렌스키 임시정부는 황실을 무너뜨렸다. 이어서 10월 혁명이 발발하고 소비에트 정권이 들어섰다. 그러나 실패를 원치 않는 반혁명 무장단체가 다시 일어났고 내전이 발발했다. 자유를 사랑했던 카자크민족은 돈 강 유역의 자치정부를 요구하며 반혁명무장단체에 가담했다. 그러나 더 많은 사람들이 백군과 전쟁을 벌였다. 수많은 그레고리의 친구들은 혁명을 위해 목숨을 바쳤다. 그레고리도 적군의 장교가 되었다. 그리고 표도츄르코프는 돈 강 지역의 지도자가 되었다. 그는 군대를 이끌고 백군을 공격했다. 그러나 포로가 된 카자크 장교를 살해하고 포로를 사형에 처하는 프도츄르코프의 행동이 못마땅했던 그레고리는 결국 군대를 떠나 고향으로 돌아간다.

그레고리가 고향으로 돌아온 후 적군이 쳐들어온다는 소문이 나돌았다. 마을 사람들은 피난을 가려고 했지만 그레고리는 그러지 않았다. 적군이 사람을 마구 죽이고 약탈한다는 소문이 들려오자 사람들은 극심한 공포에 사로잡혔다. 마을 사람들은 군대를 조직하여 대항하였으나 백군의 반격으로 혁명군은 무너졌다. 그레고리는 포로가 된 예전 적군 상급자를 만나게 되고 예전 백군 포로를 죽였던 그의 행동을 꾸짖었다.

1918년 돈 강 카자크지역은 혁명과 반혁명의 전투장이 되었다. 마을 사람들 중에는 백군에 투신한 사람도 있고 적군에 투신한 사람도 있었다. 그레고리와 페트로는 이미 백군의 우두머리였다. 페트로는 너무나 흉악했고 완전한 반혁명주의자였다. 그러나 그레고리는 우울함 속에서 나날을 보냈다. 그는 무고한 사람을 마구 죽이고 싶지 않았으며 단지 혼란 속에서 자신의 목숨만 보전할 수 있기를 바랐다. 그는 어디에도 참여하고 싶지 않았고 그저 빨리 평화가 오기만을 바랐다.

혼란은 계속되었다. 그때 에브게니가 고향으로 돌아왔다. 전쟁 중에 한 팔을 잃은 에브게니는 돌아와 한 여자와 결혼했다. 예전의 정부였던 아크시니야는 여전히 그를 기다리고 있었다. 그러나 에브게니는 결혼 후 더 이상 그녀와 만나고 싶지 않았다. 그는 그녀에게 떠나달라고 돈을 주었다. 아크시니야는 충격을 받았다.

한편, 전쟁으로 피로해진 그레고리는 마을로 돌아왔지만 적군 정권이 이미 마을을 점령하고 있었다. 그는 이제 아크시니야에게는 아무런 연정도 남아 있지 않았고 아내에게는 점점 호감을 느끼게 되었다. 적군의 통치가 공고해지자 숙청이 시작되었다. 그레고리는 숙청명단의 일 순위였다. 그 소식을 들은 그는 한밤 중에 도망을 쳤다.

정치적 감금과 사형 집행이 계속 늘어나면서 카자크사람들은 무고한 사람들을 마구 죽이는 적군의 행동을 참을 수가 없어 반란을 일으켰다. 반란은 짧은 시간 내에 성공을 거두었고 페트로는 지휘관이 되었다. 악랄했던 그는 적군을 무자비하게 대했다. 나중에 전투 중 그는 적군 포로에게 맞아 죽었다. 그레고리는 반군 안에서 사단장이 되었다. 페트로의 죽음은 그를 잔혹한 인간으로 변하게 만들었고 이제 그는 아무 느낌 없이 사람을 죽였다. 그러나 그는 노약자들과 병자들은 죽이지는 않았다. 적군이 이탈하자 마을은 반군에게 점령되었고 적군 지도자는 모두 사형에 처해졌다. 달리야는 페트로의 원수를 직접 갚았다.

그레고리가 집으로 돌아와 휴가를 취하는 동안 전쟁과 육욕에 이미 지쳐버린 그레고리는 아크시니야가 그리웠다. 그리고 나스타샤는 그를 점점 냉담하게 대했다. 그는

1985년 소련에서 발행한 숄로호프
노벨문학상 수상 기념우표

부대로 돌아가기로 결심했다. 떠나기 전 날 그는 돈 강 강변에서 아크시니야를 만났다. 오랫동안 서로를 바라보던 두 사람은 사랑의 불꽃이 다시 되살아나는 것을 느꼈다.

1919년 소비에트 정권은 자신들에게 직면한 힘든 임무를 알게 되었다. 그들은 반군을 격퇴하기 위해 엄청나게 많은 적군을 파견했다. 반군은 수많은 난민들을 데리고 돈 강을 건너 적군의 공격을 막아냈다.

적군은 다시 마을을 점령했고 부자들의 집을 모두 불태웠다. 나스타샤는 장티푸스에 걸려 마을에 남아있었다. 사단장인 그레고리는 많은 전쟁을 치르는 도중에도 사람을 보내 아크시니야를 데려왔다. 두 사람 사이에는 옛 정이 되살아났다.

백군이 다시 들어오자 적군이 쫓겨 갔다. 이번에 반란분자들은 정규군으로 편성됐다. 그레고리는 아무런 교육도 받지 못했기 때문에 부대장으로 강등됐다. 백군은 적군을 도와준 사람들을 숙청하고 이 일로 마을은 다시 공포 분위기에 휩싸였다. 그때 그레고리의 형수인 달리아는 매독에 걸려 강에 투신했다. 그리고 나스타샤도 낙태수술을 하다 과다출혈로 사망했다.

적군의 끊임없는 공세와 더불어 늘어나는 카자크부대 사병들의 이탈로 인해 백군은 지리멸렬하게 된다. 그레고리는 아크시니야와 함께 도주를 계획했지만 아크시니야가 병에 걸리는 바람에 그럴 수가 없었다. 그녀는 나중에 혼자 마을로 돌아왔다. 그레고리는 적군에 가담하여 폴란드 전투에서 대단한 활약을 보여주었다.

징집당한 신병과 가족들의 이별(레핀 러시아 박물관 소장)

　그리고 그레고리는 고향으로 돌아왔다. 그 소식을 들은 당국은 그를 체포하기 위해 즉시 사람을 보냈다. 그레고리는 다시 도주하여 적군에 있다가 반역한 포민의 부대로 들어갔다. 포민은 카자크 사람들을 조직하여 공산당의 세금과 식량 징수에 대항하려고 했다. 그러나 이들은 금방 진압되어 모두 죽었고 그레고리만 마을로 되돌아왔다. 그레고리는 다시 도망치면서 아크시니야를 데려가려 한다. 그러나 그녀는 추격해온 적군의 총에 맞게 된다. 그레고리는 무기를 버리고 집으로 돌아왔다. 이제 그에게 남은 것은 자기 아들뿐이었다. 그는 더 이상 이 세상에서 유일한 혈육을 잃고 싶지 않았다.

📖 독서 지도와 논술 지도

광범위한 배경과 수많은 인물이 등장하는 《고요한 돈 강》은 동시에 세심하고 정교한 필치로 다양한 장면을 묘사해 냈다. 러시아 역사상의 제1차 세계대전과 2월 혁명, 10월 혁명, 내전 등 전 시대의 변화를 그려냈으며 인물 심리의 세밀한 변화는 정교하게 묘사했다. 또한 향토적인 분위기가 물씬 나는 카자크 사람들의 일과 사랑, 일상생활을 정감 있게 표현했다. 거시적인 표현에서 미세적인 표현까지 다채로운 예술화보가 교차하고 있다. 진실한 역사의 기록과 상상에 의한 눈부신 장면, 전장의 잔혹한 살인과 면면히 이어지는 사랑, 끊임없이 변하는 정치와 유유하고 평화로운 전원에서의 노동, 부드럽고 편안한 풍경과 불안한 영혼, 생이별의 고통과 실현 가능성이 있는 환심, 소박한 시골의 풍경과 질풍 같은 사회투쟁…….

소설에 등장하는 인물은 위로는 장군에서, 아래로는 일반 군중까지 모두 개성 있는 인물들로 넘치며, 그 중에서도 주요 인물의 이미지는 특히 신선하고 생동감이 넘친다. 주인공 그레고리는 작가의 열정을 담고 있다. 그레고리의 몸에는 활발한 생명력으로 충만한다. 그는 남성적인 힘의 미와 카자크의 야성미를 보여주는 인물이며 선량하고 정직하며 두려움 없는 성격을 가지고 있다. 그레고리의 의식의 깊은 곳에는 삶의 이상에 대한 탐색이라는 중요한 가치를 가지고 있다.

그 밖에 돈 강 초원의 장엄한 풍경 묘사와 카자크사람들의 유머러스한 언어 사용은 매우 훌륭하다. 이 모든 것은 작가가 삶을 통해 축적해온 견고한 예술적인 힘에서 나오는 것이다.

강철은 어떻게 단련되었는가

니콜라이 오스트로프스키 Nikolay Ostrovsky How the Steel Was Tempered

작가 소개

러시아 작가 오스트로프스키(1904~1936)는 우크라이나의 가난한 노동자 가정에서 출생하여 11세부터 노동자로 일하기 시작하였다. 1919년 꼼소몰(공산주의 청년 동맹)에 가입하여 국내전에 참전하였다. 1923년부터 1924년까지 우크라이나 국경 지구의 꼼소몰 위원이 되고 1924년 공산당에 입당했다. 장기간의 힘든 투쟁으로 건강이 나빠지고 있었던 1927년에는 건강 상태가 급격히 악화되었다. 그러나 불굴의 정신력과 놀라운 의지력으로 병마와 투쟁을 벌였다. 같은 해 말, 코토프스키 사단에 대한 역사 서정 영웅 이야기인 《눈보라로 태어난 사람들》 집필에 착수했다. 불행하게도 유일한 친필 원고를 친구들에게 우편으로 원고 심사를 부탁하는 와중에 분실했다. 이런 잔혹한 타격에도 그의 굳건한 의지는 꺾이지 않았고 오히려 더욱 완강히 병마와의 투쟁을 계속했다.

1929년 전신불수 및 두 눈을 실명했다. 1930년 그는 강인한 의지력으로 자신의 투쟁 경험을 소재로 한 장편 소설 《강철은 어떻게 단련되었는가》를 집필하기 시작했다. 소설은 큰 성공을 거두었고 동시대 사람들로부터 진정으로 뜨거운 찬사를 받았다. 1934년 오스트로프스키는 소련 작가 동맹회원으로 선출되었다. 1935년 말 문학에서의 그의 업적과 탁월한 공헌을 높이 산 소련 정부로부터 레닌 훈장을 수여받았다. 1936년 12월 22일 병이 재발하여 오스트로프스키는 모스크바에서 별세했다.

◎ 배경 소개

《강철은 어떻게 단련되었는가》는 자전적 소설이다. 주인공 빠벨 코르차긴의 모델이 바로 작가 자신이다. 이 작품은 10월 혁명 후 1세대 소비에트 청년이 볼셰비키당의 지도 하에 국내외 적과 수많은 역경 속에서도 물러서지 않고 끝까지 투쟁을 계속하는 모습을 그리고 있다. 출간 후 소련의 수많은 청년에게 용기를 북돋워 주었고, 빠벨의 정신은 시대의 정신이 되었다. 그의 이름은 당시 꼼소몰(공산주의 청년 연맹)의 상징이 되었다.

◎ 작품 감상

빠벨은 우크라이나의 빈곤한 노동자 집안에서 태어났다. 그의 아

오스트로프스키 초상

버지는 그가 어렸을 때 돌아가셨고 어머니가 세탁일로 가족의 생계를 책임졌으며 형은 노동자였다. 빠벨이 12살 때 어머니는 그를 식당 잡역부로 일을 보냈는데 그는 그곳에서 갖은 수모를 겪으며 2년간 일했다.

10월 혁명이 발발한 후 빠벨의 고향마을도 소련의 다른 지역처럼 외국 무장 간섭자들과 국내 저항파에 의해 유린을 당했다. 적군(赤軍)이 그의 고향을 해방시켜 주었지만 금방 해산되었다. 주흐라이만 마을에 남아 지하 운동을 했다. 주흐라이는 빠벨의 집에 며칠 머무르면서 빠벨에게 혁명과 노동계급, 계급투쟁에 관한 이야기를 들려주었다. 주흐라이의 교육은 빠벨의 사상적 성장에 결정적인 역할을 했다.

갑자기 주흐라이는 도적들에게 잡혀갔다. 급해진 빠벨은 사방으로 수소문했다. 어느 날 도적무리의 병사가 주흐라이를 붙잡고 있을 때 뜻밖에 빠벨이 뛰어들어 그 병사를 도랑으로 넘어뜨리고 주흐라이를 구출해냈다. 그러나 폴란드 귀족 레쉰스의 아들 빅토르의 밀고로 빠벨은 감옥에 들어갔다. 감옥에서 나온 후 빠벨은 죽을 힘을 다해 도망쳤다. 그는 다시 악마의 손아귀에 들어가게 될까 두려워서 감히 집에 돌아가지 못하다가 자신도 모르게 또냐의 정원 앞에 갔다. 그는 정원으로 뛰어넘어 들어갔다. 또냐는 빠벨의 열정과 강인한 성격을 좋아했고 빠벨도 그녀가 다른 부자들과는 다르다고 생각했다. 나중에 그들은 다시 몇 차례 만나게 되면서 서서히 사랑의 감정이 싹트게 된다. 빠벨의 도피를 위해 또냐의 요구대로

〈강철은 어떻게 단련되었는가〉 영화 포스터

그곳에 더 머무르기로 했다. 며칠 후 또냐는 빠벨의 형을 찾아 데려왔고 형은 동생을 까자찐의 적군에게 보냈다.

한 차례 격전 중에 빠벨은 머리에 중상을 입게 된다. 그러나 놀라운 의지력으로 회복하여 국가 건설 작업에 참여했다. 그곳에서 그는 노동계급 주인공의 자세로 각종 고된 작업에 투입됐다. 그는 힘든 체력 노동에 직접 참여했다. 협궤철도 공사 중에 빠벨은 엄청난 정치적 열정과 자신을 아끼지 않는 노동정신을 보여주었다.

어렸을 적 또냐와 이별한 후 빠벨은 그녀를 두 번 만났다. 첫번째는 상처가 나아 퇴원한 후였고 마지막에는 철도 공사장이었는데 빠벨은 혁명에 깊이 들어갈수록 그들 사이의 사상적 격차가 점점 벌어진다는 것을 알고 그녀에 대한 마음을 포기하기로 했다.

철로 건설이 곧 마무리 될 때 쯤 빠벨은 장티푸스에 걸린다. 병이 나은 후 그는 다시 일터로 되돌아갔다. 그는 산업건설과 국경전선의 전투에도 참여했으며 당에 입당했다. 그러나 전쟁 중에 여러 차례 중상을 입었던 빠벨은 또다시 중병에 걸렸고 일할 때는 너무나 몰입을 하고 자신의 몸을 돌보지 않았기에 건강이 점점 나빠지고 있었다.

1927년 그는 거의 반신불수가 되었으며 두 눈을 실명했다. 심각한 질병은 결국 혁명에 대한 열정으로 가득찬 젊은이를 병상에 묶어 두었다. 그러나 빠벨은 육체적으로 정신적으로 상상할 수 없는 고통을 견뎌내면서 다시 한번 위대할 힘을 찾았다. 그는 자신에게 두 가지 임무를 제기했다. 하나는 자신의 아내가 더 발전할 수 있도록 도와주고 또 하나는 글을 쓰기로 마음을 먹었다. 그렇게 빠벨은 새로운 무기를 들고 다시 새로운 삶을 시작한다.

관련링크 1934년 오스트로프스키는 두 번째 장편 소설 《눈보라로 태어난 사람들》을 쓰기 시작했다. 소설은 1918년 말에서 1919년 초까지 소련 국내의 전쟁을 배경으로 우크라이나 무산계급과 농민이 당의 지도 하에 폴란드 침략자들을 격퇴하는 용감한 투쟁을 그렸다. 작품은 주인공들의 영웅의 이미지를 성공적으로 만들어냈다. 이들은 볼셰비키 라예즈스키의 교육을 받으며 혁명 전투의 폭풍우 속에서 성장했다. 원래 계획에 따르면 이 책은 3권으로 만들어졌어야 하는데 작가는 1권만 완성하고 세상을 떠나고 말았다.

📖 독서 지도와 논술 지도

《강철은 어떻게 단련되었는가》는 1915년부터 30년대 초까지 일어난 사건을 묘사했다. 빠벨 코르차킨은 작가가 심혈을 기울여서 만들어낸 중심 인물이며 이 책에서 만들어낸 가장 성공적인 공산주의 전사의 이미지이다. 그는 주흐라이의 영향으로 어려서부터 혁

명에 대해 스스로 자각해갔다. 그는 불평등한 삶의 근원과 구세계를 뒤집고 싶어하는 마음을 이해했다. 그래서 그는 반드시 '용감하고 강인한 계급 동지'가 되고 '끝까지 투쟁하는 강철 같은 전사'가 되어야 했다. 그는 소비에트 정권을 보위하는 위대한 전투에 투신하면서 개인은 조국과 함께 할 때만 비로소 기적을 창조해 낼 수 있다고 생각했다. 빠벨은 항상 당과 조국의 이익을 일순위에 두었다. 피와 불의 시대에 빠벨과 동지들과 함께 국경에서 활약했으며 소비에트 정권을 보호하기 위해 외국의 무장병과 백군을 상대로 적극적인 투쟁을 벌였다. 병원에서 전쟁의 상처를 치료하고 국민경제가 회복되는 해에 빠벨은 모든 열정을 평화로운 일에 쏟아부었다. 그는 필사적인 정신으로 제 1대 건설자들의 숭고한 정신을 보여주었다. 철

영화 《강철은 어떻게 단련되었는가》의 주인공 빠벨 코르차킨

맛보기

구소련의 중앙집행위원회 주석 페트로프스키는 "오스트로프스키의 소설은 우크라이나의 수백만 노동자들과 집단농장의 젊은이들에게 특별한 의미가 있다. 우크라이나는 중앙회의파의 도적들, 프랑스와 폴란드 점령군 등 복잡하고 많은 전쟁 속에서 수백 명의 코르차킨을 단련시켰다."고 말했다.

한 평론가는 "위대한 문학작품은 국경을 초월한다. 오스트로프스키의 《강철은 어떻게 단련되었는가》는 독자들의 마음에 혁명의 열정을 불러일으켰다. 이것은 당연한 현상이었다. 이 소설의 서술에 따르면 10월 혁명 때 아직 성년이 되지 않은 빠벨 코르차킨은 주관적이고 객관적인 제한으로 영국과 이탈리아, 미국 작가의 작품, 《등에》, 《주세페 가리발디》, 《스파르타쿠스》 등의 책에서만 정신적인 영향을 얻을 수 있었다. 그런데 우리나라의 젊은이들은 운좋게 《강철은 어떻게 단련되었는가》와 같은 작품 속에서 교훈을 얻을 수 있게 되었다. 무산계급의 영웅 빠벨 코르차킨의 업적과 숭고한 정신세계는 우리를 고무시킨다."고 했다.

도 건설에서 그는 제일 앞장서서 엄청난 속도로 일을 진행했다. 그는 모든 시험을 견뎌내고 우정과 사랑, 가정문제에서도 전형적인 공산주의 도덕원칙을 보여주었다. 그는 온 몸이 마비되고 두 눈이 실명한 후에는 매우 힘들어서 자살까지 생각했다. 그러나 그는 강인한 의지로 비극적인 운명의 충격을 극복하고 필생의 생활원칙을 실천했다.

오스트로프스키는 이 작품의 표제를 설명하면서 이렇게 말했다. "강철은 뜨거운 화염 속에서 연소되고 냉각하면서 단련되어서 매우 견고하다. 우리 세대의 사람도 투쟁과 고난 속에서 단련되었다. 그리고 삶 속에서 결코 낙담하지 않았다."

작가가 빠벨이라는 인물을 만들어 낼 때 내면 독백과 서신, 격언을 이용하여 이 이미지가 가진 내적인 복잡함과 성장과정을 나타냈다. 빠벨의 이미지는 사회주의 청년 세대에서 가장 빛나고 가장 전형적인 대표인물이다. 이로 인해 빠벨 코르차킨이라는 이름은 세계 곳곳으로 울려 퍼졌고 《강철은 어떻게 단련되었는가》는 청년시대 교양서가 될 수 있었다. 또한 사상적인 내용에서나 예술 형식에서나 이 소설은 30년대 소련 문학에서 가장 우수한 작품이라고 할 수 있으며 이 작품이 독자에게 끼친 영향력은 세계문학사에서도 유례없는 일이다.

명언명구

● 사람에게 가장 소중한 것은 생명이야. 생명은 누구에게나 하나 밖에 없지. 인간은 과거를 돌이켜 볼 때 헛되이 보낸 세월로 인한 후회가 없어야 하고, 쓸데없이 바쁘게 보낸 것에 대해 부끄럽지 않은 그런 삶을 살아야 해. 그래야만 죽음을 마주할 때 '나의 모든 생명과 힘은 세상에서 가장 아름다운 사업인 인류의 해방을 위한 투쟁에 바쳤어.'라고 말할 수 있는 거야.

● 죽는다는 것은, 그 목적을 안다면, 특별한 일이더라도 바로 거기서 인간이 가지고 있는 힘이 드러나게 되는 거라고. 만일 자네가 진리 때문에 죽는다면 반드시 인내심이 필요한 법이야. 바로 거기에서 영웅이 나오게 되는 걸세.

● 바보든 언제든지 자신의 목숨을 끊을 수 있어, 이것은 가장 약하고, 가장 쉬운 출구야.

설국

가와바타 야스나리 Kawabata Yasunari　　SNOW COUNTRY

작가 소개

일본의 유명한 현대 소설가 가와바타 야스나리(1899~1972)는 오사카에서 태어났다. 어려서부터 양친을 다 잃고 평생 떠돌아다니며 살았다. 이런 환경으로 인해 고민도 많고 우울했던 가와바타는 점차 감상적이고 고독한 성격을 갖게 되었다. 이런 내적 고통과 비애는 후에 가와바타의 문학에도 어두운 그림자를 드리웠다.

도쿄 대학에서 국문학을 공부할 때 가와바타 야스나리는 단편 소설 (초혼)(1921)으로 주목을 받았다. 졸업 후 문단에 투신했고 단편 소설 (이즈의 무희)(1926)로 이름이 알려졌다. 그는 《문예시대》와 《문학계》 등의 잡지도 창간했다. 유럽의 다다이즘과 미래파에 영향을 받아 일찍부터 다른 사람들과 함께 '신감각파운동'을 이끌었으며 이 운동이 쇠퇴하자 다시 '신흥예술파'와 '신심리주의' 문학 운동에 참여했다. 가와바타의 사상은 선종과 허무주의 철학의 영향을 받았다. 그의 작품은 대부분 단편 소설이며 초기 작품에는 《설국》(1937), 《어머니의 첫사랑》(1940)이 있으며 주로 하층 소녀에 관한 내용을 썼다. 만년의 작품으로는 《천우학》(1951), 《산 소리》(1954), 《잠자는 미녀》(1961), 《고도》(1961~1962)로 변태적 연애심리를 묘사하면서 현저하게 타락주의로 향했다. 그는 한때 국제문예교류부 회장과 일본문예교류 회장을 맡기도 했다. 1957년 일본 예술원 회원으로 선출되었으며 '예술원상'을 수상하기도 했다. 또한 일본 정부가 수여하는 문화훈장을 받았으며 독일 정부가 주는 '괴테메달', 프랑스 정부에서 준 '프랑스 예술문화 훈장'을 받기도 했으며 1968년 노벨문학상을 수상했다. 1972년 그는 자살했다.

◎ 배경 소개

가와바타 야스나리 상

1935년 가와바타 야스나리는 처음 《설국》을 쓰면서 장(章)을 나누어 독립적으로 잡지에 발표했는데 1937년 한데 모아 책으로 엮었다. 그리고 나중에 여러 차례 퇴고와 수정을 거친 후 1947년에 최종판이 나왔다. 이 12년이란 시간 동안은 일본 사회의 여러 모순이 날로 첨예해지면서 전체적으로 군국주의로 향하고 있던 시기였다. 그런 일본의 모습은 그에게 걱정과 비애를 안겨주었다. 미친 듯한 침략 전쟁은 그에게 공포와 우려를 불러일으켰음에도 불구하고 한편으로 그는 민족의 강성을 기대하기도 했다. 그런데 패전국이라는 결말은 그를 망국의 국민으로 만들었다. 실의와 몰락, 압력과 비애가 한꺼번에 밀려왔고 그의 허무사상은 더욱 커졌다. 1947년 가와바타 야스나리는 《설국》의 마지막 수정 원고를 완성했고 이 작품은 그의 허무사상의 대표작이 되었다.

◎ 작품 감상

일본 메치고 지방의 유자와 온천은 북국의 온천마을이자 양잠 특산지여서 견직물이 유명한 곳이었다. 마을 밖에는 온천여관과 작은 기차역이 있었다. 북쪽은 현 경계선 상에 산들이 많이 있었다. 도쿄 시타마치에서 태어난 시마무라는 부친으로부터 많은 유산을 받아 아무 할일 없이 한가로이 살고 있었다. 그는 자신이 살아 있다는 느낌을 받을 수 있는 등산을 좋아했다. 어쨌든 그는 이 북국의 산으로 자주 혼자 등산을 다녔다.

이번 5월, 신록이 우거진 계절에 시마무라는 다시 등산을 갔다. 7일 후 산에서 내려온 시마무라는 온천여관에서 게이샤를 불러달라고 했다. 그러나 그날은 마침 마을에서 도로 건설을 축하하는 행사가 열려 마을에 있는 열두 세명의 게이샤가 다 불려가고 없었다. 손이 부족하자 고마코까지 불려가 돕고 있었다. 그녀는 한 두 차례 춤을 추고 손님은 받지 않았다.

다른 게이샤들이 손님맞이에 바쁜지라 시마무라가 있는 곳에는 고마코가 대신 갔다. 그녀는 순수하고 악의 없이 시마무라와 이야기를 나눴다. 시마무라는 고마코가 기녀라는 직업이 어떤 것인지 아무것도 모르고 있다고 느꼈다. 시마무라는 고마코에게 기녀를 찾아달라고 부탁했다. 고마코의 얼굴이 불그스레해졌다. 여관의 하녀에게 고마코 대신 다른 게이샤를 불러달라고 했을 때 고마코가 쳐다보자 시마무라는 산에서 내려왔을 때 기녀를 찾았던 그 마음이 순식간에 사라졌음을 알았다.

고마코는 시마무라와 함께 신사를 여행했고 시마무라는 고마코

관련링크 가와바타 야스나리는 오랜 창작 시간 동안 동서양 문화와 동서양 문학의 융합의 길을 탐구했다. 일찍이 신감각파 문학운동을 하던 시절 그는 일본인의 사고방향과 동양인의 사고방향에 따라 현대 서양문학을 이해했다. 그는 서양문학에 대해 '일본식 호흡법과 일본식 취향에 따른 공부' 방법을 취했다. 《이즈의 무희들》로 이름이 알려지면서부터 가와바타 야스나리는 서양문학을 일본 전통문학의 틀 속에 융화시켰다. 단편 소설 《이즈의 무희》는 작가가 초기에 만든 애정소설이다. 이 소설은 일본전통문학 속의 애절하고 감동적인 슬픈 정서를 계승하였고 여정 속에서 서로 만나게 되는 남녀의 정서를 빌어 인생무상을 나타냈다. 동시에 깊고 고요하며 복잡한 심미적인 관념을 전달했다.

에게 일본 춤과 서양 춤에 관한 책을 보내주겠다고 약속했다. 다음 날 시마무라는 도쿄로 되돌아갔다.

그해 6월 고마코의 춤 선생이 중풍에 걸렸고 도쿄 시계방에서 일하던 그의 아들 유키오는 폐결핵에 걸렸다. 유키오의 병원비를 지불하기 위해 고마코는 게이샤가 되었다. 마을 사람들은 다들 고마코가 자신의 약혼자를 위하여 자신을 희생하고 있다고 말하지만 사실 고마코는 그를 사랑하지 않았고 그와 결혼하고 싶지도 않았다. 단지 병을 치료하지 않으면 안 된다고 생각했기 때문에 도울 수밖에 없었다. 시마무라가 두 번째로 온천에 갔을 때는 그해 12월 깊은 겨울이었다. 열차가 현 경계선을 나타내는 긴 터널을 지나고 나면 바로 설국이다. 밤의 막이 내린 대지는 흰 눈으로 뒤덮여 있었다. 열차 안, 시마무라의 맞은편에 앉은 요코는 중병에 걸린 유키오를 돌보며 그를 도쿄에서부터 고향으로 데려가고 있었다. 그녀의 얼굴이 차창의 유리에 비쳤고 시마무라는 유리창에 비친 아름다운 모습에 매료되었다. 요코의 아름다운 목소리를 들었을 때 어떤 슬픈 여운이 느껴졌다.

온천마을 기차역에서 요코와 유키오도 기차에서 내렸다. 시마무라는 온천여관에서 보낸 차를 타고는 고마코가 어디에 있으며 저녁에 그녀를 만날 수 있는지 물어보았다. 시마무라는 여관 내에 있는 온천 욕조에서 나와 회랑에 있는 오래된 마루 위를 걸었다. 모서리에서 빛을 발하는 마루에 여인의 옷섶이 거꾸로 비쳤다. 그 옷을 본 시마무라는 고마코가 결국 게이샤가 되었다는 것을 알고 놀랐다. 시마무라는 서둘러 고마코의 곁으로 다가갔다. 그녀의 얼굴에는 진한 분이 칠해져 있고 억지로 웃음을 짓고 있었지만 오히려 그녀는 울고 있었다. 둘은 말없이 방안으로 들어갔다.

다음날 시마무라는 고마코의 집에 갔다. 오후에 안마를 받을 때 안마사가 다시 그에게 고마코의 일을 얘기했다. 시마무라는 도쿄

에서 오랫동안 병을 앓던 유키오
가 치료도 효과가 없자 고향으로 돌
아와 요양을 취하며 죽을 날을 기다
리고 있다는 생각이 들었다. 아무 소
용없는 그를 위해 게이샤가 된 고마
코는 정말 어리석었다. 고마코가 유
키오를 사랑하지 않는다면 요코가
유키오의 새로운 연인이 될 것이고
그렇게 되면 요코도 헛수고를 한 셈
이다.

가와바타 야스나리가 노벨상 받는 모습

하루는 고마코가 시마무라의 방에서 샤미센(일본의 현악기)을 연주
했다. 그녀는 매일 계곡과 대자연을 보면서 외로이 연주를 했고 거
의 자아를 잊을 정도에 몰입하면서 슬픔을 달랬다. 시마무라는 고
마코의 삶을 부질없는 것이며 요원한 동경이라고 했지만 고마코
자신은 위엄 있는 악기 소리로 자신의 가치를 표현했다. 연주가 끝
나자 시마무라는 탄식했다. 그녀는 이미 나를 사랑하고 있지만 나
는 아직 그런 애정이 없다. 그때 이후로 고마코는 매일 연회가 끝
나면 시마무라의 방으로 갔다. 시마무라의 방에서 밤을 보내기는
했지만 그녀는 더 이상은 고집을 부리지 않고 날이 밝기 전에 몰래
집으로 돌아갔다. 시마무라가 도쿄로 돌아갈 때 고마코는 대기실
에서 유리창 너머로 인사를 했다. 열차가 움직이자 고마코의 얼굴
이 유리창의 빛 속에서 갑자기 나타났다 순식간에
사라졌다.

시마무라가 세 번째이자 마지막으로 온천여관
을 찾은 것은 다음해 늦은 가을이었다. 이번에는
고마코의 입을 통해 작년에 고마코가 배웅 나왔던
그날 유키오가 죽었다는 사실을 들었다. 무덤은

일본에서 발행된 가와바타 야스나리의 노벨상 수상 기념우표

스키장 끝자락에 있는 메밀밭 원편에 만들었다고 한다. 지금이 마침 메밀꽃이 피는 계절이지만 고마코는 한번도 무덤에 가지 않았고 요코만 종일 무덤을 지키고 있었다. 스승은 이미 죽고 없었다. 이번에 고마코는 시마무라에게 여러 번 자신의 마음을 아는지 물었고 시마무라는 혼란스러웠다. 고마코는 모든 것을 알았다는 듯이 갑자기 입을 다물고 눈을 감았다. 시마무라의 마음속에 나는 무슨 존재인지 그는 항상 생각하고 있다. 고마코는 미친 사람처럼 시마무라의 방을 돌아다녔다. 연회 전이나 후에도 시간이 날 때마다 하루에도 두어 번씩, 아침 7시부터 새벽 3시까지 드나들었다. 그녀는 술을 많이 마셨으며 술을 마신 후에는 비틀거리며 가파른 산비탈을 올라왔다. 정말 너무 바빠 움직일 수가 없을 때도 요코를 대신 보내 쪽지를 전달했다. 시마무라는 고마코가 불쌍하고 자신이 불쌍했다. 시마무라는 요코만이 그 둘의 비애를 알고 있는 듯한 느낌을 받았다. 그래서 시마무라는 요코에게도 관심을 갖기 시작했다.

시마무라가 떠나기 전날 밤, 마을에서 영화를 상영했다. 그런데 갑자기 경보음이 울리고 영화를 상영하던 창고에서 불이 났다. 고마코와 시마무라가 서둘러 화재현장에 도착했을 때 창고 이층에서 한 여자가 떨어지는 것이 보였다. 그녀는 공중에서 발버둥도 치지 않은 채 부드럽게 떨어졌다. 시마무라는 그 광경이 마치 비현실적인 세계의 환상처럼 공포도 느껴지지 않았고 그녀가 죽었다고도 생각하지 않았다. 그러나 시마무라는 답답한 고통과 비애를 느꼈다. 그의 온몸은 경련이 일어났고 심장이 격렬하게 뛰었다. 이층에

문학 키워드

일본의 대표적 문학가
무라사키 시키부(겐지 모노가타리)/나쓰메 소세키(도련님)/가와바타 야스나리(설국)/아쿠타가와 류노스케(라쇼몬)/무라카미 하루키(상실의 시대)/오에 겐자부로(사육)/요시모토 바나나(철도원) 등이 있다.

메모리드

일본의 유명한 문학평론가 가토 슈이치(加藤周一)는 이렇게 말했다. "가와바타 야스나리의 소설 중에는 《설국》이 가장 유명하고 작가 본인도 그렇게 생각한다. 만년에 그가 작품집을 출판할 때도 이 작품을 선정한다. 나도 《설국》이 그의 최고의 소설이라고 생각한다. 그 이유는 첫째 이 소설은 '가와바타식' 의 모든 것을 집중시켰으며 최고의 정점에 달한 작품이다. 만약 《설국》을 중심으로 얘기하자면 가와바타의 이전 작품들은 모두 변주곡과 같다. 《설국》이라는 소설은 다시없는 작품이다. 두 번째로 《설국》은 가와바타파 소설의 전형을 초월하여 '비(非) 가와바타식' 의 경지에 올랐다. 그런 소설은 오직 이 작품뿐이다."

서 떨어진 여자는 요코였다. 그녀는 얼굴을 하늘로 한 채 떨어졌으
며 붉은 색의 화살문양의 옷을 입고 있었다.

독서 지도와 논술 지도

《설국》의 줄거리는 몽롱하면서도 활발하고 인물 사이의 관계는 비
틀거리면서도 흐릿하다. 그렇지만 가와바타 야스나리의 정교한 필
치로 가공의 경지가 선명하게 표현되었다. 이 작품의 핵심 내용은
인생의 모든 것이 '헛된 것'이며 쓸데 없는 것이라고 말하고 있다.
《설국》에서 표현하는 주된 사랑이 바로 가와바타 야스나리의 허무
주의 사상이기 때문이다. 《설국》을 읽으면 무라사키 시키부의 《겐
지모노가타리》의 느낌이 떠오르는 것은 시대가 변하고 삶이 변해
도 사람과 사람 사이의 진심은 예나 지금이나 여전히 힘들다는 것
을 말해준다.

예술적으로 《설국》은 '의식의 흐름' 소설의 구조적인 특징
을 빌려왔다. 대부분의 내용이 시마무라의 의식의 흐름
속에서 전개되고 다른 인물의
의식의 흐름은 그와 함께 등
장하기도 하고 함께 호응하기
도 한다. 그래서 소설 속 의식
의 활동은 갈수록 복잡해지는
경향을 보인다.

《설국》에 나오는 인물은 작
가의 삶에 대한 감각에 의해
대상화되었다. 시마무라는
흐릿하고 혼란한 심리를, 고
마코는 믿을 수 없는 사랑을

1924년 가와바타 야스나리는 요코미쓰 리이치(橫光利一) 등 친구들과 《문예시대》를 창간했
다. 그들은 일본의 옛 문학을 새로운 길로 인도하고 싶었으며 그것은 일본 문학사에서 유명
한 '신감각파'의 탄생을 의미한다. 위의 그림은 1927년 6월 창간 멤버들이 각지에서 연 '문
예춘추'의 연설회에 와다 모인 모습이다. 좌측에서 두 번째가 가와바타 야스나리이며 중앙에
서 있는 사람이 요코미쓰 리이치이다.

갖고 있으며, 요코는 유성처럼 나타났다 사라져 버리고, 유키오는 부속품처럼 존재한다. 모두가 인물 자체의 논리의 속박을 벗어버렸다.

또한 예민하고 섬세하며 참신한 감각을 지닌 작가는 유려하고 온화하며 시적인 문체로 인물의 초상, 심리, 대자연의 모습을 신중하게 묘사했다. 햇빛과 눈빛 아래서 고마코가 거울 속에 나타나는 형상은 시마무라의 끝없는 사색과 더불어 피상적이고 신비스런 미를 묘사한 것이다.

게다가 가와바타 야스나리는 《설국》에 나오는 모든 사물에 분명한 사상과 감정을 집어넣었으며 함축적인 상징성을 가득 실었다. 대부분의 배경은 시마무라의 눈으로 반영되어 나온 것이며 인물의 내적 활동이 외부로 멋지게 표현되는데 중요한 작용을 했다. 그러나 그것이 아름답기는 하나 그 경치 자체의 고유한 매력은 적다. 그것은 단지 허무의 세계를 감추기 위해 존재하는 인공미일 뿐이다. 소설은 시마무라가 두 번째로 설국에 가다가 우연히 요코를 만나면서 시작하는데 허구와 사실, 먼 것과 가까운 것이 교차하면서 시마무라의 연상까지 더해져 소설의 시작은 복잡하게 얽혀 몽롱한 느낌을 준다. 소설의 결말 부분에서의 화재는 순전히 우연이다. 그 화재로 인해 소설의 줄거리와 인물의 운명은 갑자기 중단된다. 이것은 현실과 몽상의 결합이며 미지수 같은 인생을 표현한 것이다. 그렇게 영원히 잡을 수 없는 허무감을 만들어서 작품의 사상에 화룡점정과 같은 묘미를 부여했다.

구토

샤르트르 Jean-Paul Sartre   **LA NAUSEE**

작가 소개

장 폴 샤르트르(1905~1980)는 프랑스 당대 저명한 작가이자 철학자, 실존주의 문학의 창시자이다. 그의 부친은 해군장교였으나 샤르트르가 2살에 세상을 떠났다. 후에 그는 어머니를 따라 대학교수로 일하고 있던 외조부의 집에서 살게 되었다. 샤르트르는 20살에 파리사범대학 철학과에 입학했고 졸업 후 중학교에서 학생들을 가르치기도 했다. 1933년 베를린으로 간 샤르트르는 독일의 유명한 철학자 후설(Edmund Husserl, 1859~1938, 독일의 철학자)과 하이데거(Martin Heidegger, 1889~1976, 독일의 철학자)의 문하로 들어가 깊은 연구를 했다. 귀국 후, 그는 교편을 잡는 동시에 글을 쓰기 시작했다. 1939년 제 2차 세계대전이 발발하자 샤르트르는 종군했다가 이 듬해 포로가 되고 다시 1년 후 석방됐다.

샤르트르는 당대 프랑스 철학계와 문학계의 대표인물로서 자신의 실존주의 철학사상으로 프랑스뿐만 아니라 전 세계 문학가와 사상가들에게 깊은 영향을 주었다. 샤르트르를 크게 알려준 작품은 1938년 출판된 장편 소설 《구토》이다. 이 작품은 자서전적인 성격을 띤 일기체 소설이다. 《구토》 외에도 유명한 작품으로는 단편 소설집 《벽》(1939), 장편으로는 《자유에의 길》 3부작, 《L'age de Raison》(1945), 《Le Sursis》(1947), 《영혼의 죽음》(1949), 극본에는 《파리떼》(1943), 《닫혀진 문 Huis-close》(1944), 《무덤 없는 사자》(1946), 《존경스러운 창녀》(1946), 《더럽혀진 손》(1948), 《악마와 신 Les Diable et le Bon Dieu 》(1951), 《타락한 여인》(1960) 등이 있다. 그 밖에 그는 많은 철학저서와 논문, 작가전기를 썼으며 영향력 있는 잡지 《현대》를 창간하기도 했다. 샤르트르는 '풍부한 사상과 자유로운 분위기가 넘치며 진리정신을 탐구하는 그의 작품은 이미 우리시대에 깊은 영향을 끼쳤다'는 선정사유로 1964년 노벨 문학상 수상자가 됐다. 그러나 샤르트르는 '모든 기관에서 주는 영예는 사절한다'는 이유로 수상을 거부했다.

◎ 배경 소개

《구토》가 발표된 1938년에는 이미 그에게 높은 명성을 가져다 준 실존주의 기본 관점이 어느 정도 형성되어 있었다. 샤르트르는 현실 세계는 황량한 것이며 인과관계가 없이 신비롭고 알 수 없으며, 그래서 사람들이 그 진면목을 탐구하면 할수록 삶 그 자체가 함유하고 있는 이

"……어쨌든 세상은 추악하고 희망이 없다. 그것은 앞으로 죽게 될 노인이 다른 사람의 실망을 방해하지 않을 거라는 말이다…… 그러나 나는 행동할 것이며 희망 속에서 죽을 것이다."
—샤르트르

《구토》 표지
이 일기체 작품은 주인공이 자신의
신체를 포함하여 물질 세상에 대해
구토를 느끼는 경험을 서술했다.

해할 수 없는 것이 발견된다고 생각했다. 그래서 이 세상에 사는
사람은 갈수록 희망이 없어지고 인생은 황망한 것이라고 느끼게
된 것이다. 개체로서 인간은 의지할 곳도 없이 고독하게 이 황망한
세상에 왔다. 그리고 냉대를 받고 버려지면서 불안한 나날을 보내
다 황망한 세상 속에서 '잉여인간'이 된다. 《구토》는 현실세계와
인생은 바로 이런 것이라는 것을 보여준다. 작품 곳곳에는 주인공
이 객관적 세계의 부조리와 이해할 수 없음으로 인해 생기는 구토
의 느낌이 가득하다. 《구토》는 당대 실존주의의 노크 소리라고 말
할 수 있으며 대단한 영향을 끼쳤다.

◎ *작품 감상*

(이 작품은 일기형식의 자전체 장편 소설이므로 일인칭으로 서술한다.) 나는
앙트완느 로캉탱이며 부빌에 살고 있다. 나는 일어나는 일들을 분
명히 알기 위해 일기를 썼다. 아이들이 물수제비를 뜨며 놀고 있었
고 나는 그 아이들처럼 돌을 바다에 던졌다. 갑자기 나는 하던 행
동을 멈추고 돌을 떨어뜨렸다. 아이들이 내 뒤에서 웃고 있었다.
이것은 표면적인 일일 뿐이며 내 마음속에는 어떤 흔적도 남지 않
았다. 나는 무언가를 보았고 불쾌감을 느꼈다. 그렇지만 내가 본
것이 바다인지 아니면 그 돌이었는지는 모르겠다. 나는 조각상을
잘 놓았지만 그것이 불쾌하고 바보 같다는 생각이 들고 심한 싫증
을 느꼈다. 나는 나의 행동과 대화들, 입고 있는 의상 모두를 이해
할 수가 없었다. 육중하고 무의미한 관념 때문에 나는 심한 구토를
느꼈다.

　어느 날 아침, 나는 지저분한 종이를 주우려고 했지만 안니가 분
명히 몹시 화를 낼 것이다. 며칠 전 물수제비를 뜨던 느낌이 기억
난다. 그것은 들쩍지근한 토할 것 같은 느낌이었다. 프랑스 역사
속 드 롤르봉 사건에 관심을 가졌다가 또 다시 싫증이 났다. 나는

자주 거울을 보지만 내 얼굴을 이해할 수가 없다. 커피숍에서 '구토'가 나를 따라왔고 나를 붙들었다. 나는 주위의 모든 사물에서 구토를 느꼈다. 내가 레코드판을 틀어달라고 했을 때 겨우 사라졌다. 나는 길에서 만나 늙은 노파의 몸에서 미래를 보았다. 그녀는 크고 투박한 남자신발을 신고 있었다. 이것이 시간이었다. 그것은 천천히 존재 속으로 들어오고 사람들은 그것을 기다린다. 그것이 오면 사람들은 다시 구토를 느끼게 된다. 한 '독학자'가 나의 방으로 찾아와 나에게 여행과 기적에 관한 이상한 문제들을 수없이 물었다. 그가 가고 나는 혼자가 되었다. 그런데 앞에서 아직도 관념이 나를 기다리고 있다. 나는 소설책을 들었지만 책 속에서 즐거움을 찾지 못한다. 그냥 무엇인가를 해야 했기 때문에 책을 읽는 것이다. 길에 있는 것은 사람이고 그것은 어떤 사람도 대표할 수 없다. 사람들은 해변에서 갈매기를 보고 섬을 보고 등대를 본다. 그래서 나의 마음은 모험이라는 위대한 느낌으로 가득 찼다. 벌써 일요일은 끝났고 사람들에게는 여운만 남았다. 그들은 다시 월요일로 가겠지만 나에게는 월요일도 없고 일요일도 없다. 있는 것이라고는 무질서한 나날만 밀려올 뿐이다. 변한 것은 아무 것도 없다. 모든 것은 원래의 형태와 다르고 나는 그것을 묘사할 수 없다. 그것은 '구토' 같기도 하지만 완전히 다르기도 하다. 나는 나 자신을, 내가 여기 있다는 것을 발견한다. 어둠 속을 뚫은 나는 기쁘고 행복하다. 다음 날 나는 또 구토를 느꼈다.

파리로 오겠다는 안니의 편지를 받고 나는 여관으로 그녀를 보러 갔다. 우리는 헤어진 지 6년이 되었고 나는 이미 그녀를 완전히 잊어버렸다. 여관에서 키 작은 사내도 분명 그가 '구토'를 느끼는 무언가를 기다리고 있다. 커피숍에서 내 맞은편에 남녀가 앉아 있다. 여자는 남자와 계속 무슨 짓을 하고 있다. 주인은 내려오지 않고 늙은 노파는 그에게 아마도 공교롭게 죽을 거라고 말했을지 모

관련링크 2차 세계대전 이후 사르트르는 장편 소설 《자유의 길》 3권, 즉 《이성의 시대》(1945), 《집행유예》(1945), 《영혼의 죽음》(1945)을 완성했다. 소설은 작가가 실존주의 철학의 각도에서 2차 세계대전 후의 프랑스를 배경으로 젊은이들의 '성장과정'을 표현했다. 전쟁은 그들의 인생 궤도를 바꾸었으며 그들에게 원래의 생존방식을 버리고 스스로 선택을 하도록 만들었다. 만약 《구토》에서 작가가 그의 주인공에 '허무'를 초월하는 희망을 부여했다면 《자유의 길》에서 주인공은 진정으로 그런 초월을 완성했으며 영웅주의의 선택에서 자신의 존재 본질을 확인했다.

샤르트르는 '풍부한 사상과 자유로운 정신, 진리에 대한 추구가 있는 이 작품은 우리 시대에 깊은 영향을 끼쳤다.'라는 이유로 1964년 노벨문학상 수상자로 선정됐다. 그러나 그는 '기관에서 주는 모든 영예는 사절'한다는 이유로 수상을 거절했다. 그림은 1985년 프랑스에서 발행된 기념우표이다.

른다. 종업원은 화를 내며 그녀를 욕했고 나는 올라가서 그의 죽은 모습을 보는 상상을 했다. 그 '독학자'가 나에게 점심 초대를 했다. 나는 죽어도 그와 함께 밥을 먹고 싶지 않았지만 그 성의를 생각해서 표면적으로 응했다. 나는 안니를 만날 수 있다는 생각을 하니 행복했다. 여러 번 부빌 박물관에서 그림들을 보았고 그림 속의 인물을 보면서 나는 이런 생각을 했다. '그들은 모든 것을 누릴 권리가 있다. 생명, 일, 재산, 지휘권, 존경 등등. 올리비에 블레비뉴 초상화의 눈에는 판결이 있다. 그것이 나의 존재의 권리를 흔든다. 나는 내가 존재할 권리가 없다.' 나는 우연히 나타난 것이며 나의 존재는 나를 생각함으로 해서 존재하는 것이다. 나의 존재에 대한 증오와 싫증, 그것이야말로 나를 존재시키게 하는 방식이다. 나는 놀라운 기사를 읽었다. 류시엔느라는 소녀가 강간당한 후 살해당했으며 파렴치한 사나이는 도망쳤다. 나는 모든 것이 존재하는 것을 느꼈다. 나는 '독학자'와 함께 식사를 했고 그는 자신의 전쟁 포로 경험을 얘기했고 나에게 그가 기억하는 명언들을 읽어주었다. 근처에 젊은 남녀가 친밀하게 대화를 나누고 있었다. 나는 '독학자'에게 말했다. "우리 모두는 여기서 먹고 마시면서 우리의 소중한 생명을 유지하고 있지만 사실 우리는 아무 것도 아닙니다. 어떤 존재의 이유도 전혀 없다고 생각합니다." 그는 나의 말을 이해하려 고 부단히 노력했다. 그는 이것이 비관주의라고 했다. 그가 말했 다. "우리는 삶의 의미를 그렇게 먼 곳에서 찾을 필요가 없습니다." 그는 나에게 독일에서 포로로 있을 때의 생활을 얘기하면서 그 전 에는 고독했다고 말했다. 그런데 포로로 있을 동안 기쁨을 느꼈으 며 자신은 프랑스 사회당에 입당한 사회주의자라고 말했다. 그는 나에게 왜 책을 쓰는지 물었고 나는 책을 쓰기 위해 쓴다고 말했 다. 그는 전 인류를 사랑해야 한다고 말했고 나는 이렇게 말했다. "한 사람이 전 인류를 미워할 수 없으며 더욱이 인류를 다 사랑할 수도 없습니다." 나는 그와 함께 인도주의를 논하고 싶지 않았다. 나는 말하고 싶지 않았다. '독학자' 는 나의 얼굴에 가까이 왔다. 나 는 토하고 싶었다. 갑자기 '구토' 가 찾아온 것이다.

전차를 탄 나는 공원에서 잠시 머물렀다. 초저녁 나는 무거움을 느꼈다. 다만 나의 목적은 달성되었다. 나는 '구토' 가 나를 떠나지 않았음을 알았다. 며칠 전만해도 나는 '존재' 의 의미를 예감하지 못했다. '부조리' 라는 글자가 나의 펜 밑에서 태어났다. 그것은 관 념이 아니라 생명이 없는 기다란 뱀이다. 나는 '존재' 의 열쇠를, '구토' 의 열쇠를, 생명의 열쇠를 찾았다. 나는 모든 것을 이해할 수 있었고 모두 근본적인 부조리로 귀착된다. 나는 일어나 걸었다. 나 무와 월계수 꽃의 미소는 무슨 말을 하려는 것일까? 그것이 바로 존재의 진정한 비밀이다. 토요일 나는 안니가 있는 곳으로 갔다. 나에게 문을 열어준 그녀는 더 이상 어린 소녀 같지 않고 살이 쪘

샤르트르 상

메니힐로

샤르트르 자신이 말했다. "순수문학의 각도에서 말하자면 《구토》는 나의 작품 중 가장 좋은 작품이다."
부조리주의의 대가 카뮈는 샤르트르의 《구토》를 이렇게 평가했다. "내가 보기에 유일한 기자수(記者數)는 부조리이다. 문제는 어떻게 나아갈 것
인가에 있다. 삶의 부조리를 의식하는 것은 목적이 될 수 없으면 단지 시작이다. 흥미로운 것은 그런 발견이 아니라 그 결과와 사람들이 그 속
에서 끌어내는 행동 규칙이다."

다. 나를 보고는 갑자기 큰 소리로 웃었다. 나에게 창문 쪽으로 아무 곳에나 앉으라고 했다. 침묵이 잠시 흘렀다. 그녀가 말했다. "당신은 하나도 변하지 않았나요? 당신은 이정표예요. 당신은 미동도 하지 않고 어디서는 얼마나 떨어져 있고 또 어디서는 얼마나 떨어져 있는지 가르쳐 주는 거죠. 그게 바로 내가 당신을 필요로 하는 이유죠." 나는 조용히 그녀를 바라보았고 침묵 속에서 '안니가 앞에 있다'는 중요성을 완성했다.

그녀는 내 머리카락 색깔이 어떤 것도 어울리지 않는다고 했다. 모자도 마찬가지라고 했다. 그녀의 모습은 신비하고 만족스러웠다. 그녀가 말했다. "어떤 물건들을 오랫동안 주시하고 있으면 그것은 나에게 좋은 것이 아니죠. 나는 그것들에게 싫증을 느낄 테니까요." 그런 상황이 그녀의 상황과 참 잘 맞다. 나는 우리가 길은 달라도 같은 곳에 이르리라고 생각했다. 그런데 그녀가 말했다. "나는 나와 생각이 똑같은 사람을 알고 있는데 오히려 기쁘지 않더군요." "당신은 당신 주위의 사물이 꽃처럼 놓여져 있지 않다고 원망하는군요. 나는 행동하고 싶어요." 그녀는 영국에 갈 거라고 말했다. 나는 속으로 일어나고 싶지 않았고 그녀를 안아주고 싶었지만 그녀가 거절했다. 나는 나의 과거가 이미 죽었다는 것을 알았다. 나의 고독과 자유, 그러나 그런 자유는 죽은 것과 같다. '독학자'는 그를 동성연애자로 본 사람들에게 맞아서 코피가 났다. 나는 그를 위해 복수해주려고 했지만 그는 나와 같이 가길 원치 않았다. 나는 '나'가 창백해져버린 것을, 꺼져버린 것을 알았다. 나는 예전에 잘 지내던 여주인과 이별했다.

기차가 부빌을 떠나기 전 나는 예전에 자주 듣던 레코드판을 듣고는 심장이 빨라지는 것을 느꼈다. 나는 나 자신에게 '모든 것이 시작된 것은 바로 그날, 그 시간부터였다. 나는 나의 과거를 통해 나 자신을 판단할 수 있을 것이다.'라고 말했다.

샤르트르는 《구토》에서 세상과 인생을 해석하면서 비판적으로 자본주의 사회의 불합리성을 파헤쳤다. 소설의 묘사는 냉담하면서도 음침하고 우울함을 누르는 정서로 가득 하다. 그러나 소설은 사람의 '자유로운 선택'을 강조하며 불합리한 현실에 굴복하지 말 것을 주장하고 인간의 주관적인 능동성을 충분히 발휘하여 자신의 노력과 아름다운 이상을 향한 추구를 버리지 말 것을 주장했다. 이것은 또한 낙관주의 인생관이라고 할 수 있다. 샤르트르의 작품이 유럽 젊은이들에게 정신적 양식이 되는 중요한 이유도 그의 작품 속에 나타난 이런 낙관주의 정신 때문이다.

예술 형식면에서 《구토》는 일인칭 시점의 일기체 철학소설이다. 주인공이 길이가 일정치 않은 일기를 모은 것이다. 이 일기는 내용상 상당히 복잡하고 서로 연관성이 없으며 산만해 보인다. 그래서 작품 구조상 전통적인 이야기 소설과는 차이가 있다. 기복도 없고 애절한 스토리도 없다. 그러나 소설의 심층적 구조에서 볼 때 작가는 정신적 구상을 거친 후에 이 일기를 배치시켰다. 소설은 주인공의 심리변화를 내적 실마리로, 부빌성(소설 속의 장소)을 인물이 활동하는 중심지로 해서 많은 일상생활의 조각들을 유기체로 엮었다. 그리고 《구토》는 현실 생활을 묘사하는 현대적인 수법을 유기적으로 결합시켜 다층적이고 다각도로 입체감이 풍부한 생활 화보로 묘사해 냈다.

샤르트르와 그의 삶의 반려자-보봐르

이방인

작가 소개

알베르 카뮈(1913~1960)는 프랑스 소설가이자 극작가 평론가이다. 알제리 몽드비에서 출생한 카뮈는 1914년에 전쟁으로 아버지를 잃고 어머니와 함께 알제리 빈민구역에서 어렵게 살았다. 장학금으로 중학교를 마친 카뮈는 1933년 일하면서 알제리 대학에 들어가 철학을 공부했다. 제 2차 세계대전 시기 카뮈는 독일 파쇼를 반대하는 지하 저항 운동에 적극 참여했다. 전쟁이 발발했을 때 그는 《알제 레퓌블리캥지》의 편집을 맡았었고 나중에 프랑스에서는 《파리 수아르지》편집부 비서로 일했다. 독일군이 프랑스를 침공한 후 그는 지하 항독조직에 들어가 《콩바》의 출판을 맡아 일을 했다. 카뮈는 1932년부터 작품을 발표하기 시작하는데 1942년 《이방인》으로 유명해졌다. 그의 소설 《페스트 La Peste》(1947)는 호평을 받았지만 《반항적 인간 L'Homme Revolte》(1951)은 '순수한 반항', 즉 혁명 폭력을 반대했다는 이유로 사르트르와 논쟁을 벌이다 결국 결별하게 되었다. 그의 주요 작품으로는 수필 《시지프의 신화 Le Mythe de Sisyphe》(1942), 희곡 《정의의 사람들 Les Justes》(1949), 소설 《전락 La Chute》(1956), 그리고 단편 소설집 《유배와 왕국 L'Exil et le Royaume》(1957) 등이 있다. 카뮈는 1957년 노벨문학상을 수상했으며 1960년 1월 4일 교통사고로 세상을 떠났다.

"사람은 종종 자신이 다른 사람과 다르다는 것을 느끼고서야 예술가의 운명을 선택한다. 그러나 금방 남들과 비슷하다는 것을 인정하자 예술과 삶은 변화할 수 있었다.
— 알베르 카뮈

◎ 배경 소개

프랑스 작가 카뮈의 성공작 《이방인》은 실존주의 문학의 걸작이다. 이른 바 객관적 기록에 의한 '제로스타일' 로 주인공 뫼르소가 부조리한 세상에서 겪는 여러 가지 황당한 이야기와 자신의 황당한 체험을 묘사한 작품이다. 모친의 장례식 참석부터 우연한 살인까지 그리고 사형을 선고받을 때까지 뫼르소는 모든 것에 무관심한 듯이 냉소적이 이성적이며 비합리적으로 존재하고 있다. 그는 상징적인 부호처럼 보편적인 존재를 대표하며 선홍색 등대같이 고도의 경계심을 가지고 있다.

그러나 이와 같은 이방인 현상은 이 세계 자체가 잉태한 것임이 분명하다. 뫼르소의 존재는 심각한 외부적인 원인에

알베르트 카뮈
프랑스 소설가이자 극작가 이론가. 카뮈의 작품은 현대인의 양심이 직면한 문제를 꿰뚫어 보았다. 그가 1957년 노벨상을 수상하는 모습이다. 그의 '인사말'의 첫 마디가 바로 "나에게 예술이 없으면 살 수가 없다."였다.

관련링크 《이방인》은 부조리한 세상에서 의지할 곳 없이 고독하게 살고 있는 인간을 묘사한 것이라면 카뮈의 또 다른 소설 《페스트》(1947)의 기조는 완전히 다르다. 《페스트》는 우의성이 강한 작품이다. 소설 속에 나오는 '페스트'는 악의 상징이지만 사람들은 불행 앞에서 소극적이고 비관적이며 아무도 믿지 못하는 것이 아니라 용감하게 '자유로운 선택'을 함으로써 인간의 가치와 존엄을 실현시켜 나간다. 그것은 작가의 사상이 이미 허무주의에서 반항의 인도주의로 넘어가고 있음을 말해준다.

있다. 이 책에서는 2차 세계대전 기간, 전쟁의 공황 속에 있던 서양 세계와 소외된 정신을 그리고 있다. 뫼르소와 같은 사람들은 이런 환경 속에서 살고 있는 인물로 고독하고 고통스러우며 냉담하지만 또한 현실 세계의 그런 냉대를 원치 않아 세상의 이방인으로 변해가고 스스로에게 낯선 사람이 되었다. 그들은 냉담함으로 삶에 반항하지만 결국에는 운명에 패배하고 만다. 비극은 정해진 것이었지만 비극을 멸시하는 태도 역시 그를 부조리함에 도전하는 영웅으로 만들었다.

◎ 작품 감상

뫼르소는 알제리에 있는 한 프랑스 회사에 다니는 샐러리맨이었다. 그는 알제리로부터 80킬로미터 떨어져 있는 양로원에서 어머니의 사망 소식을 받았다. 휴가를 내고 양로원에 간 그는 다른 사람들이 자신의 어머니를 매장하는 것을 멍하니 바라보았다. 그는

● 내가 지나온 이 부조리한 삶
에는 암울한 기운이 아직 다가
오지 않은 세월을 뚫고 멀리서
나를 향해 달려온다. 그 기운이
지나는 곳에도 다른 사람이 나에게
물었던 모든 것이 거의 변하지 않고
그대로 있으며 미래의 생활도 나의
이전 생활보다 더 진실하지 않을 거
이다.
● 과거에 나는 행복했으며 지금도
나는 행복하다고 생각한다.
● 모든 것을 완벽하기 만들기 위해,
내가 고독하다고 느끼지 않기 위해
나는 형이 집행 되는 그 날은
많은 사람들이 보러 와서 나에
게 증오의 말을 해주기 바란다.

관 앞에 가서 어머니의 모습을 보고 싶지도 않았고 어머니가 몇 살이었는지도 알지 못했다. 그는 그저 피곤할 뿐이었다.

장례식 다음 날은 토요일이라서 출근하지 않았다. 해변으로 수영을 갔던 뫼르소는 예전의 여동료 마리를 만났다. 둘은 함께 수영한 후에 저녁에는 코미디영화를 보고 그녀의 집에서 같이 잤다.

뫼르소의 생활은 너무나 단조롭고 무료했다. 그래서 그는 동료와 함께 트럭을 타고 바람을 쐬기로 했다. 그에게는 레이몽이라는 이웃이 있었는데 정부의 남동생에게 심하게 맞은 그는 뫼르소에게 그녀를 한바탕 크게 꾸짖는 편지를 써달라고 부탁했다. 뫼르소는 레이몽의 친구가 되는 것에는 관심이 없었지만 써 주겠다고 했다.

토요일, 마리는 또 그와 함께 수영을 했고 그에게 자신을 사랑하는지 물었다. 그는 그 말이 전혀 의미가 없다고 생각했다. 정부와 싸운 레이몽은 경찰에게 소란을 피웠다. 그는 뫼르소에게 경찰서로 와서 증인이 되어 달랬고 뫼르소는 아무래도 상관없다고 생각했지만 어쨌든 레이몽의 요구대로 말해줬다.

사장이 뫼르소에게 파리의 분점으로 가서 일하라고 했다. 뫼르소에게는 어디서 일하든지 다 마찬가지였다. 저녁에 마리가 찾아와 자신과 결혼하고 싶은지를 물었다. 그는 그 문제에도 별 의미를 두지 않기 때문에 그녀가 원하면 하자고 했다. 어차피 무슨 엄숙한 일도 아니기 때문이었다.

뫼르소가 레이몽의 증인이 되어준 이후, 레이몽 정부의 남동생은 복수를 하려고 아랍인들을 데려왔고 그들은 해변에서 싸움이 붙었다. 어깨에 칼을 맞은 레이몽은 총을 뫼르소에게 넘겨 주었다. 뫼르소는 총을 쏴야할지 잘 몰랐다. 나중에 햇빛이 비춰 그의 눈을 어지럽게 하자 세상이 회전하는 느낌이 들었다. 순식간에 뫼르소는 레이몽에게 상처를 입힌 아랍인에게 총 5발을 쐈다.

살인죄로 체포된 뫼르소는 법관의 뜻에 따라 하느님께 참회하는 것을 원치 않았다. 그래서 사건은 11월까지 연기됐다. 그는 점차 감옥의 생활에 익숙해졌고 시간은 그에게 더 이상 의미가 없었다. 마지막에 검찰은 그가 모친이 죽은 후에도 울지도 않고 여자친구와 코미디 영화를 보러갔으며 문란하게 보냈다는 것을 비난했다. 그리고 책임을 회피하기 위해 여자에게 빌붙어 사는 레이몽의 공모자로 사람을 죽일 계획을 세웠으니 인간이 아니라 인간의 탈을 쓴 동물이며 마귀라고 했다. 법정은 이를 근거로 뫼르소에게 사형을 언도 했다. 그런데 그 자신은 후회가 되지 않았다. 그저 검찰이 그렇게 그를 심문하는 것이 놀랍기만 했다.

뫼르소는 신부의 면회를 거절했다. 그는 20살에 죽으나 70살에 죽으나 다를 게 없으며 신부처럼 사는 것은 죽은 것이나 다름없다고 생각했다. 한번 볼면 삶의 세월은 깨끗하게 날아가 버리므로 다른 사람의 죽음이나 어머니의 자애로움도 그에게는 아무런 의미가 없었다. 형 집행 전 뫼르소는 잠시 새로운 삶을 원한다는 생각을 하기도 했지만 지금도 행복하다고 생각이 되었고 형을 집행할 때는 많은 사람들이 와서 그를 욕할 것이므로 자신은 고독하지 않다고 느꼈다.

📖 독서 지도와 논술 지도

카뮈의 《이방인》은 짧지만 작가는 독특한 성격에 풍부한 함의가 있으며 연구가치가 있는 인물을 만들어냈다. 회사원 뫼르소는 카뮈가 '부조리'를 반영한 첫 번째 인물이다. 뫼르소의 부조리는 주로 모든 현실에 냉담하고 인생을 적극적으로 살지도 않으며 외부 세계에 맹목적인 초탈감과 마비를 느끼는데 있다. 그는 어머니의 죽

명사 한토막

프랑스 실존주의 대가 사르트르는 이렇게 말했다. "한 마디부터 다른 한 마디까지 세상이 없어졌다 다시 생겨났다. 한 글자가 나타났을 때 그 것은 허무에서 온 것이다. 《이방인》에 나오는 문장은 모두 고독한 섬이다. 한 문장에서 다른 문장으로 넘어가는 것이 허무에서 허무로 넘어가는 것 같다."

음과 여자친구의 사랑, 승진과 사회도덕, 법률 제도 심지어 자신에게 내려진 판결에도 냉담하고 무관심하다. 그의 눈에 사회의 모든 질서는 무의미하며 황당하고 비참하다.

뫼르소는 카뮈의 부조리 철학이 표현된 인물이다. 《이방인》이라는 제목의 뜻도 사실은 인간과 주변 환경이 전혀 어울리지 않으며 사람이 자신의 생존에 낯설음을 느낀다는 것을 의미한다. 《이방인》은 그와 전혀 상관없는 세계에 살고 있는 사람을 비유한다. 세상은 그를 이방인으로 보고 그는 세상을 이방인으로 보기 때문에 황당한 것이다.

《이방인》은 예술적으로 독특한 특징을 가지고 있다. 우선 현실에 대한 인간의 '이방인' 적 태도를 표현하기 위해 작가는 대조의 수법을 사용했다. 소설에서는 삼중 대조를 이용하고 있다. 첫째는 인물의 태도와 인물이 처한 환경의 대조이다. 뫼르소는 자신이 속한 환경 속에서는 이방인이 아니라 당사자이지만 주관적인 태도로 볼 때 그는 이방인이다. 그래서 태도와 환경이 심하게 대조를 이루는 것이다. 두 번째는 인물 사이의 상이한 태도의 대조이다. 작가는 주인공 곁에 마리와 변호사와 같은 인물들을 배치시켜 사건에 대한 그들의 태도와 뫼르소의 냉담한 태도를 서로 대조시켜 극적 효과를 발생시켰다. 세 번째는 인간의 생리적 요구와 심리반응의 대조이다. 뫼르소는 장례와 사랑에서 생리적인 감정을 더 많이 보였으며 당연히 있어야 하는 정상적인 심리 반응은 결핍되어 있었다. 그의 심리적인 활동은 단지 생리적인 요구의 조건 반사일 뿐이다. 그렇게 그는 사회인이 아닌 완전한 '이방인' 인 것이다. 그 밖에 소설에서 사용하는 언어는 지극히 간단하고 심지어는 단조롭고 메마르기까지 하다. 작가는 단순하고 명료한 언어를 이용하여 뫼르소의 삶의 모습과 삶의 단조로움을 표현함으로써 현실 사회 속에 사는 인간의 고독감과 낯선 느낌을 부각시켰다.

호밀밭의 파수꾼

제롬 데이비드 샐린저 J. D. Salinger CATCHER IN THE RYE

작가 소개

미국 소설가 샐린저(1919~)는 1919년 1월 1일 미국 뉴욕시의 부유한 유대인 수입상의 집에서 태어났다. 15살 때 샐린저는 군사학교에 보내져 공부를 하게 되었는데 《호밀밭의 파수꾼》 중에 나오는 기숙학교에 대한 묘사가 바로 이 학교를 배경으로 한 것이다. 그는 참전 시절에도 어려운 환경 속에서 글을 썼다. 나중에 그는 3개 학교에 들어가지만 모두 졸업하지 못했다. 1942년 종군하게 되는데 1년 여 정도 전문적인 훈련을 받고 유럽에 방첩 활동을 했다. 1946년 뉴욕으로 돌아와 글쓰기에 전념했다. 샐린저는 어렸을 적 군사학교에 다닐 때부터 글쓰기 연습을 해왔다. 1940년 처녀작을 발표하고 나서 1951년 장편 소설 《호밀밭의 파수꾼》을 발표할 때까지 십여 년 동안 그는 단편 소설 20여 편을 발표했다. 《호밀밭의 파수꾼》이 출판된 후 샐린저는 유명해졌다. 그 후 그는 뉴햄프셔 시골마을의 작은 집에 은거하면서 높은 외벽을 지어 홀로 지낸다 하여 은둔 작가로 유명해졌다. 그곳에서 몇 십년간 그는 천장이 있는 작은 방에서만 글을 썼다고 한다. 그러나 지금까지 출판된 것은 4부 짜리 중편소설집과 1편의 단편 밖에 없다. 그 중 중편집은 《프래니와 주이 Franny and Zooey》(1961), 《목수여, 지붕의 대들보를 올려라 및 시모어의 서장(序章) Raise High the Roof Beam, Carpenters:and Seymour:an Introduction》(1963)이고, 단편은 《해프워스 16,1924》(1965)이다. 그 밖에 옛 작품을 다시 정리해서 엮은 20여 편의 단편집 《아홉 개의 이야기》(1953)가 발표된 적이 있다.

◎ 배경 소개

1951년 발표된 《호밀밭의 파수꾼》은 제 2차 세계대전 이후 방황하는 미국 젊은이들의 외로움과 고통스런 심리 상태를 반영한 소설이다.

두 번의 세계 대전으로 미국경제는 크게 발전하게 되었고 점점 강대국이 되어갔다. 날로 증강되는 국력으로 자부심이 드높았던 미국사람들은 돈과 안전, 안락한 삶을 추구했다. 그러나 보수적인 정치는 사람들에게 정신적인 압력이 되었고 명리 추구에서 오는 허위, 저속함으로 민감해진 미국인들, 특히 청소년들은 주변에 대한 열정을 잃어갔고 점차 불만만 쌓여갔다. 샐린저의 《호밀밭의 파수꾼》은 이런 정서를 비교적 일찍 반영한 작품으로 비판적인 정신을 표현해냈다. 이런 정신은 50년대 후반의 '비트제너레이션(beat

샐린저 상

관련링크 두 번의 세계대전이 일어났던 시기 미국 문학사에는 '로스트제너레이션Lost Generation'이라고 불리는 작가들이 등장했다. 그 대표적인 인물이 헤밍웨이이다. 그 밖에 《위대한 개츠비》(1925)를 쓴 피츠제럴드(1896~1940) 등이 있다. 이들 젊은 작가들은 세계 대전에 참가했었지만 전쟁에 회의적일 수도 있었으며 다들 시기당한 느낌을 갖고 있었다. 그들은 허구의 설교를 더 이상 믿지 않았으며 미래를 잃어버린 느낌을 받았다. 모든 것이 하찮게 보는 태도로서 침울한 현실에 대적인 항의를 했다. 예술적으로 《호밀밭의 파수꾼》은 이런 작가들의 영향을 확실히 받았다.

generation, 패배의 세대라는 뜻으로 제 2차 세계대전 이후 1950년대 중반 샌프란시스코와 뉴욕을 중심으로 대두된 보헤미안적인 예술가 및 문학가 집단을 지칭하기도 함)과 60년대의 '신좌파' 및 학생운동과 일맥상통한다.

◎ *작품 감상*

중학생 홀든은 부유한 중산층 집안 출신이었다. 16살 밖에 안 되었지만 그의 키는 보통 사람들보다 머리 하나가 더 컸다. 비웃에 사냥 모자를 쓰고 다니던 홀든은 빈둥거리며 공부를 싫어했다. 그는 학교의 모든 것-선생님, 학생들, 수업, 농구대회에 진저리가 났다. 그곳은 허위로 가득한 곳이며 교장과 교사, 학생 모두 위선자들이기 때문이었다. 그는 3번이나 학교에서 제적당했다. 또 다시 학기가 끝났는데 이번에도 그는 5개 과목에서 4개가 낙제를 받아 학교에서 제명당했다. 그렇지만 그는 전혀 슬프지 않았다. 그는 부모가 자신의 제명 통지서를 받는 수요일이 되면 집에 갈 생각이었다. 학교에서 극도의 고독과 고통을 느꼈던 그는 정말로 더 이상 학교에 머무르고 싶지 않았다.

그는 룸메이트와 싸움을 한 후 심야에 학교를 빠져나와 뉴욕으로 향했다. 무턱대고 집으로 갈 생각은 못했다. 그날 밤은 작은 여관에 묵기로 했다. 그는 여관에서 하찮은 인간들을 보았다. 여장을 한 남자들, 서로 물과 술을 뿜어대는 남녀, 향락만 추구하는 부끄러운 모습의 그들을 보면서 홀든은 놀라 구역질이 나려고 했다. 그리고 정상인인 사람은 자기 밖에 없는 것 같았다. 너무나 심심했던 그는 파티장에 가서 사람들과 한데 섞어 놀았다. 숙소로 돌아왔을 때 그의 마음은 너무나 혼란스러웠다. 정신이 흐릿한 상태에서 엘리베이터맨 모리스로부터 여자를 소개받았다. 여자가 진짜 찾아오자 겁이 난 그는 약속했던 5달러를 주고는 그녀를 돌려보냈다.

다음날 일요일, 홀든은 거리를 빈둥거리다가 수녀 두 명을 만나

문학 키워드

보헤미안(Bohemian)
속세의 관습이나 규율 따위를 무시하고 방랑하면서 자유분방한 삶을 사는 시인이나 예술가를 일컫는 말이다.

10달러를 헌납했다. 그리고 여자친구 샐리와 연극을 보고 스케이트를 타러 갔다. 홀든은 샐리의 가식적인 행동에 화를 내고 둘은 싸우고 헤어졌다. 그날 저녁, 할 일이 없던 홀든은 얘기 상대를 찾아 다녔다. 그는 별로 좋아하지 않는 중학교 동창 카알 루스에게 전화했다. 둘은 밤 10시에 바에서 만나기로 약속했다. 10시가 되려면 아직 몇 시간을 더 기다려야 했다. 홀든은 혼자 영화를 보러 갔다. 나중에 바에서 루스와 같이 술을 마셨지만 루스는 역시 얄미운 녀석이었다. 그래도 홀든은 그가 자신과 좀 더 있어주기를 원했다. 술을 심하게 마신 홀든은 술집을 나왔다. 찬 바람이 그의 머리카락을 얼려버렸다. 그는 문득 자신이 폐렴으로 죽을지 모른다는 생각을 했다. 그렇게 되면 앞으로 동생을 볼 수 없을지도 모른다는 생각에 그는 동생 피비를 만나러 집에 가기로 했다.

홀든이 몰래 집에 왔을 때 다행히 부모님은 밖에 나가고 없었다. 그는 피비를 깨워 자신의 고통과 이상을 말했다. 그는 동생에게 '호밀밭의 파수꾼'이 되고 싶다고 말했다. "큰 호밀밭에 아이들이 노는 거지. 몇 천 몇 만 명의 아이들이 있지만 근처에 어른은 없어. 나 빼고. 나는 그 빌어먹을 낭떠러지에 있어. 내가 하는 일은 그곳을 수호하는 거야, 만약 어떤 아이가 낭떠러지로 가면 내가 그 애를 막아주는 거지. 아이들은 노는데 정신이 팔려 어디가 어딘지 구분하기 힘든 상태라서 자신이 어디로 달려가는지도 모르거든. 내가 어디서 뛰어나올지 모를 아이들을 붙잡아 주는 거야. 나는 종일 그런 일을 하는 거야. 나는 호밀밭의 파수꾼이 되고 싶어."

나중에 부모가 돌아오자 놀란 홀든은 벽장으로 숨었다. 부모가 침실로 들어가고 나서야 그는 서둘러 집을 빠져나와 그가 존경하던 선생님의 집으로 갔다. 그러나 한참 자던 중 선생님이 동성연애자일지도 모른다고 생각하고는 다시 몰래 그 집을 빠져나와 버스 정류장에서 밤을 보냈다.

홀든은 집으로 돌아가고 싶지도, 다시 공부하고 싶지도 않았기 때문에 서부로 가서 일을 하기로 했다. 그러나 떠나기 전에 동생을 다시 한번 보고 싶었다. 그래서 사람을 시켜 동생에게 쪽지를 보내어 박물관의 예술관실 앞에서 만나기로 했다.

피비는 약속시간이 한참 지나서 왔다. 그런데 동생은 자신의 옷을 가득 담은 커다란 상자를 끌고 와서는 자기도 오빠와 함께 서부로 가겠다고 했다. 결국 동생을 설득하는데 실패한 홀든은 서부로 가는 계획을 접고 동생과 동물원과 공원에서 놀아 주었다. 회전목마를 탄 피비는 즐거워했다. 큰 비가 내렸다. 빗속에서 온몸이 젖은 채로 의자에 앉아 있던 홀든은 피비를 보고는 빙빙 돌기 시작했다. 마음이 너무나 즐거워졌고 홀든은 떠나지 않기로 결심했다.

집으로 돌아온 뒤 홀든은 큰 병에 걸렸고 요양원으로 보내졌다. 퇴원 후 다시 학교로 보내졌지만 공부든 뭐든 홀든은 전혀 관심이 없었다.

독서 지도와 논술 지도

주인공 홀든이 스스로 얘기하는 방식으로 진행되는 《호밀밭의 파수꾼》은 주인공이 학교에서 제명된 후 뉴욕으로 가서 이틀 밤을 보낸 경험과 감상을 서술하고 있다. 이 작품은 정신상태가 불안한 중산층 자녀의 고통과 방황, 고독의 분출이라는 정신세계와 청소년기 소년들의 다양한 모순적인 심리상태를 세밀하게 묘사했다. 또한 성인사회의 허구와 가식을 비판했다.

메나 덧글

미국의 문학평론가는 《호밀밭의 파수꾼》을 이렇게 평가했다. "수백만 미국 젊은이들은 자신들이 샐린저에 대해 그 어떤 작가들보다 더 친밀하다고 생각한다고 믿고 있다."
작가 츠쯔젠은 "이 작품은 단숨에 읽고 나면 책을 덮고 깊은 사색에 빠질 수 있는 책이다. 또한 단숨에 읽을 수는 있지만 읽은 후에는 멀리 던져버리고 다시 기억하기 힘든 책이다. 그리고 《호밀밭의 파수꾼》은 사람을 감동시키는 책이 아니다. 소설 속 주인공이 자주 사용하는 '빌어먹을', '제기랄' 같은 단어를 따라서 말하자면 샐린저의 《호밀밭의 파수꾼》은 정말 빌어먹을 정도로 멋지다."라고 했다.

홀든은 파수꾼이 되어 낭떠러지 앞을 밤새 지켜야 했다. 그리고 정말 절벽에서 떨어질 것 같은 아이는 그가 걱정하는 아이가 아니라 바로 그 자신이었을 것이다. 파수꾼은 어떤 의미에서 자기반성을 하는 자이다. 자기반성을 할 수 있다는 것은 청소년기의 소년에게 있어 대단한 일이다. 홀든의 형상은 이런 이미지가  유난히 두드러지기 때문에 소설의 예술적 감염력도 그만큼 강렬해진 것이다.

그 밖에도 이 작품에는 새로운 예술적 형식이 등장하고 있다. 작가는 일인칭 시점, 즉 청소년의 입을 통해 자신이 생각하는 바, 들은 바와 행동을 서술하고 있다. 청소년의 눈으로 성인세계의 허위와 기만적인 행동을 비판했다. 작가는 섬세하고 날카로운 필치로 주인공의 복잡한 심리를 해부했다. 그의 이상과 현실 충돌을 포착해 그 심리를 더욱 잘 분석했으며 청소년기의 심리적 특징을 파악하여 선량하고 순진하지만 황당하고 제멋대로인 주인공을 표현했다.

소설에서는 '삶의 흐름'을 이용하기도 했고 '의식의 흐름'을 이용하면서 두 가지를 묘하게 결합시켰다. 언어적인 면에서도 다른 작품들과 구별된다. 작품 전체가 청소년의 입을 통해 수식 없이 진솔하게, 복잡하지 않고, 숨김없는 어투로 이루어졌다. 그리고 많은 구어와 속어들이 사용되어 생동감 있고 접근이 쉬워, 직접 보고 듣는 것 같은 효과를 얻을 수 있었다. 또한 작품의 감염력을 높여 독자들의 공감과 사색을 이끌어 낼 수 있었으며 연상과 반향을 불러일으켰다.

노인과 바다

어니스트 헤밍웨이 Ernest Hemingway THE OLD MAN AND THE SEA

작가 소개

미국이 낳은 위대한 소설가 어니스트 헤밍웨이(1899~1961)는 20~30대에 '로스트제너레이션'을 대표하다가 30~40대에는 반파시스트 투사가 되었다.

헤밍웨이는 놀랍고도 다채로운 인생을 살았다. 학교를 졸업한 그는 캔자스시티에서 《스타》지 기자로 일했다. 그러나 제 1차 세계대전 중 그는 야전병원 수송차 운전병으로 이탈리아 전선에 참전했고 전선에서 중상을 입게 되었다. 전쟁이 끝난 후 그는 계속 기자 일을 하면서 글을 쓰기 시작했다. 1926년 헤밍웨이는 장편 소설 《태양은 다시 떠오른다》로 유명해졌다. 1927년 헤밍웨이는 권투선수, 투우사, 사냥꾼의 삶을 소재로 한 단편 소설을 통해 '강한 캐릭터'를 성공적으로 묘사해 냈다. 장편 소설 《무기여, 잘 있거라》(1929)는 제국주의 전쟁을 반대하는 걸작이었다. 제 2차 세계대전이 발발하자 헤밍웨이는 다시 종군기자의 신분으로 유럽에 갔다. 그는 스페인에서 겪은 자신의 경험을 바탕으로 장편 소설 《누구를 위하여 종은 울리나》(1940)를 완성했다. 제 2차 세계대전 후에 헤밍웨이는 쿠바로 갔다. 그리고 1952년 유명한 중편소설 《노인과 바다》를 발표했다. 1954년 헤밍웨이는 노벨상을 수상했다. 쿠바 혁명이 발생하자 헤밍웨이는 귀국했다. 말년에 그의 체력은 날로 쇠약해졌고 1961년 7월 2일 병으로 인한 고통을 참지 못한 헤밍웨이는 사냥총으로 자살하고 말았다.

◎ 배경 소개

1952년에 발표된 《노인과 바다》는 헤밍웨이가 쿠바에서 지내는 동안 8주 만에 완성한 걸작이다. 완성한 시간은 짧지만 그는 머릿속에 오랫동안 이 작품을 구상하고 있었다. 17년 전인 1935년, 그는 한 늙은 어부로부터 자신이 잡은 고기를 상어들이 먹어치운 이야기를 들었다. 이 이야기에 깊이 감동받은 헤밍웨이는 다음 해 잡지에 이 이야기를 싣는데 줄거리는 《노인과 바다》와 거의 비슷했다. 그 후 그는 친구에게 보낸 편지에서 고기 잡는 늙은이의 이야기를 쓰고 싶다고 자신의 염원을 밝혔다. "만약 느낌을 찾아 낼 수 있다면 나는 멋진 글을 쓸 수 있을 것이다." 다시 13년이 흐르고

창작 중인 헤밍웨이

마침내 헤밍웨이는 이 책을 완성했다. 그는 이야기 틀은 유지하고 배경과 세세한 줄거리를 창작했다.

◎ 작품 감상

산티아고 노인은 84일 동안이나 고기를 잡지 못했다. 처음에 소년이 그와 함께 했지만 40일 동안 재수 없는 날이 계속되자 아이의 아버지는 아이를 다른 배로 보내버렸다. 그 때부터 산티아고는 혼자서 일을 했다.

아이는 이 늙은 어부가 불쌍하면서도 마음에 들었다. 소년은 자신이 돈을 못 벌면 구걸이나 도둑질을 해서라도 산티아고에게는 충분한 음식과 신선한 미끼를 주겠다고 했다. 노인은 겸손하게 소년의 호의를 받아들였다. 그 겸손에는 뭔가 드러나지 않은 자신감이 있었다. 한밤중에 혼자 자신의 움막에 누워있던 산티아고는 꿈속에서 몇 년 전에 갔던 아프리카 해변에서 사자를 보았다. 그는 더 이상 죽은 아내의 꿈은 꾸지 않았다.

85일 째 날 산티아고는 여명이 오기 전 싸늘한 어둠 속에서 작은 배를 타고 항구를 출발했다. 육지의 냄새가 그의 뒤로 사라지자 그는 낚시 줄을 던졌다. 그가 갖고 있던 두 개의 미끼는 소년이 가져다 준 신선한 참치와 아직 낚시 바늘을 물고 있는 정어리였다. 낚시 줄은 컴컴한 바다 속에 수직으로 들어갔다.

태양이 떠오르자 해안을 향해 달려가는 다른 배들이 보였다. 바다에서 해안은 거의 지평선 위의 녹색 띠 같이 보였다. 빙빙 돌던

관련링크 《노인과 바다》와에도
《무기여, 잘 있거라》 역시 헤밍웨이의
대표작이다. 제 1차 세계대전에 참전
한 젊은이의 생각의 변화를 통한 주
인공과 영국 간호사의 비극적인 사랑
을 주 내용으로 하고 있다. 어지러운
전쟁 속에서 곳곳에서 보이는 열음과
냉혹, 피곤, 파멸 그리고 양자의 삶의
모습을 생생하게 묘사하였으며 제국
주의 전쟁이 인간의 율질과 정신문명
을 어떻게 무너뜨리는가 그리고 전체
한 세대에게 치유할 수 없는 심리적
인 상처를 주는지를 목로함으로써 전
쟁을 강력하게 비판했다.

한 마리 군함조가 노인에게 날치를 쫓고 있는 돌고래의 방향을 가
르쳐주었다. 그러나 물고기 떼는 너무 빠르고 너무 멀리 있었다. 그
새가 다시 공중을 맴돌았을 때 산티아고는 참치가 햇빛 아래 뛰어
오르는 것을 보았다. 고물에 매어둔 낚시 줄을 문 것이다. 노인은
팔딱거리는 참치를 배 위로 끌어 올리며 좋은 징조라고 생각했다.

점심때가 다 되었을 때 청새치가 백 미터 아래 깊은 곳에 있는
미끼를 먹기 시작했다. 노인은 천천히 걸린 물고기를 조종했다. 낚
시 줄로 느껴지는 무게로 보아 큰 물고기라는 것을 알 수 있었다.
마지막에 그는 줄을 확 당겨 물고기를 진정시켰다. 그러나 그 물고
기는 수면으로 떠오르지 않았고 오히려 노인의 작은 배를 끌고 서
북쪽을 향해 달리기 시작했다. 노인은 정신을 차렸다. 낚시 줄이
팽팽하게 당겨졌다. 그는 혼자 몸인데다 체력도 예전만 못했지만
많은 요령을 알고 있었다. 그는 물고기의 힘이 빠질 때까지 인내심
을 가지고 기다렸다.

날이 저물자 한기가 몰려왔고 노인은 추위에 떨었다. 남은 미끼
에도 뭔가가 걸리자 노인은 가져온 칼로 낚시 줄을 끊었다. 한번은
물고기가 갑자기 몸을 돌리는 바람에 산티아고는 배위에서 넘어지
고 말았다. 노인의 얼굴이 찢어졌다. 여명이 떠오를 무렵 그의 왼
손은 굳어갔고 쥐가 나기 시작했다. 물고기는 다시 북쪽으로 향했
고 육지는 이제 그림자조차 보이지 않았다. 낚시 줄이 다시 한번
맹렬하게 당겨졌고 노인의 오른손은 졸려서 상처가 났다. 노인은
배가 고파 허둥댔다. 참치를 잘라 입에 넣고 천천히 씹으면서 햇빛
이 그의 몸을 녹이고 손가락의 고통이 줄어들기를 기다렸다.

다음 날 아침 물고기가 수면으로 뛰어올랐다. 뛰어오른 물고기
를 본 산티아고는 자신의 낚시 줄에 걸린 것이 지금까지 한번도 보
지 못한 엄청난 크기의 청새치라는 것을 알았다. 다시 물 속으로
들어간 청새치는 동쪽을 향했다. 태양이 작렬하는 오후, 산티아고

는 물통의 물을 아껴가며 마셨다. 찢어진 손과 등의 아픔을 잊어버리기 위해 그는 과거에 사람들이 그를 왜 '승리자'라고 하였으며 어떻게 그가 시엔푸에고스Cienfuegos의 술집에서 키 큰 흑인과 손힘을 겨뤘었는지 떠올렸다. 한번은 마이애미로 가는 비행기가 윙윙 소리를 내며 머리 위를 스쳐지나가기도 했다.

황혼 무렵 돌고래가 다시 놓은 미끼의 갈고리를 삼켰다. 그는 어깨 위의 낚시 줄이 당기지 않도록 잡은 '물고기'를 조심스럽게 배로 끌어 올렸다. 잠시 쉰 다음, 그는 돌고래 고기를 몇 등분으로 나누었다. 돌고래의 위 속에서 발견된 날치 두 마리는 남겨두었다. 그날 밤 그는 잠을 잤다. 깨어났을 때 그는 그 청새치가 뛰어오르는 것을 느꼈다. 낚시 줄이 그의 손가락에서 미끄러졌다. 그는 천천히 줄을 느슨하게 하고 그 청새치를 힘들게 할 방법을 생각했다.

물고기의 요동이 잦아들 무렵 그는 찢어진 두 손을 바닷물에 씻고는 날치를 먹었다. 해가 밝자 청새치는 움직이기 시작했다. 노인은 현기증이 났지만 그래도 그 물고기가 돌 때마다 더 가까이 잡아 당겼다. 그는 힘이 거의 바닥났지만 결국에는 자신의 포획물을 작은 배 가까이 붙이는데 성공했다. 그리고는 작살로 그 물고기를 맹렬하게 공격했다. 그는 물을 들이키고는 청새치를 배의 앞부분과 끝부분에 묶었다. 물고기는 배보다도 2인치나 더 컸다. 하바나항에서 이렇게 큰 물고기가 잡힌 적은 없었다. 그는 헝겊으로 기운 돛을 펴고 서남쪽을 향해 달렸다. 마음은 이미 부자가 된 것 같았다.

한 시간 후, 그는 첫 번째 상어를 보았다. 상어는 사나운 이를 가진 청상아리였다. 그 놈은 날듯이 헤엄쳐오더니 쓰레 같은 이빨로 청새치를 물어뜯었다. 노인은 있는 힘껏 작살을 상어를 향해 찔렀다. 날카로운 이빨의 청상

1989년 미국에서 1954년 노벨상을 받은 헤밍웨이를 기념하는 우표를 발행했다. 1954년 스웨덴 한림원은 《노인과 바다》속의 '놀라운 서술과 뛰어난 표현 그리고 당대 문학에 끼친 영향을 높이 평가하여' 노벨상을 수여했다.

아리는 아래로 가라앉더니 작살을 가지고 가버렸다. 이제 청새치의 물어뜯긴 자리에서 피가 줄줄 흘러 나왔다. 산티아고는 피 냄새가 흩어지는 것을 알았다. 바다를 바라보던 그는 갈라노상어 두 마리가 가까이 오는 것을 보았다. 그는 노에 묶여있던 칼을 던져 그 중 한 마리에 명중시켰다. 그러자 두 마리는 심해로 들어갔다. 그는 청새치를 뜯어먹고 있는 또 다른 상어를 죽였다. 세 번째 상어가 출현했을 때 그는 칼로 상어를 찔렀다. 상어가 데굴데굴 구르자 칼이 부러졌다.

HEMINGWAY

THE OLD MAN
AND
THE SEA

〈노인과 바다〉 표지

날이 저물었을 때 또 상어들이 나타났다. 처음에 그는 키로 그 놈들을 떼어놓으려고 했으나 두 손에서는 피부가 벗겨져 피가 났고 상어들은 점점 더 많아져 갔다. 어둠 속에서 그는 지평선 상으로 하바나의 미약한 등불을 보면서 상어들이 청새치를 뜯어먹는 소리를 들었다. 이제 노인은 방향만 잡을 생각을 했고 너무 피곤하다는 생각밖에 들지 않았다. 그가 너무 멀리 바다로 나갔기 때문에 그는 상어들에게 무너진 것이다. 그는 상어들이 물고기의 뼈만 남기고 자신에게는 아무 것도 남겨주지 않을 거라는 것을 알고 있었다.

그가 배를 저어 항구의 모래사장에 정박시켰을 때 해안의 등불은 모두 꺼지고 없었다. 몽롱한 상태에서 그는

명사 더듬
1954년 스웨덴 한림원은 헤밍웨이에게 노벨상을 수상하며 이렇게 칭찬했다. "정통한 현대 서술 예술과 힘 있는 글이 하나가 되어 《노인과 바다》 속에서 나타났다."
작가 위치우위(여치우)는 이렇게 말했다. "이 작품(노인과 바다를 가리킴)이 무엇이 위대한가? 노인의 고기잡이 기술에 대한 묘사도, 대어와의 대결도, 바다와 파도에 대한 생동감 있는 서술도 아니다. 이 작품이 미지의 구조를 이용한 데 있다. 늙은 어부는 승리자이자 패배자이다. 두 가지를 논쟁 해봐도 다 각각의 합리적인 이유가 있어서 결론이 나질 않는다. 어부를 승리자라고 한다면 실질적인 수확이 없고 어부를 패배자라고 한다면 그는 자신의 힘과 기술로 잡기 힘든 대어를 이겼는데 이것은 노인의 능력과 지혜를 보여주는 것이며 사자의 꿈을 실현한 것이다. 이 소설에서 작가는 자신이 결론을 내리지 않고 독자들이 생각할 수 있도록 영원히 끝없는 논쟁거리를 남겨주었다. 승리와 패배가 공존하는 결론 내리기 힘든 문제를 내놓은 것이다.

청새치의 등뼈와 세워진 꼬리만 구별할 수 있었다. 그는 돛대와 말아 올린 돛을 들고 해안으로 올라갔다. 가다가 한번 쓰러진 그는 땅바닥에서 힘을 모아 다시 일어났다. 그는 자신의 움막에 들어가서야 침대에 쓰러져 잠이 들었다.

다음 날 늦은 아침, 소년이 그를 발견했을 때 그는 아직 자고 있었다. 그 때 어민들이 그 작은 배 주위로 몰려들었고 그들은 엄청난 크기의 청새치를 보고 칭찬을 해댔다. 소년이 뜨거운 커피를 들고 산티아고의 집에 갔을 때 노인은 깨어났다. 그는 아이에게 물고기의 큰 입을 가져가도 좋다고 했다. 소년은 노인에게 몸을 회복한 후에 같이 고기를 잡으러 가자고 했다. 오후 내내 노인은 잠을 잤고 아이는 그의 침대 맡에 앉아 있었다. 산티아고는 꿈속에서 그 사자를 다시 만났다.

독서 지도와 논술 지도

《노인과 바다》는 소재의 한계에도 불구하고 완벽하고 엄격한 형식이 두드러진다. 작가는 시간과 장소의 통일에 세심한 주의를 기울였으며 문장 또한 간결하고 깊은 뜻을 내포하고 있다. 그리고 그의 다른 걸작들과 마찬가지로 헤밍웨이의 이 작품은 읽을수록 더 깊은 뜻을 가지고 있다.

이 작품은 사람을 감동시키는 비극적인 성격의 모험이야기이다. 늙어서 의지가 많이 꺾긴 어부는 자신의 직업에 대한 자부심(그에게 남은 유일한 자부심)만 믿고 멕시코만까지 나가 한번도 본 적이 없던 거대한 청새치를 잡았다. 그가 혼자서 온 힘을 다해 그 물고기를 잡다 힘이 다 빠질 무렵 해적 같은 상어들이 나타났다. 상어와의 절망스런 싸움에서 노인은 상어에게 지고 상어들은 그에게 물고기의 뼈만 남겨주었다.

어떤 면에서 이 작품은 우화라고 할 수 있다. 사람이 가진 정복할 수 없는 정신적인 힘을 묘사한 것이다. 재난과 실패 속에서 개인이 어떻게 정신적인 승리를 얻을 수 있는지를 나타낸 것이다. 또한 이 작품은 의미를 가진 일종의 은유라고 할 수 있다. 작가는 이 작품의 주제에 기독교적인 상징과 비유를 눈에 띄게 첨가하지는 않았다. 사무엘 타일러 콜리지Samuel Tylor Coleridge가 쓴 '늙은 선원'처럼 헤밍웨이의 작품 속 쿠바 어부도 작가의 상상력이 동시에 두 영역에서 작용할 수 있도록 허용했다. 이 두 영역이란 서로 상반된 의미와 가치를 가지는데 하나는 있는 그대로의 감동적인 스토리가 있어야 한다는 것과 다른 하나는 상징적인 의미가 가득 찬 도덕적인 설교에 치중하고 있다는 것이다.

스페인 팜플로나의 한 술집에서 즐거워하는 헤밍웨이의 모습. 이 곳은 이후 그의 작품 《이동축제일》의 배경이 된다.

캐치22

조셉 헬러 Joseph Heller   CATCH-22

작가 소개

조셉 헬러(1923~1999)는 미국 당대의 저명한 작가이며 '블랙코메디' 소설을 대표한 인물이다. 조셉 헬러는 1923년 5월 뉴욕 브루클린의 한 유대인 이민 가정에서 태어났으며 제 2차 세계대전 기간 공군 중위로 복무했었다. 전쟁 이후 대학에서 공부를 하였으며 1948년 뉴욕대학을 졸업했다. 1949년 콜롬비아대학에서 문학 석사학위를 받은 후 그는 풀브라이트 Fulbright 장학금을 받고 영국 옥스퍼드 대학에서 1년간 공부했다. 1950년에서 1952년까지 헬러는 펜실베니아주립대학에서 교수로 일했었다. 그 후 학교를 떠난 그는 《TIME》과 《LOOK》 등의 잡지에서 편집 일을 하기도 했다. 1961년 장편 소설 《캐치 22》가 유명해지면서 그해 그는 사직하고 글쓰기에 전념하게 된다. 1963년 헬러는 미국 문학예술아카데미 장학금을 받았으며 1977년 예술아카데미 회원으로 선출되었다.

조셉 헬러는 다작한 작가였다. 주요 작품으로는 《캐치 22》(1961) 외에도 《No Laughing Matter》(1986), 《지금과 그 때 Now and Then》(1998), 그리고 두 편의 극본 《We Bombed in New Haven》(1967), 《Clevinger's Trial》(1974)가 있다.

1982년 헬러는 갑작스런 마비증세로 쓰러지고 병상에서 수년을 고통 받았다. 건강을 회복한 후 헬러는 35년간 함께 지낸 아내와 이혼하고 그의 회복을 도와준 간호사와 결혼했다. 만년에 헬러는 줄곧 펜을 놓지 않았으며 세상을 떠나기 얼마 전에 최후의 소설 《예술가의 초상 Portrait of the Artist, as an Old Man》을 완성했다. 1999년 12월 12일 조셉 헬러는 심장병이 발작하여 뉴욕의 이스트 햄프셔의 집에서 세상을 떠났다. 향년 76세였다.

◎ 배경 소개

《캐치 22》는 제 2차 세계대전 중 미국항공의 비행 부대를 소재로 하고 있지만 실제로 구체적인 전투묘사는 없다. 작가가 말했던 작품의 요지는 다음과 같다. "《캐치 22》에서 나는 전쟁에는 관심이 없었다. 내가 관심 있는 부분은 관료주의의 권력구조 속에서 사람들의 관계이다." 소위 '캐치 22'란 사실 '확신할 수는 있지만 존재하지 않으면서 아무 소용없는 것이다. 문제는 모두가 그것의 존재를 알고 있다는 것이다. 그것은 구체적인 대상도 조문도 없기 때문에 누구에게나 조롱당하고 비판당하며 공격당하고 수정도 되며 욕설을

조셉 헬러

받기도 하고 유린당하기도 하기 때문에 더욱 골치 아프다.' 그것은 어디에도 있으며 뭐든지 다 할 수 있는 폭력과 독단의 상징이며 인간성을 말살하는 관료체계이며 사람을 갖고 놀고 사람을 박해하는 삐뚤어진 힘이다. 비록 우습게 보일지라도 그것은 절망과 두려움을 안겨주며 영원히 그것으로부터 벗어날 수도 뛰어 넘을 수도 없다. 그것은 영원히 옳고 당신은 영원히 틀렸다. 그것은 언제나 이유가 있고 당신은 언제나 비합리적이다.

헬러는 전쟁은 비도덕적이며 터무니없는 것이라서 혼란만 만들고 사람의 마음을 좀 먹으며 사람의 존엄성을 잃게 하는 것이라고 보았다. 그 속에서는 카스카트와 셰이스코프 중위와 같은 사람은 벼락출세하고 마일로와 같은 사람은 명예와 금전을 다 얻을 수 있었다. 작가의 눈에 전쟁이든 관료체계든 모두가 인류 자체의 문제이다. 헬러의 작품 창작의 기준점은 인도주의이며 이 책에서 강도높게 비판하는 것은 '조직적인 혼란'과 '제도화된 광란'이다.

◎ 작품 감상

제 2차 세계 대전 중 미국 공군은 지중해의 피아노사 섬에 주둔하고 있었다. 전쟁이 격렬하게 진행되는 속에서 비행 임무를 완수한 비행사들은 각자 운동을 하거나 휴가를 내고 창녀를 찾거나 주사위 놀이 혹은 탁구를 하기도 했다. 어떤 사람은 장막 안에서 종일 허풍을 떨고 있고 어떤 사람은 아예 거짓으로 아프다고 병원에 입원하기도 했으며 또 어떤 사람은 소리 소문 없이 희생됐다. 그 중에는 가끔 훈장을 받는 사람도 하지만 '조국은 대체 무엇일까?'에 신경 쓰는 사람은 없다.

《캐치 22》 1970년 마이클 니콜스에 의해 영화로 만들어졌다. 그림은 영화의 한 장면

부대의 폭격수 요사리안 상위는 이미 정신이 파괴된 상태였다. 그는 어떻게 하면 구차한 목숨을 구해 볼까 고

민했고 모든 사람이 자신을 해치려 한다고 생각했다. 하늘에서는 계속 모르는 누군가가 그와 그의 비행기를 향해 불의의 습격을 할지도 모른다고 의심했다. 착륙하고서도 다시 누군가 그의 음식물에 독을 탔다고 생각했다. 폭격임무를 연기하려고 그는 여러 사람을 설사하게 만들었다. 투하된 폭탄이 명중하는지는 그에게 중요한 것이 아니었다. 결국 그는 자신의 간에 문제가 생겼다고 거짓말을 하고는 전쟁을 피하기 위해 병원에 입원했다. 그는 의사로부터 증명을 받으려고 백방으로 노력하지만 헛수고였다.

가장 그를 괴롭게 하는 것은 중대 사령관 카스카트 대령과의 대립이었다. 제 22조 군기에서는 32차례 비행을 채운 사람은 비행을 할 수 없게 되어있는데 그것도 상부에서 결정한 것이다. 그런데 요사리안은 32차례를 넘었는데도 카스카트 대령은 그 임무를 40차례, 50차례로 늘리는 것이었다. 그렇게 누구도 비행을 멈출 수가 없었다. 제 22조 군기에는 이런 규정도 있다. '미친 사람은 절대 비행을 하게 해서는 안 된다.' 그러나 그것도 본인이 신청해야 하는데 일단 신청하면 그건 바로 그 사람이 정상인이라는 것을 증명하기 때문에 소용이 없었다. 한번은 임무를 시행하다가 요사리안은 적기의 화력에 포위당하고 가까스로 적군의 봉쇄를 뚫어낼 수 있었다. 돌아온 후 그는 로마로 가서 창녀 루시아나를 찾아갔다. 처음에 그녀가 그를 무성의하게 대하자 요사리안은 크게 실망하지만 나중에 여자는 그의 품에 안겼다. 그는 그녀의 몸에서 미국인에 의해 생긴 상처를 보고는 불쌍한 마음이 들어 그녀와 결혼하려고 했다. 그러나 루시아나는 원하지 않았다. "결혼하려고 하다니 그는 미쳤어." 그녀의 반응이 요사리안에게는 너무나 의외였고 난감했다.

한번은 요사리안이 또 다른 임무를 수행하고 있을 때 같은 비행원이 죽었고 그의 피가 요사리안의 몸에 튀었다. 그때부터 그는 더이상 옷을 입지 않겠다고 맹세했다. 정말로 그는 십자훈장을 받는

명언명구

● 이곳에는 하나의 올가미만 있었다. 바로 캐치 22였다.

● 등 뒤에서 남의 목을 조르는 것이 정의이다.

● 진정한 비결은 전쟁에서 지는데 있으며 어느 전쟁이 질 수 있는지 아는 지에 달렸다. …만약 우리가 순조롭게 진다면 우리는 분명 두각을 나타낼 수 있을 것이다.

미국 당대 '블랙코메디' 소설의 대표인물
조셉 헬러

자리에 알몸으로 나와서 장관을 난처하게 만들었다. 나중에 그는 휴가를 내지도 않고 로마로 날아갔으나 그곳은 이미 폐허가 되어 있었다. 통행증이 없었던 그는 로마에서 체포되어 섬으로 이송됐다. 그런데 이상하게도 그는 아무런 처벌도 받지 않았으며 상부는 그를 귀국시키려고까지 했다. 처음에 그들은 요사리안을 내보내면 다른 파일럿들에게 자유주의 생각이 물들지 않을 것이고 더욱 열심히 전투에 나갈 것이라고 생각했다. 게다가 그가 사라지자 사병들은 더욱 규율을 잘 지켰고 커길중령과 카스카트 대령 모두 승진을 할 수 있었다. 그리고 그들은 요사리안이 작은 거래를 받아들이길 원했고 받아들이지 않으면 그를 군법정에 세우겠다고 했다. 요사리안이 그렇게 하기로 동의만 한다면 그들은 그를 영웅으로 치켜세워주고 귀국하면 국내 메스컴에서 그의 행적을 선전할 것이라고 했다.

물론 요사리안도 흔쾌히 동의했지만 누가 알았으랴 문을 나올 때 그는 창녀에게 공격을 당하고 병원으로 보내졌다. 정부에서는 요사리안이 장관을 암살하려는 나치를 막다가 상처를 입었다고 발표했다. 병원에서 양심을 되찾은 요사리안은 목사에게 모든 것을 고백하고 상부의 명에 따르지 않기로 결정했다. 결국 그는 목사와 단비 상사의 도움으로 스웨덴으로 도망쳤다.

요사리안 외에 이 책에서 묘사되는 많은 인물 중에는 카스카트 대령과 종군목사 시프만, 식당 관리병 마일로가 있다. 카스카트 대령은 너무나 원만한 사람이며 자부심이 대단해서 항상 높은 곳에 오르고 싶어했다. 그는 매사 의심이 너무 많아서 그를 좋아하는 사람은 전혀 없었다. 그는 장군이 되기 위해 자기 밑에 있는 병사들을 총알받이로 내보냈으며 자기 병사들에게 다른 부대 대원들보다 훨씬 많은 비행을 강요해서 자신의 뛰어난 재능을 드러내려고 했다. 어느 날 의사인 다니카의 전사소식을 들은 카스카트 대령은 의사의 사망소식에도 아랑곳하지 않고 계속 비행 횟수를 늘리게 했다. 그러나 사실 다니카는 죽지 않았다. 그는 동료들에 의해 구사일생으로 살아왔다. 그러나 대령은 그가 죽었다는 이유로 그를 만나기를 거부한다. 그리고 부대의 콘 대령은 다니카가 나타나기만 하면 그를 태워버리겠다고 했다. 다니카의 아내에게도 의사가 아직 살아있다는 증명을 하지 못하게 했다.

카스카트대령이 가장 싫어한 사람은 요사리안이었다. 그는 요사리안이 공산당 전복 분자라고 온갖 방법으로 증명하려고 했다. 그리고 그가 가장 신임한 사람은 요리병 마일로였다. 마일로는 겉보기에는 매우 얌전했고 세상일에 어두워 보였지만 사실 그는 권세에 빌붙기를 잘하고 아부를 잘했으며 장관에게 뇌물을 주어 윗선의 두터운 신임을 얻고 있었다.

카스카트 대령은 그에게 식당을 관리하면서 부대의 비행기를 타고 장관을 위한 각종 신선한 식품들을 구해오라고 했다. 그 일로 인해 마일로는 엄청난 돈을 벌게 되었고 그는 곳곳으로 운송을 다니면서 공장도 차렸다. 'M&M회사' 그뿐 아니라 그는 적과도 거래를 했다. 석유나 볼 베어링을 고가에 독일군에게 팔았으며 독일군과 고사포로 미군 비행기가 떨어질 때마다 독일 측이 그에게 만 달러를 줘야 한다는 계약까지 맺었다. 그리고 그는 독일군이 수비하는 교량을 어떻게 파괴하는지에 대해 미군측과도 계약을 맺어 거래를 했다. 그렇게 그는 양쪽에서 이득을 취했다. 그리고 감사로 그의 내막이 드러났지만 그는 어떠한 처벌도 받지 않았다. 오히려 그는 독일 나치문양이 있는 비행기에 그의 회사 이름을 찍어서 자

에나더룸

미국 작가 노먼 메일러 Norman Mailer는 이렇게 말했다. "내가 만약 최고의 평론가라면 《캐치 22》에 관해서는 평론을 쓰는 것을 영광스럽게 생각했을 것이다. 헬러는 이전의 어떤 미국 작가들보다 훨씬 절실하게 독자들에게 지옥여행을 보내 주었다."

유롭게 각지로 날아다니며 장사를 했다. 마일로는 마치 시칠리아 팔레르모의 시장 같은 대단한 인물이 되었다. 그가 스코틀랜드의 위스키를 팔레르모로 운반하면서 그 도시는 세계 3대 스코틀랜드 위스키 수입지가 되었다. 그는 또 말타섬의 총독이기도 하고 올란드의 황태자, 바그다드의 할리파, 아랍의 추장이기도 했다. 심지어 일부 낙후한 곳에서 그는 신으로 떠받들어졌으며 마일로는 가는 곳마다 최고의 대우를 받았다. 그의 도덕적 기준으로 볼 때 그건 전혀 이상한 일이 아니었다. 그의 원칙은 이랬다. 장사가 계속 유지되려면 더 높은 가격도 공정한 것이고 최대의 이윤을 얻으려면 최고의 위험도 무릅써야 한다.

종군 목사 시프만은 나약한 사람이었다. 그는 매일 집으로 돌아가 아내를 만나고 싶어 했다. 그리고 공군부대에서 벌어지는 모든 일이 그에게는 너무나 곤혹스러워 스스로 이런 질문을 자주했다. "하느님이 있기나 한 걸까? 진정한 신앙이라는 것이 있을까? 죽은 후에는 영혼이 있을까?" 그는 난처한 역할로 비행부대에 나타났다. 예를 들어 조종사들이 임무를 수행하러 나가기 전에 그들을 위해서 기도를 해주고 전사하거나 혹은 다른 이유로 사망한 병사의 장례를 주관하는 등의 일을 했다. 그는 그렇게 하면 진정으로 하느님과 교류할 수 있는 것인지 항상 의심했다. 그리고 자신은 목사의 일을 잘할 수 없을 거라고 생각했으며 그렇게 생각하니 아내가 더 그리웠다.

그는 카스카트 대령에게 비행 횟수 증가를 철회해 달라고 했다가 거절당하자 매우 실망스러워했다. 그는 모든 것에 믿음과 희망을 잃었다. 심지어 군 요직을 그만두고 낙하산병이 될 생각까지 했다. 그는 아직 남아 있는 양심으로 요사리안을 스웨덴으로 탈출시키기로 했다. 시프만의 마음속에는 이런 생각이 차지하고 있었다. "신앙은 끝났다."

관련링크 1960년대 미국에서는 '블랙코메디' 소설이 등장했다. 1965년 밀턴 프리드먼은 12명의 작가들의 단편 소설을 묶은 '블랙코메디'를 내놓았다. 이들 작가는 풍자적인 태도로 환경과 개인 사이의 불화음을 묘사했으며 그런 현상을 과장, 희화, 변형시켜 더욱 웃기게 만들었다. 그것은 절망적 분위기를 띤 유머였기 때문에 사람들은 '교수대 아래의 유머'라고 불렀다. 헬러는 블랙코메디의 선구자이다.

    이 작은 세계 안에서는 각양각색의 괴상한 일들이 끊임없이 나타나 사람을 당혹스럽게 만들었다. 이 모든 위험은 사실 영원히 벗어날 수 없는 올가미, 임의로 해석될 수 있고 모든 것을 통제하기도 하는 '캐치 22'에서 비롯된 것이었다.

독서 지도와 논술 지도

《캐치 22》에는 많은 인물이 나오지만 다들 작가의 생각에 따라 독특한 성격이 형상화되었다. 심지어는 만화나 동화처럼 과장되게 표현되었고 어떤 성격은 상징적인 의미를 나타내기도 하다.

주인공 요사리안은 윗사람들이 마음대로 할 수 있는 '작은 인물'이며 부조리한 사회의 피해자다. 그에게는 동정심도 있고 정의감도 있었다. 그러나 그 미친 세계에서 그는 정직하고 선량했기 때문에 오히려 미친 사람으로 취급당했다. 그는 그 '세계'에서 자신은 무력하다는 것을 깊이 깨닫고는 점점 자신만이 살 수 있는 길을 찾을 수 있다는 생각을 하게 된다. 그리고 결국에는 이상적인 평화의 나라, 스웨덴으로 도망을 가서 '영웅화'의 과정을 완수하고는 '반영웅'이 된다.

예술적인 기교면에서 헬러는 이 작품에서 현실주의의 전통적인 수법을 배제하고는 '반소설'적인 서술 구조를 이용했다. 일부러 겉으로 보기에 혼란해 보이는 구조를 이용해 그가 묘사하고자한 현실세계의 부조리와 혼란을 표현했다. 서술과 대화, 기억만으로도 사건과 줄거리, 인물을 연결했다. 그리고 자신의 풍부한 상상력을 이용하여 사건과 인물의 극적인 변형을 하나하나 이상하고 황당하며 웃게 만들어 독자들을 씁쓸하게 만들거나 웃어야 할지 울어야 할지 모르는 상황에 처하도록 만들어 다시 한번 되돌아볼 수 있도록 했다.

작가는 상징적인 수법을 이용해 세상과 인생, 사물에 대한 자신의 생각을 전달했다. '보기에는 대충 쓴 것 같으면서도 철학이 가득한 것은 고도의 이성을 가진 사람만이 사물 속에 숨어있는 비이상적인 성분을 알아챌 수 있기 때문이다.' 라고 한 것처럼 그 속에는 날카로운 철학적 사고도 들어있다.

이 작품은 매우 품격 있는 언어를 사용하여 블랙 코메디 문학의 언어적 특징을 잘 보여주었다. 일부러 과장된 어조로 우습고 황당하게 사물을 묘사했고 익살스러운 문자로 엄숙한 철학을 표현했으며 유머러스하고 풍자적인 언어로 절망적인 상황을 얘기했다. 그리고 냉담한 농담조의 어투로 비참하고 고통스런 사건을 이야기했다.

그래서 사람들은 《캐치 22》를 두고 미국 자본주의 체제를 신랄하게 풍자한 소설로 인정하였으며, 특히 반전사상에 젖어있던 젊은이들에게 반향을 불러 일으켰다.

백 년 동안의 고독

마르케스 Garcia Marquez　CIEN AÑOS DE SOLEDAD

작가 소개

가브리엘 가르시아 마르케스(1927~)는 콜롬비아 작가이자 기자이다. 그는 마그달레나의 아라카타카에서 태어났다. 13살에 수도 보고타로 이주한 후 그는 교회학교에서 공부를 했다. 18세에 국립 보고타 대학에서 법학을 전공했으며 자유당에 가입했다. 1948년 콜롬비아에 내전이 발생하자 학업을 중도에 포기했다. 얼마 뒤 그는 신문계에 투신하여 《엘 엑스펙트라 El Espectador》기자로 활동하면서 문학 창작에도 발을 들여놓았다. 1954년부터 유럽주재 기자로, 1961년부터 쿠바 특파원으로 일했다. 1961년부터 1967년까지 멕시코에 살면서 그는 문학과 뉴스, 영화 작업에 종사했다. 1971년 미국 콜롬비아 대학의 명예 문학 박사를 받았고 1972년 라틴문학의 최고상 로물로 가예고스상을 수상했으며 1982년에는 노벨문학상과 콜롬비아 언어아카데미의 명예회원이 되었다.

그의 주요 작품으로는 장편 소설 《백 년 동안의 고독》(1967), 《족장의 가을》(1975), 《콜레라시대의 사랑》(1985), 중편소설 《낙엽》(1955), 《아무도 대령에게 편지하지 않았다》(1961), 《예정된 죽음의 연대기》(1981), 단편 소설집 《사파이어의 눈》(1955), 《마마 그란데의 장례식》(1962), 영화시나리오 《유괴》(1984), 문학담화록 《구아바향기 The Fragrance of Guava》(1988)과 문학집 《벨라스코 표류기》(1970), 《칠레에 숨어사는 미겔 리틴의 모험》(1986) 등이 있다.

◎ 배경 소개

'라틴 아메리카의 역사를 재현한 대작'이라고 불리는 《백 년 동안의 고독》은 가르시아 마르케스의 대표작이며 라틴아메리카의 현대파 환상문학의 대표작이다. 전체가 30만 자에 이르는 방대한 내용과 많은 인물들, 우여곡절, 게다가 신화와 종교 고전과 민간 전설 그리고 미래의 시각에서 과거를 회상하는 독창적이고 참신한 수법이 등장해 독자의 눈을 어지럽힌다.

작가는 부엔디아 가족의 7대에 이르는 신비하고도 불우한 경험을 통해서 콜롬비아와 라틴아메리카의 역사와 사회 현실을 보여주었다. 1830년부터 19세기 말, 70년 동안 콜롬비아에서는 수십 차례 내전이 발발했고 수십 만 명이 목숨

'문학 창작에 있어서 작가는 영원히 외롭게 싸워야 하며 바다의 조난자처럼 거친 파도와 맞서야 한다. 그렇다. 이것은 세상에서 가장 고독한 작업이다.'

—가르시아 마르케스

을 잃었다. 거대한 분량의 이 책은 이런 역사를 묘사하면서 주인공
들의 기이한 삶을 집중적으로 묘사한다.

◎ 작품 감상

호세 아르카디오 부엔디아는 스페인 사람의 후예였다. 우르술라와
결혼한 그는 이모와 이모부처럼 결혼해서 꼬리 달린 아이를 낳을
까봐 두려웠다. 그래서 우르술라는 매일 밤 몸에 꽉 끼는 특별한
옷을 입고 남편과 동침했다. 이것 때문에 이웃 사람의 비웃음을 당
한 남편은 그 이웃을 죽이고 말았다. 그때부터 죽음의 귀신이 그의
눈앞에 나타났다. 귀신은 고통스럽고 처량한 눈빛으로 매일 밤 그
를 불안하게 만들었다. 그래서 그들은 마을을 떠나 새로운 곳을 찾
았다. 2년여를 돌아다니던 어느 날, 꿈에서 계시를 받은 그들은 모
래톱이 있는 곳에 정착했다. 그 후 다시 많은 사람들이 그곳으로
이주했고 그들은 그곳을 '마콘도'라고 이름 붙였다. 그렇게 마콘도
에서 부엔디아 가족의 백년간의 흥망성쇠가 시작되었다.

호세 아르카디오 부엔디아는 창조력이 풍부한 사람이었다. 집시
들이 있는 곳에서 자석을 발견한 그는 그것을 이용해 금을 채굴하
려고 했다. 커다란 거울로 태양 빛을 모을 수 있다는 것을 알고 엄
청난 위력의 무기를 만들려는 시도도 했다. 그는 집시를 통해 항해
에 쓰는 관상의와 육분의를 얻었고 실험을 통해 '지구는 오렌지처
럼 둥글다'라는 것을 알게 되었다. 그는 자신이 있는 가난하고 낙후
한 마을의 삶에 만족하지 않았다. 왜냐하면 마콘도는 넓은 연못 가
운데 숨어있어 세상과 단절되어 있었기 때문이다. 그는 마콘도와
외부 세계의 위대한 발명을 연결하기 위한 길을 만들기로 결심했
다. 그는 사람들을 데리고 2주 넘게 고생했지만 결국에는 실패하고
말았다. 나중에 그는 또 다시 연금술에 빠져 종일 연구에만 매달렸
다. 그의 정신세계는 우르술라의 협소한 현실과는 도무지 맞지가

관련링크 제 2차 세계대전 후
'환상적 현실주의'라고 불리며 세계
문학에 등장한 남미 문학은 그 특유
의 신비로운 색채로 사람들을 놀라게
했다. 이들 작가들은 거침없는 천재성
이 가진 박식함과 분명하면서도 많은
연습을 통해 만들어졌으며 광범위한
독자들을 가진 언어의 예술사이 가진
노련한 기술을 결합시켰다. 그들의 작
품을 읽고 있으면 엄청난 원동력과
전통이 서로 교차하는 느낌을 받게
되며 그것은 민간의 문화를 구전 창
작하며 인디안 문화의 기억과 시대별
스페인 바로크 문화의 성향과 유럽의
초현실주의 및 기타 현대파의 영향을
한데 뭉쳐 독특하면서도 신비한 인문
현상을 만들었다. 마르케즈는 그 속에
서 선구자 역할을 했다.

않았다. 그가 고독한 우물에 빠져 정신이 이상해지자 가족들은 그를 나무에 묶었고 수십 년 후 그는 그 나무에서 죽었다. 그리고 가족의 버팀목이 된 우르술라는 115세 혹은 120세까지 살았다.

부엔디아 가족의 2대는 두 아들과 딸 하나가 있었다. 첫째 호세 아르카디오는 마콘도로 오는 길에 낳은 아들이었다. 마콘도에서 자란 그는 필라르 테르네라고 부르는 여자와 정을 통해 아이를 낳았다. 그 사실이 너무나도 두려웠던 그는 나중에 집안의 양녀였던 레베카와 결혼을 했다. 그러나 그는 계속 사람들에게 경계심을 풀지 않았고 세상을 돌아다니고 싶어 했다. 나중에 그는 정말로 집시들을 따라 마콘도를 나갔고 돌아왔을 때는 방탕아로 변해있었다. 결국에는 이상하게 총에 맞아 죽고 말았다.

둘째 아우렐리아노는 마콘도에서 태어났는데 엄마 뱃속에서부터 잘 울어서 눈을 뜨고 세상에 나왔으며 어려서부터 예견하는 능력을 갖고 있었다. 커서 촌장의 금지옥엽 레메디오스를 사랑하게 되었다. 그 전에 그는 형의 애인과의 사이에 아우렐리아노 호세라는 아들을 낳았다. 아내 레메디오스가 병으로 죽은 뒤 그는 내전에 참여하여 대령이 되었다. 그는 평생 14번 암살과 73번 잠복 공격, 한번의 총살을 당했지만 다행히 목숨을 구할 수 있었다. 그리고 17명의 외지 여자들과 동거를 하여 17명의 아들을 낳았다. 이 아들들은 나중에 약속이나 한 듯이 마콘도로 뿌리를 찾아오지만 일주일 만에 모두 죽고 말았다. 늙어서 집에 돌아온 아우렐리우스는 아버지와 마찬가지로 연금술에 몰두하여 죽을 때까지 매일 물고기 금 세공에만 매달렸다.

그들의 여동생 아마란타는 이탈리아 기술자를 사랑하게 되지만 나중에 다시 조카와 근친상간을 저지르고 사랑이 자신의 뜻대로 되지 않자 그녀는 집안에 틀어박혀 종일 수의를 만들며 고독하게 살았다.

$ .25
aéreo

COLOMBIA
Gabriel Garcia Márquez
NOBEL DE LITERATURA 1982
DE LA RUE DE COLOMBIA

마르케즈는 '풍부한 상상력을 이용해 환상과 현실을 하나로 만들었고 그것으로 풍부하고 다채로운 환상세계를 그려냈으며 라틴아메리카 대륙의 삶과 투쟁을 반영했다.'는 사유로 1982년 노벨문학상을 수상했다. 그림은 콜롬비아에서 발행된 기념우표이다.

3대에는 사촌형제인 아르카디오와 아우렐리아노 호세만 남았다. 생모가 누구인지 몰랐던 아우렐리아노 호세는 생모를 미친 듯이 사랑하게 되는 큰 과오를 저지르고 말았다. 마콘도의 군인이 된 아르카디오는 법을 어기고 뇌물을 챙겨 결국에는 보수파 군대에 의해 총살당했다. 생전에 그는 한 여인과 결혼도 하지 않은 상태에서 2남1녀를 낳았다. 사촌동생은 고모인 아마란타를 사모하게 되지만 그녀와 결혼할 수 없자 군대에 들어갔다. 그는 창녀들에게서 위안을 찾다가 결국 전란 중에 죽었다.

4대에는 아르카디아의 사생아였던 두 아들과 딸이다. 딸 레메디오스는 빼어나게 아름다운 아가씨가 되었다. 그녀의 몸에서는 사람을 불안하게 하는 기운이 뿜어져 나왔다. 아름다운 그녀에게 청혼했다가 거절당해 죽은 남자들이 몇 명 있을 정도였다. 나체를 좋아한 그녀는 목욕을 하는데 많은 시간을 허비했으며 그녀처럼 고독한 사막을 배회했다. 나중에 그녀는 침대보를 말리다가 바람에 사라져 버렸다. 영원히 하늘로 사라져 버린 것이다.

그녀의 쌍둥이 동생 중 아르카디오 세군도는 미국인이 경영하는 바나나 공장에서 감독으로 일하다가 파업을 주도했다. 나중에 3000여 명의 노동자들이 모두 학살당한 곳에서 혼자 구사일생으로 살아나왔다. 그는 정부가 기차로 노동자들의 시체를 바다에 실어다 버리는 것을 목도하고는 사방에 그 학살사건을 얘기하지만 오히려 정신이상자 취급을 당했다. 크게 실망한 그는 결국 자신의 방에서 집시가 남긴 양피 원고 연구에 몰두했다.

또 다른 쌍둥이 아우렐리아노 세군도는 종일 주색에 빠져 처자식은 나 몰라라 하고는 정부의 집에 뒤엉켜 지냈다. 이상하게도 그의 집의 가축들이 빠르게 번식을 해서 그는 부자가 되었다. 그는 아내와의 사이에 1남2녀를 두었으며 나중에 병으로 세상을 떠났다. 사람들은 지금까지도 그들 형제가 누가 누구인지 확실히 구별하지 못했다.

부엔디아 가족의 5대 자손에는 아우렐리아노 세군도의 자식 1남 2녀가 있었다. 장자 호세 아르카디오는 어려서부터 로마의 신학교에 보내졌다. 어머니는 아들이 나중에 주교가 되길 희망했지만 그는 그런 것에 전혀 관심이 없었다. 그는 오직 유산을 위해 어머니를 속였다. 어머니가 죽고 난 후 그는 집으로 돌아와 가산을 팔아 생활했다. 나중에 우르술라가 지하에 묻어두었던 7000여 개의 금화를 지키려다 악당들에게 죽임을 당하고 말았다.

딸 메메는 바나나 공장에서 일하던 사람과 사이가 좋아졌지만 어머니가 그들의 사이를 반대했다. 하는 수 없이 그들은 욕실에서 몰래 만나기로 하지만 그 남자는 메메를 몰래 만나러 가다 결국 어머니에게 들켜 닭 도둑이라는 죄명으로 맞아죽고 말았다. 모든 것이 물거품이 되자 메메는 임신한 몸으로 수녀원에 들어갔다.

어린 딸 아마란타 우르술라는 어려서 벨기에로 유학을 갔다. 그곳에서 결혼을 한 후 귀국한 아마란타는 쇠락해진 마콘도를 보고는 집안을 다시 일으키기로 결심했다. 명랑하고 활기찬 그녀는 마콘도에서 가장 특별한 사람이 되었다. 그녀는 가족들과도 잘 지냈으며 구시대적이고 잘못된 관습을 모두 뜯어고칠 생각이었다. 그래서 그녀는 심각한 재난을 당한 마을을 구하려고 장기적인 계획을 세웠다.

부엔디아 가족의 6대 자손은 메메의 사상아 아우렐리아노 부엔디아였다. 그는 태어난 후 줄곧 고독하게 자랐다. 그의 유일한 취미라면 집시 멜키아데스의 방에 틀어박혀 여러 가지 신비한 서적들과 원고를 연구하는 것이었다. 심지어 그는 오래 전에 죽은 늙은 집시와 대화를 하기도 하고 지시를 받아 범어를 공부하기도 했다. 그는 계속 주변 세계에 대해서 관심이 없어졌지만 중세 학문은 손바닥 보듯이 잘 알고 있었다. 이모 아마란타 우르술라가 고향으로 돌아오고부터 그는 그녀에게 거부할 수 없는 사랑을 느꼈다. 두 사람은 근친상간을 저질렀다. 고독과 사랑의 고통을 받고는 있지만 그들 자신은 이 세상에서 가장 행복한 사람이라고 생각했다. 나중에 아마란타 우르술라는 건장한 남자 아이를 낳았다. '그 아이는 백년 만에 태어난 부엔디아 집안에서 유일하게 사랑으로 잉태된 아기였다.' 그런데 아이는 돼지 꼬리를 달고 태어났다. 아마란타 우르술라는 해산 후에 출혈과다로 세상을 뜨고 말았다.

이 꼬리를 달고 태어난 남자 아이는 백년이나 지속된 집안의 7대 계승자였다. 그러나 그는 개미의 공격을 받아 죽었다. 그 때 아우렐리아노 부엔디아는 마침내 멜키아데스의 원고를 해석할 수 있게 되었다. 원고의 첫 장에 '가족 중에 첫 번째 사람이 나무에 묶이고 가족 중에 마지막 사람이 개미에게 먹힐 것이다.' 라는 말이 나왔다. 알고 보니 이 원고에 기록된 것은 바로 부엔디아 가족의 역사였다. 그가 마지막 장을 번역한 순간 갑작스런 돌풍이 불더니 마콘도 전체를 지구로부터 휩쓸어 가버렸다. 그때부터 그 마을은 더 이상 존재하지 않았다.

📖 독서 지도와 논술 지도

가르시아 마르케스는 '현실을 환상으로 바꾸면서도 진실성을 잃지 않는다' 고 할 정도로 환상적 현실주의의 창작 원칙을 그대로 따르고 있다. 묘한 구상과 상상력을 통해 현실과 신화 및 전설에 바탕을 둔 환상을 놀랄 만큼 멋지게 결합시켜 다양한 색깔과 독특한 스타일을 가진 그림을 만들어냈다. 그래서 독자는 '진짜 같기도 하고 아닌 것 같기도 한 이미지' 속에서 잘 알고 있던 것 같기도 하고 전혀 낯설기도 한 느낌을 갖게 되는 것이다. 그래서 근원을 찾아 작가의 창작의 의미를 탐색하고픈 열망을 불러일으키는 것이다.

인디언 전설과 동방의 신화, 《성경》고전의 이용은 이 책의 신비한 분위기를 한층 더 고조시킨다. 그 외에도 작가는 미래의 눈으로 과거를 거꾸로 서술하는 참신한 수법을 만들어냈다. 마지막으로 주의 깊게 봐야 할 점은 이 책의 무거운 역사적 함의와 예리한 비판, 심각한 민족문화의 반성, 방대한 신화의 은유적인 체계가 새로운 신비의 언어로 관통되고 있다는 것이다.

(백 년 동안의 고독) 표지

참을 수 없는 존재의 가벼움

밀란 쿤데라 Milan Kundera THE UNBEARABLE LIGHTNESS OF BEING

작가 소개

밀란 쿤데라(1929~)는 체코 브륀에서 태어난 소설가이다. 어린 시절 작곡을 배웠고 훌륭한 음악적 영향과 교육을 받았다. 소년 시절 세계 명작들을 두루 접했다. 청년기에는 시와 극본을 썼으며 그림도 그리고 음악도 하고 영화 수업도 했다. 1950년대 초 그는 시인으로 문단에 데뷔했고 《인간, 넓은 정원》(1953), 《모놀로그》(1957), 그리고 《마지막 오월》 등의 시집을 발표했다. 그러나 시는 그가 오랫동안 하려고 했던 분야는 아니었다. 결국 그는 30세 즈음에 첫 번째 단편 소설을 발표한 후에 자신의 방향을 확실히 정했으며 그때부터 소설 창작의 길을 걷게 되었다. 1967년 그는 첫 번째 장편 소설 《농담》을 체코에서 출판해 큰 성공을 거두었다. 프랑스로 이주한 후 그는 순식간에 프랑스 독자들이 가장 사랑하는 외국 작가가 되었다. 《웃음과 망각의 책》(1978), 《참을 수 없는 존재의 가벼움》(1984), 《불멸》(1990) 등과 같이 그의 작품 대부분이 먼저 프랑스에서 인기를 얻은 후에야 세계 문단의 주목을 받게 되었다. 그는 국제적인 문학상을 여러 차례 수상했으며 노벨 문학상 후보로도 여러 번 지명되었다. 소설 외에도 쿤데라는 소설의 예술을 논한 평론집을 세 권 출판했으며 그중 《소설의 기법》(1986)과 《유언을 배반하다》(1993)는 세계 각지에서 널리 읽히고 있다.

◎ 배경 소개

쿤데라는 소설에서 이렇게 말했다. "고의든 아니든 간에 모든 소설은 이런 질문에 대답해야 한다. '인간은 왜 존재하는 것일까? 그 진정한 의미는 어디 있는가?'"이다. 그의 눈에 소설의 주지는 인류 존재의 상황을 묘사하는 것이며 그 깊은 오묘한 신비를 들춰내는 것이다. 《참을 수 없는 존재의 가벼움》은 바로 그런 의미에서 만들어진 현대 작품이다.

이 소설은 1968년 체코 사건을 배경으로 하고 있으며 냉정하고 유머러스한 필치로 외과 의사 토마스, 여기자 테레사, 여류 화가 사비나, 대학 강사 프란츠의 삶의 모습과 심리를 묘사했다. 또한 인류 존재의 난처한 처지와 여러 가지 곤혹스러움을 드러내어 예리한

파리 서재에 있는 쿤데라의 모습. 쿤데라는 체코 단편 소설가이자 극작가, 시인이다.

철학적 의미를 표현하기도 했다. 생존과 역사에 대해 쿤데라는 고전적인 이상주의의 옷을 벗어버리고 생명 존재가 당면한 난처함과 그로 인해 발생하는 부조리함을 사람들 앞에 적나라하게 펼쳐 보였다.

◎ 작품 감상

체코 수도 프라하에서 일하고 있는 외과의사 토마스는 아내와 이혼하고 혼자 살고 있는 중년남자였다. 십여 년 동안 남녀의 문제에 있어서 그는 언제나 이른바 '성 우정' 이라는 생각을 추구하고 유지해왔다. 남녀간의 관계는 단순한 성관계에만 국한 되어야 하며 그 외에는 서로가 상대에게 요구하거나 책임과 의무로 상대를 구속해서는 안 된다는 것이다.

토마스는 이런 '성 우정 원칙' 에 따라 여성들과 멀지도 가깝지도 않으며 차갑지도 뜨겁지도 않은 관계를 유지했다. 그러다 우연한 기회에 토마스는 시골 식당에서 일하는 여종업원 테레사를 만나게 됐다. 젊고 순박한 테레사가 토마스의 삶에 들어와 그가 십년간 지켜온 '성 우정' 의 원칙을 변화시켰다. 토마스는 테레사와 함께 프라하에서 오랫동안 동거하기로 결심했으며 그의 연인-여류화가 사비나에게 테레사의 일자리를 부탁했다. 그런데 토마스와 같이 살면서 테레사는 심각한 모순에 빠지게 되고 그녀의 개입으로 토마스의 생활 역시 난감해졌다. 테레사는 토마스와의 사랑을 소중히 여기면서도 토마스가 다른 여자들과 관계를 유지하고 있는 것을 참을 수가 없었던 것이다. 이로써 테레사는 질투와 악몽으로 점철된 나날을 보냈으며, 토마스 역시 자신의 가치관과 사랑에 충실하는 것 사이에서 갈등하게 된다.

1968년 소련이 프라하를 무력으로 점령했다. 그때 테레사는 암실 속의 기사에서 뛰어난 사진기자로 탈바꿈했다. 그녀는 기자로

관련링크 《참을 수 없는 존재의 가벼움》은 이 책을 이론적인 측면에서 협의의 문학이 아니라 광범위한 읽을거리라고 했다. 전통적인 소설 이론에 따르면 이 책은 확실히 문제상으로도 이도저도 아닌 '이론과 문학의 결합'이고 잡담과 이야기의 결합이며 허실과 기실의 결합, 몽환과 현실의 결합, 일인칭과 삼인칭의 결합, 통속성과 고귀함의 결합'으로 보인다. 그런데 바로 이런 창조적인 표현 기교는 내용과 조화를 잘 이루고 있다. 또한 이 책의 그 독특한 부분은 자체로 생존할 수 있고 또 유행될 수도 있게 되었다. 또한 기존의 '소설'이라는 개념을 흔들어 놓아 사람들에게 '소설'에 도대체 어떤 문제가 있는 것인지 다시 한번 생각하게 만들었다.

서의 신분으로 온 몸을 던져 촬영했다. 카메라 렌즈를 통해 점령자의 야만과 항의자의 분노를 기록했다. 몇 번의 위협과 체포를 당하면서도 그녀는 끝까지 일을 했고 촬영한 역사적 기록을 국외로 보냈다.

소련군의 점령 이후 상황이 점점 악화되자 토마스는 테레사와 함께 조국을 떠나 스위스로 갔다. 공교롭게도 토마스의 연인 사비나도 스위스로 피난을 왔다. 토마스는 전화로 사비나와 연락을 하고 둘 사이의 옛 정이 다시 뜨거워졌다. 국외에서의 삶도 테레사의 마음을 바꿔주지는 못했고 오히려 그녀는 더욱 외롭고 참을 수가 없었다. 이 때문에 테레사는 혼자 조국으로 돌아가기로 결정했다. 그리고 떠나면서 토마스에게 편지를 남겼다. 나중에 테레사를 깊이 사랑하고 있음을 알게 된 토마스는 의연하게 프라하로 돌아갈 결정을 했다.

스위스에 온 사비나는 제네바에서 새로운 연인 프란츠를 만나게 되었다. 프란츠는 대학 교수였다. 이 연인들의 관계가 깊어질수록 둘 사이에도 똑같이 난처한 상황이 생겼다. 타고난 성격이 도도했던 사비나는 세상 흐름에 따라가는 것을 가장 혐오했고 남을 따라가는 것을 삶에서 최악의 적이라고 생각했다. 그런 생각에서 사비나는 모든 사람들이 약속한 평범한 원칙과 계율을 멸시했다. 그녀는 여자의 민감함으로 자신과 프란츠가 겉으로만 친할 뿐이라는 것을 의식했고, 프란츠와의 관계가 잘못된 방향으로 나아가는 대화에 불과하다고 생각했다. 그녀는 진실하고 평범치 않은 삶을 추구하고자 했다.

프란츠가 사비나와 함께 살기로 결심했을 때 사비나는 말도 없이 사라진다. 사비나와의 사랑에 빠진 프란츠는 아내 마리클로드와 이혼하고 사비나와 같이 살기로 결정하지만 그는 삶에 대한 사비나의 이해와 감정을 전혀 이해하지 못했다. 사비나가 말도 없이 사라지자 프란츠는 더욱 난처한 상황에 처했다. 아내와 가정을 떠난 동시에 열렬히 사랑하던 연인도 잃어버렸기 때문이다.

그런데 프란츠는 그런 곤란한 처지가 어떤 의미로는 자유와 새로움을 가져다준다는 사실을 알고 너무 놀랐다. 이런 갑작스런 행운으로 프란츠는 학생 애인과 같이 살게 되고 그렇게 그는 사랑을 전투처럼 생각하는 무서운 아내로부터 벗어날 수 있게 되었다.

제네바를 떠난 사비나는 파리로 갔다. 몇 번의 어려움과 방황을 거치고 나자 그녀는 사방이 텅 빈 듯한 느낌이 들었다. 강렬한 허무감이 그녀를 포위했고 그녀는 인생의 오묘한 신비를 느낄 수 있었다. 인간의 일생에서 견딜 수 없는 것은 계속 쌓이는 무거운 부담이 아니라 생명의 참을 수 없는 가벼움이었다. 삶 속의 노력과 노고, 배반과 추구 등 달성하려는 목적은 단지 삶 속에서 참을 수 없는 가벼움일 뿐이다. 파리에서 그녀는 프라하에서 온 소식을 받았다. 토마스와 테레사가 갑작스런 교통사고로 죽었다는 소식이었다. 그 소식에 사비나의 허무감은 더욱 깊어졌다.

프라하로 돌아온 토마스와 테레사는 계속 절망과 타락 속에서 살고 있었다. 소련의 점령으로 체코는 거의 '장례의 시대'에 들어간 것 같았고, 전국에 가득한 절망감이 사람들의 영혼과 육체로 파고들었다. 사람들의 삶은 위험했으며 곳곳에 정탐과 밀고, 감시가 가득했다.

토마스와 테레사도 역시 이 불행에서 벗어나지는 못했다. 토마

〈참을 수 없는 존재의 가벼움〉 영화 포스터

스는 과거에 썼던 글 때문에 해고당한 후 교외의 작은 진료소에서 하찮은 일을 했다. 그러다가 한 편집자를 모함하려는 경찰의 계략에 협조하지 않았다는 이유로 그 하찮은 일조차 못하게 되었다. 결국 그는 유리닦이가 되었다.

그 후 토마스는 더욱 타락했고 밖에서의 성 유희로 삶의 공백을 메웠다.

테레사의 영혼도 엄청난 타격을 받았다. 조국의 함락과 사랑하던 사람의 타락으로 그녀는 극도의 혼란에 빠져 벗어날 수가 없었다. 더욱 무서운 것은 악몽과 환각증세가 그녀의 마음을 더욱 공포스럽게 만들었다는 것이다. 끊임없는 악몽에서 벗어나기 위해 그녀는 황당한 시험을 하기로 했다. 전혀 모르는 사람과 성관계를 하는 것이었다. 그러나 그런 황당한 행동은 그녀의 마음을 전혀 바꾸지 못했다.

테레사는 더 이상 그런 타락과 절망적인 삶을 참을 수가 없었다. 그녀는 자신과 토마스를 위해 시골에 가서 살자고 했고 시골에서의 안정된 삶이 불안한 영혼을 위로해 줄 것이라는 희망을 품었다. 그러나 결국 둘은 차 사고로 함께 죽음을 맞이했다. 죽음으로 인해 영혼이 완전한 안식을 얻은 것이다.

한편, 자신의 신념 때문인지 아니면 과거의 연인 사비나의 영향 때문인지는 몰라도 프란츠는 베트남에 점령당한 캄보디아를 동정했다. 그리고 캄보디아에 군대를 보내는 운동에 적극 참여였다. 이러한 운동은 서양의 유명한 지식인들이 함께 조직한 것으로, 부대를 결성하여 베트남이 점령한 캄보디아로 진격해 베트남 사람들이 의사의 출입을 허용하도록 압력을 넣었다. 캄보디아로 들어가는 과

명사 명언

미국의 〈뉴스위크〉에서는 이 책을 이렇게 칭찬했다. "쿤데라는 철학 소설을 환상적이며 감정적인 수준으로 끌어올렸다."
〈뉴욕타임즈〉는 이렇게 평했다. "《참을 수 없는 존재의 가벼움》은 20세기 가장 위대한 소설이다. 쿤데라는 이 책으로 세계에서 가장 위대한 작가의 반열에 올랐다."

정에서 프란츠는 위대한 역사적 사건과 희극적인 황당함이 자연스러우면서도 이상하게 결합되어 있는 모습을 볼 수 있었다. 많은 지식인들은 정의를 위한 투쟁을 감추고 오히려 텅 빈 영광을 얻으려는 수작만 부렸던 것이다.

어느 날 밤 프란츠는 길을 막아선 도적들에게 죽음을 당했다. 그의 장례는 전처 마리클로드가 치러주었다. 그의 학생 애인은 먼발치에서 소리 없이 울었다. 프란츠는 먼 미로 속에서 영원히 돌아갔던 것이다. 사비나는 줄곧 타지를 떠돌다 결국 미국에 정착한다. 그리고 어느 날, 자신의 시체를 화장해 유골을 공중에 뿌려달라는 유언을 썼다. 죽음으로 참을 수 없는 존재의 가벼움을 완성한 것이다.

독서 지도와 논술 지도

《참을 수 없는 존재의 가벼움》은 짙은 구조주의 색채를 띤다. 전통적인 의미의 소설과 달리 쿤데라의 인물은 교향악처럼 분명하고 포만감을 추구하지 않는다. 그는 인물과 사건을 상징적인 부호로 만들어 그들을 사회 부호 시스템 속에서 움직이도록 하여 사상의 속뜻을 설명했다. 소설의 문자는 산문 같기도 하고 이론 수필 같기도 하지만 구조는 오히려 바흐친의 이른바 '다성악 소설(여러 목소리들이 존재하지만 그중 어느 하나도 작가의 권위적인 통제를 받지 않는 소설을 일컬음)'의 형식을 이용하고 있다.

소설의 소제목 안에도 '가벼움과 무거움', '영혼과 육신'이 두 차례나 나온다. 어떤 생각의 반복적인 출현은 소설의 기본적인 추진동기가 되지만 다시 나타날 때는 이미 그 의미가 변해 있다. 정절과 방탕, 저항

《참을 수 없는 존재의 가벼움》영화의 한 장면
테레사는 귀엽고 순결한 여자였다. 토마스는 그녀를 보았을 때 한눈에 반했고 그녀 역시 우울해 보이면서도 야성적인 미남에게 마음이 흔들렸다.

과 복종, 정신과 육체, 안분과 저항 등 다양한 모순을 둘러싸고 있으면서 작품은 상이한 측면에서 주제를 제시했고 결국 완전한 인물 및 이론 체계를 완성했다.

엄격한 의미에서 이런 철학소설은 소설의 전통적인 정의를 위반했으며 더 이상 감성을 통해 심리적 만족을 얻게 하지 않았다. 그리고 이성적인 사유로 작품에 내포된 사상을 감지하도록 요구하고 있어서 일종의 사색의 쾌감을 얻을 수 있다. 쿤데라는 한때 고대 유대 속담 '인간이 사색하면 하느님이 웃는다'를 인용하여 자신의 소설이 하느님의 웃음의 메아리라고 생각했다.

부록

문학에 관한 소고

누가 문학가에게 길을 묻는다면…

1. 문학이란 무엇인가?

사전적인 의미에서의 문학은 "생각이나 감정을 상상력의 힘을 빌려 글자로 나타낸 예술과 그 작품이다."라고 설명되어 있다. 다시 말하면 문학이란 작가의 체험을 통해 얻은 진실을 글로 표현하는 언어 예술로서 '인생을 탐구하고, 표현하는 창조의 세계'이다. 따라서 문학은 일상적인 의사전달 차원의 언어나 문자에 비하여 함축적이고 정서적인 측면이 중시된다.

왜냐하면 문학은 불특정 다수(독자)를 겨냥하여 쓰여질뿐만 아니라 독자들에게 즐거움과 교훈을 주기 때문이다. 소설, 시, 희곡, 수필 따위가 모두 그렇다.

문학의 개념은 나라에 따라서 다르고, 시대에 따라서 다르며, 또한 작가에 따라서도 달라질 수 있으므로 쉽사리 한 마디로 정의하기는 어렵다.

- ○ 문학은 언어 예술이다.

- ○ 문학의 개인의 체험을 함축적으로 표현한다.

- ○ 문학이 추구하는 세계는 허구와 개연성의 세계이다.

- ○ 문학 작품은 모든 요소들이 유기적으로 결합된 조직체이다.

2. 문학의 기능과 효용 가치

문학의 목적이 교훈을 주는 데에 있는가, 아니면 쾌락을 추구하는 데에 있는가에 대한 질문은 우리가 오랫동안 벌여온 문학논쟁의 중심 문제이다. 이것은 또한 문학의 효용 가치에 관한 문제와도 밀접한 관련을 맺고 있다.

아리스토텔레스는 그의 저서 《시학》에서 '비극적 카타르시스'란 용어를 통해 비극이 인간에게 주는 효과를 설명하였다. 여기서 '카타르시스'란 문학 작품을 통해 마음 속에 억압된 감정의 응어리를 발산함으로써 정서의 균형이나 안정을 회복하는 것을 말한다. 다시 말하면 비극을 읽으면서 카타르시스를 경험하고 거기서 삶에 대한 교훈을 얻을 수 있다고 했다.

문학이 교훈적 목적으로 추구될 때 우리는 거기서 삶의 진정한 의미를 깨닫게 되고 우리 사회 전체도 카타르시스를 경험하여 한층 더 도덕적이고 정의로운 사회가 될 것이다. 물론 문학이 독자 개개인들에게 즐거움을 부여한다는 관점에서 보면 정서적 안정을 가져다 줌은 두 말할 나위도 없을 것이다.

우리가 시를 읊조리고 소설을 읽는 이유는 무엇일까? 문학은 힘든 일과 찌든 일상 속에서 사람들의 감정을 순화시켜 주는 역할을 한다. 문학 작품은 쉽게 접할 수 있다는 장점과 더불어 비록 허구적인 요소도 포함되기도 하지만 작자의 진실성과 현재성을 바탕으로 우리에게 감동과 희망, 용기와 사랑을 북돋워 준다.

적어도 우리가 문학을 올바르게 이해하려면 사회적 측면에서의 교훈성과 개인적 측면에서의 쾌락성을 따로 찾을 것이 아니라 사회와 개인이 조화를 이루듯 문학 작품 내에서 교훈적 의미와 쾌락적 의미를 동시에 찾고 함께 받아들여 작품에 대한 이해 능력을 기르는 것이 올바른 문학 작품 감상법이라 하겠다.

1) 쾌락적 기능

모든 예술의 직접적 목적은 쾌락이다. 문학도 마찬가지로 독자들에게 정신적 즐거움이나 미적 쾌감을 부여하는데 목적이 있다. 아리스토텔레스가 《시학》에서 심리적 정화를 의미하는 용어로 설명한 '카타르시스(catharsis)'는 쾌락적 기능과 관련된다. 칸트가 말한 '무목적의 목적성', '예술을 위한 예술'도 여기에 해당되며, 문학에서 신선한 감각과 깊은 인상을 주면서 독자의 감성과 정신을 끄는 아름다움을 발휘할 때, 즐거움(쾌락)은 발생하게 된다.

2) 교훈적 기능

문학은 독자들에게 교훈을 전해 주고 인생의 진실을 보여줌으로써 삶의 가치와 세계의 본질에 대해 올바른 인식을 가능하게 해준다. 그러나 문학을 통하여 주의(이념), 신념, 사상을 선전하고 강요하기 위해 그러한 주제를 미리 정해 두고 작품을 뜯어 맞춘다면 목적 문학이 될 가능성이 많다.

프랑스의 귀요(Guyau)가 주장한 "인생을 위한 예술"은 문학과 예술의 공리설이라고 할 수 있는데 문학의 사상성을 강조하고 인류의 교사로서의 작가의 의무를 강조하는 것이다. 교육적 기능이라고도 한다. 한국 고전 소설의 주제인 '권선징악'이 이에 부합되며, 이광수의 〈무정〉, 〈흙〉, 〈사랑〉 등에서 이러한 경향이 나타난다.

3) 통합적 기능

문학의 참다운 궁극적 기능은 교훈설과 쾌락설, 어느 한쪽에 치우치지 않은 종합적인 것으로 이해되어야 한다는 관점이다. 즉, 문학은 독자에게 고차원적인 정신적 즐거움을 주는 동시에 인생이 무엇이며 어떻게 살아야 하는 것인지를 가르쳐 주는 기능도 함께 수행하여야 한다.

문학작품은 쾌락적인 기능을 지니고, 또한 교훈적 기능도 동시에 가지고 있다. 쾌락설과 교훈설은 문학작품의 한 가지 기능만 지적한 견해에 지나지 않는다. 이 둘을 합친 데서 문학적 가치가 발견된다. 문학의 두 가지 가치는 양극단에 존재하지만, 동전의 양면과 같은 표리의 관계에 있다. 문학은 즐거움을 주면서 동시에 진리를 가르칠 수 있어야 감동을 주게 된다. 호라티우스가 "작시법"에서 시인의 소원은 가르치는 일, 또는 즐거움을 주는 일, 또는 둘을 합친 일이라고 말한 것은 문학의 양면적 효용성에 대한 지적이다.

3. 우리는 왜 문학을 중시해야 하는가?

문학은 문학가와 독자와의 끊임없는 대화로 만들어진다. 독자는 작가가 쓴 작품을 읽고 끊임없이 질문하고 자기화하는 과정에서 문학의 의미를 만들어 가는 것이다.

문학은 역사가 전해주지 못하는 것들까지도 생생하게 알려주는 역할을 수행하기도 하며, 때로는 역사의 이면을 비춰주는 거울이 되기도 한다. 또한 문학은 많은 독자들에게 감동과 교훈을 선사해 주기 때문에 오늘날까지도 강인한 생명력을 드러내는지도 모른다. 예로부터 문학은 사상이나 국경을 초월하는 힘을 부여한다고 하였다. 그래서 어떤 문학자는 문학을 우리 삶의 중요한 자양분이라고 명명하였을 것이다. 아마도 오늘날까지도 문학이 깊은 감동의 여운을 흩뿌리는 것은 그것이 주는 감동에서 비롯되었을 것이다.

문학이 인간에게 주는 효과를 살펴볼 때 독자들은 한번쯤 이런 질문에 어떻게 답할 수 있을지 생각해보는 기회를 갖길 바란다.

○ 문학이 인간의 삶에서 차지하는 비중은 얼마나 될까?

○ 문학에서 추구하는 '참여'와 '순수'는 무엇을 의미하는가?

○ 문학과 역사의 차이점은 무엇인가?

○ 문학 작품에서 내용과 형식의 관계는 어떠한가?

○ 어떤 문학 작품에 대해서, 그 표현이나 내용과 관련해 '예술이냐 와설이냐' 하는 논란의 기준은 무엇인가?

○ 문학 표현에 대한 사회의 법적 혹은 도덕적 규제를 둘러싼 논란이 과연 정당한가?

서울대 선정 100대 세계문학

우리가 교양이나 상식 차원에서 수많은 작품을 모두 섭렵하기란 만만
하지가 않을 것이다. 서술된 시기, 문체, 분야 등 다양한 내용을 다루고
있기 때문에 짧은 시간에 모두 감상하고, 이해하기란 결코 쉽지가 않기
때문이다.

그렇지만 한국의 문학 작품이든 세계의 문학 작품이든 독자 여러분들
이 반드시 꼭 읽어야 할 책이라면 어릴 때부터 독서에 대한 치밀한 계획
과 지도가 필요하다. 따라서 권위 있는 기관에서 선정한 작품에는 충분
히 그만한 이유가 존재한다는 점에 유념하길 바란다.

■ 한국 고전문학
수이전(殊異傳) – 작자 미상
계원필경(桂苑筆耕) – 최치원(崔致遠)
파한집(破閑集) – 이인로(李仁老)
역옹패설(櫟翁稗說) – 이제현(李齊賢)
송강가사(松江歌辭) – 정철(鄭澈)
열하일기(熱河日記) – 박지원(朴趾源)
다산시선(茶山詩選) – 정약용(丁若鏞)
구운몽(九雲夢) – 김만중(金萬重)
홍길동전(洪吉童傳) – 허균(許筠)
춘향전(春香傳) *양주익, 조경남, 작자 미상

■ 한국 근 · 현대 문학
혈의 루 – 이인직
무정 – 이광수
임꺽정전 – 홍명희
삼대 – 염상섭
천변풍경 – 박태원
고향 – 이기영
무영탑 – 현진건
상록수 – 심훈

탁류 – 채만식
인간문제 – 강경애
감자 外 – 김동인
카인의 후예 – 황순원
님의 침묵 – 한용운
김소월 전집
정지용 전집
윤동주 전집

■ 동양문학(고대~현대)

시경(詩經) *공자
산해경(山海經) *곽박, 백익, 작자 미상
도연명시선(陶淵明詩選)
이백시선(李白詩選)
두보시선(杜甫詩選)
삼국지연의(三國志演義) – 나관중(羅貫中)
수호전(水滸傳) – 시내암(施耐庵)
서유기(西遊記) – 오승은(吳承恩)
홍루몽(紅樓夢) – 조설근(曹雪芹)
유림외사(儒林外史) – 오경재(吳敬梓)
노잔유기(老殘遊記) – 유악(劉鶚)
아Q정전(阿Q正傳) – 노신(魯迅)
자야(子夜) – 모순(茅盾)
상자(祥子) – 노사(老舍)
가(家) – 파금(巴金)
겐지모노가타리(源氏物語) – 무라사키 시키부
도련님 – 나쓰메 소세키
기탄잘리(Guitanjali) – 타고르(Tagore)
천일야화(Arabian Nights) *아랍인들

■ 한국 철학 · 종교사상

대승기신론소(大乘起信論疏) – 원효(元曉)
원돈성불론(圓頓成佛論) – 지눌(知訥)
매월당집(梅月堂集) – 김시습(金時習)
화담집(花潭集) – 서경덕(徐敬德)

성학십도(聖學十圖) – 이황(李滉)
성학집요(聖學輯要) – 이이(李珥)
선가귀감(禪家龜鑑) – 휴정(休靜)
성호사설(星湖僿說) – 이익(李瀷)
일득록(日得錄) – 정조(正祖)
목민심서(牧民心書) – 정약용(丁若鏞)
북학의(北學議) – 박제가(朴齊家)
의산문답(醫山問答) – 홍대용(洪大容)
기학(氣學) – 최한기(崔漢綺)
동경대전(東經大典) – 최제우(崔濟愚)

■ 동양 철학 · 종교사상
주역(周易) *작자 미상
논어(論語) – 공자(孔子)
맹자(孟子) – 맹자(孟子)
대학(大學) *증자(공자의 제자)
중용(中庸) *자사(공자의 손자)
도덕경(道德經) – 노자(老子)
장자(莊子) – 장자(莊子)
순자(荀子) – 순자(荀子)
한비자(韓非子) – 한비자(韓非子)
바가바드 기타(Bhagavad-gita) *비야사
중론(中論) – 용수(龍樹)
법구경(法句經) *작자 미상
육조단경(六祖壇經) – 혜능(慧能)
근사록(近思錄) – 주희(朱熹)
전습록(傳習錄) – 왕수인(王守仁)
명이대방록(明夷待訪錄)– 황종희(黃宗羲)
대동서(大同書) – 강유위(康有爲)
삼민주의(三民主義) – 손문(孫文)
실천론(實踐論) – 모택동(毛澤東)

■ 사회과학(법 · 경제 · 정치 · 사회학 등)
고대법 – 메인(Maine)
프로테스탄티즘의 윤리와 자본주의 정신 – 베버(Weber)

권리를 위한 투쟁 – 예링(Jhering)
택리지(擇理志) – 이중환(李重煥)
국부론 – 스미스(Smith)
미국의 민주주의 –토끄빌(Tocqueville)
자본론 – 마르크스(Marx)
옥중수고(獄中手稿) –그람시(Gramsci)
영국노동계급의 형성 – 톰슨(Thompson)
자살론 – 뒤르켐(Durkheim)
예종에의 길 – 하이에크(Hayek)
전쟁과 평화의 법 – 그로티우스(Hugo Grotius)
범죄와 형벌 – 베카리아(Beccaria)
순수법학 – 켈젠(Kelsen)

■ 인문학(언어 · 종교 · 심리 · 인류학 등)
슬픈 열대 – 레비 스트로스(Levi-Strauss)
성과 속 – 엘리아데(Eliade)
꿈의 해석 – 프로이트(Freud)
아동지능의 근원 – 피아제(Piaget)
심리학과 종교 – 융(Jung)
일반 언어학 강의 – 소쉬르(Saussure)
시각예술에서의 의미 – 파노프스키(Panofsky)

■ 역사(동서양)
삼국유사(三國遺事) – 일연(一然)
징비록(懲毖錄) – 유성룡(柳成龍)
매천야록(梅泉野錄) – 황현(黃玹)
한국통사(韓國通史) – 박은식(朴殷植)
조선상고사(朝鮮上古史)– 신채호(申采浩)
사기열전(史記列傳) – 사마천(司馬遷)
역사 – 헤로도투스(Herodotus)
게르마니아 – 타키투스(Tacitus)
신학문의 원리 – 비코(Vico)
중세사회 – 블로크(Bloch)
자본주의 사회주의 민주주의 – 슘페터(Schumpeter)
물질문명과 자본주의 – 브로텔(Braudel)

■ 자연과학(과학사 포함)

두 우주 구조에 대한 대화 – 갈릴레오(Galileo)

프린키피아 – 뉴튼(Newton)

종의 기원 – 다윈(Darwin)

생명이란 무엇인가? – 슈뢰딩거(Schroedinger)

부분과 전체– 하이젠베르크(Heisenberg)

과학혁명의 구조 – 쿤(Kuhn)

■ 서양 현대 철학사상

짜라투스트라는 이렇게 말했다 – 니체(Nietzsche)

창조적 진화 – 베르그송(Bergson)

생의 비극적 감정 – 우나무노(Unamuno)

존재와 시간 – 하이데거(Heidegger)

인간현상 – 샤르댕(Chardin)

지각의 현상학 – 메를로-퐁티(Merleau-ponty)

철학적 탐구 – 비트겐슈타인

진리와 방법 – 가다머(Gadamer)

인식과 관심 – 하버마스(Habermas)

정의론 – 롤즈(Rawls)

책임의 원리 – 요나스(Jonas)

지식의 고고학 – 푸코(Foucault)

■ 서양 철학사상(고대~근대)

국가 – 플라톤(Platon)

정치학 – 아리스토텔레스(Aristoteles)

의무론 – 키케로(Cicero)

고백론 –아우구스티누스(Augustinus)

군주론 – 마키아벨리(Machiavelli)

유토피아 – 모어(More)

신 논리학 – 베이컨(Bacon)

방법서설 – 데카르트(Descartes)

리바이어던 – 홉스(Hobbes)

정부론 – 로크(Locke)

법의 정신 – 몽테스키외(Montesquieu)

사회계약론 – 루소(Rousseau)

형이상학서설 – 칸트(Kant)

역사철학강의 – 헤겔(Hegel)

실증철학강의 – 꽁트(Comte)

자유론 – 밀(Mill)

■ 서양 문학(고대)

변신(Metamorphoses) – 오비디우스(Ovidius)

일리아드, 오딧세이아(Ilias, Odysseia) – 호메로스(Homer)

오레스테스 삼부작(Oresteia) – 아이스킬로스(Aeschylos)

오이디푸스 왕(Oedipus Tyrannus)– 소포클레스(Sophocles)

메데아(Medea) – 에우리피데스(Euripides)

리시스트라타(Lisistrata) – 아리스토파네스

아에네이스(Aeneis) – 베르길리우스

■ 서양문학(르네상스~현대)

신곡 – 단테(Dante)

데카메론 – 보카치오(Boccaccio)

햄릿, 맥베스, 리어왕, 오셀로(4대비극) – 세익스피어(Shakespeare)

걸리버 여행기 – 스위프트(Jonathan Swift)

오만과 편견 – 오스틴(Jane Austen)

위대한 유산 – 디킨스(Dickins)

폭풍의 언덕 – 브론테(Bronte)

테스 – 하디(Hardy)

젊은 예술가의 초상(A portrait of the Artist as a Young Man) – 조이스(Joyce)

사랑하는 여인들(Women in Love) – 로렌스(Lawrence)

주홍글씨(The Scarlet Letter) – 호오손(Hawthorne)

여인의 초상(The Portrait of a lady) – 제임스(James)

허클베리 핀의 모험(Adventures of Huckleberry Finn) – 트웨인(Twain)

무기여 잘 있거라(A Farewell to Arms) – 헤밍웨이(Hemingway)

음향과 분노(The Sound and the Fury) – 포크너(Faulkner)

가르강튀아의 팡타크뤼엘(Gargantua et pantagruel) – 라블레(Rabelais)

수상록(Les Essais) – 몽테뉴(Montaigne)

타르튀프(Tartuffe) – 몰리에르(Moliere)

페드르(Phedre) - 라신느(Racine)

고백록(Les Confessions) - 루소(Rousseau)

캉디드 外 철학적 꽁트(Candide) - 볼테르(Voltaire)

잃어버린 환상(Illusions Perdues) - 발자크(Balzac)

적과 흑(Le Rouge et le Noir) - 스탕달(Stendhal)

보바리 부인(Madame Bovary) - 플로베르(Flaubert)

악의 꽃(Les Fleurs du Mal) - 보들레르(Baudelaire)

잃어버린 시간을 찾아서(A la recherche du temps perdu) - 프루스트(Proust)

구토(La Nauske) - 사르트르(Sartre)

페스트(La Peste) - 카뮈(Camus)

파우스트〈제1부〉(Faust I) - 괴테(Goethe)

도적들 - 실러(Schiller)

하인리히 폰 오프더딩엔(Heinrich von Ofterdingen) - 노발리스(Novalis)

노래의 책(Buch der Lider) - 하이네(Heine)

녹색 옷을 입은 하인리히(Der grune Heinrich) - 켈러(Keller)

마의 산(Der Zauberberg) - 토마스 만(Thomas Mann)

말테의 수기(Die Aufzeichnungen des Malte Laurids Brige) - 릴케(Rainer Maria Rilke)

수레바퀴 아래서(Unterm Rad) - 헤세(Hermann Hesse) *데미안(Demian)

성(Das Schloss) - 카프카(Franz Kafka) *변신(Die Verwandlung)

세 푼짜리 오페라(Dreigroschen Opera) - 브레히트(Bertold Brecht)

양철북(Die Blechtrommel) - 그라스(Gunter Grass)

돈키호테(Don Quijote) - 세르반테스(Miguel de Cervantes)

백 년 동안의 고독(Cien anos de soledad) - 마르케스(Gabriel G. Marquez)

인형의 집(Et Dukkehjem) - 입센(Henrik Ibsen)

미스줄리, 아버지(Froken Jlie, Fadren) - 스트린드베리(Strindberg)

카라마조프 형제들(Brat' ya Karamazovy) - 도스토예프스키(Dostoevskii)

안나 카레니나(Anna Karenina) - 톨스토이(Leo Nikolaevich Tolstoi)

어머니(mat') - 막심 고리키(Maksim Gor' kii)

개를 데리고 다니는 여인(Dama s sobachkoy) - 체호프(Anton Pavlovich Chekhov)